요한계시록의 신학

The theology of the Book of Revelation

송영목

2 0 0 7

요한계시록의 신학

초판 1쇄 2007년 2월 20일

지은이 | 송영목
펴낸이 | 이승하
펴낸곳 | 성광문화사
      121-011 서울시 마포구 아현동 710-1
      전화 02-312-2926, 8110, 363-1435 팩스 312-3323
      이메일 sk1435@chollian.net
      등록번호 제10-45호(1975.7.2)
      책번호 854

● 파본은 교환해 드립니다.
이 출판물은 저작권법으로 보호받는 저작물이므로
무단전재나 무단복제를 할 수 없습니다.

값 18,000원
ISBN 89-7252-429-8 93230
Printed in Korea

● 이 책의 내용 중에서 여러 저널에 실렸던 글들은 한국복음주의 신학회 신약 분과의 '신약연구', 한국신약학회의 '신약논단', 달구벌 기독학술연구회의 '진리와 학문의 세계', 그리고 고려신학대학원의 '개혁신학과 교회'의 담당자로부터 허락을 받아서 게재함을 밝힙니다.

요한계시록의 신학

인사말

'요한계시록의 신학'이라는 책이 나오기까지 여러분들이 도움을 주셨다. 본인의 성경신학적 지식에 기초를 놓아주신 고신대의 황창기 교수님은 지금까지도 (고신) 대학교회에서 동역하시면서 성경주해와 설교에 관해서 귀한 통찰력을 주고 계신다. 신학석사과정 때는 포첵스트룸 대학교의 Fika van Rensburg 교수님과 Ben De Klerk 교수님이 신약학의 세계적 흐름에 관한 이해의 폭을 넓혀 주셨다. 계시록 이해의 광대한 폭과 심오한 깊이를 박사과정 지도교수님이신 요하네스버그 대학교의 Jan Du Rand 교수님으로부터 배웠다. 그는 겸비하면서도 예리한 통찰력을 소유한 요한문헌의 대가시다. 그리고 늘 격려와 비평을 아끼지 않는 아내에게 감사한다. 매주 월요일 오후, 구속사적으로 성경 주해 작업을 함께 하는 '부경성경연구원'의 회원들은 본인의 덜 익은 지식을 이만큼 다듬어 주었다. 마지막으로 출판 되어 책이 빛을 보도록 시작 단계부터 끝까지 도와주신 성광문화사 이승하 사장님 이하 직원들의 노고에 깊이 감사드린다. 이 책이 한국교회의 올바른 계시록 이해에 도움을 주는 하나의 책으로 자리매김 하기를 기도한다.

주다해 (AD) 2007년 1월
부산 영도에서 송영목

차 례

머리말

Ⅰ. 최근의 요한계시록 연구동향
1. 지난 20세기까지의 계시록 해석의 역사적 고찰_ 14
2. 최근의 계시록 해석 경향_ 26
    (1) 문학적 해석_ 26
    (2) 역사적 해석_ 43
    (3) 신학적 해석_ 54

Ⅱ. 통합적 부분적 과거론적 해석 : 요한계시록 이해의 새로운 패러다임
1. 부분적 과거론적 해석의 유용성과 한계_ 82
    (1) 철저 부분적 과거론적 해석_ 82
    (2) 전환적 부분적 과거론적 해석_ 82
    (3) 이 두 입장의 평가_ 83
2. 새로운 패러다임을 찾기 위한 논의의 주요 근거_ 84
    (1) 반복이론_ 84
    (2) 이른 연대를 지시하는 표현들_ 86
    (3) 두 부류의 독자들_ 87
    (4) 구약 간본문의 지지와 계시록 전체에 산재해 있는
        반(anti) 로마적 메시지_ 89
    (5) 환기시키고 긴장을 불러일으키는
        상징(provocative and tensive symbol)을 통한 다의성_ 93

Ⅲ. 한국에서의 요한계시록 해석 역사
1. 고신_ 103
    (1) 오종덕_ 103
    (2) 양승달_ 104
    (3) 이병규_ 104

   (4) 석원태_ 105
   (5) 정근두_ 106
  2. 합신_ 107
   (1) 박윤선_ 107
  3. 합동_ 108
   (1) 신성종_ 108
  4. 통합_ 109
   (1) 이상근_ 109
  5. 순복음_ 111
   (1) 조용기_ 111
  6. 초교파_ 112
   (1) 김상복_ 112
  7. 이단_ 113
   (1) 안상홍(하나님의 교회, 참고 www.watv.org)_ 113
   (2) 이만희의 신천지교회와 무료성경신학원_ 115

IV. 성경상징주의에서 본 요한계시록

 1장 요한계시록은 무엇에 관한 책인가?_ 122
 2장 요한계시록의 저자_ 126
 3장 요한계시록의 언어_ 127
 4장 요한계시록의 독자_ 129
 5장 요한계시록의 문학적 구조_ 130
 6장 요한계시록의 근본적인 상징들_ 133
 7장 예수님 : 측량의 기준(계 1:9-20)_ 135
 8장 위협받는 일곱 교회(계 2-3장)_ 136
 9장 예수님의 승천(계 4-5장)_ 138
 10장 하나님 나라의 공개(계 6:1-8:5)_ 140
 11장 경고의 나팔들(계 8:6-11:18)_ 144
 12장 나팔 시간의 역사(계 11:19-15:4)_ 146

13장 최후 심판의 대접들(계 15:5-16:21)_ 153
14장 바벨론의 심판(계 17-18장)_ 156
15장 아마겟돈 전쟁(계 19장)_ 160
16장 천년왕국(계 20장)_ 161
17장 새 예루살렘(계 21:1-22:5)_ 163
18장 최후의 남은 자들(계 22:6-21)_ 166

V. 요한계시록의 구조가 지니는 신학적 함의

1. 계시록 구조 연구개요_ 171
    (1) 7인, 7나팔, 7대접이 동일한 사건을 묘사한다는(3세기의 Pettau Victorinus에 의해 처음으로 시도된) 반복이론에 근거한 구조_ 171
    (2) 7개가 한 벌이 되는 구조_ 172
    (3) '성령에 감동하여'를 중심으로 한 구조_ 173
    (4) '내가 보니'(eidon)를 중심으로 나눈 구조_ 174
    (5) 교차대칭구조_ 175
    (6) 언약적 구조_ 177
    (7) 서사적 구조_ 178
    (8) 본문 내적 혹은 외적인 요소를 통합적으로 고려한 구조분석_ 179
    (9) 헬라 드라마식 구조_ 181
2. 계시록의 구조 제안_ 185
    (1) 표층구조_ 186
    (2) 심층구조_ 189
    (3) 언약적 구조_ 190
3. 제안된 언약적 구조의 신학적 함의_ 193

VI. 요한계시록에 나타난 황제 제의

1. 황제 제의란 무엇인가?_ 200

2. 요한계시록에 나타난 황제 제의_ 204
3. 황제 제의를 통한 요한의 메시지_ 208

VII. 요한계시록의 언약 종말론에 기초한 구원 계시사

1. 계시록의 언약과 신구약의 언약 간본문_ 212
2. 계시록의 기독론적 언약 종말론의 구조_ 214
3. 계시록의 기독론적 언약 종말론의 계시 역사적 의미_ 216
4. 계시록의 언약적 메시지_ 221

VIII. 요한계시록의 찬송의 기능

1. 계시록의 찬송의 배경_ 233
2. 계시록의 찬송의 특징_ 234
3. 계시록의 찬송들_ 234
    (1) 계 4:8, 11_ 235
    (2) 계 5:9-10, 12, 13_ 236
    (3) 계 7:10, 12, 15-17_ 239
    (4) 계 11:15, 17-18_ 241
    (5) 계 12:10-12_ 242
    (6) 계 14:3_ 245
    (7) 계 15:3-4_ 246
    (8) 계 16:5-7_ 248
    (9) 계 18:2-3, 4-8, 10, 14, 16, 19-23_ 249
    (10) 계 19:1-8_ 251

IX. 요한계시록에 나타난 하나님 나라

1. 계시록의 '하나님 나라' 관련 용어의 용례_ 261
    (1) '보좌'_ 261
    (2) '땅의 임금들의 머리' (계 1:5)_ 262
    (3) '나라와 제사장' (계 1:6; 5:10)_ 262

(4) '예수님 안에서 환난과 나라와 참음에 동참하는
   자라' (계 1:9)_ 262
(5) '유대 지파의 사자, 다윗의 뿌리' (계 5:5)_ 263
(6) '세상 나라가 우리 주와 그 그리스도의 나라가 되어,
   그가 세세토록 왕노릇 하실 것이다' (계 11:15)_ 263
(7) '장차 철장으로 만국을 다스릴 남자' (계 12:5)_ 265
(8) '이제 우리 하나님의 구원과 능력과 나라와 또 그의
   그리스도의 권세가 이루었으니' (계 12:10)_ 265
(9) '만왕의 왕, 만주의 주' (계 17:14; 19:15-16)_ 266
(10) 천년왕국(계 20:1-6)_ 266
(11) '만국의 영광과 존귀' (계 21:26)_ 267
2. 계시록의 '보좌 위의 하나님'_ 268
   (1) 예배와 정치 영역에서 하나님의 왕권을 강조하는 보좌_ 268
   (2) 성부와 성자 그리고 교회가 공유하는 보좌_ 269
3. 계시록의 하나님 나라의 과거, 현재, 미래_ 271
   (1) 하나님 나라의 과거_ 271
   (2) 하나님 나라의 현재_ 272
   (3) 하나님 나라의 미래_ 273
4. 계시록의 하나님 나라의 과거적 의미와 현재에의 적용_ 274
   (1) 요한 당시의 소아시아 7교회에게 있어서 하나님의 나라_ 274
   (2) 계시록의 천국의 현재적 적용 및 의미_ 276

X. 계 6장의 인 재앙과 요세푸스의 '유대 전쟁사'의 간본문적 해석

1. 계 6장의 인 재앙 석의_ 283
2. 요세푸스의 '유대전쟁사'에 나타난 간본문_ 292
3. 간본문으로서 '유대전쟁사'의 기여와 한계_ 297

XI. 간본문성의 틀에서 본 요한계시록 12-13장의 부분적 과거론적 이해

1. 계 12-13장의 부분적 과거론의 두 가지 존의_ 305

        (1) 철저부분적 과거론_ 305
        (2) 전환적 부분적 과거론_ 306
        (3) 평가와 결론적 요약_ 307
    2. 계 12-13장의 간본문성_ 307
        (1) 계 12-13장의 사회-역사적 배경_ 307
        (2) 계 12-13장의 요한과 그의 독자들의 간본문의 의미론적
            분석_ 308

XII. 계 17-18장의 음녀 바벨론에 대한 다차원적-통합적 해석
    1. 서사적 해석_ 336
        (1) 등장인물_ 338
        (2) 배경_ 339
    2. 사회-묵시수사학적 해석_ 340
        (1) 명예와 수치_ 341
        (2) 분파이론과 인사이더-아웃사이더_ 343
    3. 신학적 해석_ 344
        (1) 간본문적 해석_ 344
        (2) 이념적 해석_ 351
    4. 적용_ 353

XIII. 천년왕국에 관한 재 고찰: 무천년적 후천년주의를 중심으로
    1. 천년왕국설의 기원_ 362
    2. 천년왕국의 이론들_ 363
        (1) 전천년주의_ 363
        (2) 무천년주의_ 366
        (3) 후천년주의_ 367
    3. 계 20:1-6의 문맥_ 368
    4. 계 20:1-10의 주석_ 370

I

최근의 요한계시록 연구 동향

Recent study of the Book of Revelation

들어가면서

성경해석을 여러 방법으로 분류할 수 있다. 저자 중심의 해석, 본문 중심의 해석, 그리고 독자 중심의 해석으로 나눌 수 있다. 또는 문학적 해석, 역사적 해석, 그리고 신학적 해석으로 분류하기도 한다. 이 글에서는 후자의 방식을 원칙적으로 따라서 요한계시록의 최근 연구의 동향을 평가해 보고 개혁주의 계시록 연구의 방향성을 제시해 보고자 한다. 이를 위해 계시록의 특정 주제에 관한 연구서, 저널 그리고 주석을 중심으로 살펴볼 것이다.

1. 지난 20세기까지의 계시록 해석의 역사적 고찰

Swete (1980:ccvii-ccxix)는 2세기 이후의 계시록의 해석 역사를 간결하게 잘 요약해 주고 있다. 여기서는 Swete의 요약에 기초하여 전통적인 4가지 해석 방법인 과거론적, 미래론적, 이상주의적, 그리고 역사주의적 해석을 중심으로 살펴보고자 한다.

2-3세기의 계시록 해석은 적그리스도와 천년왕국에 대해 관심이 있었다.[1] Sardis의 멜리토 (170), 이레니우스 (180), 그리고 로마의 히폴리투스 (220)는 계시록 전체에 관한 주석을 썼지만, 오늘날까지 단편으로만 남아 있다. 순교자 저스틴 (d. 165), 이레니우스 (180), 히폴리투스 (200)의 문자적 천년왕국적 견해에 주목할 만하다. '그리스도와 적그리스도에 관하여' (On Christ and Antichrist)라는 글에서 히폴리투스는 계 11장의 두 증인을 교회로, 음녀 바벨론을 로마로 보았고, 바다에서 올라오는 짐승을 로마 제국으로 보았다. 그러나 로마 제국이 죽을 정도로 부상을 입으나, 적그리스도의 도움으로 회복된다. 땅에서 올라오는 짐승은 로마 제국을 대신할 10왕국을 가리키는 것

으로 보았다. 로마의 터툴리안도 히폴리투스와 비슷하게 보았다. 터툴리안은 바벨론을 로마로, 두 증인을 교회를 대항하여 전쟁을 일으키는 적그리스도와 거짓 선지자로 보았다. 육체적 부활이 있은 후에 땅의 좌소 (seat on earth)를 취하며 천상의 질서를 가진 왕국이 도래할 것이다. 한편 이집트의 알렉산드리아의 클레멘트 (ca. 150-215)와 오리겐 (ca. 185-254), 그리고 메토디우스는 천년왕국에 대한 문자적인 해석을 유대적인 것으로 간주하면서 영적으로 해석했다. 오리겐은 자신의 시대에 주는 계시록의 예수 그리스도와 성도의 영적인 삶에 관한 가르침에 귀를 기울였다. Haussleiter에 의해 출판된 Pettau의 빅토리누스 (d. 303)의[2] 주석은 그는 전천년적 해석과 반복이론을 확고하게 제시했다 (Gregg, 1997:28-34).

4-5세기 동안 주목할 만한 인물은 도나티스트 (Donatist)인 티코니우스 (d. 400)인데 그는 계시록 주석을 썼다. 그는 오리겐의 경향을 따랐고 이후에 어거스틴[3] (c. 354-430. '하나님의 도성'에서 계 20장을 해석하면서)과 몇몇

---

1) 영지주의와의 대결 중에, 계시록의 재림과 이 세상적 종말론 (this-worldly eschatology)에 대한 중요성에 관한 주장이 나타났다. 실례로 Phrygian Hierapolis의 감독 파피아스 (c. 130)는 천년왕국을 지상에 임할 미래적 황금 시대로 간주했고, 유대 자료로써 천년왕국의 개념을 다듬었다. 파피아스의 천년왕국이론을 저스틴, 이레니우스, 터툴리안, 그리고 락탄티우스 (d. 320)가 따랐다. 그리고 Poetovio (혹은 Petau)의 Victorinus의 260년경의 계시록 주석 (이것은 현존하는 最古의 계시록 주석)에도 나타난다. 제롬이 398년에 Victorinus의 주석을 개정하여 출판하면서 천년왕국적 요소를 제거시켰다. 바로 이것에 근거하여 현대의 전천년주의자들은 초대교부가 거의 모두 전천년주의자였다고 주장하고 있다. 하지만 이 주장은 신빙성이 없다. 왜냐하면 저스틴이 '트리포와의 대화' (Dialogue with Trypho, 1장 xxx)에서 다음과 같이 그 당시에 다양한 계시록 해석 방법이 존재했음을 기록하기 때문이다: "나와 많은 다른 사람들은 전천년주의 입장을 따르고 그런 것이 발생할 것이라고 믿는다. 그러나 다른 한편으로는, 순수하고 경건한 믿음을 가진 다른 많은 진정한 크리스챤들은 다르게 생각하고 있음을 당신에게 주지시키는 바이다." 그리고 Charles C. Ryrie와 John F. Walvoord와 같은 세대주의자들이 주장하는 것과는 달리, 종말론적인 체계의 발전이 초대 교부들의 주요 관심사도 아니었다. 따라서 많은 주요 교부들은 천년왕국에 대한 그들의 입장을 분명히 밝히지 않아서 그들의 입장을 정확히 알 수 없다. 단지 우리가 활용할 수 있고 확인 가능한 교부들의 글에서는 전천년적 입장이 다수임을 알 수 있을 뿐이다 (Gregg, 1997:29; Kovacs & Rowland, 2004:15).

2) 'Nero redivivus myth'를 계 13:3절과 17:8-11절에 연결한 최초의 사람은 Victorinus였다 (보라. Kreitzer, 1996:187).

카토릭 학자들이 티코니우스를 따랐다 (Collins, 1986a:229-230). 티코니우스는 박해받았던 소수인 도나티스트와 박해를 가했던 당시의 교회 (the great church) 사이의 대결의 관점에서 계시록을 해석했기에, 미래 종말적 측면에 큰 관심을 보이지 않았다. 티코니우스의 주석은 더 이상 현존하지 않지만, 예를 들어, 8세기의 Bede와 Beatus의 글에 인용되었다. 그의 윤리적-교회적 해석은 종말의 정확한 시간에 관한 불가지론과 연관되어 있다. 그는 계 21:4절을 주석하면서 예루살렘은 교회인데 그리스도의 고난으로부터 장차 온전한 영광스러운 교회를 포함하는 것으로 본다. 즉 새 예루살렘성에서 교회의 (과거성과) 현재성과 미래성을 동시에 파악했다. 현재와 미래는 항상 섞여 있다. 그의 성경해석에 관한 일반적인 원칙은 계시록 주석에 반영되었다. 예를 들어, 교회의 머리이신 그리스도는 그의 몸인 교회를 포함하듯이, 계 13장의 짐승은 사탄을 상징하는 동시에 그와 결합되어 있는 다양한 종류의 멤버를 포함하는 것으로 보았다. 그리고 숫자는 더 심오한 상징적 의의를 가지며, 계시록의 결과적으로 잇달아 일어나는 이야기는 동일한 사건의 반복을 제공한다고 보았다. 그는 세상의 종말을 박해와 환난의 기간으로 보았으며, 그 당시 아프리카에서 도나티스트가 받은 박해는 미래 종말적 상황을 미리 보여주는 것으로 보았다. 계 11:9절의 '사흘 반'은 그리스도의 출생과 적그리스도의 출현 사이의 350년으로 보았다. 계 20장의 천년왕국은 초림과 재림 사이의 교회 기간으로 보았다. 그러므로 사단은 이미 결박당했고, 교회 안에서 성도는 이미 천국의 복을 경험할 수 있다고 보았다. 티코니우스-어거스틴적 해석이 그 후 몇 세기동안 풍미했다 (Kovacs & Rowland, 2004:14-17).

5세기의 제롬에 의하면, 6세기에 동방교회는 계시록을 거부했다고 한다.[4]

---

3) 어거스틴에게 있어서 계시록은 현재적인 성도의 삶과 (미래) 종말 (eschaton)에 관한 통찰력을 제공하는 원천이었다. 그는 초기에 문자적 천년왕국 개념을 가졌으나 나중에 티코니우스의 영향을 받아 상징적으로 해석했다. 어거스틴은 계시록이 교회역사나 세상역사의 청사진을 제공하는 것으로 보지 않았으며, 미래 세상 종말의 시기를 계산하는 자료로 사용하지 않았다. 어거스틴에게 있어서 하나님의 도성 (city of God)과 세상의 도성 (city of the world) 사이의 이원론적인 해석 경향은 강했다 (Kovacs & Rowland, 2004:17).

하지만 동방 교회 사람들은 계시록의 역사적인 암시에 서방 교회보다 더 관심을 보였다 (예. Oecumenius).

6-8세기에는 풍유적 해석이 여러 주석에 나타났다. 예를 들어, Primasius (c. 550), Alcuin (c. 735-800), Rabanus Maurus (c. 775-836), Walafrid Strabo (c. 807-849), Cassiodorius, Apringius, Bede, Beatus와 같은 중세 초기의 계시록 저술가들은 전체적으로 신비적인 해석을 따랐는데, 세부적인 주석에는 차이가 있었다. 이런 차이는 이들 개인의 공상 혹은 그들 당시의 필요나 사상의 영향에 기인한다. 하지만 예외도 있었다. 6세기 초의 갑바도기아의 Andreas는 가장 위대한 헬라 주석을 썼다. Andreas는 여러 이른 사람들의 관점 (예. 영적 그리고 문자적)을 통합시켜서 해석을 했다. 그는 신비적 해석을 포기하지 않았지만, 병행해서 계시록의 역사적 성취를 고려했다. 그는 음녀 바벨론을 일반적으로 교회를 대적하는 세상으로 보았지만, 계 17:10절의 일곱 왕들을 특정적으로 세상 권세의 7개의 구체화라고 보았다. 6번째 왕은 로마로, 7번째 왕은 콘스탄티노플로 보았다. Andreas는 티코니우스와 어거스틴처럼 무천년적 입장을 따랐다. 그에게서 관점의 통합이 최초로 이루어진 것이 큰 의의라 할 수 있다 (Gregg, 1997:30-31).

9세기에는 신비적 해석과 역사적 해석을 결합시켜 계시록의 내용이 인간의 모든 역사를 다루도록 Berengaud가 시도했다. 그는 첫 번째에서 여섯 번째 인들을 아담에서 예루살렘 멸망의 기간에 적용했고, 첫 번째에서 여섯 번째 나팔들은 족장 시대에서 기독교 순교자의 시기 동안에 복음을 전파하는 것으로 보았다. 두 증인 (계 11장)은 주님의 재림 전에 등장한 에녹과 엘리야라고 보았다. 첫 번째 짐승 (계 13:1)은 7가지 치명적인 죄를 가진 적그리스도로, 두 번째 짐승 (계 13:11)은 적그리스도의 (모든, 집합적인 의미에서) 추

---

4) 요한계시록을 사용하여 이교도의 가르침을 옹호하는 해석을 할 수 있었던 용이함 때문에 많은 사람들은 요한계시록을 사용하는 가장 좋은 방법은 그것을 전혀 사용하지 않는 것이라고 확신하게 되었다 (데스로시어, 2004:172).

종자로 보았다. 바벨론은 이방 로마인 동시에 더 포괄적으로 사단의 도시를 나타내는 것으로 보았고 열 뿔은 로마를 멸망시킨 야만족들의 계속적인 침략으로 보았다. 1000년 (계 20)은 그리스도의 승천으로부터 세상 끝까지 지속되는 것으로 보았고, 첫 번째 부활을 성도의 현재적 상태라고 보았다 (Gregg, 1997:31). Berengaud의 작품은 암브로스의 작품의 부록부분에 등장한다. 중세시대에 서유럽 특히 프랑스에서는 계시록의 천년주의의 개념에서 세상의 종말을 발견했는데 AD 1000년을 그 종착시기로 보았다 (참고. Paulien, 2003:160).

12-13세기의 시리아의 작가 디오니시우스 바 사빌리 (Dionysius bar Sabili)는 미래적인 천년왕국이론을 부활시켰다. 한편 애굽 콥틱 교회의 블루스 (Blus al-Bsi)는 AD 500-1500년에 천년왕국이 이루어졌다고 주장했다. Havelberg의 안셀름 (1129-1155)과 Deutz의 루퍼트 (Rupert, 1111-1129)도 계시록의 내용이 특정 세상 역사 안에 이루어졌다고 믿는 세상-역사적 해석 (world-history interpretation)에 치중했다. 중세 후기의 수도사적 개혁가 Fiore의 Joachim (ca. 1135-1202)을[5] 추종한 (프랑스 파리를 중심으로 한) 프란시스코 수도사들은 계시록에서 반복해서 등장하는 1,260 혹은 42개월 이라는 숫자를 통해서 AD 1,260년경에 세상의 종말이 올 것으로 생각했다. 비록 Joachim은 로마 교회에 충실했지만, 그 당시에 그를 따른 많은 사람

---

5) 칼라브리아의 칼리쿰 (Calicum)에서 태어나, 33세에 시토수도회 (Cistercian) 원장이 된 요아킴은 1200년경부터 계시록 주해를 저술했는데, 계시록을 성경 전체와 세상 역사의 해석학적 열쇠로 보았다. 그는 세상 역사적 해석을 따랐다. 그는 어거스틴과 견해를 달리했다. 그는 세상을 낙관적으로 보았으며, 계시록을 해석하는 사람들로 하여금 스스로 임박한 종말의 참여자로 여기도록 만들었다. 세상은 하나님의 종말론적 목적의 성취의 영역이었다. 그는 계시록을 8부분으로 나눈다: 계 1:1-3:22 (7편지), 4:1-8:1 (인봉의 개봉), 8:2-11:18 (나팔이 불림), 11:19-14:20 (2짐승), 15:1-16:17 (7대접), 16:18-19:21 (바벨론의 파멸), 20:1-10 (천년왕국), 그리고 20:11-22:21 (새 예루살렘). 이 구분은 영원한 천국 이전의 교회의 7시대에 상응한다. 예를 들어, 7인은 두 가지로 해석된다: 이스라엘의 7세대와 관련되는 것 그리고 교회의 기간과 관련되는 것. 그리고 여섯 째 인은 마치 바벨론의 유대인처럼 박해의 기간과 고통을 통한 교회의 정화기간을, 일곱 번째 인은 오래 전에 파종된 것이 결실하는 성령의 새로운 시대의 개막을 상징한다고 보았다 (Kovacs & Rowland, 2004:17-18).

들은 바다에서 올라온 짐승을 로마 교황제도라고 보기 시작했다. 요아킴이 죽었을 때 교황은 공적으로 그를 정죄하도록 최선을 다했으나, 호노리우스 3세 (Honorius III)는 요아킴이 교황에 의해 참된 카토릭교도로 인정받았음을 보여주는 칙서를 공포했다. 요아킴의 주장은 교회개혁가들에게 직접적인 영향을 미쳤다 (참고. Paulien, 2003:160).[6]

14세기의 프란시스코 수도회의 피터 존 올리바 (Peter J. Olivi, c. 1248-1300)는 적그리스도를 교황에 연결시켰는데 이 관점이 종교개혁시기로 이어지게 되었다. 올리바에 의하면 음녀 바벨론은 현재와 가까운 미래의 세속적 교회였다. 그리고 자신이 속해 있다고 본 6번째 기간 (6째 인)에 관심을 두면서, Assisi의 Francis에 의해서 갱신의 시간이 시작된다고 보았다. 이런 주장은 중세 후반기의 사회의 변혁에도 부분적으로 영향을 미쳤다. 예를 들어, (폭력적인 토마스 뮌쯔 [c. 1485-1525]의)[7] 농민 운동과 Taborite혁명과는 달리) Florence지역의 Girolamo Savonarola (1452-1498)의 예언적-비폭력적 개혁운동에도 영향을 미쳤다. 리라의 니콜라스 (d. 1340)는 이것에 반동한 해석을 제시하면서 도미티안 황제시대부터 자신의 시대까지의 역사가 계시록의 내용이라고 보았다 (Kovacs & Rowland, 2004:19).

---

6) 사실 13-14세기에 계시록은 로마 교회에 대항하는 주요 무기로 사용되었다. 영국의 위클리프파 (Wycliffites)와 보헤미아의 후스파 (Hussites), 왈도파 (Waldenses), 카타리파 (Kathari)와 모든 사람들은 계시록의 적그리스도에 대한 예언을 교황권에 적용하는데 하나가 되었다. 극단적 프란시스파와 다른 종교적 단체들이 로마를 적그리스도와 일치시켰을 때 교황청 학자들은 그들의 대적자들을 집합적 적그리스도로 보았다 (이형의, 2004:29)

7) 재세례파 토마스 뮌쯔는 계 14:14절의 '이한 낫을 든 천사'를 자신의 사회 개혁 운동을 묘사하는 것으로 보았다. 그리고 계 11장의 두 증인을 엘리야의 정신과 권능을 계승한 자신의 개혁운동으로의 소명을 묘사하는 것으로 적용했다. 그는 꿈과 이상을 하나님의 계시의 방편으로 보았다. 그리고 성령은 택한 자에게 악한 자와 구별되는 신분의 정체성과 분명한 이해력을 주신다고 믿었다. 뮌쯔와 맥을 같이한 Melchior Hoffman (1500-1534)은 하나님의 천년왕국적 새 예루살렘을 독일의 뮌스터에 건설하고자 했다. 그는 '갈라진 발톱' (the cloven claw)의 해석법칙을 따라서 계시록 (그리고 성경)의 모순과 모호함에 집중하면서 말 그대로 신비의 책으로 만들었다. 단지 자신처럼 특별한 지식을 가진 자만 해석할 수 있는 것으로 보았다. 이 해석은 영국 시민전쟁 시의 Gerrard Winstanley (1609-1676)와 18세기 후반 영국 예언 운동가 William Blake (1757-1827)에게 영향을 주었다 (Kovacs & Rowland, 2004:21).

16세기 교회개혁 시기에 反로마 교황적 해석이 활발히 일어났다. 이것은 일종의 세상-교회 역사적 해석인데, 예를 들어, 계시록을 '벙어리 예언' (dumb prophecy)로 보았던 루터 (1483-1546)는 계 4장 이후를 로마 교황을 반대하는 맥락에서 교회의 역사를 반영하는 것으로 본 이른 시기의 주석가 중 하나이다.[8] 이것이 19세기까지 개혁주의 전통으로 남게 되었다 (Gregg, 1997: 31-32). 비록 칼빈이 계시록 주석을 쓰지 않았지만[9] 그의 다니엘서 주석과 시편주석 같은 다른 작품에 근거해 보면 계시록을 교회-세상 역사주의적으로 이해했을 것임을 추정해 볼 수 있다. 혹자는 칼빈이 계시록의 주석을 집필하지 않은 이유를 루터와 동료 개혁가들이 계시록의 정경성을 흔쾌히 인정하지 않은 것을 칼빈이 알았기에 그런 책의 주석을 위해 시간을 투자할 이유가 없었다고 보기도 한다. 그리고 칼빈 당시의 재세례파와 같은 이단들이 계시의 지속성을 주장하는 근거로 계시록을 사용한 것 역시 칼빈으로 하여금 소위 이단에게 유용한 책에 대해 주석을 쓰는데 주저하게 했을 수도 있을 것이다. 하지만 다른 설명도 가능하다. 칼빈의 인생에서 주석을 집필한 순서를 주목해 본다면 그의 사망 직전에 다니엘서와 같은 성경을 주석함으로써 계시록 주석을 위한 길을 닦아둔 것으로 보인다. 그의 이른 죽음으로 인해, 계시록에 대한 주석을 쓸 의향이 없어서가 아니라, 그의 생애 제일 마지막에 남겨 두었던 계시록 집필 계획은 이룩되지 못하고 만 것으로 보인다 (보라. De Boer, 1997:28, 35, 40, 42). 또 다른 교회 개혁가 Heinrich Bullinger는 문자적 해석과는 거리가 먼 도덕주의적이고 알레고리적 계시록 해석을 추구했다 (데스로시어, 2004:173).

---

8) 1530년 이후로 요한계시록이 반 천주교적 논쟁 (anti-Catholic polemic)을 위해 유용한 책임을 발견한 루터는 술탄 술래이만 2세 (1520-1566)의 지휘 하에 있던 투르크 군대를 곡 (Gog)으로 교황을 마곡 (Magog)으로 보았다. 이 둘은 모두 복음의 대적이었다. 루터는 교황주의를 더 위험한 대적으로 보았는데, 이유는 곡은 순교자를 내어 천국을 채우지만, 마곡은 배교를 일으켜 지옥을 채우기 때문이라고 보았다. 여기서 다시 한번 루터의 세상-교회 역사적 해석을 확인한다 (Railton, 2003:24-34).

9) 개혁교회는 1596년에 노회 (provincial synod)의 허락이 없이는 요한계시록에 대해 주석을 쓰거나 설교할 수 없다고 결의했다. 요한계시록이 기독교공동체 사이에서 내용이 빈약한 경건한 신비주의를 자극한다고 보았기 때문이다 (데스로시어, 2004:174).

16세기말의 反 종교개혁시기에 스페인의 예수회 소속이었던 루이 드 알카자 (Luiz de Alcarsar, 과거론 주창자, 1554-1613; 계 5-11장은 반 유대주의를, 계 12-19장은 반 이교주의를 의미하는 것으로 봄)와 (다섯째 인 다음의 모든 것을 마지막 때를 가리키는 것으로 미래적으로 보았던) Salmanca의 교수였던 프란시스코 드 리베라 (Francisco de Ribera,[10] 미래론 주창자, 1537-1591; 다른 미래론자로는 계 9:11절의 무저갱을 통제하는 마귀적 인물을 루터와 루터주의자로 본 Robert Bellarmini [1586/93], Cornelius a Lapide [c. 1625] Johann Stephan Menochius [1630])를 주목해야 한다 (참고. 거쓰리, 1991:19). 이들이 과거론이나 미래론으로 계시록을 해석한 것은 이 두 입장 모두 계시록의 부정적인 이미지를 그들이 살던 16세기 교황에게 적용시키지 못하게 하려는 의도 때문이었다. 한편 이 무렵 독일 뮌스터에서는 토마스 뮌쩌의 주동으로 농민반란이 일어나서 무력에 의해 뮌스터가 지상의 낙원인 새 예루살렘이 될 것이라고 주장했다. 이것도 극단적인 세상역사적인 해석의 한 예이다 (참고. Paulien, 2003:160). 중세 말에 이르러 계시록은 기독교의 경전 가운데 전례가 없는 위치를 차지하게 되었는데, 복음서와 동등시되거나 그보다 더 우선적으로 여겨지기도 했다. 16-17세기에는 계시록의 철학적 해석도 등장했다. Camerarius (1556), Beza (1556), Castellio (1583), Drusius (1612)와 17세기에 활동한 일부 주석가는 계시록의 참된 의미를 발견하는데 대한 절망감으로 인해 나름대로 철학적으로 해석을 했다. Camerarius는 다음과 같이 쓰고 있다: "아직 성취되지 않은 예언들의 의미를 발견하기 위해서는 실제적인 예언적 능력이 요구되는 까닭에 Cicero가 해석학 헬라어 구절 '훌륭한 상상가가 최고의 예언자이다' 라는 말이 특별히 여기에도 적용될 수 있다"(이형의, 2004:34-35).

17-18세기에는 벵겔, 아이적 뉴턴과 윌리엄 휘스턴 등 여러 사람이 계시록 주석을 썼다. 일반적으로 이 시기의 개신교 학자들은 루터의 역사주의적 견

---

10) Ribera는 계시록에서 요한은 가까운 미래나 세상 끝의 최후의 사건들에 관해서만 언급한다고 본다. 따라서 그 중간에 끼어들 역사는 언급하지 않았다고 본다. 적그리스도는 종말에 일어날 미래적인 개인으로 보았다. 바벨론을 교황 체제 하의 로마가 아니라 미래의 부패한 국가로서의 로마로 보았다 (Gregg, 1997:32).

해를 발전시켰다. 영국의 켐브리지의 Joseph Mede (1586-1638; 교회-세상 역사적 해석과 빅토리누스와 요아킴의 반복이론을 따름. 1260일은 AD 365년의 교황직의 시작부터 17세기 그것의 파멸까지로 본다) 아이적 뉴턴 (1642-1727) 그리고 윌리엄 휘스턴은 도미티안 시대로부터 자신들의 시대 사이에 성취된 계시록의 예언들을 찾아내었다. 이 말은 이 3명이 세상-교회 역사적 해석을 따랐다는 의미이다. 대륙에서는 Vitringa와 Bengel이 이 견해를 따랐다. 이 시기에 알카자의 과거론적 견해를 따른 사람으로는 개신교도인 Hugo Grotius (1583-1645; 계시록의 문학적 해석의 개척자)가 있었다. 1642-1646년 그리고 1648-1652년 동안의 Charles 1세와 국회와의 싸움 (the Civil War) 동안에 왕에 대한 저항을 정당화하기 위해 묵시 사상이 사용된 것과 초기 왕정복고시대 동안에 과격한 사람들에 의해 이런 사상이 적용된 것은 묵시적 확신 (apocalyptic convictions)은 군주정치와 영국 국교회를 지지하는 것과 조화되지 않는다는 잠정 결론에 도달하게 했다. 심지어 James 1세는 계시록의 주석을 직접 쓰면서 로마교회를 적그리스도라고 주장하는 것은 그 자체로 반-왕정주의자 (anti-royalist)가 아니라고 했다. 17세기 후반의 영국에서 계시록의 해석은 중세 때는 반대했던 바로 그 국가와 교회의 권위를 촉진시켰다. Henry More, Gryffith Williams 그리고 Gilbert Burnet과 같은 왕정복고시대 (the Restoration)의 저명한 학자들과 기독교인들의 저술에는 전통적인 영국의 묵시적 사상을 배격하면서, 묵시사상은 사회의 정치적 그리고 종교적인 주변인들의 불만족에 관한 단순한 언어가 아니라는 점을 확고히 했다 (Johnston, 2004:467-468).[11] 18세기의 Eichhorn은 계시록을 시 (poem) 혹은 드라마의 관점에서 해석하기도 했다.

---

11) 프랑스의 태왕 (Sun King) 루이 14세가 1685년에 낭트칙령 (the Edict of Nantes)을 반포하자, 개혁파 그리스도인들 (Reformed Christians)은 오랜 핍박 때문에 들이나 산에 예배하러 모이게 되었다. 그들의 목사들은 왕의 용기병들 (dragoons)에게 처형당했다. 프랑스 왕을 요한계시록의 '짐승'과 동일시한 자칭 남녀 선지자들이 주도권을 잡고 백성들에게 프랑스 왕을 대항할 성전을 촉구하기도 했다. 이것이 캐미사르 반란 (Camisard rebellion)이다. 이것은 그 자체가 역 테러주의 (counter-terrorism)라고 정죄된 무장반란이었다 (참고. Clowney, 1988:211-212).

아래의 표는 Böcher (1980:21-27)가 18세기 계시록 해석의 경향을 독일 학자를 중심으로 요약한 것이다:

해석 방법	주창자
비평적- (저자) 당시 역사적 해석 (Critical- author contemporary historical interpretation)	F. Abauzit (1679-1767), J.S. Semler (1725-1791), J.G. Herder (1744-1803), J.S. Herrenschneider (1786), J.G. Eichhorn (1752-1827)
세상-교회 역사적 해석	Viktorin von Pettau (303), J. Coccejus (1603-1669), C. Vitringa (1659-1722), J. Lange (1670-1744), J.A. Bengel (1687-1752), Pastorini (1785/86), H.J. Stilling (1740-1817)

19세기 말의 합리주의와 비평시기에, 계시록을 역사비평적으로 해석하려는 경향이 많았다. 19세기 초반에는 요한 당시의 관점 즉 1세기 과거적 해석이 주를 이루었으나 호프만 (1844) 이후로는 세상-교회 역사적 해석이 주를 이루었다. Friedrich Lücke (1791-1854)는 '계시록의 현대 해석의 아버지'라 불리는데 계시록을 묵시로 보았다. 묵시의 성격으로는 이원론, 임박한 심판과 교회의 승리, 박해의 상황, 익명의 저자 등이다. 19세기 계시록 해석 경향을 위해서는 다음 페이지의 표를 참고하라 (참고. Bocher, 1980:28-36):

해석방법	주창자
미래론적	S.R. Maitland (1827),[12] Issac Williams, Stern, Bisping, the Plymouth Brethern, John Nelson Darby
역사주의적	E.B. Elliott (1847), A.J. Gordon, E.W. Hengstenberg (1802-1869), L.L. Harms (1808-1865), J.H.A. Ebrard (1818-1888), F.S. Tiefenthal (1840-1917)
이상주의적	Auberlen,[13] J.C.K. Hofmann (1810-1877), G.A. Auberlen, T. Klieforth (1810-1895), C.H.A. von Burger (1805-1884), J.T. Beck (1804-1878)
과거론적	Moses Stuart (1845)

20세기에 들어와서는 역사비평적 해석이 여전히 시도되는 가운데, 다양한 문학적, 역사적, 그리고 신학적 해석이 동원되었다. 특히 여성학자들의 맹활약을 볼 수 있다. E Schussler Fiorenza, M Ford, Tina Pippin. Adela Yarbro Collins로 대변되는 계시록의 여성신학적 해석은 이념비평 (ideological criticism)의 일부로서 주관적 위험성을 내포한다. 그리고 Postcolonial criticism 즉 정치적 해방에 근거한 계시록 해석도 등장했다. 예를 들면 남아공의 Alan Boesak과 남미의 해방신학적 상황화적 해석가들이 여기에 속한

---

12) 개신교도들은 미래론을 교회개혁가들에 대한 교황의 자기 방어용이라고 생각했다. 따라서 비 카토릭주의자들은 미래론적 해석을 피했다. 17세기의 Fifth Monarchy Men에 의해 채용된 미래론은 19-20세기에 Plymouth형제단과 성경 컨퍼런스 운동 (the Bible Conference movement)에 의해 부활했다. 플리머스 형제단의 지도자이며 영국의 성직자였던 John Nelson Darby (1800-1882)는 미래론적 해석을 자신의 세대주의적 신학 속으로 혼합했다 (참고. Scoffield Reference Bible, 1909; Hal Lindsey, Tim LaHaye, Jerry Jenkins). 참고로 1827년경 켄터베리 대주교의 사서 Samuel R. Maitland를 통해서 공식적으로 개신교 진영에 미래론적 해석이 도입되었다 (Gregg, 1997:32).

13) Auberlen은 이상주의적-영적인 해석을 따라서 계시록의 요점을 역사 철학 (a philosophy of history)이라고 보았다. 특정 인물이나 사건들은 단지 원칙의 주목할 만한 실례일 경우에만 등장한다고 보았다 (Gregg, 1997:33).

다.[14] 이런 경향은 상황 지배적인 성격 즉 본문에서 출발하거나 본문 지배적이 아니기에 주관성을 탈피하지 못하여 해석이 아니라 적용의 차원에 머문다. 그리고 세대주의적-전천년적-미래론적 해석이 미국을 중심으로 유행하기도 했다. 한국도 이 영향을 강하게 받았다. 그리고 미국 Texas의 Tyler시를 중심으로 한 Christian Reconstruction Movement에 주목해 볼 필요가 있다. 이 운동은 G. De Mar, J.B. Jordan, D. Chilton, R.J. Rushdoony 등을 중심으로 후천년적인 부분적 과거론을 보급했다. 그리고 계시록은 현대의 교회의 예전, 성구집, 음악, 미술, 그리고 예술의 많은 영역에 영향을 주고 영감을 제공했다.

다음 페이지의 표를 통해서 20세기 계시록 해석의 경향을 일목요연하게 볼 수 있다 (참고, Böcher, 1980:37-54):

---

14) 브라질의 보르톨리니 (2000:10-13)는 계시록 해석의 첫 번째 열쇠를 '저항하는 책으로 읽는 것'이라고 주장한다. 그에 따르면 "계시록은 사람들의 눈을 뜨게 하여, 자기들이 당하고 있는 억압과 착취를 깨닫게 하고, 그에 저항하도록 자극하고자 한다. 계시록이 저항하는 책이라는 해석학적 열쇠가 없으면, 요한계시록은 한없이 이상하고 우리와 아무런 상관이 없는 책으로만 생각될 것이다. 요한계시록은 단순히 고발하는 책에 그치지 않는다. 예언적으로 고발하는 책이기도 하다. 구약시대의 예언자들은 백성으로 하여금 저항하도록 이끌어 가지는 못했다. 그들이 강조한 점은 국가의 불의에 대한 고발이었다. 그러나 계시록은 거기에서 한 걸음 더 나아갔다. 국가 내부의 불의에 대항하여 저항하도록 백성을 조직했다. 백성으로 하여금 저항운동에 떨쳐나서도록 했다. 즉 예언적으로 고발하면서도 저항하도록 백성을 인도하는 책이다. 여기서, 지금, 고발과 저항을 통하여, 새로운 예루살렘이 실현될 것이다. 따라서 요한계시록은 세상의 종말에 대하여 말하지 않고, 하나님이 오늘날 우리 사회가 어떠하기를 바라시는지 그 모습에 대하여 말한다. 이 사실은 민중투쟁에 몸 바치는 집단들에게 큰 희망을 안겨준다."

해석 방법	주창자
미래론적	J.A. Seiss (1909), J.F. Walvoord, R.H. Mounce, G.E. Ladd, H. Lindsey, R.L. Thomas
역사주의적 역사비평	Albert Barnes H. Gunkel (1862-1932), W. Bousset (1865-1920), J. Wellhausen (1844-1918), F. Boll (1867-1924), C. Clemen (1865-1940), E. Lohmeyer (1890-1946), R.H. Charles (1855-1931), Wikenhauser (1883-1960), A. Feuilet (1963), H. Gollinger (1973), H. Kraft, H.D. Betz, H. Bietenhard, O. Böcher, E. Schüssler Fiorenza, W. Foerster, G. Kehnscheper, K. Koch, J. Michl, U.B. Müller, J.M. Schmidt, A. Vögtle, G. Bornkamm, G. Belling, F. Hahn, G. Harder, K.P. Jörns, S. Lauchli, H.P. Müller, J.J. O'Rourke, P.v.d. Osten-Sacken, J.M. Ford (1975), P. Prigent (1981)
이상주의적	T. Zahn (1838-1933), R. Kraemer (1929), William Hendriksen
과거론적	W.M. Ramsay (1851-1939), James Snowden (1919), L. Cerfaux, J. Cambier, B. Newman, P. Touilleux

2. 최근의 계시록 해석 경향

(1) 문학적 해석

여기서 말하는 '문학적'(literary)이란 말은 양식비평을 가리키지 않고 본문의 문학적인 특징을 살피는 해석이라는 넓은 의미로 사용된다. 즉 현대의 문학이론을 계시록 해석에 적용한 것도 포함하며, 고전적인 문법-역사적 해석 (grammatico-historico interpretaion) 중 문법적 해석도 포함 한다 (참고. Paulien, 1995:245).

① 서사적 해석

1950년의 신비평 (new criticism)이래 현대까지 문학이론을 해석 방법론으로 사용하여 계시록을 연구하는 것이 보편화되고 있다.

ㄱ) 정의와 특성

서사적 해석 (narratological interpretation)의 정의를 위해 '서사비평이란 무엇인가? 라는 책에서 밝힌 마크 알렌 포웰 (1990:47)의 말을 들어보자:

서사비평 운동은 일반 문학계에서는 그 정확한 대응물을 찾을 수 없으며, 성경 연구 분야에서만 발전되어 왔다. 만약 일반 문학 비평가들이 서사 비평을 분류한다면, 그것은 수사비평의 새로운 유형이거나 독자반응 비평의 일종으로 여길 것이다. 하지만 성경학자들은 서사 비평을 그 자체적으로 독립적이고 동등한 운동으로 생각하려고 한다.

서사적 해석은 제임스 바아를 비롯하여 많은 학자들이 분류하듯이 신학의 해석 3차원 즉 문학, 역사, 신학적 해석 중 문학적 측면을 강조하는 것이다. 따라서 이 해석은 '하나'의 방법일 뿐이다. 달리 말하면, 본문의 신학적 차원은 성경 신학에, 역사적 측면은 역사적인 해석에 맡겨 보충하여야 한다. 이미 복음서의 서사 비평은 활발하게 진행 중인데 킹스베리의 '이야기 마태복음', 알란 컬페퍼의 '요한복음 해부', 그리고 로버트 텐니힐의 '눅-행의 서사적 분석'이 대표적이다.

좁게는 서사비평, 넓게는 문학비평의 특징은 무엇인가? (참고. De Boer,

1992:48):

(1) 본문의 완결된 형태에 초점을 둔다. 따라서 역사비평의 경우와 같이 통시적인 본문의 기원과 발전 과정을 찾기 위해 본문을 창문으로 삼아서 뒤로 내다보지 않는다.

(2) 본문의 전체적인 통일성을 강조한다. 즉 역사 비평이 주로 본문의 약해 보이는 연결 고리의 분해를 시도했다면 서사 비평은 그 이음매를 강화하는 역할을 한다.

(3) 다음의 의사소통 모델에 근거 한다:

저자 → 본문 → 독자
|
내재된 저자 → 이야기 → 내재된 독자

내재된 독자는 본문 안에 있는 독자인데 단순히 독자 중심적 해석으로 서사 비평을 구분하는 것으로부터 벗어나게 하며 본문 중심적인 해석의 성향을 가지게 한다. 서사비평의 목적은 본문을 내재된 독자의 관점에서 읽는 것이다. 내재된 독자는 실제적이며 역사적인 일차적 독자가 아니다. 본문이 의도하는 바가 항상 달성되는 인물이 내재된 독자인데 어떤 때는 역사적이고 역사적인 일차적 독자와 혼동되기도 한다. 종종 독자 반응 비평에서의 독자와 내재된 독자가 일치하는데, 본문의 처음부터 끝까지 모든 내용을 알고 있고 따라서 뒤로 돌아보는 힘과 앞을 예측할 수 있는 능력을 가지고 있는 일종의 이상적인 독자라고 할 수 있다. 서사비평의 중심 질문은 "내재된 저자가 내재된 독자로 하여금 이야기를 이해하도록 하기 위해서 어떤 방법을 사용하느냐"이다. 즉 본문에 내재된 문학적 기법을 통해서 독자들이 작품을 이해하게 된다고 생각하는 경향이 있다.

ㄴ) 개혁주의 신약 해석을 위한 서사비평의 전제

개혁주의에서 서사비평을 사용하려면 한 가지 분명히 해야 할 전제가 있다. 그것은 다루고자 하는 본문이 '역사성' (historicity)을 가진 이야기라는 것이다. 여기서 역사성을 빼 버린다면 마치 Jesus Seminar의 도미닉 크로산 등이 주장하는 왜곡된 예수님이 필연적으로 도출되는데, 그들은 역사성을 무시한 은유 (metaphor)로 보기 때문이다. 그리고 '이야기' 라는 용어를 사용할 때도 주의해야 한다. 즉 단순한 인간의 이야기나 문학 이야기-작품이 아니라, 하나님의 구원의 이야기 즉 신적 서사 (divine narrative)라는 점을 전제해야만 개혁주의 신약 해석에 유익하게 보조적으로 사용될 수 있다. 이런 전제를 가진다면 우리는 조심스럽게 서사비평을 사용할 수 있는데, 지나치게 경계만 하고 이것을 사용하지 않는 사람들과는 달리, 우리는 유익한 도움을 받을 수 있다고 믿는다.

ㄷ) 서사비평을 위한 중요한 요소들

위에서 논의한 것 중 특히 내재된 독자의 개념은 서사비평에 있어서 중요한 개념이지만, 아직도 분명히 확정된 개념이 아닌 것 같이 보인다. 이것의 이론이 난해하기도 하다. 따라서 우리는 서사비평으로 계시록을 이해하기 위해서 다음의 요소를 중심으로 간편화시켜서 해석하려고 한다.

a. 관점들 (viewpoints)

관점들은 특히 보리스 우스펜스키 (Uspenski)의 연구에 빚진 결과인데 소개하면 다음과 같다 (참고. Resseguie, 1998:7, 33, 39, 44-47):

(1) 공간적 관점 (spatial viewpoint)- 본문의 공간적인 배경은 무엇이며 주로 무엇-누가 공간적 배경의 핵심-중앙인가를 찾아야 한다.

(2) 시간적 관점 (temporal viewpoint)- 언제 이 본문의 이야기가 전개되고 있는가? 예를 들어, 유월절 혹은 밤 이런 용어들에 주의하면 유익할 것이다. 부연하면 어떤 이야기가 (실제 시간은 짧음에도 불구하고) 길게 설명되는 반

면에, (실제 시간이 긺에도 불구하고) 다른 사건은 짧게 묘사된다면 어떤 사건이 저자에게 더 중요할까? 전자이다. 이것이 이야기 시간 (story time)과 실제시간 (real time)의 차이다. 복음서를 보라. 약 3분의 일 분량이 예수님의 십자가와 부활을 담고 있지 않은가? 실제 시간은 1주일 혹은 10일 밖에 안 된다. 반면에 예수님의 어릴 적 이야기는 30년 정도의 실제 시간이 소요된 반면에 몇 줄로 요약되어 있다. 따라서 복음서는 단순한 위인전기로 의도되지 않았다는 것이다.

(3) 어법-용어적 관점 (phraseological viewpoint)- 어떤 용어가 자주 등장하며 해설자 (narrator= 해설자는 자주 내재된 저자와 일치하는 관점을 가진다. 여기서도 분명한 구분이 모호하다)는 1인칭인가 3인칭인가? 제한적 혹은 전지적 관점에서 설명하는가? 이런 질문을 해야 한다.

(4) 심리적 관점 (psychological viewpoint)- 등장인물들은 어떤 심리적인 반응을 보이는가? 예를 들어, 등장인물의 말이나 행동 혹은 심리적인 묘사를 통해서, 이들이 기꺼이 순종적인가 아니면 반감을 가지고 있는가? 등을 살펴보는 것이다.

(5) 이데올로기적-규범적-신학적 관점 (ideological-normative-theological viewpoint)- 위의 4가지를 먼저 살펴 본 후 종합해서 저자가 의도하여 강조하려는 메시지를 찾는 것이다. 주로 저자의 의도는 독자로 하여금 주인공 (주로 예수님)의 관점을 따르도록 유도하기에 대적자의 행동을 따르는 것을 포기하도록 만든다. 독자로 하여금 저자가 따르는 주인공과의 일치 혹은 감정이입이 하나의 중요한 목표가 된다.

b. 줄거리 (플롯, plot)

등장인물과 사건의 상호 작용으로 이야기가 어떻게 전개되고 있는가? 를 살펴보는 것이다.

c. 문학적인 기법에 주의하라

수사학적 해석처럼 본문에 나타난 저자의 기교들을 잘 살펴야 하는데, 상징은 계시록 연구에서 더욱 고려해야만 하는 필수 요소이다. 특히 그 상징 (예. 결혼, 해, 달, 도시, 물 등)이 1세기 그리고 구약에서 어떻게 사용되었는가, 즉 역사적-문화적-성경적 관점에서 그 상징을 종합적으로 볼 수 있어야 한다. 반복, 아이러니, 대조, 비교, 인과관계, 절정 (climax), 전환 (긍정적인 이야기에서 부정적인 이야기로의 전환과 그 역), 구체화와 일반화 (설명이 더 구체적으로 되는가 아니면 일반화되는가), 복선, 요약, 질문, 포괄 (inclusio), 교차 대조 (chiasmus), 삽입 등에 유의해야 한다. 이런 것에 유의하려면 본문을 여러 번 아주 유의해서 집중적으로 읽지 않으면 불가능하기에, 자세히 읽기 (close reading)를 하는 면에서 유익을 준다.

d. 등장인물

주인공처럼 시종일관 하나의 성격만 가지는 인물을 평면인물 (flat character)이라고 부른다. 여기는 복음서의 서기관들처럼 주인공은 아니지만 시종일관 예수님을 대적하는 인물도 포함된다. 반면에 보조인물/엑스트라는 입체인물 (round character) 인데 점점 변화되어 가는 인물이다.

ㄹ) 계시록의 서사적 해석의 실제

묵시 (apocalypse) 장르는 그 자체로 이야기체이다. 물론 계시록의 내용 자체도 요한이 하나님께서 보여 주신 환상을 이야기체로 설명한 것이다. 성령 하나님께서는 요한의 환상을 통해서 박해 중에서 고통 중인 7교회를 위로하고 격려하려는 의도를 가지고 계신다. 그 이야기는 두 축을 중심으로 하는데 하나는 예수님의 초림이고 다른 하나는 예수님의 재림이다 (참고. Boring, 1992:703; Du Rand, 1993:261).

계시록의 이야기는 전체적으로 다음과 같이 3단계로 분류된다:

(a) 승천을 통하여 예수님께서 우주의 왕으로 등극하신 이야기 (계 1장): 이것은 과거의 이야기이다.

(b) 예수님께서 메시지를 7교회에 보내심 (계 2-3장) 그리고 예루살렘과 로마를 심판하심으로써 새로운 구원과 우주적인 구원을 이루심 (계 4-19장): 이것은 요한 당시의 이야기이다.

(c) 새 예루살렘을 통한 주님의 언약의 완성을 다루는 이야기 (계 20-22장): 이것은 미래의 이야기이다.

각각의 단계는 예수님의 인격과 구속 사역에 근거하고 있다. 이점에서 일반적인 세속적 서사비평과 개혁주의에서 사용하는 서사비평의 결정적인 차이점이 있다. 즉 우리는 지금 신적인 구속계시로서의 이야기 (narrative as the divine redemptive history)를 다루고 있다.

다음의 그림은 계시록의 중심 줄거리를 쉽게 요약하여 묘사한 것인데, 그 중심 줄거리는 하나님 나라의 확장이다 (Du Preez, 1979:216-218):

계시록의 줄거리는 'W' 형태인데 1장에서는 안정된 상태의 묘사, 2-3장에서는 불안정한 7교회의 묘사로, 4-5장에서는 다시 안정된 하늘의 묘사, 다시 위협적인 요소로 인한 불안정이 6-19장에, 하지만 새 하늘과 새 땅의 안정이 마지막 (20-22)을 장식한다. 이 W형태의 줄거리는 역동적이며 긴장감을 주는 것인데 메시야 전쟁 (messianic war)이라는 주제가 근저에 깔려 있다

(Resseguie, 1998:166).

관점:

(a) 공간적 관점:

보좌, 양, 두 중인과 같은 등장인물이 (공간-무대의) 중간에 서 있다. 이들은 중심인물로서 주변의 인물을 변화시키는 역할을 한다. 물론 보좌에 앉으신 하나님께서 공간의 중심에 위치하는 데 천상의 예배 모습이 나타나는 계 4-5장과 새 예루살렘에서 특히 그러하다. 보좌 위의 하나님은 주변의 장로, 생물, 천사 그리고 만물과 상호 작용을 통해서 스스로 계시 하신다 (Rotz, 1998:363, 392; Du Rand, 2000:534).

두 도시 역시 주목할 만하다: 예루살렘 즉 주님이 돌아가신 곳 (계 11:8-9) 그리고 7교회가 위치한 로마제국. 이것들은 중심적인 공간적 중요성을 띠는 것 같으나 오히려 구원과 심판을 베푸시는 하나님의 보좌에 비하면 주변이다.

(b) 어법-용어적 관점:

1인칭 (즉 요한이 불완전한 지식을 가지고 자신의 환상을 설명한다. 종종 그는 천사에게 이것이 무엇을 의미하는지 설명해 달라고 한다)의 제한된 해설자가 설명하는 경우가 대부분인데 그의 용어와 어법은 독특하다. 찰스 (Charles)가 1920년대에 이미 말한 것처럼, 히브리적인 사고를 하면서 헬라어로 기록한 것 같다. 그리고 계시록에는 요한의 독백과 대화가 혼합되어 있다.

(c) 심리적 관점:

등장인물들의 사건에 대한 반응은 두 종류다. 놀람과 찬양과 하나님을 두려워하는 반응으로 하나님을 영화롭게 하는 심리적인 반응이 있는 반면, 하나님의 이름을 저주함으로 하나님을 저항하는 목이 곧은 등장인물도 있다. 요한의 독자는 이 두 반응을 보고 선택을 해야만 했다 (Peerbolte, 1999:11).

(d) 시간적 관점:

계시록에도 다른 신약의 종말론처럼 '이미' 와 '아직 아니' 의 시간적인 구조와 관점이 역시 중요하다. 물론 이 시간적인 관점은 예수님의 인격과 사역에서 이해해야 한다. 즉 주님의 죽으심과 부활-승천이라는 과거적 사건이 그 이후의 모든 미래적 사건을 결정한다는 말이다. 시간의 경과라는 시간 중심의 관점이 아니라 기독론적인 시간관이 더 중요하다는 말이다. 다른 중요한 시간적인 관점은 예측 (proleptic)과 회상 (analeptic)이다. 예를 들어, 계 12:10-11절이 미래에 완성 될 새 예루살렘을 내다보는 차원에서 예측이라면, 12:10-12절 중 일부는 하나님 나라가 이미 온 것을 축하하는 회상이다 (Rissi, 1966:113; Harris, 1989:158, 308).

(e) 신학적 관점:

세상의 역사는 하나님의 손에 달려있는데 그 이유는 주님의 죽음과 승천이 결정적인 구속의 사건이어서 미래의 인간의 역사를 결정지어 놓았기 때문이다. 따라서 중심 되는 신학적 관점은 독자로 하여금 이 사실을 믿고 신앙의 눈으로 천상적 관점을 가지던지 아니면 지상적 관점에 매이든지 선택할 것을 촉구한다. 기독론적인 강조와 더불어 시종일관 요한은 하나님의 구원과 심판을 강조하고 있다 (Du Rand, 1991:29).

요한의 독자들의 선택을 돕기 위해 요한은 다음의 사실을 계속해서 강조한다: 로마의 황제나 유대교의 배역한 지도자가 아니라 보좌에 앉으신 하나님이 역사의 주관자임을 믿는다면 전자는 후자의 심판의 대상일 뿐이다. 요한은 다른 여러 문학적인 기교를 통해서 독자들이 그리스도의 왕권 하에 있도록 함으로 비교적 어린 7교회의 신분에 대한 도전과 위협으로부터 견고히

서도록 돕고 있다. 물론 종말론적이며 기독론적인 구속사적 확신에 기초하여 7교회의 신분 (죽임 당한 어린양을 따르는 승리의 사자들)에 대한 확신을 통한 박해 상황에서의 권고와 위로가 중심 메시지다 (참고. DeSilva, 1992:380).

ㅁ) 결론

위에서 간략하게 시도해 본 바와 같이, 서사비평은 오히려 하나님의 구속계시사적인 메시지를 찾는데 도움이 되는 하나의 해석 방법임이 분명하다. 하지만 항상 성경을 단순히 하나의 오래된 인간의 문학서를 다루는 듯한 인본주의적인 냄새가 이 방법을 사용함에 나타나지 않도록 유의해야 한다.

계시록의 서사비평을 위해서는 다음의 자료를 참고할 수 있다:
David L. Barr. 1998. Tales of the end: a narrative commentary on the Book of Revelation. California : Polebridge Press.
http://www.wright.edu/-dbarr/rhet.htm을 검색해 보라.

② (사회-묵시) 수사학적 해석

계시록은 묵시적-예언적인 편지인데 종말론적인 성격이 강하다. 이 사실은 계시록이 단지 종말에 일어날 사건들에 대한 계산을 위한 책이 아님을 의미하며, 오히려 하나님의 말씀과 그리스도의 증거를 독자들에게 전하는 예언적인 의사소통을 의도하고 있음을 의미한다. 달리 말하면 계시록은 묵시적이며 수사학적 (apocalyptic rhetoric) 성격을 강하게 가진다.

ㄱ) 수사학이란 무엇인가?

고전적인 의미에서는 아리스토텔레스는 진리가 거짓에 의해 가리지 않도록 말을 잘해야 한다는 동기에서 정의하기를 "화자가 청자를 위해 설득을 위한 가능한 모든 수단을 연구하는 학문"을 지칭한다. 고전수사학자들은 따라서 말하는 사람이 청중에게 보여주는 신뢰도 (ethos), 그리고 청중의 감정에 대한 호소 (pathos), 또한 논리 정연한 주장 (logos)를 잘 조화시켜서 전하려는 진리를 잘 배열하고, 완전히 외운 다음에, 적절한 언어를 구사해서, 잘 전달하는 것을 목표로 한다. 아리스토텔레스 등이 사용한 고전 수사학이 1세기에 유행했는데 주로 4가지 요소들을 포함 한다 (참고. 베츠의 갈라디아서 주석: 한국신학연구소의 국제성서주석 시리즈 중; Kennedy, 1984:15): 서론 (exordium)- 사실 진술 (narratio)- 논증(probatio)- 결론 (peroratio).

아리스토텔레스가 제시한 고전 수사학의 3가지 종류:[15]
(a) 법률적이고 변증적인 수사학- judicial-forensic: 법정에서 과거의 사건에 대한 변론과 판단을 청중에게 설득하는 것.
(b) 정치적이고 심의적-의도적인 수사학-deliberative: 공공집회나 정치적인 변론이 이루어지는 장소에서 청중들로 하여금 어떤 행동들을 미래에 취하도록 설득함.
(c) 의식적-제의적 수사학-ceremonial-epideictic: 공공예배나 의식에서 어떤 인물 (덕)이나 사건을 칭송하거나 책망하여 청중들에게 현재의 어떤 견해와 전망을 갖도록 설득하는 것.

서신을 해석함에 있어서 이것들을 종합적으로 고려함이 균형 잡힌 해석을 위해 중요하나 먼저 하나님의 계시로서의 서신, 하나님의 설득으로서의 서신 (NT epistles as God's divine persuasion)으로 보아야 한다.[16]

수사학적 해석을 문학적인 해석 혹은 자유주의적 해석 방법으로 여기고 일

---

15) Kennedy, G.A. 1984. New Testament interpretation through rhetorical criticism. University of North Carolina Press; 1972. The art of rhetoric. Princeton University Press; Vernon K. Robbins. 1996. Exploring the texture of texts. Trinity Press International; Burton Mack. 수사학과 신약성서- 나단출판사 한국 저자의 책으로는 수사학적 성경해석의 이론과 실제- 현경식/이성호 공저- 성서연구사를 참고하라.

방적으로 거부하는 것은 바른 태도가 아니다. 성경은 하나님께서 인간에게 주신 말씀을 하나님의 종들이 인간의 언어로 다른 사람에게 전달한 것이기에 인간의 언어를 분석하는 수사학적 비평은 적절하고 유용하다. 이를 통해서 성경을 통해서 하나님께서 1세기 서신서의 수신자들에게 말씀하시고자 하는 의도와 그 영향력을 더 잘 발견할 수 있다. 이렇게 사회-수사학을 길게 소개하는 이유는 최근의 계시록을 포함한 서신서의 해석 경향 중 가장 대표적인 것 중 하나가 이것이기 때문이다. 즉 역사 비평 방법만으로 연구하던 전성기는 지난 것으로 보인다.

ㄴ) 요한계시록의 묵시 수사적 이해

여기서 계시록의 서사적 해석과 마찬가지로 간략하게 계시록의 수사학적 해석을 시도해 보고자 한다. 에토스 (ethos)와 관련하여 계시록에서 자신의 말의 권위를 얻기 위해서 요한은 계 1:1절의 서두에서 자신의 예언이 하나님에게서 기원한 것 즉 신적 기원을 가진 권위있는 말씀이라고 분명히 밝힌다 (참고. Kennedy, 1984:15, 158). 따라서 요한계시록은 신적인 설득, 하나님의 설득이라 할 수 있다. 요한은 묵시 문학의 대표적인 성격인 가명이나 익명을 사용하지 않는다.

---

16) 참고로 현대 수사학 (modern rhetoric)은 이런 법정적, 정치적, 의식적인 범주를 넘어 모든 인간의 언어적 및 비언어적 행동을 그 연구 대상으로 삼는다. 따라서 소설, 시, 연극, 영화, 광고, 신문 기사, 음악, 사회 현상 까지도 그 대상으로 삼는다. 모든 인간의 이야기 속에는 그 주장하는 바의 이념적인 동기가 포함되어 있음을 강조한다. 따라서 이야기에는 가치중립적인 것이 있을 수 없다고 본다. 화자의 세계관이 전제되어 있기에. 또한 화자가 청자를 설득하는 기술로 보지 않고 더 나아가 화자와 청자가 불확실한 그 무엇에서 확실한 것으로 해결해 나가는 과정으로, 해결해 나가도록 돕는 과정으로 이해한다. 청중은 설득의 대상이 아니라 결정의 참여자이다. 따라서 수사학은 인간의 의사소통에 사용된 모든 수단들을 묘사하고, 분석하고, 해석하고, 평가하는 작업을 말한다. 평가를 해보면, 화자의 의도, 내용의 분석, 본문의 구조와 문학적 기교를 분석, 화자와 청자의 사회-역사적 배경, 그리고 설득을 통한 화자의 결정과 실행 등을 종합적으로 연구하기에 개혁주의 서신 해석에 있어서도 socio-rhetoric의 장점을 건전하게 사용할 수 있다.

요한은 계시록에서 헬라-로마시대의 수사학적인 이론을 안다고 밝히지 않는다. 그럼에도 불구하고, 독자로 하여금 어떤 행동을 하지 말라고 권면하는 것이나 (예. 우상, 이단을 용납하지 말 것) 어떤 태도를 취하도록 (예. 하나님과 어린양에 충성할 것) 설득하는 측면은 분명히 나타난다 (Marshall, 2001:176).

Schüssler Fiorenza (1991:26)에 의하면 계시록의 서신의 형식과 심사숙고와 결정의 요구는 심의적인 수사학적 차원을 말한다. 그리고 약속과 하늘의 찬송들와 예배의 내용은 제의적인 수사학에, 세상의 법정을 연상시키는 하늘의 보좌, 경고와 하나님의 심판에 대한 상징들은 법정적인 수사학에 해당한다고 본다 (참고. Du Preez, 1979:221; DeSilva, 1998b:799, 803). Du Rand (1993:254)가 지적한 것처럼, 계시록의 효과적인 의사소통을 위해서 우리는 상징적이며, 묵시적이며 문학적인 언어를 분석해야 한다. 마치 수사학이 항상 독자와 저자의 상호작용을 의도하듯이, 묵시적 수사학은 화자 (저자)가 묵시적 주제와 양식, 논쟁, 문체뿐 아니라 그들의 공유하는 상징적인 세계를 사용하여 그들의 매일의 삶에 적당한 말을 전하고 설득하는 방식이라고 할 수 있다. 요한은 계시록에서 상징적인 세계 (symbolic world)를 만드는데, 그 핵심에는 그리스도께서 주님이신데 비록 독자의 삶이 황제와 배교한 유대인으로부터 고난당하는 가운데서 이 사실을 일깨우는 것이다. 상징적인 세계는 생소한 단어인데 일상적인 생활에서 이미지나 사상을 가져와서 저자가 독자를 위해 만든 세계로서, 독자와 저자가 공유할 수 있는 믿음의 표현이다. 즉 믿음과 희망이 표출된 이 상징의 세계를 보면서 독자는 소망을 가지며 더욱 믿음을 가지게 된다 (참고. Verhey, 1997:348; Schüssler Fiorenza, 1991:124).

계시록의 수사학적인 힘은 독자로 하여금 그들의 현실을 믿음의 눈으로, 하늘의 관점에서 바라보게 하며, 이 세상이 주님과 악의 대결장임을 보도록 한다. 하지만 주님의 부활과 승천이라는 역사의 분수령 때문에 이 싸움의 결과는 명백함을 알고 더욱 믿음 가운데 확고히 서도록 한다. 문학적인 표현으로 말하면, 고난 중에서 카타르시스를 경험하게 한다는 것이다 (Barr, 2000:4).

부분적인 과거론에 기초한 묵시수사학적 이해를 추구하기에, 계시록은 미래가 아니라 현재 (요한과 독자들의 현재)를 밝히는데, 좀 더 상세히 말하면, 위장과 기만으로 채색된 로마와 타락한 유대교의 실제 모습을 폭로하도록 의도되어 있다. 이런 실재를 깨닫고, 독자의 삶은 다시 경성하고 용기를 가져야 한다. 환언하면, 독자는 왜곡된 시각으로 세상 사람들처럼 로마제국이나 유대교를 바라보지 말아야 하기에, 요한은 그의 독자의 시각을 교정하고자 한다.

아래의 도표는 요한 당시의 실재적인 상황과 상징적인 세계와의 대조를 보여주는데, 독자들은 이 대조를 통해서 분명히 하나만 선택하도록 요청 받는다 (Van der Watt & Voges, 2000:403-404):

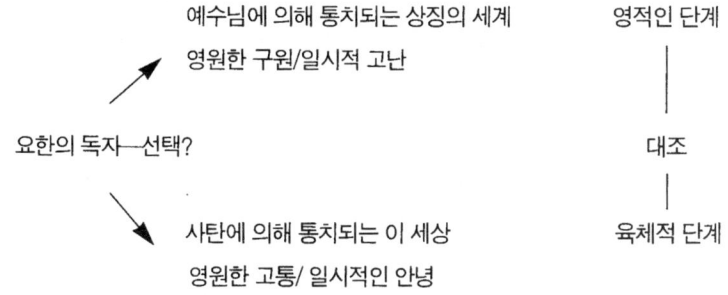

위의 도표는 신약의 많은 책들에게도 적용되는 것이다. 요한은 아마도 그의 배경과 교육을 통해서 수사학적인 기교를 사용할 수 있었을 것이다 (Van de Kamp, 2000:40, 43). 그의 기교로는 상징적인 숫자들, 반복, 은유, 직유, 배경, 인물, 줄거리 등이다. 이런 수사학적 기교는 영적으로 어린 그의 독자들의 시각을 바로 잡아주며 인도하기 위해 필요했다. 다음은 요한이 독자들이 예배 중에 그의 메시지를 더욱 효과적으로 받아들이도록 하기 위한 수사학적인 기교들이다. 물론 여기서도 우리는 유기적인 영감을 전제로 하고 있다:

(a) 상징적인 숫자들: 2= 증인, 7= 완전, 전체, 3= 3위 일체 3½= 42개월= 박해의 짧은 기간인 동시에 하나님의 보호의 기간 등.[17]

(b) 배경: 보좌가 배경의 중심으로 주위의 다른 피조물과 관련하여 그의 통치를 확장한다. 흥미로운 것은 이 보좌가 계시록에 21번 등장하는데, 거의 모든 사건을 포함하며 특별히 위기의 상황에서 하나님의 주권을 현시하려는 의도가 있다 (Duvenage & Amsenga, 1999:12).

(c) 요한은 바벨론을 묘사할 때 보다 새 예루살렘을 묘사할 때 더 긴밀히 1인칭 해설자의 입장에서 묘사함으로 독자는 새 예루살렘과 동일시해야 함을 강조한다.

(d) 시제: 예를 들어 바벨론의 파멸은 3시제로 묘사된다 (계 18:9, 11, 15, 19). 이 3시제는 과거, 현재, 미래인데 악에 대한 하나님의 철저한 파괴를 강조하기 위함이다.

(e) 많은 패러디-역설과 반명제는 분별력의 중요성을 상기시킨다. (예. 신부- 음녀)

(f) Inclusio (인클루시오: 맨 처음의 부분이 마지막에 다시 나타나는 포괄식 구조)- 계 1:8절과 21:5-8절은 보좌 위의 하나님께서 역사와 창조를 시작하시고 완성하시는 분임을 강조한다. 보좌 위의 하나님은 가만히 앉아 계시는 수동적인 하나님이라기보다는 영원히 불변하시고 신실하신 분이다. 3개의 다른 인클루시오는 '교회' (ekklēsia- 1:4, 11 그리고 22:16), '시간의 급박함을 표시하는 말' (1:1, 3 22:6, 7, 12, 20; Gentry, 1999:124-125), 그리고 계 1장과 계 22장 전체의 넓은 의미에서의 인클루시오 (이 두 장의 유사성이 많다; Barr, 1998:12). 예를 들면, 1:3절과 22:7절의 '복되도다' 는 말은 각각 예배의 시작의 초청부분과 마지막의 파송부분에 복음 선포 하는 것과 연관된 것으로 볼 수 있다. 계시록 전체가 복된 메시지임을 의미한다 (Hatfield,

---

17) 7이라는 숫자와 더불어서 계시록에는 구조와 용어의 등장 횟수 상 7이 중요하다: 보좌 앞의 7장면 (계 4:1-5:14; 7:9-17; 8:1-4; 11:15-18; 14:1-5; 15:2-8; 19:1-10); 7복 (계 1:3; 14:13; 16:15; 19:9; 20:6; 22:7, 14); 7저주 (계 8:13; 9:12; 11:14; 12:2; 18:10, 16, 19); 7번 약간 다른 순서로 등장하는 나라, 족속, 백성, 방언 (계 5:9; 7:9; 10:11; 11:9; 13:7; 14:6; 17:15); 성부와 어린양이 결합된 7경우 (계 5:13; 6:16; 7:10; 14:4; 21:22; 22:1, 3).

1987:178). 계 1장과 22장의 병행-유사성이 inclusio를 통해 분명해진다:

  A 계 1:1-2 예수님의 계시 *(apokalypsis)*
    B 계 1:3 이 안에 기록된 것을 지키는 자
      C 계 1:4-8 *erchetai*
        D 계 1:9-18 죽은 사람처럼 그의 발 앞에 엎드러짐 (*epesa*)
          E 계 1:19-20 네 본 것과 이제 잇는 일과 장차 될 일을 기록하라.
            (mellei genesthai)
          E' 계 22:6-7 속히 될 일들을 보이시려고 *(genesthai en tachei)*
        D' 계 22:8-9 절하려고 천사의 발 앞에 엎드림 *(epesa)*
      C' 계 22:10-17 *erchomai erchou*
    B' 계 22:18-19 말씀을 바꾸는 자를 향한 경고
  A' 계 22:20-21 이것들을 증거하신 분은 예수 그리스도

  (g) 성적인 이미지: 이것은 독자로 하여금 악의 유혹적인 성격을 감지하고 경계하도록 한다. 예: 이세벨, 음녀(Garrett, 1998:474).

  (h) 신적 수동태 (*passiva divina*= theological passive): 이것은 사탄-악을 통제하시는 하나님의 주권을 강조한다 (13:5; Peerbolte, 1999:9). 계 12장에는 수동태가 12번 나오는데 이 중에서 4번 (*ōphthē*- 계 12:1, 3, *ōrgisthē*- 계 12:17, *estathē*- 계 12:18)은 신적 수동태로 분류 된다. 신적 수동태는 하나님께서 사람을 통해 배후에서 역사하심을 강조하며 비밀스런 모습도 의도하심을 말한다.

  (i) 익명: 묵시문학의 가장 두드러진 특징인 이것이 계시록에서는 포기된다 (Carey, 1998:750).

  (j) 반복: 계시록의 언어는 상당히 반복적이다. 요한은 반복을 통해서 청각상의 반향을 의도하며 계 전체에 상호-지시적인 cross-reference를 사용한다. 즉 반복을 통해서 앞부분과 중간-뒷부분을 같이 연상하면서 듣고 기억하도록 하는 효과를 가진다 (참고. DeSilva, 1998b:800-802).

  (k) 이름을 붙임: '짐승'이라는 이름은 모욕인데 악에 대한 선호를 독자로

하여금 포기하도록 한다. '안디바' (2:13)의 이름의 뜻은 (모든 악에) '대항하여' 인데 순교자로서의 그의 특징을 잘 보여준다. 성경에서 많은 경우에 이름은 그 사람의 인격 전체를 의미하고 조망해 주는 중요한 것이다 (Johns, 1998:764-765).

(l) 아이러니: 예들 들어, 구약에서 대접은 제사 중에 사용된 것인데 이제는 7대접의 재앙을 가리키는 것으로 사용된다. 계 16:19절의 '기억한다' 는 말은 원래는 하나님의 자비와 구원을 가리키는 예배 용어인데 바벨론의 저주를 묘사하는 용어로 사용된다. 예배 용어들이 복이 아니라 저주를 선포하는데 사용된다 (Ford, 1987:329).

(m) 요한은 구약의 사용을 특별히 다니엘서나 에스겔서에서 많이 했는데 그의 신학적인 의도와 수사학적인 의도를 위해 종종 변형시켜 사용한다 (Moyise, 1999:112).

(n) 기타 수사학적인 도구로 헬라어의 문학적 기교를 사용한 것이 있다. 계 12-13장을 예로 들어 보자:

계 12장에는

(a) 두운법 (initial alliteration): *potamophorēton poiēsē-* 계 12:15; *poiēsai polemon-* 계 12:17.

(b) 같은 단어 혹은 같은 어근이 반복적으로 등장하는 것 (pun, **paronomasia**): *tekē to teknon-* 계 12:4; *kairon kai kairous kai hēmisy kairou-* 계 12:14)

(c) 동음이의어 (homonym, *parechesis*): *echei ekei-* 계 12:6.

계 13장에는

(a) 두운법: *thalassēs thērion-* 계 13:1, *kerata kai kephalas kephatōn kephalas-* 계 13:1, *ethepapeuthē kai ethaumasthē-* 계 13:3, *poiēsai polemon-* 계 13:7, *katabolēs kosmou-* 계 13:8, *pasan poiei-* 계 13:12, *pyr poiē-* 계 13:13, *poiei/pantas-* 계 13:16, *mikrous/megalous, plousious/ptōchous-* 계 13:16, *charagma/cheipos-* 계 13:16.

(b) 같은 단어 혹은 같은 어근이 반복적으로 등장하는 것 (pun,

paronomasia) blasphēmias blasphēsai- 계 13:6, tēn skēnēn autou, tous en ouranō skēnountas- 계 13:6.

(c) 동음이의어 (homonym): hou ou- 계 13:8, edothē autō dounai- 계 13:15, heksakosioi hesēkonta heks- 계 13:18 (보라. Hurtgen, 1993:104, 109, 116).

위의 수사학적인 기교들은 청중이 메시지를 효과적으로 그리고 극적으로 오래 기억하도록 하며, 내용적으로는 하나님과 사탄의 싸움을 묘사하는 경우가 많은데 이원론적인 대조가 분명히 나타난다. 청중은 비록 현실의 상황이 변화되고 개선되지 않는다 해도 상징 세계를 보면서 주님의 통치를 체험하고 거짓된 악의 실체를 깨닫게 된다.

부정적인 측면에서 계시록의 수사학적인 기교들은 적에 대한 두려움이나 증오를 증대시키지만, 긍정적인 측면에서는 청중으로 하여금 승리하신 주님이 다스리는 세계를 믿고 거룩한 십자군 원정에 출전하도록 한다 (Reid, 1983:242). 즉 독자는 승리한 주님과 일체가 되도록 해야 하며 하늘의 관점으로 무장하여 살아야 한다. 요한은 아마도 가장 중요하고 시급한 과제를 정체성-신분의 위기로 보고 수사학적인 기교를 통해 이 사실을 분명히 짚고 넘어가고 있다. 이것이 생존을 위한 중요한 기초이며 미래의 소망임을 상기시킨다 (De Wit, 1995:189-190).

(2) 역사적 해석

여기서 '역사적' (historical)이라는 말은 넓은 의미로 사용된다. 즉 본문 배후의 역사 (history behind of the text)를 살피는 것 즉 역사비평 중 양식비평이나 자료비평과 실제 저자나 독자의 역사적 상황을 살피는 것 모두 포괄한다.

① 역사비평

Du Toit (1990:516)이 주장한 바처럼, 역사비평은 과거에 성경의 권위를 훼손한 이유로 비판을 받았다. 역사비평의 문제는 자료비평, 전승비평, 양식비평, 편집비평과 같은 방법론 자체에 있다기보다, (1) 연구자, (2) 이 방법론에 접근하는 연구자의 전제, (3) 자신의 전제를 다루는 방식에 있다 (참고. Muthuraj, 1996:260). "역사적-문학적 비평가들은 하나님 말씀의 종들이지 주인이 아니다. 그들은 하나님의 말씀을 들으려고 다가 와야 한다. 오직 성령 안에서 듣고자 하는 상황 속에서만, 심지어 역사적-문학적 분석에 있어서도, 그들은 그들의 역사적 문맥과 현재적 의의 안에서 본문의 의미를 발견할 수 있다" (Ellis, 2001:16). 마치 다이아몬드 전체의 아름다움을 훼손하기 위해 균열처럼 보일 뿐인 부분을 찾아서 흠집을 기정사실화 해버리는 듯한 방식으로 성경을 원자식으로 분해하는 역사비평의 전제와 방법론에 동의할 수 없다.

요한계시록은 한 사람의 작품이 아니라 일련의 유대계와 기독교계통의 묵시서를 조잡하게 하나로 뭉쳐 만든 책이라는 것을 입증하려는 연구가 19세기 말부터 있어 왔다. 1889년에 Spitta가 이것을 주장했다. 그리고 Vischer는 Harnack의 견해를 따라 어떤 기독교인에 의해 저술된 하나의 유대 묵시서가 있었다고 보았다. 1895년 헤르만 궁켈은 'Creation and chaos'에서 요한계시록이 신비스럽고 묵시적인 바벨론 기원의 전설을 기록한 것이라고 주장했다. 유사한 맥락에서 1904년 J. Weiss는 계시록 배후에 있는 여러 가지 자료들에 관해 논의했다. 하지만 계시록의 통일성은 여러 비평적인 주장에도 불구하고 견지되어오고 있다 (참고. 로버트슨, 1985:395).

Du Rand (1993:256)는 계시록의 역사비평적 방식을 다음과 같이 요약한다: (1) 자료와 전승사에 근거한 해석은 계시록을 신학적 설명이 곁들여진 자료의 모음으로 해석한다. 이것의 주창자들에 의하면 환상 부분 중에서 시간적 흐름과 논리적 흐름을 어색하게 만드는 부분이 이것을 증명한다고 본다

(예. 계 7:1-7; 10:1-11:14). (2) 다른 학자들은 요한계시록을 원래는 히브리어와 아람어로 기록되었던 유대묵시였는데 나중에 헬라어로 기독교 편집자에 의해서 번역되었다고 본다 (Vischer, Ford). 혹은 유대 혹은 기독교 묵시가 혼합된 것으로 보기도 한다 (Weiss). 그러나 계시록의 언어와 상징의 통일성 있는 특징은 그러한 자료의 결합설을 근거 없게 만든다. (3) 개작 이론 (the revision theory)에 의하면, 하나의 유대 혹은 기독교 작품은 역사적 귀결과 신학적 발달을 획득하기 위해 개작되어 완성되었다고 본다 (Volter). (4) 단편이론 (the fragment theory)은 계시록의 원래의 통일성을 모든 삽입 구절들을 확인함으로써 다시 얻으려고 추구한다. 기록된 전승 혹은 구전 전승은 모두 가설적이며 참고 사항일 뿐이다 (Bousset, Charles).

비슷하게, Aune (1997:cx-cxvii)은 계시록의 3가지 주요 자료비평 이론을 정리한다: (1) 편집이론 (the compilation theory; Boismard, Ford, Rousseau, 그리고 Sierlin) (2) 개작이론 (the revision theory; Charles, Gaechter, Kraft, 그리고 Prigent); 그리고 (3) 단편이론 (the fragmentary theory Bergmeier 그리고 Bousset). 그러나 계시록은 성령의 영감을 받은 한명의 저자의 문학적이고 신학적인 작품인데 주로 구약과 신약을 참고했으며, 유대묵시와 이방 자료 사이의 간본문도 있다 (계 12장과 헬라 Python-Leto-Apollo 신화 사이의 간본문성을 비교해 보라; Collins, 2000:394; 참고. Van de Kamp, 1990:335).[18]

---

18) 여기서 본인의 입장을 분명히 밝힌다. 세베데의 아들 '사도 요한' 이 계시록을 기록할 때 가장 중요한 자료는 그가 밧모섬에서 본 환상이다. 그러나 계시록과 성경 (특별히 구약의 예언서와 신약의 종말론적인 본문들) 사이의 강력한 간본문성이 암시하는 바는, 아마도 요한은 자신이 보았던 환상의 내용을 왜곡하지 않으면서도, 그의 수신자들이었던 소아시아의 7교회의 상황과 구약과 신약의 간본문의 빛 속에서 그 환상을 일정부분 해석했을 수도 있다. 본인은 넓게는 역사비평 그리고 좁게는 종교사학파적 해석의 전제와 방법에 반대한다. 따라서 요한이 계시록을 기록할 때 그 당시의 이방 신화적 자료와 외경을 '참조' 할 수는 있었지만, '사용' 했다는 분명한 증거는 없으며, 중요성에 있어서 성경의 간본문과는 비교할 수 없다. 본인의 논문 (Song, 2003:291-315)도 이런 관점에서 이해해야 한다.

계시록의 언어와 신학적 주제의 반복 그리고 문학적 편집 (compilation)의 가설적인 측면에도 불구하고, 최종 형태 안에서 계시록은 통일성 있는 특성을 보인다 (Du Rand, 1993:257). 환언하면, 계시록의 철저한 통일성 때문에 자료비평을 쉽게 허용하지 않는다. 그럼에도 요한의 수많은 인용들은 설명되어야 한다. 저자와 신학자로서 요한은 자신의 자료를 훌륭하게 소화하여 놀라운 솜씨로 하나의 전체적인 통일성을 갖춘 정경적 책을 기록하는데 기여했다 (참고. Mazzaferri, 1989:56-58, 195; Ryken, 1992:489). 여기서 기억할 것은 계시록 예언의 신적 기원과 그것을 기록하기 위한 저자의 심사숙고한 노력이 충돌되지 않는다는 점이다 (Godet, 1984:304). 계시록의 구약의 자료에 관한 연구가 비교적 많이 되었고, 최근에는 David Aune의 (WBC) 역사비평적인 주석이 여전히 출판되고 있다.

② 사회과학적 해석

사회과학적 해석은 말 그대로 인문사회과학의 경향을 성경 해석을 위해 도입하는 것인데 주로 문화인류학이 자주 그리고 즐겨 사용된다. 이것 역시 성경의 유기적 영감을 전제로 하여 보조적으로 사용될 때에 개혁주의 신약 해석학에 도움이 되지 이것이 그 유일한 방법론으로 자리 매김하면 안 된다. 이것은 넓게 보면 문법-역사적 해석 중에서 역사적인 해석을 좀더 세부적으로 그리고 전문적으로 하기 위한 값진 시도라 할 수 있다. 따라서 신약의 역사배경을 연구한다면 고전적인 신약사에 관한 책 (예를 들면, F.F. Bruce의 '신약사')과 이런 사회과학적인 신약 배경 (예를 들면, 브루스 말리나의 '신약의 세계') 책을 균형 있게 보는 것이 좋다.

사회과학적 해석은 1970년 이래로 아주 유행하고 있는 방법으로서 본문의 사회-문화적 상황에 주의를 기울이는데 현대의 이론, 모델, 혹은 관점을 동원하는 전반적인 이해를 의미한다. 따라서 본문의 문학적인 의미를 분석하고 찾는 것이 아니므로 문학적 해석과 신학적 해석의 도움을 요청한다.

일반적으로 사회과학적 해석은 두 부류로 나누인다 (참고. Craffert, 1995:15, 28-29):

(a) 사회적 묘사 (Socio-description= emic): 이것은 성경 본문으로부터 상황을 재구축하는 것인데 있는 그대로 묘사하는 것이다. 또한 역사적인 고증이나 고고학적인 증거 등이 서술을 위해 중요한 기여를 한다. 역사를 재구축하여 묘사할 때 중요한 질문은 누가, 언제, 무엇을, 어디서와 같은 전형적인 신약 서론에서 다루는 질문들이다.

(b) 사회과학적 분석 (Socio-scientific analysis= etic): 이것은 사회적 묘사와 철저히 분리되는 것이 아니라 그것에 기초한 것인데, '왜' (why) 라는 질문에 답하도록 사회역사적인 재구축을 분석하는 것이다. 때로는 현대의 사회과학의 해석 모델을 가지고 재구축된 역사 (reconstructed history)를 분석하기도 한다. 여기서 시대착오적 오류 (anachronism)라는 비판을 받기도 하나, 이 분야의 전문가들은 그들의 입장을 나름대로 변호하고 있다 (예. 1989년에 조직된 Context Group). 이것은 전통적인 사회-역사적인 해석을 더 살찌우게 한다.

여기서 우리는 이 두 방법의 조화를 위해 주의를 기울여야 한다. 왜냐하면, 오로지 사회과학적인 분석만 한다면 본문으로부터 나오는 정보를 2차적인 자료로만 여길 위험이 있고, 현대의 이론이나 모델에만 일방적으로 관심을 두는 우를 범할 수 있다 (Van Rensburg, 2000:570, 579).

ㄱ) 계시록의 사회과학적인 해석

다양한 학자들의 견해를 먼저 들어보자

(a) 요한의 독자 (더 자세한 표현은 청중)의 박해상황을 인식하면서 A. Yarbro Collins (2000:398)는 인식론적인 불일치, 상대적인 박탈 그리고 카타르시스 (감정의 정화)의 심리적인 모델이라는 사회학적인 개념을 사용한다. 즉 7교회는 하나님을 믿지만 박해를 맞이하여 "왜 교회가 악으로부터 철

저히 보호받지 못하는가?'라는 문제를 제기함으로 그들의 이상적인 생각과 현실에서 오는 불일치를 경험하게 되었기에 상대적인 박탈감을 느꼈을 것이라는 것이다. 하지만 그들이 계시록을 읽으면서 감정의 정화를 경험하게 된다는 이론이다.

(b) L.L. Thompson (1990:194)은 지식 사회학 (sociology of knowledge) 의 모델을 사용하면서 요한은 그 당시의 사회에 지배적인 지식에 대항해서 대안적인 지식을 소개한다고 주장한다. 즉 이 대안적인 지식은 소수의 의견이 될 수밖에 없지만, 7교회가 세상과 구별되는 방식으로 견지해야 할 지식이었다.

(c) Du Rand (1993:246)는 계시록을 사회 심리학적인 관점으로도 보았는데, 이 관점에서는 상징의 세계가 중요하며 이것은 사회-수사학에서 이미 살펴본 것이다.

(d) DeSilva (1992:375, 393)와 Räisänen (1995:165)은 현대의 종파이론 (sect theory)을 계시록에 적용하여 종파에서 발생한 문헌으로 본다. 분명히 바울과 사도들의 소아시아의 전도는 성공적이었지만, 1세기 말까지 이방인 성도의 숫자는 1000명을 넘지 않는 것으로 본다. AD 200년 말 경에 많은 곳을 여행한 오리겐은 성도의 숫자를 많이 잡지 않았다. 결론적으로 이것이 사실이라면 요한의 7교회는 큰 기독교 공동체 안에서 작은 분파/종파에 불과했다는 것이다.

(e) DeSilva (1998b:805; 참고. 1992:393)와는 반대로, Harland (2000:107, 117)는 종파이론을 반대하여 주장하기를, 비록 초대교회는 분명히 사회와 환경의 관습 중 일부를 거부한 것은 사실이지만, 그들은 그들의 정체성을 파괴하지 않으면서도 관습을 유지하고 개조하기도 했다.

(f) Malina와 Pilch (2000:37)는 (사람의) '의식의 변화된 상태' (an altered

state of consciousness)라는 문화 인류학적이 모델을 적용했다. 특별히 그들은 '성령 안에서' (*en pneumati*, 계 1:10; 4:2) 라는 표현에 이것을 적용한다. 여기서 문제는 이들이 '성령 안에서' 라는 구절을 마치 '인간 요한의 변화된 정신 상태로' 라는 뜻으로 사용한다는 것이다. 실제로 요한이 성령 안에 있었을 때 그의 감성과 의식 상태는 성령에 의해 주어진 환상에 의해 대체되었다. 따라서 '성령 안에서' 라는 표현은 신학적인 함의를 가지는데 그것은 요한의 환상이 하나님에게서 기원한다는 것이다. 요한은 그의 상태가 심리적으로 어떤 변화된 상태에 있었는가를 말하는데 주요 관심사를 두지 않고 그의 예언의 출처가 신적 기원임을 독자들에게 강조한다.

(g) 스코틀란드의 세인트 엔드류대학의 Esler (1995:243-245)는 예루살렘 멸망의 의미를 사회과학적인 관점에서 연구하면서 주장하기를 전쟁은 최고 큰 범위에 있어서의 도전과 응전이라는 게임이다. 지중해 연안의 도전과 응전이라는 패턴은 승리자에게 돌리는 명예와 패자에게 돌리는 수치가 균형을 이룸을 강조한다. 따라서 예루살렘 성전 기물이 노략물과 더불어 이방나라로 옮겨지는 것은 이스라엘의 하나님이 그들을 지키지 못한 것이라고 생각되어 결국은 하나님에게 불명예가 되는 사건이었다. 따라서 하나님은 실추된 명예의 회복을 위해서 로마를 심판하심으로써 불명예스럽고 연약한 왕-연약한 이스라엘의 수호신이 아니라는 사실을 증명해야만 했다. 요한에게 있어서 이방신 제의는 하나님과 교회 사이를 이간시키는 것이었다. 달리 표현하면 후견자이신 하나님에게서 단골손님인 교회를 분리시키는 것이 황제숭배와 이방신 숭배였다. 또한 요한은 정결-부정결의 모델을 사용하는데 (계 3:4-5; 14:12; 17:4-6; 18:2-3), 그 목적은 부정하고 죄악 된 배교한 이스라엘과 이방 로마로부터 7교회를 정결케 하기 위함이다.

(h) Malina (2000:24)는 점성술-별자리를 계시록 이해의 핵심 열쇠로 본다.[19] 그에 의하면 1세기 이스라엘과 지중해 연안의 나라 사람들은 점성술을 일상생활의 한 부분으로 여겼다는 것이다. 하지만 우리는 교회 역사상 누가 점성술로 성경을 해석해야 한다고 주장했는가? 라는 근본적인 질문을 제기하

지 않을 수 없다 (VanderKam, 1999:309).

(i) 사회 심리적 관점에 기초한 상징적인 상호작용적 분석을 사용하여 Theunissen (1999:200-201)은 요한은 독자를 위로 (console)하는 것이 아니라 훈계 (exhort)한다고 한다. 그에 의하면 요한은 외부의 박해가 아니라 교회 내부의 정체성의 문제로 고통당했다고 한다. 하지만 우리는 종종 위로와 책망이 혼합되어 있기에 이 둘을 구별하지 못할 때가 있음을 인정해야 한다. 그리고 외적인 박해가 없었다는 그의 주장도 설득력이 없다.

(j) Edinger (1999:9-10)는 칼 융의 심리적인 모델을 따라서 계시록 전반에 흐르는 상황적인 지시의 다양한 경향을 찾았다. 과거, 현재, 미래의 상황적인 지시 (contextual reference) 뿐 아니라 시간의 밖에 초월적으로 흐르는 상황적인 지시도 있다. 그에게 가장 중요한 상황적인 지시는 심리적인 경향인데, 개인의 정신 (psyche) 속에서의 의식적인 실현으로서의 자아의 도래의 심리적인 표현이다. 이 해석은 1세기 상황에 근거한 계시록의 적합성 문제에 있어서 너무 거리가 멀기에 바람직하지 않다. 참고로 칼 융의 모델은 인간 경험의 심리적인 차원을 밝히는 것인데, 심리적 성경 비평 중 하나이다.

의심의 여지없이 요한의 어린 공동체는 외부와 내부의 문제로 고통당했다. 외부의 문제는 황제숭배, 이방신 숭배, 유대인의 박해이고 (기독교는 불법 종

---

19) 점성술적 (astronomical) 해석법은 본래 1795년에 처음 출판된 뒤피 (Dupuis)의 '모든 제의의 기원' (Origine de tous les Cultes)이라는 책에서 제기되었다. 계시록과 천문학, 혹은 점성술과의 연관성에 대해 뒤피는 일곱 교회를 일곱 천체 (seven spheres)와 관련시킨다. 그는 계 12장의 용에게 쫓기는 여인을 처녀자리와 뱀자리의 천체를 반영하는 것으로 설명한다. 이런 해석법이 20세기 초 독일에서 예거 (Jäger)와 홈멜 (Hommel)에 의해 다시 시도되었다. 'Reformation' 이라는 책에서 홈멜은 예거의 발견에 대해 말하는데, 예거가 계 8:13절, 9:3-10, 14절, 10장, 11:1절과 12:11절 등에서 12궁 (Zodiac) 중 염소자리로 시작하는 가운데 여섯 개의 성좌들을 암시하고 있다는 것을 파악했다는 것이다. 그리고 이 해석법은 러시아의 Nicolaus Morosow와 독일의 Johannes Lepsius에 의해서도 주장되었다. William Ramsay는 점성술적 해석을 의존하고 유용한 것으로 보았지만, 주도적인 해석법이 되어서는 안 된다고 주장했다 (이형의, 2004:46-47).

교 [religio illicita]로 인식 됨), 내부 문제는 교회 안에 있는 (예. 이세벨 같은) 거짓 선지자들의 문제였다. 내부문제를 야기시킨 (계 2:2) 사람들의 주장은 아마도 외적인 형태로는 타협이 가능하고 본질만 잘 지키면 된다는 논리인데, 이것은 그들이 생각할 때 교회를 향한 박해 중에서 생존 전략이었다 (보라. Gentry, 1989:222, 286-299; DeSilva, 1992:384).[20]

ㄴ) DeSilva의 명예와 수치적 관점에서 본 요한계시록 (보라. DeSilva, 1998a:87-88; 1998b:791-792)

명예와 수치는 그 당시 지중해 연안의 가장 중요한 사회적인 덕목이었다. 계시록에 명예와 관련된 표현은 무엇인가? 명예 (timē) 6회 사용/ 영광 (doksa) 17회/ 영광 돌리다 (dokssazō)는 2회 사용되었다. 실제로 요한은 엄청나게 누구에게 명예를 돌릴 것인가? 그 명예를 지키기 위해 치러야 할 대가는 무엇인가?라는 문제에 관심을 두었다. 요한은 독자의 시선을 하나님과 어린 양의 명예와 은혜에 두도록 한다. 어린양은 7교회를 죄의 종 노릇에서 구속하여 자유케 한다. 예수님은 7교회를 제사장으로 섬기게 했으며 (계 5:10), 새 예루살렘에서는 얼굴과 얼굴을 맞대고 섬기도록 복을 주었다. 거짓말과 속임수는 명예와 수치와 관련된다. 박해를 피하는 것은 거짓말하는 것의 목적이다. 하지만 요한은 진정한 명예는 거짓과 타협에서 오는 것이 아니라 공적으로 주님을 변증하는 것이라고 한다. 결국 기만자인 사탄의 실체와 거짓 선지자의 실체가 드러나고 만다. 그리고 거짓말하는 사람에게는 새 예루살렘에서 자리가 주어지지 않는다.

ㄷ) 계시록의 사회과학적 해석과 관련된 여섯 가지 사실 (Malina & Pilch, 1993:12; DeSilva, 1998a:93, 105, 108-109)

---

20) '사회과학적 해석' 의 인식론적인 뿌리와 방법론적인 한계로 인해, 본인이 동의할 수 없는 부분도 많다. 그러므로 이 해석 방법의 유용한 발견을 선별해서 수용해야 한다. 현대의 다른 방법론도 마찬가지이다.

(a) 요한은 7개의 (완전한) *makarism*를 소개하여 완전한 복을 선포한다 (*makarios* 혹은 *makarioi*; 1:3; 14:13; 16:15; 19:9; 22:7; 22:14-15). 이 7개의 복의 선포는 계시록 전체에 분포되어서, 오로지 예수님께 순종하고 헌신할 것을 권면한다. 하나님께서 보실 때에 명예롭게 서있기 위해서 그리고 하나님의 은혜 가운데 있기 위해서, 요한의 독자들은 승리를 통해서 명예를 얻으며 패배를 통해서 그 명예를 상실한다 (Hatfield, 1987:169; DeSilva, 1999:108).

(b) 계 14:7절의 '하나님을 두려워하며' (*phōbethēte ton theon*)라는 말의 뜻은 하나님의 명예에 대한 존경과 하나님을 무시하지 않도록 조심하는 것이며 호의를 베푸시는 하나님을 향한 의무에 실패하지 않는 것이다.

(c) 계시록에서 하나님의 진노는 문화적으로 오리엔테이션 된 표현으로 볼 수 있는데, 그 뜻은 하나님을 향해 일어나는 모든 종류의 도전을 대항한 하나님의 명예의 표현이다. 요한은 영원한 명예와 일시적인 명예 중에서 하나를 선택할 것을 촉구한다. 일시적인 명예는 영원한 (*sub specie aeternitatis*) 불명예가 된다.

(d) 서신의 형식으로 묘사된 언약의 예언인 계시록에 상호적인 언약적 명예가 강조되어 있다. 하나님의 은혜와 명예주심에 대해 7교회가 적절히 보답하며 다시 명예를 돌려드리는 것이 중요한데, 그 방법은 승리와 언약 관계에 충실할 것 그리고 예배이다. 종주이신 하나님은 한 사람을 다른 사람보다 더 명예롭게 하실 수 있는 분이기에 언약적인 명예는 아주 역동적이며 위계 질서적이다. 예배와 언약에 충실한 자에게 상급과 명예를 더욱 주시기 때문이다 (Oakman, 1993:203; Olyan, 1996:204-205).

(e) 지중해 연안의 국가는 아주 권위주의적이었다. 권위에 대해 완전히 복종하고 인내하는 사람은 명예로운 자로 인정된다. 하나님은 로마의 모든 권위를 물리치시는 절대 권위를 가지신 분이시다 (Malina & Pilch, 1993 : 12).

(f) 사회에서 사용된 욕설과 비난은 경계의 유지를 위해서 중요했다. 이 경계는 누가 insider이며 누가 outsider인지를 알리는 표시인데 특별히 insider의 정체성을 강조한다. 로마의 관점에서 보면 insider는 로마의 황제에 충성하는 사람들이며 로마 시민권자이다. 유대인의 관점에서 insider는 유대인의 혈

통을 따라 난자와 율법을 지키는 자다. 요한의 관점에서 보면 계시록에는 outsider가 3부류이다: 첫째는 유대인들 (사탄의 회, 2:9; 3:9), 둘째는 지역의 다신론자들 (2:6), 마지막으로는 로마인들이다(2:13; 참고. Barr, 1986: 410).

ㄹ) 결론

사회 역사적인 해석의 핵심은 아마도 신적인 후견인 (divine patron)으로서의 권위 있는 하나님은 절대적으로 명예를 받으시기에 합당하시고, 영원한 명예를 일시적인 명예 대신 선택할 것을 7교회에게 촉구하시는 것이다 (참고. 고후 4:16-18; 히 10:32-34; 13:13-14:2; Oakman, 1993:209). 하나님의 불명예를 향한 심판은 확실하며 하나님의 후견인 되심은 아주 신뢰할 만하다. 사실 7교회는 모두 이방신이 도시의 후견인으로 있는 도시들이었다 (Ford, 1993:246). 요한은 잔치, 결혼, 비난, 승리의 은유를 사용하여 계속하여 하나님의 백성의 파생된 명예를 강조한다.

하나님은 언약적인 후견인이시고 어린양은 중보자이시며, 7교회는 신실한 언약의 손님 (수혜자)이다 (Kümmel, 1972:322). 이런 세 당사자 사이에 역동적인 언약적 관련성이 있다. 따라서 계시록 안의 전쟁은 언약의 그룹의 결속력을 강화하는 차원이 있다. 여기서 주목할 것은 요한의 예수님에 대한 관점이 바뀐다는 것이다. 그것은 처음에는 예수님이 하나님의 속성을 가지신 분으로 (1:12-20) 나타나고 이후 창조와 구속 그리고 나라의 완성의 중재-사역자로 나타난다. 마지막으로는 하나님 나라를 어린양에게 돌린다 (11:15). 아주 높임을 받으신 승귀하신 주님이 강조된 고등 기독론이 계시록에 나타난다 (high Christology). 따라서 고등 기독론은 명예와 후견인이라는 사회과학적 용어로 쉽게 표현될 수 있다.

사회 과학적 해석을 위한 한글 참고문헌은 다음과 같다:

브루스 말리나. 1999. 신약의 세계. 솔로몬.

존 필치, 브루스 말라나. 1998. 성서 언어의 사회적 의미. 한국 장로교 출판사.
데릭 티드볼. 1993. 신약성서 사회학 입문. 한국신학 연구소.

(3) 신학적 해석

신학적 해석은 문법-문학적 해석과 역사적 해석에 기초한 성경신학적 해석을 좁게 지칭할 수 있다. 하지만 여기서는 정경적 해석 (canonical interpretation)과 요한의 신구약 본문의 사용과 강조점 그리고 그것의 성취적인 측면에만 제한하여 살펴본다.

① 정경적 해석

외경에 등장하는 유대묵시 작품들과는 달리 계시록은 하나님의 영감 된 예언의 말씀이다. 따라서 하나님의 계시 중심, 하나님 중심으로 계시록이 해석되어야 하기에 신학적 해석이 요청된다. 환언하면, 상징이나, 역사적 상황, 그리고 문학적 구조와 특성만 살핀다면 불완전한 주석에 머무를 수밖에 없다.

ㄱ) 정경적 해석이란 무엇인가?

정경적 해석 (canonical interpretation)은 우리가 가지고 있는 최종 본문의 의미를 성경 전체에서 찾는다. 성경 각 권은 다른 성경과 대화한다. 왜냐하면 66권은 한 분 저자 (하나님)에서 기원했기 때문이다. 이 말은 성경에는 중심 줄거리 및 목표 지향점 (scopus)이 있다는 말인데, 중심 주제가 있다는 말이다. 바로 예수 그리스도이다.

예일대학교의 B.S. Childs의 방식을 따라 정경적 해석을 간략히 해보자. 하지만 정경적 해석을 하는 사람마다 방식이 조금씩 다를 뿐 아니라, 확정된 방식이 아직 체계적으로 논의되지 않아서 좀 혼란스럽기도 하다. 정경적 해석은 한 성경의 전체적인 의미를 찾는데 유익하기에 한 구절 한 구절을 석의하기에는 그렇게 적합하지 않다. 무엇보다도 우리가 가지고 있는 형태로 계시록이 (22장으로 구성 됨) 정경에 포함되어 있다는 사실이 중요하다.

ㄴ) 계시록의 정경적 해석

정경적 해석을 위해서 3단계로 나누어 살펴보자 (Clark, 1995:196; Wall, 1992:274-275):

1 단계: 계시록의 정경화 (정경적 과정)
2 단계: 계시록의 정경적 위치 (넓은 문맥적 분석)
3 단계: 계시록의 정경적 모습 (근접한 문맥적 분석)

1 단계:

계시록 안에 나타난 황제의 이미지를 본인의 영광을 위해 사용했던 콘스탄틴 황제이전 까지는, 몇몇 중요한 지방에서 정경으로 인정되지 않았다. Peshitta Syriac Version에 계시록이 빠져있다는 이유로, 동방교회는 서방교회보다 늦게서야 비로소 정경으로 승인하게 되었다. 로마의 Caius는 계시록을 영지주의자인 Cerinthus의 저서로 돌렸다. 그러나 사도 요한을 저자로 생각한 Hippolytus에 의해 이 문제가 해결되었다. AD 360년경에 열렸던 라오디게아 교회회의에서는 계시록을 정경에서 삭제해버렸으나, AD 397년에 소집된 제 3차 카르타고 회의에서 계시록을 영감 된 정경으로 인정했다. 그 회의는 계시록이 오고 오는 세대에 규범적인 말씀이 됨을 인정했다. 알렉산드리아의 디오니시우스 (3세기)는 계시록을 정경으로 인정했지만, 천년왕국설에 관한 논쟁으로 인해 사도 요한 저작을 부인했다. 유세비우스는 또 다른 요한을 저자로 제시했다. 사도성은 정경성을 결정하는 하나의 중요한 기준일 뿐이다. 그리고 교회가 정경으로 인정한다고 정경이 되고, 안한다고 정경이 안 되는 것이 아니다. 정경은 원래 하나님께서 의도하신 것이기에 정경이다.

흥미로운 것은 교회사를 살펴보면, 어떤 특정 그룹은 계시록을 특별히 선호하여 '성경 중의 성경' (Canon in the Canon)으로 만들었다. 다른 그룹에서는 계시록을 평가 절하했다 (Wall, 1992:278). 아마도 이단들이 계시록을 가지고 그들의 이론을 만들었기 때문이 아니었을까?

2 단계:

신약성경의 최종 형태는 의도적인 과정의 산물이다. 계시록은 성경 66권의 '결론'으로 읽혀야 한다 (Wall, 1992:279). 단순히 제일 마지막에 위치해 있는 책으로만 보면 곤란하다. 계시록은 창세기 1-2장과 중요한 inclusio (포괄식 구조)를 이룬다 (Groenewald, 1986:15). 천지 창조의 주인공이신 하나님께서 우주만물을 끝까지 보호하셔서 재창조의 사역을 완성하신다는 정경의 논리가 부각된다. 계시록의 정경 안에서의 위치는 창세기뿐만 아니라, 다른 성경과의 관계 속에서도 잘 설명된다.

여기서 (재)창조의 주제를 좀더 살펴보자. 재창조의 주제는 새 언약 속에 기독교의 종말론적인 사명과 신분을 강조한다 (Ryken, 1992:505; Coetzee, 1993:320; Du Rand, 1994:561; Clarke, 1995:210; Poythress, 2000:21):

사탄이 추방됨 (창 3, 계 12:9)
바벨론의 파멸 (창 11, 계 18)
교회의 성적인 부도덕의 정결케 됨 (창 6:2, 계 14)
하나님의 심판이 뒤틀려진 창조의 관점에서 설명됨 (계 6:12-14)
그리스도는 재 창조자 (창 1:26, 계 21:5)
유다 지파의 사자로 불리우는 예수님 (창 49:9, 계 5:5)
짐승들이 첫 아담과 마지막 아담에게 순종함 (창 1, 계 19:11)
하나님의 현존의 주제 (창 3:24, 계 22:4)

또한 계시록은 출애굽의 주제를 반영한다 (출 7-11과 계15-16을 비교해 보라). 하나님의 창조, 구원, 그리고 정의 혹은 심판은 계시록 안에 잘 정렬되어 있다. 하나님의 심판을 묘사하는 7개의 사이클 (인, 나팔, 대접) 안에는 창조된 우주가 주요 요소이다. 즉 하나님의 창조가 하나님의 심판의 도구라는 말이다. 창조와 심판의 관계는 전형적으로 출애굽을 기억함으로 설명된다. 더 나아가서, 계시록은 많은 구약의 대선지서와 관련된다 (비슷한 용어, 상징, 예언적 성격; 참고. Du Rand, J.A. 2003. Soteriology in the Apocalypse of John. Paper read during NTSSA at Natal University, South Africa).

물론 계시록과 신약의 관련성 역시 중요하다. 감람산 강화, 요한복음 (감람산 강화가 **빠진** 요한복음), 요 1-3서, 행, 로마서, 고전후, 갈, 엡, 빌, 살전후, 히, 벧전후, 유다서 모두가 계시록과 관련된다.

계시록과 히브리서의 정경적 관련성은 다음과 같다 (Freyne, 1989:85, 89-90, 93):

출애굽 모형론을 둘 다 사용함.
모두 강한 예전적인 음조를 가짐.
예수님을 통한 새 언약이 강조 됨.
결론 장에서 각각 새 예루살렘을 언급함.

계시록과 유다서와의 정경적 관련성은 다음과 같다 (Robinson, 1981:227; Childs, 1985:492):

때로는 성경의 배열 순서가 의미심장하고 중요하다. 복음서와 서신서를 잇는 다리 역할을 하는 것이 사도행전이다. 왜 그런가? 사도행전에는 예수님의 공생애 후에 교회가 시작되는 것을 밝히고 사도의 계속되는 사역을 다루기에, 복음서를 사도들이 세운 교회에 보내는 서신서와 연결시킨다. 마찬가지로 요한계시록과 바로 앞에 위치한 유다서의 관계도 흥미롭다. 이 두 책 모두 구약을 자주 인용한다 (유 5, 7, 9, 11). 유다서에서 불신앙의 모습은 새로운

것이 아니라 구약에서도 그러했음을 밝힌다. 마찬가지로 계시록에서도 교회의 고난은 늘 있어온 것임을 밝힌다:

하나님의 영원한 주권-과거-현재-미래의 차원 (유 25, 계 1:8; 21:6; 22:13)
독자의 광범위 함 (유 1, 계 1:4)
정결한 믿음과 불신앙 혹은 배교와의 긴장 (유 4, 계 2:9, 15, 18:4)

하나님의 심판과 관련하여, 유 14-16절은 계 9:16절에서 특정 언어를 사용하는데 그 내용은 주님이 온 교회와 함께 오셔서 불신자를 심판하시는 것이다. 유 14절은 이 불경건한 사람을 유대주의자라고 밝힌다 (Jordan, 1997: 14-15). 아마도 유다서는 기독교 독자들로 하여금 뒤이어 나오는 계시록에서 더 넓고 깊은 의미를 찾도록 안내자 역할을 한다. 즉 하나님의 나라가 죄인을 이기고 확장되는 것이다.

3 단계:

이 단계에서는 다른 성경과 비교하는 것이 아니라 계시록 안에서 저자 요한이 독자들로 하여금 자신의 메시지를 어떻게 이해하도록 의도했는가를 살피는 것이다. 사실 계시록은 잘 짜여진 하나의 통일된 책이다.

'apokalypsis Iōannou' 라는 제목은 정경적 해석에서 중요한데, 계시록이 요한이라는 이름을 가진 다른 책들 (요한복음, 요한 일, 이, 삼서)과 더불어 읽혀야 하기 때문이다 (Childs, 1985:517). 이 말은 우리가 계시록과 다른 요한 문헌들을 조화시켜야 한다는 말이 아니라, 교회의 정경으로서의 통일성을 살펴보아야 한다는 것이다. 아마 요한의 독자들은 계시록을 요한 문헌의 빛 속에서 이해했을 것이다. 또한 계시록의 제목은 (물론 이 제목은 영감 된 말씀의 일부는 아니다) 초대교회 혹은 계시록을 정경으로 수용한 공동체가 사도 요한을 저자로 인정했음을 의미한다.

계시록의 서론 부분에 하나님의 영원한 말씀이 강조되어 있다. 예를 들어,

7교회로 상징되는 모든 교회에 모든 시대에 적합한 하나님의 말씀임을 강조한다.

계시록의 결론 부분에는 정경적인 통제가 필요했다. 계시록이 정경의 결론으로 중요하다면, 이 예언의 말씀을 가감하는 자에게는 생명나무와 거룩한 성에 참여하는 복을 주지 않겠다는 경고가 필요했다 (계 22:19).

성경의 결론인 계시록은 사탄에 대한 하나님의 승리의 선언이며, 거짓 교회에 대한 참 교회의 승리를 선포하는 것이다. 계시록은 정경의 결론으로서 교회의 승리를 선포한다. 이 해석은 성경이 성경을 해석하는 원리에 충실한 유용한 방법이다.

ㄷ) 계시록의 신구약 사용과 관련된 간본문적 해석

ㄹ) 요한의 구약 자료 사용

1997년 11월 샌프란시스코에서 열린 성경문학협회 (SBL)의 계시록 세미나 모임에서 방대한 계시록 (WBC) 주석을 쓴 David E. Aune은 농담하기를 "본인은 19세기 마지막 주석을 쓰고 있다"고 했다. 이 말은 최근의 요한계시록 해석의 경향은 철저한 역사비평적인 해석과는 다르다는 말이다. 하지만 본문의 역사성을 찾아보는 노력 자체를 무의미한 것으로 돌릴 수는 없다. 요한이 계시록을 기록할 때 원래의 주요 자료는 그가 본 환상 혹은 그가 하나님으로부터 받은 예언의 말씀이다. 하지만 보수적인 학자인 레온 모리스조차도 요한이 환상을 보고 그 자리에서 계 1-22장 전체를 막 써 내려갔다고 보지 않는다. 즉 요한은 자기가 본 환상의 내용을 변질시키지 않고서도 얼마든지 자기가 가지고 있던 구약과 신약의 말씀과 비교하여 조심스럽게 기록했을 것이다. 독자들에게 하나님의 예언의 말씀을 더욱 강하고 효과적으로 전달하기 위해 자신이 본 환상을 성경 말씀의 빛에 비추어 특별히 강조하고자 하는 바를 의도적으로 더욱 강조할 수 있었을 것이다. 우리가 지금 연구하는 것은 주로 요한이 사용했을 법한 구약의 자료를 찾아보는 것이며 그것을 통한 요한의 강조점을 찾아보는 것이다. 넓게 보면 지금 우리가 다루는 것은 성경이 성경을 해석하는 원칙과 일치하는 것이다. 더 나아가 하나님의 구원계시의 전진을 고려하는 것이며 성경의 잘 짜여진 전체적인 통일성을 살펴보는 것이다.

요한이 참고로 사용했을법한 구약성경 본문들을 살펴보자. 계 22장 전체를 보면 계시록은 전체가 잘 짜여진 성경이다. 요한 계시록의 예언의 신적인 기원과 요한 자신의 정경을 기록하기 위한 자료 사용과 관련한 노력 자체를 대조적인 것으로 보지 말자. 요한은 구약과 신약의 빛 안에서 환상을 일정부분 해석했을 수도 있다.

흥미로운 점은 2세기 이단 말시온이 계시록을 유대적인 성격이 있는 것이라고 정경에 포함시키는 것을 거부한 사실이다. 이것은 계시록 안에 구약의 암시가 많다는 것을 증명한다. 요한은 아마도 7교회의 독자들이 구약의 기본적인 내용을 잘 알고 있었던 것으로 전제하는 것 같다.

에스겔과 다니엘과 같은 대선지서가 계시록의 구약자료 중 가장 중요하다 (Mazzaferri, 1989:194). 하지만 요한은 계시록에서 구약을 직접 인용한 것은 거의 없다. 아마도 요한이 구약을 많이 인용하거나 암시한 것은 그의 평생토록 구약을 가까이 접한 이유에서일 것이다. Chilton (1990:20-21)과 같은 이는 요한이 에스겔서를 130회 이상 인용했다고 한다. 특히 언어, 이미지, 구조와 언약적인 형태를 모두 포함해서 그러하다. 다니엘서는 아마도 계시록의 가장 중요한 구약 자료인데 임박한 심판과 박해라는 주제를 위해 적합하다. 환언하면, 요한은 계시록을 기록하면서 구약을 환상에 비추어 해석하고 있다. 요한은 계시록을 통하여 하나님 나라의 종말론적인 도래에 관한 구약의 예언이 성취되고 있음을 밝힌다 (참고. Bauckham, 1993:262-263).

특별히 구약의 두 가지 주제가 계시록에 강하게 나타난다:

(1) 거룩한 전쟁 혹은 메시아의 전쟁 주제 (Bauckham, 1993:211, 224):

혼돈과 무질서를 상징하는 괴물과 하나님 사이의 전쟁이라는 주제를 통하여 요한이 무엇을 의도하고 있는가? 그것은 하나님이 이 세상의 혼돈을 초래하는 악의 세력을 무찌르신다는 것이다. 구약에 '거룩한 용사'로 나타난 하나님이 이제 7교회를 위해서 싸우신다는 주제이다. 세부적으로는 짐승을 통해 표현되는 황제 숭배와 악의 궁극적인 힘을 동일시하여 하나님과 메시아의 승리를 강조한다. 리챠드 보컴이 주장하듯이 실제로 계시록 안에는 무서운 전쟁과 군사적인 용어와 표현이 있지만 비군사적인 의미로 해석해야 한다. 왜냐하면 요한에게 있어 성도의 승리는 폭력이나 무력적인 저항이 아니라 순교와 증거를 통한 비폭력적인 방법에 의해서이기 때문이다. 따라서 계시록을 통하여 해방신학의 이론을 전개하는 남미의 학자들이나 식민지의 쓰라린 경험을 체험한 일부 제 3국의 학자들의 해석은 일방적이며 정당성을 얻을 수 없다.

(2) 종말론적인 출애굽 주제 (Casey, 1987:34):

사실 계시록과 출애굽기 사이에는 유사점이 많다. 요한의 7교회는 새로운 출애굽을 경험한 공동체이다. 즉 두 번째 모세이시며 영원한 유월절 어린양이신 예수님을 통하여 7교회는 구원을 얻었다는 것이다. 애굽이 아니라 로마(거짓 유대교)의 핍박에서 곧 벗어날 것이라는 구원의 메시지를 받는다: 하나님의 백성을 왕이요 제사장이라고 부르는 것 (계 1:5-6; 5:9-19; 출 19:6), 하나님께서 자기 백성의 적에게 내리는 심판 (계8:6-11:19; 15:5-16:21; 출 7:20 이하; 9:20-21; 10:21이하; 15:23), 그리고 하나님께서 주시는 승리로 인한 교제와 위로이다 (계 7:1-17; 14:1-5; 15:1-5; 20:1-6; 21:1-8; 출 3:12; 8:22; 9:4; 10:23, 15, 33).

흥미로운 것은 계 1:5-6절과 5:9-19절에서 요한은 출 19:6절의 빛 속에서 7교회의 신분을 나라 (왕국, 혹은 왕들)와 제사장으로 설명한다는 것이다. 왜 선지자로서의 사명은 빠져 있는가? 아마도 요한은 뒷부분에서 7교회는 선지자로서의 사명을 감당해야 함을 강조하려고 한 것 같다 (계 11장의 두 증인).

이 두 구약의 중요한 주제들을 통해서 요한은 종말론적인 하나님나라가 하나님의 승리 주심을 통해서 7교회에 이루어진다는 것을 강조한다 (Botha, 1970:132).

a. 요한의 신약 자료 사용

여기서는 계시록과 계시록의 신약 본문 중 가장 중요한 것으로 보이는 예수님께서 감람산에서 하신 말씀 (감람산강화, 마 24, 막 13, 눅 21)과 데살로니가후서 사이의 유사한 주제를 중심으로 살펴보자 (Van Bruggen, 1988:318-319).

(가) 감람산 강화

(1) 감람산 강화와 계시록은 구조와 주제측면에서 병행을 이룬다. 즉 예루살렘의 멸망 (막 13:14-23)과 주님의 재림 (막 13:24-27)이 등장한다. 예루살렘의 멸망이라는 주제를 위해서는 7인을 떼는 계 6장과 마 24:7, 9, 29, 34절 그리고 눅 23:7-31절을 비교해 보라. 예루살렘의 멸망은 예수님을 못 박아 죽인 것에 대한 하나님의 심판일 뿐 아니라 하나님의 나라의 완성에 대한 예기적인 사건이었다 (Van der Walt, 1962:284-285, 324).

(2) 예루살렘 멸망과 예수님의 미래적이며 최종적인 재림 전에 있을 징조들은 계시록과 감람산 강화에서 모두 비슷하다 (예. 막 13:28-29; Bauckham, 1993:104; Lightfoot, 1997:318).

(3) 예루살렘을 향한 하나님의 심판을 묘사할 때 요한과 예수님이 사용하신 생생한 언어는 비슷하며 구약에서 볼 수 있는 용어이다 (Sproul, 1998:47-48).

아마도 요한은 감람산 강화를 구약만큼이나 자유로이 사용했을 것이다. 여기서 우리는 복음서의 연대를 AD 70년 이전으로 잡는다. 환언하면, 계시록은 감람산 강화의 상세한 주석이요 설명이다 (Sproul, 1998:135). 덧붙여, 공관복음의 재림 비유들 (눅 12:37-38) 역시 소아시아의 7교회를 권면하기 위한 중요한 자료가 되었을 것이다 (참고. 계 3:3, 20; 16:15).

흥미로운 사실은 요한복음에는 감람산 강화가 빠져있다는 사실이다. 아마 요한은 요한계시록에서 감람산 강화의 내용을 상세히 다루려고 했기에 요한복음에서 의도적으로 빼버린 것 같다. 참고로 요한은 신구약 중간기의 유대 묵시문학을 잘 알고 있었을 것이다. 하지만 요한의 구약이나 신약을 사용한 것과는 달리 성경 외적인 자료를 사용했을 것이라는 추측은 그렇게 신빙성이 없다.

(나) 데살로니가후서

살후는 AD 52년경에 기록된 것으로 받아들여진다. 계시록과 감람산 강화 그리고 살후를 종합적으로 비교하여 과거론적으로 설명해 보자.

마 24장과 살후 2장의 유사점들은 다음과 같다 (Mathison, 1999:230; 참고. Hartman, 1990:480-483; McNicol, 1996:62):
(1) 주님의 오심 (살후 2:1; 마 24:27, 30), (2) 예수님에게로 모임 (살후 2:1; 마 24:31), (3) 배교 (살후 2:3; 마 24:5, 10-12), (4) 불법의 사람의 비밀 (살후 2:7; 마 24:12), (5) 사탄의 표적들 (살후 2:9-10; 마 24:24), 그리고 (6) 불신자를 현혹함 (살후 2:11; 마 24:5, 24).

사실 살후 2:1-12절은 마 24:3-31절과 막 13:3-27절의 표현과 유사하다. 이 사실들은 살후 2장의 1세기의 성취를 지지한다. 일반적으로 살전후의 분위기는 묵시적인 성격이 강하다. 만일 살전후가 묘사하는 상징적인 세계 (symbolic world)가 묵시적이라면 그것의 사회적인 배경은 갈등과 싸움이다 (묵시의 성격: 현재와 미래 그리고 택자와 선택받지 못한 사람들 사이의 이원론, 박해 상황, 비관적인 현세론, 익명성 등). 데살로니가 교인들이 박해를 더 받으면 받을수록 악한 세력의 조종을 받고 있던 그들의 적들의 모습은 더욱

어둡게 임박한 심판의 대상으로 묘사된다. 살전후의 상징적이며 묵시적 표현은 실제 1세기의 사회적-종교적인 갈등의 상황을 묘사한다. 따라서 살전후를 1세기 상황 특히 AD 51-52년경의 배경에서 과거론적으로 해석해야 할 5가지 이유는 무엇인가? (Gentry, 2000:5; 참고. Sowers, 1970:317; Mathison, 1999:232):

(1) 살후 2장과 마 24장 그리고 계 13장의 분명한 병행은, 이 모두를 AD 60년대 후반에 있을 가까운 미래의 성취로 이해해야 한다.

(2) 성전이 여전히 서 있다는 언급은 AD 70년 전이다 (살후 2:4). 불법의 사람은, 바다에서 올라오는 짐승처럼 (계 13:6), 성전에 있는 하나님의 보좌를 공격하려고 시도한다. 성전 앞에 있는 정관사와 소유격 (하나님의)은 분명히 특정한 건물을 의도하는 것이다. 고전 3:16절 이하에서는 성전이 교회를 상징하는 것이나, 살후 2:4절에서는 이런 '성령의 전' 과 같이 상징적인 의미로 해석되어야 한다는 암시가 없다. 더욱이 살후 2:4절은 단 11:31-35절을 암시하는데 거기서는 안티오커스 에피파네스 (Antiochus Epiphanes)에 의해 예루살렘 성전이 더럽혀진 사건을 가리킨다. 살후 2:4절에서는 네로의 선구자인 안티오커스 에피파네스가 성전을 파괴하고 모욕하며 하나님의 백성의 박해자로서 인식된다.

(3) 살후 2장의 해석은 6-7절의 '막는 자' 의 정체에 따라 결정되는 것 같다. 불법의 사람을 현재에 막는 자는 데살로니가 교인들이 살던 바로 그때의 제국의 법과 글라우디오 황제로 볼 수 있다.

(4) 바울 당시에 비밀스러운 양식으로 불법의 사람이 활동한 것 (살후 2:7). 마카비 1서 2:48과 62절에, 죄의 사람이라는 이름이 안티오커스에게 주어졌다. 바울도 안티오커스와 같은 사람의 운명을 강조하려고 불법의 사람이라는 명칭을 사용했을 것이다. 실제로 안티오커스는 1세기 몇몇 유대교 진영에서 하나님의 백성을 최종적으로 핍박하는 전형으로 사용되었다. 살후가 AD 52년에 기록되었다면 네로는 아직 역사에 공적으로 등장하지 않아서 그의 참된 성격은 데살로니가 교인들에게 아직 비밀에 가려있었다.

(5) 데살로니가후서의 전반적인 분위기가 1세기 중반의 것이다. 비록 AD

1세기에 교회를 향한 공적인 박해가 드문 것이 사실이지만, 이것은 교회가 비공식적인 적의와 핍박에조차 노출되지 않았다는 것을 의미하지 않는다. 요세푸스와 필로에 의하면 비공식적인 박해가 오히려 더욱 폭력적인 형태를 취하기도 했다. 네로의 박해 이전이기에 살전후의 상황은 공적인 박해가 아니라 (물론 순교에 대한 언급도 없다), 성도의 삶이 로마 제국의 정상적인 보통의 삶의 방식에서 일탈된 것으로 여겨진 상황이다. 살후 2장과 계 13장은 유대인과 로마에 대한 심판을 경고하고 있다. 예루살렘 뿐 아니라 불법의 사람인 네로도 로마-유대 전쟁 중에 비참하게 죽었다 (AD 68년 6월 8일).

b. 요한의 구약과 신약을 사용함에 있어서의 강조점

Schussler Fiorenza (1989:415)가 주장했듯이 역사비평 중에서 요즘은 더 이상 자료비평이나 양식비평에 치중하지 않고 편집비평에 중요성을 둔다. 따라서 계시록을 한 저자에 의한 신학적인 작품으로 보는 경향이 많다. 성령의 영감과 인도 하에 요한은 구약과 신약을 사용하여 그의 강조점을 강조하기 위해 잘 구성된 틀 안에 메시지를 담았다. 하지만 우리는 여기서 요한이 본 환상을 왜곡하거나 변질시키는 차원에서의 편집적인 의도를 배격한다. 아마도 요한의 최고의 신학적 강조점은 하나님나라가 환난 중에서도 확장된다는 것이다.

(가) 요한이 구약을 사용하여 강조하고자 한 점

(1) 요한은 적어도 두 경우에 다니엘서를 수정하여 종말론적인 의미를 강조한다. 계 1:1절과 22:6절에서 사건들이 곧 속히 일어날 것을 강조한다. 두 번째로, 다니엘과는 반대로 (단 12:4) 요한은 책을 인봉하지 말 것을 명령받는다. 이유는 시간이 가깝기 때문이다 (요 22:10). 다니엘서를 수정하여 사용하는 가운데 계시록에는 사건의 임박함이 강조되어 있다 (Moyise, 1995:58).

(2) 요한은 종말론적인 출애굽 주제를 사용하여 출애굽 사건은 이제 예수

님 안에서의 구원이라는 결정적인 성취를 보게 됨을 강조한다. 사실 출애굽 주제는 구약의 모세가 활동한 시기뿐만 아니라 바벨론에서의 포로 귀환을 위한 틀을 제공할 뿐 아니라, 신약의 변화산에서의 예수님의 별세 (exodus)를 말씀할 때 그리고 더 나아가 계 15장에서도 새로운 출애굽의 노래가 등장한다. 성경 전체를 관통하는 주제가 출애굽 주제이다. 출애굽 주제와 관련되는 것이 창조주제이다. 새 창조는 곧 새로운 출애굽이기 때문이다. 창조와 새 창조의 주제도 성경을 관통한다. 예수님 안에서 새로운 피조물 되는 것도 창조주제이다 (Casey, 1987:34; Beale, 1999:91).

3400년 전에 출애굽의 역사를 이루신 하나님은, 계시록 안에서도 7교회에게 계속해서 그들의 구원자로 남아계시며, 박해자에게는 심판자로 역사하시고, 영원한 기업의 보증이 되신다. 요한은 출애굽 주제를 사용하되 이스라엘이라는 한 민족의 구원이 아니라 모든 방언과 나라와 족속의 구원을 위해 역사하시는 하나님을 소개한다. 그리고 더욱 더 친밀한 교회와 하나님의 관계를 새 예루살렘을 통해 묘사한다.

(3) 요한계시록과 에스겔서의 유사성에도 불구하고 (예. 성령의 주도적인 역사하심, 요한과 에스겔의 비슷한 소명, 전반적인 환상의 비슷한 구조 등), 차이점도 중요하다. 7교회는 에스겔서를 계시록의 관점에서 보도록 인도되었다. 즉 예수님 안에서 언약의 성취적인 측면에서 바라보아야 한다. 예를 들어 에스겔서에 예언된 성전환상은 새 하늘과 새 땅에서 성취되는 것이다. 새 예루살렘은 하나님과의 완전한 교제를 예수님을 통해서 맛본다 (Moyise, 1995:82; 참고. Chilton, 1990:20-21; Van de Kamp, 2000:14-15).

(4) 거룩한 전쟁 (Holy War, 대하 20:1-30; 시 18, 20, 44, 60) 주제가 계시록에 나타나는 것으로 이미 살펴보았다. 요한은 이 거룩한 전쟁- 메시아 전쟁 주제를 요한 자신의 기독교적인 관점으로 바꾼다. 구약에서 거룩한 전쟁은 실제로 아말렉을 진멸하도록 사울이 명령을 받았던 것처럼 육체적인 실제 전쟁이었다. 하지만 계시록에는 이 전쟁이 영적인 전쟁이요 복음을 도구로 한

전쟁으로 바뀐다 (Bauckham, 1993:211, 224).

C. 요한의 신약 사용을 통한 강조점

(1) 요한과 바울을 비교하는 것은 흥미롭다. 요한과 바울의 시간적인 차이는 별로 없다. 그리고 이 둘은 비슷한 사회-역사적 배경 속에서 사역했다. 차이점은 강조점에 있다. 바울과는 조금 달리 (믿음이 강한 자는 우상 제물을 대접받을 때 묻지 말고 먹을 수 있다고 함), 요한의 배타주의적인 성격은 (거짓 선지자를 용납하지 말 것, 이방신 숭배에 동참하지 말 것, 외적인 형태와 내적인 순종은 불가분하다) 이방종교와 유대교에서 개종한 그의 독자들의 정체성의 문제를 해결하기 위한 것이었다.

(2) 요한의 신약의 가장 중요한 자료는 감람산 강화이기에 예루살렘 멸망은 계시록의 중요한 주제 중 하나이다. 이 사건은 새 언약의 동반자로서 교회가 선택되어 주님의 재림 때까지 역할을 한다는 계시사적인 의미로 이해되어야 한다. 우리는 여전히 지금 중동의 이스라엘을 하나님의 선민으로 보는 우를 범하고 있지 않는가? 그들 대부분은 선민이 아니라 선교의 대상이다.

(3) 공관복음의 재림 비유들 역시 요한에게 중요한데 7교회의 경성을 촉구한다. 이 본문들은 주님의 날이 가깝다고 위로한다 (Bauckham, 1993:104).

결론적으로 말하면 요한은 신약과 구약을 조금 변형시켜 사용하는데 그 이유는 7교회의 현실과 인용된 본문에 나타난 신-구약의 현실이 다르기 때문이다. 7교회는 새로운 출애굽을 경험한 하나님의 새 언약의 백성인데 이제 메시아 전쟁에 자동적으로 동참하게 된다. 세상 속에 살면서 새롭고 타협이 안 되는 신분을 유지하도록 경성해야 함을 강조한다 (참고. Ford, 1993:257).

나오면서

여기서는 특정 결론을 제시하기보다는 개혁주의 진영에서 계시록을 연구할 때 나아가야 할 바람직한 방향을 제시하는 것으로 결론을 대신하고자 한다. 그것은 문법-역사적 해석을 기초로 하며, 구원계시사를 정점으로 한 균형 잡힌 통합적인 해석이다. 하나의 입장을 통해서만 계시록을 바라본다면 많은 것을 놓칠 위험이 있기 때문이다. 이를 위해 새로운 해석 방법론이 개발되고 적용될 필요가 요청된다.

참고문헌

AUNE, D.E. 1997. Revelation 1-5: Word Biblical Commentary. 52A. Nashville: Thomas Nelson Publishers.

BARR, D.L. 1986. Elephants and holograms: from metaphor to methodology in the study of John's Apocalypse. (*In* SBL Seminar Papers. Atlanta : Scholars Press. p.400-411.)

BARR, D.L. 1998. Tales of the end: a narrative commentary on the Book of Revelation. California : Polebridge Press.

BARR, D.L. 2000. The narrative rhetoric of John's Apocalypse. [Web] http://www.wright.edu/-dbarr/rhet. htm [Date of access: 3 January 2000]

BAUCKHAM, R. 1993. The theology of the Book of Revelation. Cambridge: Cambridge University Press.

BEALE, G.K. 1999. The Book of Revelation. The New International Greek Testament Commentary. Grand Rapids : Eerdmans.

BORING, M.E. 1992. Narrative Christology in the Apocalypse. *CBQ*, 54:702-723.

BOCHER, O. 1980. Die Johannesapokalypse. Darmsradt : Wissenschaftliche Buchgeselschaft.

BOTHA, F.J. 1970. Die verklaring van die boek Openbaring. (*In* Jonker, W.D., *ed*. Hermeneutica: erebundel aangebied aan prof. dr. E.P. Groenewald. Pretoria : N.G.K.B. p.128-139.)

CASEY, J. 1987. The exodus theme in the Book of Revelation against the background of the New Testament. (*In* Concilium: 189. Special volumn. Edinburgh : T&T Clark. p.34-43.)

CHILDS, B.S. 1985. The New Testament as canon: an introduction.

Philadelphia : Fortress.

CHILTON, D. 1990. The days of vengeance: an exposition of the Book of Revelation. Tyler : Dominion Press.

CLARKE, K.D. 1995. Canonical criticism: an integrated reading of biblical texts for the community of faith. (*In* Porter, S.F. & Tombs, D., *eds*. Approaches to New Testament studies. Sheffield : Sheffield Academic Press. p.170-221.)

CLOWNEY, E.p.1988. The message of 1 Peter. Downers Grove : IVP.

COETZEE, J.C. 1993. The theology (proclamation) of Revelation. (*In* Du Toit, A.B., *ed*. The Gospel of John; Hebrew to Revelation: introduction and theology. Pretoria : N.G.K.B.p.264-326. [Guide to the New Testament, Vol. VI])

COLLINS, A.Y. 1986. Reading the Book of Revelation in the twentieth century. *Int*, 40:229-242.

COLLINS, A.Y. 2000. The Book of Revelation. (*In* Collins, J.J., *ed*. The encyclopedia of apocalypticism. Volume 1. The origins of apocalypticism in Judaism and Christianity. New York : Continuum. p.384-414.)

DE BOER, E.A. 1997. The Book of Revelation in Calvin's Geneva. (*In* Neuser, W.H., *ed*. Calvin's books: festschrift for Peter De Klerk. Heerenveen : Groen. p.23-62.)

DE BOER, M.C. 1992. Narrative criticism, historical criticism, and the Gospel of John. *JSNT*, 47:35-48.

DESILVA, D.A. 1992. The Revelation to John: a case study in Apocalyptic propaganda and the maintenance of sectarian identity. *Sociological Analysis*, 53(4):375-395.

DESILVA, D.A. 1998a. Honor discourse and the rhetorical strategy of the Apocalypse of John. *JSNT*, 71:79-110.

DESILVA, D.A.1998b. The persuasive strategy of the Apocalypse: a

socio-rhetorical investigation of Revelation 14:6-13.
(*In* SBL 1998 Seminar Papers, part 2. p.785-806.)

DESILVA, D.A. 1999. A sociorhetorical interpretation of Revelation 14:6-13: a call to act justly toward the just and judging God. *BBR*, 9:65-117.

DE WIT, J.H. 1995. De afdaling van het Nieuwe Jeruzalem: bevrijding en hermeneutiek. *GTT*, 95(4):181-194.

DU PREEZ, J. 1979. Die koms van die koninkryk volgens die boek Openbaring. Annale University van Stellenbosch. Volume 2, serie B, No. 1. Cape Town : Nasionale Boekdrukkery.

DU RAND, J.A. 1991. Die narratiewe funksie van die liedere in Openbaring 4:1-5:15. *Skrif en Kerk*, 12(1):26-35.

DU RAND, J.A. 1993. Introduction to Revelation. (*In* Du Toit, A.B., ed. The Gospel of John; Hebrew to Revelation: introduction and theology. Pretoria : N.G.K.B. p.227-263.
(Guide to the New Testament, Vol. VI))

DU RAND, J.A. 1994. The transcendent God-view: depicting structure in the theological message of the Apocalypse of John. *Neot*, 28(2):557-573.

DU RAND, J.A. 2000. "Hy wat is en wat was en wat kom": die God van betrokkendheid volgens Openbaring. *Skrif en Kerk*, 21(3):530-544.

DU TOIT, A.B. 1990. Die toekoms van die Skrifgesag in die moderne eksegese: 'n hoofsaaklik Nuwe-Testamentiese perspektief. *NGTT*, 31(4):509-519.

DUVENAGE, B. & AMSENGA, M.J. 1999. 7 X 7 visioene in Openbaring: van stryd tot oorwining. Centurion : Die Bybelskool in Centurion.

EDINGER, E.F. 1999. Archetype of the Apocalypse: a Jungian study of the Book of Revelation. Chicago and La Salle : Open Court.

ESLER, P.F. 1995. God's honour and Rome's triumph: responses to the fall of Jerusalem in 70CE in three Jewish apocalypses. (*In* Esler, P.H., ed. Modelling early Christianity: socialscientific studies of the New Testament in its context. London and New York : Routledge. p.39-258.)

FORD, J.M. 1993. The priestly people of God in the Apocalypse. *Listening*, 28(3): 245-260.

FREYNE, S. 1989. Reading Hebrews and Revelation intertextually. (*In* Draisma, S., ed. Intertextuality in biblical writings: essays in honour of Bas van Iersel. Kampen : Kok. p.83-93.)

GENTRY, JR, K.L. 1989. Before Jerusalem fell: dating the Book of Revelation. Tyler : Institute for Christian Economics.

GENTRY, K.L. 2000. The man of lawlessness: a preteristic postmillennial interpretation of 2 Thessalonians 2. [Web] http://www.cmfnow.com/cgi-bin [Date of access: 25 April 2000]

GODET, F.L. 1984. Studies in the New Testament. Grand Rapids : Kregel.

GREGG, S. 1997. Revelation: four views- a parallel commentary. Nashville : Thomas Nelson Publishers.

GROENEWALD, E.P. 1986. Die Openbaring van Johannes. Kaapstad : N.G.K.B.

HARLAND, P.A. 2000. Honouring the emperor or assailing the beast: participation in civic life among associations (Jewish, Christian and other) in Asia Minor and the Apocalypse of John. *JSNT*, 77:99-121.

HARRIS, M.A. 1989. The literary function of hymns in the Apocalypse of John. Ann Arbor : UMI.

HARTMAN, L. 1990. The eschatology of 2 Thessalonians as included in a communication. (*In* Collins, R.F., ed. The Thessalonian correspondence. Leuven : Leuven University Press. p.470-485.)

HATFIELD, D.E. 1987. The function of the seven beatitudes in Revelation. Ann Arbor : UMI.

HURTGEN, J.E. 1993. Anti-language in the Apocalypse of John. Lewiston : Mellen Biblical Press.

JOHNSTON, W. 2004. The Anglican Apocalypse in Restoration England. *Journal of Ecclesiastical History*, 55(3):467-501.

JORDAN, J.B. 1997. The kings from the east. *SRev*, 0:12-16.

KENNEDY, G.A. 1984. New Testament interpretation through rhetorical criticism. North Carolina : University of North Carolina Press.

KOVACS, J. & ROWLAND, C. 2004. Revelation. Blackwell Bible Commentaries. Oxford : Blackwell Publishing.

KREITZER, L.J. 1996. Striking new images: Roman imperial coinage and the New Testament world. JSNTSSS 134. Sheffield : Sheffield Academic Press.

K?MMEL, W.G. 1972. Introduction to the New Testament. (tr. by Mattill, A.J.) London : SCM.

LIGHTFOOT, J. 1997. A commentary on the New Testament from the Talmud and Hebraica, Volume 2 : Matthew - Mark. Peabody : Hendrickson.

MALINA, B.J. 2000. The New Jerusalem in the Revelation of John: the city as symbol of life with God. Collegeville : The Liturgical Press.

MALINA, B.J. & PILCH, J.J. 1993. Biblical social values and their meaning: a handbook. Peabody : Hendrickson.

MALINA, B.J. & PILCH, J.J. 2000. Social-science commentary on the Book of Revelation. Minneapolis : Fortress.

MARSHALL, J.W. 2001. Parables of war: reading John's Jewish Apocalypse. Waterloo : Wilfrid Laurier University Press.

MATHISON, K.A. 1999. Postmillennialism: an eschatology of hope. New Jersey : P&R Publishing.

MAZZAFERRI, F.D. 1989. The genre of the Book of Revelation from a source-critical perspective. Berlin : Walter de Gruyter.

MCNICOL, A.J. 1996. Jesus' directions for the future: a source and redaction-history study of the use of the eschatological traditions in Paul and in the synoptic accounts of Jesus' last eschatological discourse. Georgia : Mercer University Press.

MOYISE, S. 1995. The Old Testament in the Book of Revelation. Sheffield : Sheffield Academic Press.

MUTHURAJ, J.G. 1996. New Testament and methodology an overview. *AJT*, 10(2):263-277.

OAKMAN, D.E. 1993. The ancient economy and St. John's Apocalypse. *Listening*, 28(3):200-214.

OLYAN, S.M. 1996. Honor, shame, and covenant relations in ancient Israel and its environment. *JBL*, 115(2):201-218.

PAULIEN, J. 1995. The role of the Hebrew cultus, sanctuary, and temple in the plot and structure of the Book of Revelation. *AUSS*, 33(2):245-264.

PAULIEN, J. 2003. The Lion/Lamb King: reading the Apocalypse from popular culture. (*In* Barr, D.L. ed. Reading the Book of Revelation: a resource fro students. Atlanta : SBL. p.151-161.)

PEERBOLTE, L.T.L. 1999. De theologie van het Boek Openbaring. *GTT*, 99(1):3-12.

POYTHRESS, V.S. 2000. The returning King: a guide to the Book of Revelation. Phillipsburg : P&R Publishing.

RAILTON, N.M. 2003. Gog and Magog: the history of a symbol.

Evangelical Quarterly, 75(1):23-43.
RISNEN, H. 1995. The clash between Christian styles of life in the Book of Revelation. ST, 49(1):151-166.
REID, R.F. 1983. Apocalypticism and typology: rhetorical dimensions of a symbolic reality. *The Quarterly Journal of Speech*, 69(3):229-248.
RESSEGUIE, J.L. 1998. Revelation unsealed: a narrative critical approach to John's Apocalypse. Leiden : Brill.
RISSI, M. 1966. Time and history: a study on the Revelation. (tr. by Winsor, G.C.) Richmond : John Knox Press.
ROTZ, C.J. 1998. The one who sits on the throne: interdividual perspectives of the characterization of God in the Book of Revelation. Johannesburg : Rand Afrikaans University. (Dissertation D. L. P.)
RYKEN, L. 1992. Words of delight: a literary introduction of the Bible. Grand Rapids : Baker.
SCHUSSLER FIORENZA, E. 1989. Revelation. (*In* Epp, E.J. & MacRae, G.W., *eds*. The New Testament and its modern interpreters. Society of Biblical Literature. p.407-455.)
SCHUSSLER FIORENZA, E. 1991. Revelation: vision of a just world. Minneapolis : Fortress.
SONG, Y.M. A partial preterist understanding of Revelation 12-13 in intertextual perspective. Johannesburg : Rand Afrikaans University. (Dissertation D. L. P.)
SOWERS, S. 1970. The circumstances and recollection of the Pella flight. *Theologische Zeitschrift*, 26(5):305-320.
SPROUL, R.C. 1998. The last days according to Jesus. Grand Rapids : Zondervan.
SWETE, H.B. 1980. Commentary on Revelation. Grand Rapids : Kregel.

THEUNISSEN, H. 1999. Vermaan of bemoedig Johannes die kerke? *Skrif en Kerk*, 20(1):187-206.

THOMPSON, L.L. 1990. The Book of Revelation: apocalypse and empire. Oxford : Oxford University Press.

VAN BRUGGEN, J. 1988. Marcus: commentaar op het Nieuwe Testament. Derde Serie. Kampen : Kok.

VANDERKAM, J.C. 1999. Apocalyptic literature. (*In* Barton, J., ed. The Cambridge companion to Biblical interpretation. Cambridge : Cambridge University Press. p.305-322.)

VAN DE KAMP, H.R. 1990. Israel in Openbaring: een onderzoek naar de plaats van het joodse volk in het toekomstbeeld van de Openbaring aan Johannes. Kampen : Kok.

VAN DER WAAL, C. 1981. Openbaring van Jezus Christus II. Oudkarspel : De Nijverheid.

VAN DER WALT, T. 1962. Die koninkryk van God Naby! Kampen : Kok.

VAN DER WATT, J.G. & VOGES, L. 2000. Metaforiese elemente in die forensiese taalgebruik van die Johannesevangelie. *Skrif en Kerk*, 21(2):387-405.

VAN RENSBURG, F.J. 2000. Dekor of Konteks?: die verdiskontering van sosio-historiese gegewens in interpretasie van 'n Nuwe Testament-teks vir die prediking en pastoraat, gellustreer aan die hand van die 1 Petrus-brief. *Skrif en Kerk*, 21(3):564-582.

WALL, R.W. 1992. The Apocalypse of the New Testament in canonical context. (*In* Wall, R.W. & Lemcio, E.E., eds. The New Testament as canon: a reader in canonical criticism. Sheffield : Sheffield Academic Press. p.274-298.)

도날드 거쓰리. 1991. 요한계시록의 신학. 새순출판사.

데스로시어, G. 2004. 요한계시록 해석입문. 미스바.
로버트슨, A.T. 1985. 공동서신-요한계시록. 요단출판사.
마크 알렌 포웰. 1993. *서사비평이란 무엇인가?* 한국장로교출판사.
보르톨리니, J. 2000. 요한묵시록 읽기. 성바오로.
이형의. 2004. 요한계시록의 신학적 이해. 대한기독교서회.

Ⅱ

통합적 부분적 과거론적 해석: 요한계시록 이해의 새로운 패러다임

An integrated partial preterism:
a new paradigm of
understanding the Book of Revelation

들어가면서

단순한 논지로부터 시작하자: "요한계시록은 서신이다." 신약의 서신은 1세기 실제적인 역사적 수신자가 이해할 수 있는 방식으로 기록되었고, 무엇보다 그 수신자의 상황에 적합한 메시지여야 한다. 상황문서 (occasional document)라는 말이다. 그러므로 신약의 다른 서신들처럼 계시록도 문법-역사적으로 해석되어야 한다. 계시록이 서신임을 간과하고 특별한 방식으로 해석하려는 태도가 오히려 계시록을 별난 방식으로 잘못 해석하게 된 결정적 원인이 되어왔다. 거의 모든 주석가들은 주의 깊은 역사적-상황적 분석이야 말로 예언을 정확하게 이해하는데 필수적인 전제조건임에 의견을 같이 한다 (참고. 버클리, 1994:224, 232). 물론 계시록의 묵시적이며 예언적이고 상징적인 표현을 정당하게 해석하기 위한 노력이 특별히 요청된다.[21] 이를 위해서, 문맥 연구는 상징적 해석과 문자적 해석을 결정하는 중요한 단서가 된다 (버클리, 1994:233). 요약하자면, 계시록을 묵시-예언적 편지로 정당히 이해

---

21) 상징은 여러 특징을 가지고 있다: (1) 어떤 대상을 지시하는 기능. (2) 실재를 드러내는 기능. 여기서 상징이 역사와 관계가 있음이 분명해 진다. (3) 상징의 기능이 역사적-문화적 조건에 따라 변화될 수 있다. (4) 상징은 실재를 드러내되 다의성을 가질 수 있다. 요한계시록의 중요한 신학적 메시지뿐 아니라 요한 당시의 역사와 관련 있는 상징적인 이미지 언어 (symbolical image language) 중 특별히 지리적인 것과 관련 있는 것은 '땅' 인데 무려 64번이나 등장하고 '땅 위에 사는 자'는 10번 등장하며, 땅에 상응하는 '바다' 는 17번이나 등장한다. 이것은 계시록의 1차적 관심이 땅으로 설명되는 이스라엘과 관련된 메시지임을 보여준다. 하지만 땅의 세계적 (바다)인 영향력도 중요 메시지를 구성한다. 또 다른 중요한 상징적 이미지 언어는 '음녀', '음행한 자', '음행' 인데 총 14회, '짐승' 은 30회, 그리고 '죽음', '죽은', '죽다' 는 24번 사용된다. 이것은 계시록 안에 사단의 사주를 받은 배교한 언약 백성과 교회의 대적에 대한 하나님의 심판이 강조된 증거이다. 반대로, '생명' 이라는 단어도 17번이나 사용된다. 요한은 상징적인 언어로 세상을 3중 구조로 그린다: (1) 천상 세계는 하나님, 4생물, 어린 양, 천상의 여인, 붉은 용, 새 예루살렘성 등으로 구성된다. (2) 지상 세계는 땅에서 올라온 짐승 등으로 구성된다. (3) 지하세계는 바다에서 올라온 짐승과 메뚜기 군대 등으로 구성된다. 요한은 이러한 상징 이미지 언어들을 구약이나 유대교 그리고 그 당시의 문학적 간본문들로부터 도입해서 사용하지만 그것을 통해서 새로운 기독교 신학적 의미를 부여하고 있다. 무엇보다 중요한 것은 이런 언어가 1세기 요한 당시의 구체적인 역사적인 관련성 속에서 이해되어야 한다는 점이다. 왜냐하면 계시록은 예언-묵시적 서신이기 때문이다 (박두환, 2005:175-176, 179).

해야 한다. 하지만 이 상징적인 표현은 요한 당시의 배경에서 빌려온 것도 있지만 주로 구약 선지서에서 빌려온 것이기에 주석가는 상징의 성경적 혹은 계시사적 측면을 고려해야 한다. 전통적인 문법-역사적 해석 (*grammatico-historico* interpretation)에[22] 충실한 계시록 해석의 방법은 '과거론적 해석' (preterism)으로 불린다. 하지만 (철저 혹은 완전) 과거론적 해석은 AD 70년 예루살렘 멸망에서 계시록의 모든 내용이 성취되었다고 주장함으로써 미래적인 의미를 인정하지 않기에 그 특성상 일방적이며 이단적이다. 그러므로 부분적 과거론 (partial preterism)이 문법-역사적 해석에 충실한 대안이 될 수 있다. 하지만 부분적 과거론의 두 흐름인 철저 부분적 과거론 (consistent partial preterism)과[23] 전환적 부분적 과거론 (transitional partial preterism)은 계시록의 메시지를 철저히 밝히는 것인가?라는 질문이 제기된다. 왜 이 두 견해는 결국 접촉점 없이 평행을 이루고 있는가? 이 두 견해의 장점을 통합적으로 사용함으로써 더 바람직하게 계시록을 해석하는 길은 없을까? 이 글에서는 통합적 부분적 과거론 (integrated partial pretersm)을 새로운 계시록 해석의 패러다임으로 제시하고자 한다.[24]

---

22) '문법적 해석' 이란 본문의 문법적-문자적 의미를 찾는 해석 방법이다. 문법적 해석은 본문이 기록된 시대의 문법으로 볼 때 본문이 보여주는 의미를 찾으려 함으로써 자연스럽게 역사적인 성격을 띠게 되어 문법적-역사적 해석 (*grammatico-historico* interpretation)이라 불린다. 문법적 해석이라고 해서 무조건 문자적으로만 해석하는 것은 아니다. 문법적이라는 말에는 '분명히 문자적인 것' 과 '비유적 문자적인 것' 의 구분이 전제되어 있다. 후자는 비유-상징적으로 해석되어야 하는데 이 경우 그것이 문법적으로 더 맞는 것이기 때문이다. 문법적 해석의 선구는 안디옥 학파다. 그러나 이 해석을 더욱 강화시킨 사람들은 16세기 교회개혁자들이다 (참고. 강성열 외, 2002:216).

23) 이 견해를 위해서는 다음의 책을 참고하라. Russell, J.S. 1996. The Parousia: a critical inquiry into the New Testament doctrine of our Lord's second coming. Bradford : Kingdom Publications. 그리고 철저 과거론적 입장을 따르는 그리스도교회의 신학자의 다음 글도 참고하라. King, M.R. 1987. The cross and the parousia of Christ: the two dimensions of one age-changing eschaton. Ohio : Writing and Research Ministry.

1. 부분적 과거론적 해석의 유용성과 한계

(1) 철저 부분적 과거론적 해석[25]

이 해석에 의하며, 계 1장부터 천년왕국을 다루는 계시록 20장 6절까지의 내용은 1세기 중반 요한 당시에 성취된 것으로 본다. 좀 더 구체적으로 말하면 AD 70년 예루살렘 멸망 사건이 계 20:6절까지의 내용을 이해하는 열쇠가 된다.

(2) 전환적 부분적 과거론적 해석[26]

16세기 Alcarsar에 뿌리를 둔 과거론과 유사한[27] 이 해석에 의하면, 계 12:17절을 중심으로 계시록의 주제가 전환 된다: "용이 여자에게 분노하여 돌아가서 그 여자의 남은 자손 곧 하나님의 계명을 지키며 예수의 증거를 가진 자들로 더불어 싸우려고 바다 모래 위에 섰더라." 즉 계 1-12:16절까지는 하나님께서 소아시아 7교회의 최대의 대적이었던 불신 유대인(the apostate Jews)을 심판하시는 내용을 담고 있고, 계 12:18절부터 계 20:6절까지는 또 다른 요한 수신자의 대적이었던 이방 로마 제국(the pagan Roman Empire)에 대한 심판을 주제로 한다는 입장이다. 이렇게 주제를 다르게 보는 근거는

---

24) 데스로시어 (2004:171)는 "새천년기의 시작을 중심으로 한 요한계시록에 대한 열광과 분파주의적 해석의 위험은 요한계시록을 보다 통전적 (holistic)으로 해석하는 방법을 찾도록 촉구한다. 성경해석이 패러다임의 변화를 경험한다면 그 새로운 방법은 역사적 비평과 통시적 방법들과 공시적 방법들에서 흔히 나타나는 '모든 것이 좋다'는 분위기에 의해 산출된 무미건조한 결과를 피할 수 있는 것이어야 한다"라고 지적한 바 있다.

25) David Chilton, James B. Jordan, Milton S. Terry, Philip Carrington, Foy E. Wallace, 그리고 Bob Emery가 대표자이다. 이들의 책 목록을 위해서는 참고문헌을 보라.

26) Jay E. Adams, Moses Stuart, Arthur M. Ogden, David S. Clark, A. Feuillet, M. Hopkins, 그리고 G. Bahnsen이 여기에 속한다. 이들의 책 목록을 위해서는 참고문헌을 보라.

계 12:17절의 '그 여자의 남은 후손'을 로마 제국에 흩어져 있는 성도로 보는 데 있다.

(3) 이 두 입장의 평가

이 두 입장은 이상주의적 (idealistic) 해석과 미래론적 (futuristic) 해석 그리고 세상-교회 역사적 (world-church historical) 해석과는 달리 계시록을 기록된 그 당시인 1세기의 입장에서 보려고 한 점에서는 바람직하다. 그리고 철저 과거론적 해석과 달리 계 20:7-22장의 미래적인 내용을 적절히 고려한 점도 긍정적인 평가의 대상이다. 그리고 이 두 부분적 과거론적 해석들은 계 1:1-12:17절까지의 해석에 있어서 공통점이 있다. 이 공통점은 하나님께서 소아시아와 팔레스틴의 불신 유대인의 삶의 중심이었던 예루살렘을 심판하심으로써 새로운 언약을 개시하신다는 계시사적 의미이다. 하지만 이 두 입장은 계 13장부터 접촉점이 거의 없는 상태로 평행선을 긋고 만다. 그러므로 주석가가 이 두 입장 중 하나를 따른다면 '이것이냐 아니면 저것이냐' (either … or)의 선택의 길에서 결정해야만 한다. 그러므로 이 둘 중 하나를

---

27) Preterist interpretation of the Apocalypse found fertile soil among German rationalists. The credit for the revival of Alcasar's preterism has usually been given to J.G. Eichhorn (1752-1825), German biblical scholar and orientalist who carried out the basic idea of Herrenschneider's (1786) commentary, which regarded the Apocalypse as the drama of the progress of the Christian church, being composed of three acts: (1) the dissolution of Judaism (Rev. 8-12), (2) the abolition of the heathen (Rev. 13-20:10), and (3) the final universal triumph of the Christian church by the doctrines of Jesus. The scene of the seven seals was seen as a prelude to that apocalyptic drama. Since the last half of the nineteenth century, a great number of British and American scholars have practised a preterist reading of Revelation. Samuel Lee (1783-1852), a professor from Cambridge, reinstalled preterism into the discussion in Great Britain. Philip C.S. Desprez (d. 1879), English clergyman, and Frederick D. Maurice (1805-1872), Anglican theologian, built their arguments on the basis that Revelation described the events preceding the fall of Jerusalem (Stefanović, 1996:54-57).

선택해야 한다면 몇 가지 의문이 생긴다: (1) 계시록 1:1-12:17절까지의 내용을 AD 70년 사건으로만 볼 수 있는가? (2) AD 70년 사건이 '디아스포라'의 불신 유대인들과[28] 이방 로마제국에 의해 동시에 고난당하던 소아시아의 7교회에게 직접적인 신원으로 작용할 수 있었는가? (3) '이것도 맞고 저것도 맞다' (both and)의 가능성은 없는가? 즉 하나님의 새 언약의 개시를 위해서 예루살렘 멸망 뿐 아니라 로마에 대한 하나님의 심판이 처음 1장부터 20:6절까지 동시에 계속해서 나타나지 않는가? 이런 의문에 답하기 위해서 계시록 해석의 새로운 패러다임을 찾아보자.

2. 새로운 패러다임을 찾기 위한 논의의 주요 근거

(1) 반복이론

페토 (Pettau)의 빅토리누스 (Victorinus, d. 303)와 티코니우스 (Tyconius, ca. 390)에 의해 이미 오래 전에 주장된 반복이론 (recapitulation theory)은 계시록의 동일한 사실이나 사건이 다른 형식 안에서 반복되는 것을 의미한다. 예를 들어, 반복이론에 의하면 7인들, 7나팔들, 7진노의 대접들의 경우, 하나님의 심판이 일곱 인에서 일곱 나팔로, 마지막으로는 진노의 일

---

28) 요한 당시의 디아스포라의 유대인들은 여전히 예루살렘을 그들의 종교의 중심지요 고향으로 생각했다. 정기적으로 성전세를 보냈고, 순례의 길을 떠났다. 에게 해의 항구에서 가이사랴 항으로 떠나기 위해 대기하는 순례객들을 매년 봄마다 만나는 것은 어렵지 않았다. 그들은 예루살렘의 정통 바리새인들만큼 애국자들이었다. 소아시아에서 바울만 히브리인 중의 히브리인이라고 자랑할 수 있었던 것은 아니다 (빌 3:5). 하지만 이들은 팔레스틴의 정통 바리새인으로부터 사두개인과 별로 다를 바 없는 부류로 취급을 당했다. 이 사실은 AD 70년 사건이 디아스포라에게도 얼마나 큰 충격을 주었는가를 암시한다 (참고. Ramsay, 1994:112).

곱 대접으로 점차적으로 더욱 심화된다. 이 이론은 이야기의 전개 과정에 주의를 집중하는데, 오늘날까지 여전히 다양한 형태로 주장되고 있다 (참고. Du Rand, 1993:251).[29] 만약 주석가가 부분적 과거론을 따르면서 동시에 반복이론을 따른다면, 계 12장 이후에 등장하는 7대접의 심판 (계 16:2-21)을 철저 부분적 과거론적 입장처럼 예루살렘에 대한 심판으로 보아야 한다. 그렇다면 7대접의 심판에 전환적 부분적 과거론이 적용될 여지는 없는가? 즉 7대접 심판을 로마에 대한 심판으로 볼 수는 없는가? 소아시아 7교회의 일차적이며 최대의 대적이었던 유대교에 대한 심판을 요한이 전체적으로 그리고 반복적으로 언급하고 있다는 사실을 인정한다는 것이, 로마제국에 대한 심판을 언급하고 있음을 배제하지는 않는다. 그렇다면 반복이론의 틀에서 볼 때 로마에 대한 심판이 어떻게 배제되지 않는가? 계시록 밑바탕에 흐르는 사상은 반 유대적인 메시지와 반 로마적인 메시지가 혼합된 메시지이다. 그러므로 반복이론을 지지할 때, 이 두 혼합된 메시지의 반복으로 보아야 하지 하나의 메시지의 반복으로만 볼 필요는 없다. 전반적으로 소아시아 교회의 1차적인 대적이었던 불신 유대인에 대한 심판이 반복적으로 나타나지만, 동시에 반 로마적 이미지와 상징이 처음부터 끝까지 동시에 나타나도록 요한이 다의적 상징을 사용한 것으로 볼 수 있다. 그리고 이 다의적 상징이 심판의 포괄성과 강렬함 그리고 불가피성이 더욱 강조되어 있는 7대접 심판에서는 앞의 7인과 7대접 심판보다 더 강하게 나타나는 것처럼 보인다.

---

29) 여기서 우리가 놓치지 말아야 할 것은 계시록은 하늘의 환상을 설명하는 단차원적 (mono-dimensional)인 이야기가 아니라는 사실이다. 물론 계시록은 성령님의 감동으로 요한이 밧모섬에서 본 환상이지만, 요한이라는 수사학과 청중에 민감한 사람 (John is undeniably a considerate author, that is, one who is person-centred, reader-focused, rhetorically sensitive)의 잘 짜여진 문학적 구성인 동시에, 요한 당시의 소아시아에 존재했던 사회적 긴장 (social tension)과 역사적인 배경을 지시하고 있다 (Malina, 1994:169-170). 그러므로 계시록의 전체적 문학적 구성과 그 내용 그리고 세부적인 (상징적) 표현들이 요한 당시의 어떤 역사적인 사건이나 인물을 지시하고 있는가에 세심한 주의를 기울여야 한다. 이를 위해서 계시록의 문학적 특성과 역사적인 관련성 그리고 그것들의 신학적인 함의를 전반적으로 고려해야 한다. 만약 계시록의 상징성이 강한 본문을 겉으로 드러나는 것을 마치 의미의 전체인양 평탄 작업하듯이 만들어 버리면, 본문의 신비를 포함하여 그 깊이에 관한 어떤 의미를 놓치고 말 것이다 (참고. Duff, 2003:65; Patte, 1991:30).

(2) 이른 연대를 지시하는 표현들

이른 연대란 계시록의 기록 연대를 네로의 통치 말년인 AD 64-66년경으로 보는 것인데, 늦은 연대인 85년-95년 저작 시기와 상반된다.[30] 네로는 다수의 역사가들 즉 유세비우스, 터툴리안, 수에토니우스와 타키투스 등에 의해 기독교의 박해자로 묘사되었다.[31] 계시록의 이른 연대를 지지하는 시간적인 표현들 (tachos, mello, enggys; 1:1; 22:6)은 밧모섬의 요한 시대로부터 즉각적인 혹은 단시간 내에 있을 일을 묘사한다. 이런 시간적인 표현은 계시록의 메시지가 주로 AD 66-70년, 즉 계시록이 기록된 후 2-3년 사이에 유대-로마 전쟁 기간 동안에 일어날 것을 가리킨다. 유대-로마 전쟁은 로마를 도구로 한 하나님의 불신 유대교에 대한 심판이다. 비록 이런 시간적인 표현들이 요한 당시로부터 단시간 내에 일어날 속히 될 일을 설명하는 것이 맞으나, 그렇다고 해서 일반적으로 비교적 먼 미래라고 생각되는 로마에 대한 심판을 배제하는 것으로 볼 이유는 없다. 왜냐하면 로마는 요한계시록이 기록된 후 몇 세기 후에 고트족에 의해 멸망했지만, 로마 제국 안에 계속하여 복음이 전파되고 박해 가운데서 이방지역의 교회들이 설립되는 자체가 교회에는 구원이요 로마 제국에는 심판이 진행되고 있었던 것이었기 때문이다. 부분적이라 할지라도 로마에 대한 심판이 빠져 있다면 계시록의 내용은 너무 일방적이다. 왜냐하면 계시록의 수신자의 중요한 대적인 로마를 예루살렘 심판의 도구로만 사용하고 심판의 대상에서 제외하여 간과해버리는 것이기 때문이다. 하지만

---

30) 다음은 19-20세기의 학자 중에서 계시록의 이른 연대를 주장한 사람들의 부분적인 명단이다: Neander, DeWette, Credner, Reuss, Bauer, Zeller, Gueriche, Volkman, Scholten, Aube, Renan, Maier, Hilgenfeld, Hausrath, Krekel, Thiersch, Ewald, Wiesler, Breyschlag, Gebhardt, Immer, Grres, Haweis, Adams, Alexander, Ashcraft, Boettner, J. Brown, D. Chilton, J.B. Jordan, D. Clark, C. Van der Waal, R.C. Sproul, De Mar, G. North, K. Gentry, J. Edwards, A.A. Hodge, C. Hodge, J.M. Kik, J. Owen, W. Ramsey, J.S. Russell, M. Stuart, M.S. Terry 그리고 G. Vos (참고. Wilson, 1993:587).

31) Thompson (2003:35)은 네로의 박해를 이들 역사가들이 언급하는 것이 아니라 그의 야만성에 대한 언급일 뿐이라고 애써 주장하면서, 네로의 말년과 로마의 불안정과 로마 서부 지방의 반란 등은 로마 동부 쪽에 있었던 소아시아에는 거의 영향을 미치지 못했다고 주장한다.

요한이 내용과 그 구조에 있어서 많이 의존하고 있는 구약의 선지서들은 바벨론을 열방의 심판의 도구로 사용하되 역시 심판의 대상에서 예외로 두지 않는다. 특별히 이것과 관련하여 흥미로운 예언서는 에스겔서인데, 겔 38-39장의 곡과 마곡에 대한 심판 내용을 열방에 대한 신탁에 빠짐없이 도구로 등장했던 바벨론에 대한 심판으로 선지자 에스겔이 비밀스럽게 묘사하고 있는 것으로 볼 수 있다. 요약하자면, 계시록의 이른 연대 역시 반 유대적이며 반 로마적인 메시지를 동시에 지지한다.

(3) 두 부류의 독자들

요한 당시의 유대인들은 450만 명으로 추산되며, 팔레스틴에는 약 70만 명이 거주한 것으로 보인다. 이러한 유대인의 수는 로마 제국 인구의 7%를 차지한 것으로 보인다. 그리고 그 당시 전체 기독교인은 5만 명 이하로 보이는데, 소아시아 인구의 1% 미만으로 추정된다 (Cimok, 2002:29). 유대인의 수는 기독교인의 수를 훨씬 능가했으며 그들의 사회적, 정치적 그리고 경제적 영향력도 기독교인의 영향력과는 비교가 되지 않았던 것으로 보인다. 소아시아 7교회의 유대인 크리스챤 독자들 (the Jewish Christian readers)은 그 숫자에 있어서는 소수일 것이며, 소아시아의 이방인보다는 디아스포라에 의해 고난을 더욱 당했다. 왜냐하면 이들은 조상적부터 믿어온 유대교를 버리고 유대인들이 이단시했던 기독교로 개종했기 때문이다. 비록 로마제국이 항상 호의적 (benign)이었다고는 할 수 없지만,[32] 디아스포라 지역의 유대인들은 로마를 그들의 보호자로 여기기도 했다 (Meeks, 1983:38-39).[33] 반면에, 하나님을 경외하는 자들 (God-fearers)에서 기독교로 개종한 사람도 있었겠지

---

32) 이와 관련하여, BC 80-AD 40년경 소아시아에서 기록된 것으로 보이는 Sibylline Oracles 제 3권은 소아시아의 적어도 일부 유대인들은 그 도시들의 헬라 거주민들에게 동정적이었으며 그들이 장차 로마에 보복하게 될 것을 소망했다. 이 유대인 저자는 아시아의 로마에 대한 보복과 장차 있을 세상 역사 속으로의 신적인 미래의 개입에 대한 유대인들의 소망을 결합시키고 있다 (보라. Buitenwerf, 2002:1-15).

만, 이방인 크리스챤 독자들 (the Gentile Christian readers) 중 다수는 이방인에서 곧바로 기독교로 개종하여 소아시아 7교회의 다수를 구성했을 것으로 추정된다. 이들 중 다수는 개종 전에 종교적인 감수성과 열망을 가지고 있었던 것으로 추정된다 (행 19:10; 20:7-12; 고후 2:12; 골 4:16). 그리고 이들은 동족 이방인뿐 아니라 (참고. 살전 2:14), 디아스포라로부터도 박해를 받았다고 볼 수 있다 (참고. Ramsay, 1994:114). 왜냐하면 이들 중 일부는 먼저 개종했던 유대인의 생활방식을 버리고 다시 기독교로 개종했기 때문이다. 그러므로 요한의 두 부류의 독자들은 불신 유대인과 불신 이방인들의 협공 속에 놓여 있었기에 이 둘에 대한 동시적인 신원이 필요했다.[34] 따라서 '이것이냐 저것이냐' (either or)의 문제가 아니다. 물론 우선권의 문제 (matter of priority)가 있을 수는 있다. 즉 공통적인 분모가 있더라도,[35] 유대인 크리스챤 독자에게는 불신 유대인에 대한 심판이, 이방인 크리스챤 독자에게는 이방 로마에 대한 심판이 우선적인 메시지로 다가왔을 수도 있다.

이것을 아래와 같이 도식화 해 볼 수 있다:

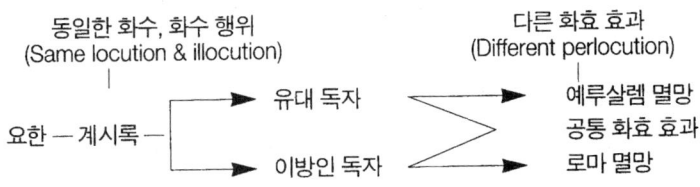

---

33) BC 15년에 에베소의 헬라인들이 유대인들을 에베소의 종교에 참여하지 않는다는 이유로 추방하려고 Agrippa에게 호소했을 때, 유대인들은 안티오커스 2세 (BC 216-246)에 의해 공포된 에베소의 헌법에 호소했다. 시리아의 안티오커스2세는 유대인들을 좋아해서가 아니라, 이집트의 톨레미와 세력 싸움을 하고 있었기에, 이렇게 자유와 권한을 자기 백성들에게 부여함으로써 자신의 권력을 강화시킬 필요가 있었던 것이다. 오래 전에 유대인의 정착을 위해 공포된 법에 호소를 했다는 사실은 그 때까지 변함없이 유대인의 권리를 보호하는 정책이 유지되었음을 암시한다 (참고. Ramsay, 1994:109-110; Hemer, 2001:36). 그리고 에베소와 이오니아 (Ionia)의 나머지 지역에 살던 유대인들은 Diadochi의 선물로서 토착 시민들과 동일한 이름을 사용했다 (Hemer, 2001:38; 보라. *The Antiquities of the Jews*, 14.10.25). 사데에서 있었던 하나의 중요한 발견은 아람어를 말했던 상당한 수의 사람들이 있었음을 증명하는데 요한 당시의 유대인들로 보인다. 계 3:4절로부터, 사데의 대부분의 유대인들은 그들의 환경에 타협함으로써 "옷을 더럽혔다" (soiled their clothes)고 추론할 수 있다. 그곳의 유대인들은 자신의 입지를 이방 문화에 순응하고 타협함으로써 강화했다고 볼 수 있다 (Hemer, 2001:137, 151).

(4) 구약 간본문의 지지와 계시록 전체에 산재해 있는 반 (anti) 로마적 메시지

철저 부분적 과거론처럼 계 20:7절 이전 전체를 AD 70년 사건으로만 본다면 로마는 단지 배교한 유대교 (the apostate Jews)에 대한 하나님의 심판의

---

34) Thompson (2003:34)의 주장은 독특하다. 그는 Nero Redivivus신화를 계 17장에서 발견하여 네로가 죽은 AD 68년 이후 즉 AD 70-120년까지를 계시록의 기록 연대로 보되, 요한은 밧모섬에 계시를 받으러 갔거나, 아니면 순회 선지자로 말씀을 전하러 갔거나, 아니면 그곳의 기독교 공동체를 위해 목회하러 갔다고 본다. 그는 도미티안 때를 기록 연대를 거의 인정하면서도 특별한 박해 상황을 배제하여 요한과 그의 첫 번째 독자들의 상황을 정상적인 삶을 살았던 (ordinary lives) 것으로 본다. 그리고 Thompson (2003:42)은 계시록 안에서 볼 수 있듯이 요한이 로마에 대해 가졌던 부정적인 태도를 유대-로마 전쟁 당시에 팔레스틴에서 요한이 경험했던 로마의 무자비함에 기인한 것으로 본다. 이러한 주장은 AD 70년 사건을 하나님의 정당한 심판으로 보기 보다는, 요한이 기독교인이었지만 거룩한 도시 예루살렘과 그 성전에 대한 미련이 마치 남아 있는 듯한 뉘앙스를 남기는 것이다. 여기서 Thompson은 주님의 초림부터 AD 70년 이전까지의 신구약의 중첩 (overlap) 기간에 나타난 성전의 계시사적 의미를 간파하지 못하고 추측성 언급만 하는 것으로 보인다. Thompson (1993:44)은 오히려 요한이 소아시아의 7교회 중 이방 세력인 로마가 제공해 주는 안정과 풍요를 맛보면서 이방 문화에 동화되어서 그리스도를 향한 첫 사랑을 잊어버린 사람들을 책망하는데 관심이 큰 것으로 본다. 전체적으로 간단히 Thompson의 주장을 평가해 보면, 도미티안 때에 박해가 없었다는 주장은 우리가 재고해 볼 가치는 있으나, AD 70-120년으로 너무 피상적으로 연대를 잡는 것과 계시록에 전반적으로 짙게 풍기는 박해 분위기를 배제한 것은 지나친 주장이라 할 수 있다.

35) 바울의 AD 52년경의 에베소를 중심으로 한 소아시아 전도는 그곳의 디아스포라 유대인 전도에 기여를 했을 것이다. 그렇다면 이들 유대인 성도는 요한이 계시록을 기록할 당시까지 약 15년 동안 헬라 문화 속에 살고 있었다. 그리고 만약 요한의 유대인 크리스챤 청중들 중 일부가 팔레스틴에서 소아시아로 이주해 온 사람들이라며, 이들은 헬라-로마적 배경에 익숙했음이 분명하다. 왜냐하면 예수님 당시에 팔레스틴은 이미 3세기 동안 이상 동안이나 헬라 세계의 한 부분이었고, 헬라어를 말하는 다수의 이방 사람들의 팔레스틴으로의 이주를 경험했을 뿐 아니라 디아스포라로부터 철저히 헬라화된 유대인들의 재정착도 보았다. 이방 문화를 거부했던 유대인들조차도 헬레니즘의 영향에서 자유롭지 못했다. 이것이 바로 예수님과 초대교회가 활동할 때의 상황이다. 하지만 이것은 팔레스틴의 유대인들이 디아스포라의 유대인들이 그렇게 했던 것과 같은 방식으로 헬레니즘에 동화되었음을 의미하지 않는다. 모든 디아스포라 공동체들이 같은 방식 혹은 같은 정도로 헬레니즘의 영향에 반응했음을 의미하는 것도 아니다. 이 모든 사실은 유대인 크리스챤 청중과 이방인 크리스챤 청중 사이의 공통분모를 쉽게 연상하도록 한다 (참고. Ellis, 2001:45).

수단이지, 심판의 대상이 될 수 없게 된다. 이것은 계시록이 구약 선지서와 가지는 전체 구성 틀의 차원의 간본문성 (intertextuality)과도 맞지 않다.[36] 즉 계시록과 그 구조와 내용에서 유사한 에스겔서의 경우[37] 하나님께서 BC 586년 예루살렘 멸망 전에 남 유다와 열방에게 말씀을 주실 때 바벨론의 느부갓네살을 심판의 도구로 사용하시지만 결국 바벨론도 심판의 대상에서 예외가 될 수 없었다 (겔 38-39; 곡과 마곡은 바벨론을 가리키는 것으로 보인다). 특히 이스라엘의 회복을 예언하는 장들 (겔 36-48)에서는 바벨론의 파멸과 포로 귀환이 전제되어 있다 (참고. 렘 50-51).

뿐만 아니라, 계시록 안에 헬라-로마 문화 (Greco-Roman culture) 속에 등장하는 간본문은 반 로마적 메시지 (anti-Roman message)를 분명히 가지고 있는데, 계시록 13장 이후는 물론[38] 계시록 12장 이전에도 등장한다. 예를 들어, 계 4:8절을 포함해서 계시록에 11회나 등장하는 '주' (kyrios)와 '하나님' (theos)이라는 호칭은 반 로마적인 색채를 가진다 (계 1:8; 4:8, 11;

---

36) 요한이 구약 선지서를 알고 있었다는 것은 4가지 증거로 증명할 수 있다: 'prophetei-' 단어와 관련된 용어의 사용 (계 1:3; 2:20; 10:11; 11:6; 19:10; 22:7, 9, 10, 18, 19), 요한의 선지자로서의 사명 (계 1:10-20; 10:8-11), 선지자적 말씀의 형식적 요소 (to de legei = thus says; 1인칭으로 전달된 말씀과 상징적인 예언적 행위 [계 10:8-11]) 그리고 요한의 예언의 절대적인 권위 (계 1:1-2, 10-11; 22:18-19). Fekkes (1994:38)가 정당하게 주장한 것처럼, 유대-기독교 예언자로서 요한의 신학적이며 종말론적인 개념들은 그가 하나님의 계시의 우선적인 좌소 (the prime locus of God's revelation)로 분명히 여긴 구약에 굳게 뿌리를 내리고 있다. 사실 계시록의 묵시적인 특성들이 평가절하 될 수 없더라도, 요한이 사용한 그의 이전에 존재한 예언적이고 묵시적인 내용들은 거의 구약에 제한된다.

37) 계시록과 에스겔 사이의 간본문성을 간략하게 다음과 같이 분류할 수 있다
 (참고. Vogelgesang, 2002:5-6):

에스겔	계시록
포로 중의 에스겔이 환상을 봄 (겔 1)	포로 중의 요한이 환상을 봄 (계 1)
유대인을 향한 메시지 (겔 2-24)	일곱 교회를 향한 메시지 (계 2-3)
열방에 내려질 심판 (겔 25-32)	하나님의 환상 (계 4-5)에 의해 인도되는 심판 시리즈(계 6-19)
메시아 왕국 (겔 33-37)	메시아 왕국 (계 20:1-6)
곡의 공격 (겔 38-39)	곡과 마곡의 공격과 최후 심판 (계 20:7-10, 11-15)
마지막 영광의 환상과 구원받은 자의 평안, 그리고 여호와 삼마 (겔 40-48)	마지막 영광의 환상과 새 예루살렘에서 구원받은 자의 평안과 장막 삼으심 (계 21-22)

11:17; 15:3; 16:7; 18:8; 19:6; 21:22; 22:5, 6). 비록 생존시에 스스로 신격화 (deification)를 추구했던 Gaius와 Nero같은 소수의 경우를 제외하면 대부분의 로마 황제들이 살아있었을 때는 신격화 된 적 없었지만, 그들의 사후에 원로원의 포고 (senatorial decree)로 주와 하나님과 같은 호칭으로 신격화 되었다.[39] 로마제국의 제의는 종교와 정치가 분리되지 않은 상태에서 수행되었기에, 종교와 정치는 조직적으로 권력을 구성하는 방식이었고, 주 (provincial) 차원이건 지역 (local) 차원이건 황제숭배는 황제의 중요성에 대한 결정적인 표현이었다 (Friesen, 2003:51). 그러므로 계시록의 수신자들은 누가 참된 주요, 참된 하나님으로서 찬송과[40] 예배를 받을 것인가를 선택해야만 했다 (참고. Aune, 1997:310-311). '전능자'(the Almighty, *ho pantokrator*)라는 표현은 요한의 독자들이 박해 상황 속에 있는 것을 기억한다면 그들을 위로하는 차원으로 적절한 하나님의 칭호이다. 그러므로 요한의 독자들은 세

---

38) '큰 성 바벨론' 이 누구이냐에 따라서 계 17-19장의 해석이 결정된다. Beale (1999:885-886)이 정확하게 지적했듯이, 1세기의 배교한 이스라엘이 음녀 바벨론의 일부분을 구성하고 있었지만 그 자체만으로는 음녀 바벨론 전부를 구성하는 것은 아니었다. 계 17-18장에서 구약 선지자들이 불신 이스라엘 (unbelieving Israel)을 음녀라고 부르는 구절들을 요한이 인용한 것을 바벨론에 이스라엘을 포함한다면 쉽게 설명할 수 있다. 사실 이 불신 이스라엘은 과거와 현재 그리고 미래에 하나님의 참되며 새 이스라엘의 남은 자를 박해하는데 이방 세력과 손을 잡았다 (참고. 마 21:33-42; 23:29-35; 행 7:51-52). 그러므로 음녀 바벨론을 배교한 이스라엘과 로마제국을 모두 포함하는 것으로 보는 것이 균형 잡힌 견해이다. 가장 최근에는 이탈리아의 Buguzzi (2006:386)가 음녀 바벨론이 로마와 예루살렘 중 어느 것을 지시하는지 나름대로 논증했는데, 전통적인 개념인 로마로 결론을 지었다. 이것 역시 불균형스러운 결론이다.
39) 모든 황제들은 자신의 정체를 밝히고 동일시 할 자신만의 이름을 가지고 있었다. 한 예로, 네로는 'son of God Claudius and descendant of God Caesar Augustus' 이라는 이름을 가지고 있었다. 죽은 황제는 하나님이었고, 그 다음에 현존하는 왕은 하나님의 아들로 스스로 불렸다. 여기서 에베소의 아데미 (Artemis) 여신의 이름에 주목해 보자. 1세기 에베소에서 아데미는 적어도 황제만큼이나 중요한 존재였다. 황제들은 그들 스스로를 아데미와 연결시켰고 그 여신을 섬겼다. 아데미는 다양한 이름뿐 아니라 호칭을 가지고 있었는데 이것들은 황제가 스스로 불렀던 호칭과 유사할 뿐 아니라, 요한이 계시록에서 예수님과 하나님에게 붙인 호칭과 유사하다. 많은 본문에서 아데미는 '세상의 여자 구주' 라고 불리었다. 아마도 요한은 의도적으로 하나님과 예수님의 이름 (호칭)을 아데미와 황제들의 호칭과 대조시키는데, 그 목적은 하나님과 예수님의 참된 신적이며 구원적인 성격을 강조하기 위해서이다 (보라. Van Tilborg, 1996:38-39, 48-49).

상의 거짓 권세자를 두려워할 이유가 없다. 그리고 계 7:9절의 '흰 옷'은 승전하여 개선한 로마 장군이 시가행진 때에 입은 흰 토가 (toga)를 연상케 한다 (참고. Ramsay, 1994:283). 여기서 요한은 승전하여 자기 과시를 즐기는 로마의 개선장군이 아니라, 바로 하나님의 인을 맞은 144,000명으로 상징되는 많은 새 언약 백성들이 이 순결한 삶을 환난 중에서라도 살아서 승리할 것을 찬양의 배경 속에서 말한다 (계 7:14).

또 다른 반 로마적 메시지의 예를 계 12장의 예수님의 초림을 묘사하는 부분에서 찾을 수 있다. 여기서도 논객 (polemicist)으로서 요한은 로마 황제의 거짓 권세와 예수 그리스도의 권세를 모방 (parody)의 차원에서 대조시킨다. 요한의 목적은 소아시아에서 네로 치하에서 박해받고 있던 그의 청중들에게 승리하신 예수 그리스도만 참된 우주의 주권자로 오셨음을 확신시키기 위해서이다. 계 12:1절에서 교회를 상징하는 휘황찬란한 옷을 입은 여인의 모습을 통해서 요한은 7교회의 영광스러운 신분과 자신을 'Apollo Helios'라고 불렀던 네로의 모방 (parody)을 대조하고 있다. 요한은 총독 관할의 아시아 (Proconsular Asia)에서 살았기에, 거의 확실하게 BC 9년에 *Koinon Asias*에[41] 의해 선포된 칙령을 알고 있었을 것인데, 그 때로부터, 그 지역의 달력이

---

40) 찬송은 모든 고대 지중해의 종교의 제의에서 필수적인 특징이었다. 찬송이 사람을 향한다면 그 암시는 그들이 신들과 동등하다는 것이다 (비교. 행 12:22). 사실 네로는 자신의 신성을 강조하기 위해 자신을 어디든지 따르며 선포했던 'Augustiani'라 불린 5,000명의 기사 (equestrians)를 거느렸다 (Aune, 1983:15-16). 그리고 고고학적인 증거에 의하면 로마 제국의 황제 제의가 시행될 때 적어도 수십 명의 남성 합창단이 있었는데, 이들은 특별히 신 아우구스투스와 여신로마를 위한 *hymnodes*라고 불린다 (Friesen, 2003:57). 그리고 계 4:8-11절과 관련하여, AD 1세기경의 Stratonikeis에서 발견된 비문에 의하면, Zeus Panemerius와 Hekate신에게 그렇게 해왔던 것처럼 모든 백성이 희생제물을 가지고 오고, 향을 피우고, 기도하고 감사했으며, 행진하는 동안 찬양의 노래를 통해서 영예롭게 했다. 그리고 의회 (council)는 결정하기를 귀족 가문에서 30명의 젊은 남자를 선발하여, 흰옷을 입고, 감람나무 가지로 면류관을 쓰고, 감람나무 가지를 손에 쥐도록 했다. 이들은 치터 (Zither) 연주자의 반주에 맞추어 전령 (herald) 앞에서 Diomedes의 아들이며 비서인 Sosandros가 결정한 칭송의 노래를 불러야 했다. 요한은 소아시아의 예전형식을 분명히 알고 있었을 것이다. 그리고 계 4:10절의 면류관을 발 앞에 두는 것도 복종의 행위로서 소아시아의 예전에서 발견된다 (참고. Boring, Berger & Colpe, 1995:565).

바뀌어서 아우구스투스의 생일 (9월 23일)이 한 해의 첫 날이 되었다 (참고. Friesen, 2001:32-33). 결과적으로, 계 12:5절의 예수님의 출생을 통해서 의도적으로 요한은 아우구스투스의 거짓 통치권과 반대되는 참 하나님의 출생을 선포한 것으로 볼 수 있다. 그리고 메시아 예수님의 오심과 더불어 새로운 역사가 전개됨을 가르치고 있다.

이처럼 반 로마적 메시지가 계 12:18절 이전에도 등장하기에 전환적 부분적 과거론이 철저 부분적 과거론보다 더 정당하게 보인다 (참고. Barnett, 1995:226-231). 전환적 부분적 과거론적 입장을 계시록의 앞부분에도 적용할 수 있기에 통합적인 부분적 과거론이 정당하다.[42]

(5) 환기시키고 긴장을 불러일으키는 상징 (provocative and tensive symbol)을 통한 다의성

요한이 사용한 상징은 하나의 의미를 분명히 가리키는 단순한 상징 (steno symbol)이 아니라 두껍고 긴장을 유발하는 상징이기에, 하나의 표현으로서 두 가지 (혹은 그 이상) 의미를 의도할 수 있다.[43] 그러나 이것은 해체주의에서 말하는 의미의 비결정성 (indeterminacy of meaning)이나 지나친 다의성 (uncontrolled and extreme multivalence)을 의미하지 않는다. 예를 들어, 음녀 바벨론 (계 17-18)은 배교한 예루살렘을 상징할 수 있는 동시에,[44] 이방 로마를 동시에 상징할 수 있지, 그 이상의 다양한 의미를 가지는 것으로 볼 필요는 없다 (Clark, 1989:92). 짐승들 (계 13:1, 11) 역시 배교한 유대교 (Chilton, 1990:336)와 로마의 포학한 세력이나 인물 (Stuart, 1864:634)을

---

41) Koinon은 어떤 주 (province)의 도시들을 대표하는 부자들로 구성되는데 의회 (council)로 불린다. Koinon의 가장 중요한 임무는 그 주에서 시행되는 제국의 제의 (provincial imperial cults)를 주관하는 것이다. 제국에서 그 도시에 그러한 제의를 수행하도록 허용했다면, Koinon이 남녀 대제사장들을 그 사회의 엘리트 중에서 해마다 임명할 수 있었다 (Friesen, 2003:51).

동시에 상징할 수 있다 (참고. Friesen, 2003:62).

나오면서

계시록은 처음부터 끝까지 1세기의 과거적 입장에서 해석되어야 한다. 예외적으로 계 20-22장은 과거적 함의를 가진 미래적 본문이다. 그러므로 계

---

42) 계 13-20(22)장은 BC 55-120년경으로 추정되는 역사가 타키투스의 'Histories' 제 5권 13장과 주제 면에서 관련된다. 이 부분은 요세푸스의 '유대전쟁사' 6.312와도 유사하다. 이 단락은 베스파시안과 디도장군이 유대 땅을 정복하여 예루살렘을 멸망시키는 두려운 장면을 묵시 언어로 생생하게 묘사하는 부분이다. 하지만 많은 사람들은 이 예루살렘의 파멸의 징조를 오히려 자신이 속한 나라의 조상들이 전해준 예언의 빛 속에서 자신이 속한 나라가 힘을 얻어 독립할 것으로 긍정적으로 해석했다. 특히 동방의 나라들은 비록 지금은 로마의 지배 하에 있을지라도 곧 힘을 얻어 독립할 것으로 해석했다 (Sibylline Oracle, 3. 350-355: 로마는 아시아로부터 조공으로 받던 재화에 세 배를 더하여 거꾸로 아시아에게 바치고 그들이 모질게 파괴했던 보복을 아시아로부터 받을 것이다. 그리고 또 이탈리아인의 집에서 노예로 일한 아시아인의 이십 배나 되는 이탈리아인이 거꾸로 아시아에 가서 빈곤한 몸으로 아시아인을 섬기며 일만 배나 되는 일을 자초할 것이다- 번역은 '외경위경전서 상'의 것). 따라서 타키투스의 기록은 로마 제국의 동쪽에 살고 있었던 요한의 청중들이 예루살렘멸망을 통해서 로마멸망을 역설적으로 기대할 수 있었음을 암시하는 것으로 보인다. 참고로 BC 130년경의 'Potter's Oracle'에서 이집트의 전형적인 묵시적인 신탁을 볼 수 있는데, 계 13-22장과 주제 면에서 유사하다. 이 이집트 묵시집에서 (안티오커스 3세로 보이는) 악한 통치자를 묘사하는 특징들은 계 13장의 짐승의 특징과 비슷하고, 파멸당할 큰 성읍에 내려질 재앙의 목록은 계 18장의 바벨론의 파멸 전후의 내용과 유사하다. 그리고 이 파멸을 통해서 곧 좋은 시간 (good times)이 올 것이라는 예언도 계 20-22장과 유사하다. 여기서 이방 제국인 애굽에 대한 심판의 신탁은 요한 당시의 로마에 대한 하나님의 심판으로 자연스럽게 연결하여 볼 수 있겠다. 지금까지 논한 정경 외적인 자료의 간본문을 정리해보면, 계 13장 이후를 예루살렘 혹은 로마에 대한 심판 중 하나로만 보지 않고 이 둘을 동시에 볼 수 있는 여지를 남겨둔다 (참고. Boring, Berger & Colpe, 1995:574-575).

43) 사실 단순한 일대일 대응식 상징 대신에 환기시키고 긴장을 불러일으키는 기묘한 상징을 예수님이 하나님 나라를 설명하실 때 사용하셨다. 주님은 천국의 단일 사상이나 개념을 말씀하시지 않았고, 대신 듣는 이들의 마음에 여러 가지 개념들이 떠오르도록 하는 상징을 사용하신 점은 분명하다. 하나님 나라 연구에 이 관점은 유익한 통찰력을 제공해 준다. 하나님 나라에 대한 예수님의 가르침은 매우 주도면밀한 점을 인정한다면 한 두 가지로 단순화시켜서 이해하려는 축소주의적 성향을 주의해야 한다. 하나님 나라는 풍요로움 그 자체이다 (참고. 황창기, 1998:220).

20:6절까지 로마와 예루살렘에 대한 심판이 동시에 등장하는 것으로 보아야 한다. 전반적으로 그리고 반복적으로 반 유대적 메시지가 강하되, 반 로마적 메시지도 많은 부분에 동시에 나타나고 있다. 그래서 이 둘이 서로 구분되지 못할 정도로 긴밀히 통합되어 있는 상징도 종종 나타난다. 이것을 부분적 과거론적 해석의 새로운 페러다임으로서 '통합적 부분적 과거론적 해석'(an integrated partial preterism)으로 부를 수 있다.

---

44) Ford (1982:283-285)가 주장했듯이, 구약의 음녀 (harlot)에 대한 은유적 사용을 연구해 보면, 불신실한 이스라엘을 지칭하는 것으로 볼 수 있다 (사 1:21; 렘 2:20; 겔 16:35; 호 2:5; 미 1:7). 요한에게 영향을 준 구약 본문은 특별히 겔 16장으로 보이는데, 거기서 에스겔은 목이 곧은 예루살렘을 책망하고 있다. 에스겔은 거기서 예루살렘을 향해서 어떤 따뜻한 표현을 찾을 수 없었다. 겔 16장에서의 표현은 계 17-18장에서처럼 아주 생생하다. 예루살렘의 죄 때문에 하나님은 그녀의 연인들 (이방 나라)을 모아서 오히려 그녀를 나체로 만들어 수치를 당하게 하실 것이다 (참고. 계 17:16). 더욱이, 요한은 2중 상징 (dual symbolism)을 사용하여 음녀를 영적인 음녀인 예루살렘과 동일시 할 수 있는 동시에, 그 도시 안의 패역한 대제사장 (혹은 대제사장직)과 같은 특정 사람 혹은 특정 직책과 동일시 할 수 있도록 허용한다.

참고문헌

강성열, 오덕호, 정기철. 2002. 성서해석학 입문. 대한기독교서회.
데스로시어. 2004. 요한계시록 해석입문. 미스바.
박두환. 2005. 요한계시록과 형상 언어. 목회와 신학, 4:174-179.
헨리 A. 버클리. 1994. 성경해석학: 성경해석의 원리와 과정.
　　　　도서출판 연합번역위원회. 1993. 외경위경전서 상. 기독교문화사.
황창기. 1998. 예수님, 교회 그리고 나: 예수님의 인격에 비추어 본 신약의 구속사적 해석과 설교. 성광문화사.

ADAMS, J.E. 1966. The time is at hand. Phillipsburg : P&R Publishing.
AUNE, D.E. 1983. The influence of Roman imperial court ceremonial on the Apocalypse of John. *Biblical Research*, 28:5-26.
AUNE, D.E. 1997. Revelation 1-5. WBC 52A. Dallas : Word Books.
BAHNSEN, G. 2000. Hermeneutics in the Book of Revelation.
　　　[Web] http://www.cmfnow.com/cgi-bin
　　　[Date of access: 25 April 2000]
BARNETT, p.1995. Polemical parallelism: some further reflections on the Apocalypse. (*In* Porter, S.E. & Evans, C.A., eds. The Johannine Writings: a Sheffield reader. Sheffield : Sheffield Academic Press. p.223-231.)
BEALE, G.K. 1999. The Book of Revelation: a commentary on the Greek text. Grand Rapids : Eerdmans.
BORING, M.E., BERGER, K. & COLPE, C. 1995. Hellenistic commentary to the New Testament. Nashville: Abingdon Press.
BUGUZZI, G. 2006. Is the Babylon of Revelation Rome or Jerusalem? *Biblica*, 87(3):371-386.

BUITENWERF, R. 2002. Sibyllijnse Orakels III: Joodse identiteit in Klein Azi. *Nederlands Theologisch Tijdschrift*, 56(1):1-15.

CARRINGTON, p.1931. The meaning of the Revelation. London : SPCK.

CHILTON, D. 1990. The days of vengeance. Texas : Reconstruction Press.

CIMOK, F. 2002. A guide to the seven churches. Istanbul : A Turizm Yayinlari.

CLARK, D.S. 1989. The message from Patmos: a postmillennial commentary on the Book of Revelation. Grand Rapids : Baker.

DUFF, P.B. 2003. Wolves in sheep's clothing: literary opposition and social tension in Revelation of John. (*In* Barr, D.L., ed. Reading the Book of Revelation. Atlanat : Society of Biblical Literature. p.65-79.)

DU RAND, J.A. 1993. Introduction to Revelation. (*In* Du Toit, A.B., ed. The Gospel of John; Hebrew to Revelation: introduction and theology. Pretoria : N.G.K.B. p.227-263. [Guide to the New Testament, Vol. VI])

ELLIS, E.E. 2001. History and interpretation in New Testament perspective. Leiden : Brill.

EMERY, B. 1998. An evening in Ephesus with John, the son of Zebedee. Charlottesville : Benchpress Publishing.

FEKKES, J. 1994. Isaiah and prophetic traditions in the Book of Revelation: visionary antecedents and their development. Sheffield : Sheffield Academic Press.

FEUILLET, A. 1965. The Apocalypse, trans. Thomas E. Crane. New York : Alba House.

FORD, J.M. 1982. Revelation. Anchor Bible Commentary. New York : Doubleday.

FRIESEN, S.J. 2001. Imperial cults and the Apocalypse of John: reading

Revelation in the ruins. Oxford : Oxford University Press.

FRIESEN, S.J. 2003. The beast from the land: Revelation 13:11-18 and social setting. (*In* Barr, D.L., ed. Reading the Book of Revelation. Atlanat : Society of Biblical Literature. p.49-64.)

HEMER, C.J. 2001. The letters to the seven churches of Asia in their local setting. Grand Rapids : Eerdmans.

HOPKINS, M. 1965. The historical perspective of Apocalypse 1-11. *Catholic Biblical Quarterly*, 27:42-47.

JORDAN, J.B. 1999. A brief reader's guide to Revelation. Florida : Transfiguration Press.

MALINA, B.J. 1994. John's: the maverick Christian group: the evidence of sociolinguistics. *Biblical Theology Bulletin*, 24(4):167-182.

MEEKS, W.A. 1983. The first urban Christians: the social world of the apostle Paul. New Haven : Yale University Press.

OGDEN, A.M. 1996. The avenging of the apostles and prophets: commentary on Revelation. Kentucky : Ogden Publications.

PATTE, D. 1991. The religious dimensions of biblical texts: Greimas's structural semiotics and biblical exegesis. Atlanta : The Society of Biblical Literature.

RAMSAY, W.M. 1994. The letters to the seven churches. Updated edition. (Wilson, M,W., ed.) Peabody : Hendrickson Publishes.

STEFANOVIĆ, R. 1996. The backgrounds and meaning of the sealed book of Revelation 5. Michigan : Andrews University Press.

STUART, M. 1864. A commentary on the Apocalypse. London : William Tegg.

TERRY, M.S. 1999. Biblical hermeneutics: a treatise on the interpretation on the Old and New Testament. Oregon : Wipf and Stock Publishers.

THOMPSON, L.L. 2003. Ordinary lives: John and his first readers. (*In* Barr, D.L., *ed.* Reading the Book of Revelation. Atlanta : Society of Biblical Literature. p.25-47.)

VAN TILBORG, S. 1996. Reading John in Ephesus. Leiden : Brill.

VOGELGESANG, J.M. 1985. The interpretation of Ezekiel in the Book of Revelation. Ann Arbor : UMI.

WALLACE, F.E. 1997. The Book of Revelation. Fort Smith : Richard E. Black Publisher.

WILSON, J.C. 1993. The problem of the Domitianic date of Revelation. *New Testament Studies,* 39:587-605.

Ⅲ

한국에서의 요한계시록 해석 역사

A history of understanding the Book of Revelation in Korea

들어가면서

한국에서 계시록 연구를 역사적으로 살펴보는 것은 현재의 해석경향의 뿌리를 추적하는 것으로서 의미가 있으며, 앞으로의 연구방향을 진단해 볼 수 있는 뜻 깊은 연구라 할 수 있다. 1990년 중반 이후에 계시록을 연구하여 외국에서 학위를 받은 학자들이 다수이다.[45] 한국에서 "이제 서구 신학을 복사해서 쓰는 시대는 지나갔다"라는 말을 언제쯤 할 수 있을까? 한국적 개혁신학은 가능한가? 계시록의 전통적인 4가지 해석에 근거하여 한국에서의 계시록 연구를 평가해 보고자 한다. 이를 위해서 계시록의 해석 경향을 가늠해 볼 수 있는 중요한 구절인 계 1:7절, 계 4:1절 이하, 계 6:1절 이하, 계 12:1절 이하, 계 13장, 계 17-18장의 바벨론의 정체, 계 20:1-6; 그리고 계 21장 이하의

---

45) 이병학. Befreingserfahrungen von der Schreckensherrschaft des Todes im athiopischen Henochbuch. Bochum (Dr. Theol.); 이광진. 1994. Heidelberg University (Dr. Theol.); 박성민. 1995. More than a regained Eden: the New Jerusalem as the ultimate portrayal of eschatological blessedness and its implications for understanding the Book of Revelation. Trinity Evangelical Divinity School (Ph.D.); 심운용. 1995. Bochum Universität (Dr. Thoel.); 박두환. 1997. Tiere und farbe in der Offenbarung: eine untersuchung zur herkunft, function und theologischen bedeutung der tier und farbmotiv in der Apokalypse des Johannes. Kirchliche Hochschule Bethel Bielefeld (Dr. Theol.); 이필찬. Studies of the New Jerusalem in Revelation: a study of the New Jerusalem in Revelation 21-22 in the light of its background with Jewish tradition. St. Andrew University (Ph.D. 2001); 장영. 2001. A narratological approach to the structure of the Apocalypse of John. Stellenbosch University (Th.D.). 최병기. 2001. The 'Arnion', lamb, as a Christological figure in the visions of the Apocalypse (4:1-22:5): a Christological study of the Book of Revelation. Drew University (Ph.D.); 이달. The narrative asides in the Book of Revelation. Chicago Theological Seminary (Ph.D.; 2002. University Press of America); 김추성. 2002. Revelation 4-5 and the Jewish antecedents to the portrait of God and of Messiah in the Old Testament and Apocalyptic literature. Trinity Evangelical Divinity School. (Ph.D.); 송영목. 2003. A partial preterist understanding of Revelation 12-13 in intertextual perspective. The University of Johannesburg. (D. Litt et Phil); 최선범. 2003. The restoration theme in the Book of Revelation: from creation to new creation. The Southern Baptist Theological Seminary (Ph.D.); 현경식. 2005. Aberdeen University (Ph.D) 등. 이들의 박사학위 논문을 평가하는 것은 이 글의 주제를 넘는 작업이다.

새 예루살렘 등을 중심으로 살펴볼 것이다. 연구 대상이 되는 설교자 혹은 학자는 교단별로 소개하되 출판 연도를 밝혀서 시대적 흐름을 쉽게 파악할 수 있도록 할 것이다.

1. 고신

(1) 오종덕

오종덕 목사는 284페이지 분량의 계시록 강해를 썼다. 출판연도는 정확하지는 않으나 아마 1964년 이전으로 보인다. 사도요한이 아닌 다른 요한이 저자라는 주장을 소개한 후, 외증과 내증을 통해 사도요한의 저작을 인정한다 (그의 책 제 3페이지 앞으로 페이지를 밝히기 위해서는 괄호 안에 숫자만 쓸 것임). 네로가 아니라 도미티안 때에 기록되었다 (7). 네로의 박해는 로마도시에 한정된다고 본다 (8). 말세에 그리스도와 적그리스도의 전쟁과 그리스도의 승리에 관한 글이다 (17). 그리스도는 우리의 '재림의 왕'이요 승리자이시다. 계 1장은 미래에 재림하실 그리스도를 언급한다 (53). 계 19장도 재림을 가리킨다. 계 1:7절의 모든 족속이 애곡하는 것은 대환난 후에 일어날 것이다 (54). 마 24장을 계 6장이 해석하는 것으로 보아야 한다(117). 주님 재림 즈음에 7년 대환난을 믿는다. 그래서 3년 반을 나누는 것이 4-5번째 인 사이인지 5-6번째 인 사이인지 명확하지 않다고 말한다 (118). 계 13장의 10뿔은 (로마의) 권세인데, 로마황제 숭배를 그 배경으로 본다 (181). 666은 인간 능력의 유한과 불완전을 상징한다. 네로로 보지 않는다 (191). 바벨론은 적그리스도를 따르는 자를 상징한다 (196). 계 19:11절은 재림의 주님을 가리킨다 (242). 계 20:1-6절을 설명하면서 대환난 중에 회개한 자는 복 받고, 적그리스도를 따른 자는 멸망하고, 천년간 주님은 왕이시고, 환난 중 적그리스도를 따르지 않은 불신자는 천 년간 지상 백성이 되어 많이 믿게 된다. 적그리스도가 다스릴 때 교회가 환난을 당한다 (7인과 같이; 250-251).

(2) 양승달

1979년의 계시록 강해집에서, 양승달 목사는 계시록 1-3장까지 설교 형식으로 주석해 간다. 사도 요한의 저작을 인정하며 계시록을 미래에 하나님의 계획대로 일어날 사건을 정확하게 예언하기에, 이 말씀을 이해한 사람들은 혼돈 속에서도 신앙의 동요를 받지 않는다. 이 책은 시대마다 성취되어진 사건들을 묘사하고 있다 (18). 우리가 계시록을 읽을 때 우리 자신에 관한 것을 읽게 된다 (17). 계 1:7절은 구름을 타고 오실 예수님의 소위 재림이다 (19). 과거론적 해석을 지지하지 않는다. 역사주의적 해석도 지지하지 않는다. 이상주의적 해석을 단지 영적 해석으로 간주하여 거부한다 (24). 예수님의 재림과 관련지어 해석하는 미래적 해석을 가장 만족스러운 해석법으로 여겨서 지지한다. 그러나 계 1-4장까지는 성취되어진 부분이다. 그러나 재림 직전에 성도가 받을 고통과 환난은 미래적 사건이다 (25). '때가 가까움이라' 라는 말을 확실성, 사건 성취시의 신속성, 절박성으로 이해한다. 그러므로 가까운 시간 안에 일어난다는 개념을 인정하지 않는다. 7교회는 로마의 도미티안에게서 박해를 받았다. 유대인에 의한 박해를 언급하지 않는다 (32). 계 1:7절을 예수님의 재림의 엄숙한 선언으로 본다. 마 24:27-30, 눅 19장과 요 14:1-3절도 재림 구절로 본다 (49). 계시록 전부는 주님의 재림에 관한 기록이다라고 과감하게 주장한다. 실제로 구름을 타고 구체적으로 가시적으로 오실 것이다 (51).

(3) 이병규

김의홍 목사로부터 계시록을 사사받고, 고려신학교를 7회로 졸업하고 계약신학교 교장을 역임한 이병규 목사는 1978년 요한계시록 강해에서 계 1:7절을 예수님의 재림으로 본다 (26). 계 1:12절에서 요한이 환상을 보려고 몸을 돌이킨 것을 회개한 것으로 영적으로 해석한다 (32). 계 1:19절의 장차 될 일을 미래의 예언적인 구원과 심판의 계시로 보면서 만대에 모든 사람이 이 계시를 통하여 성전을 잘 이루어나가도록 주신 것이라고 미래론적으로 이해한다. 계 4:3절의 무지개 언약을 설명하면서, 언급한 이병규 목사의 언약 이해는 모호하다. 그는 계 20장의 천년왕국을 '평화계약'이라고 부르며, 계 21-22장의 신천신지에 대한 계약을 '영원한 계약'이라고 부른다. 이런 구분은 예수 그리스도께서 오심으로 (구약의) 언약을 성취하여 화평의 새 언약으로 영원성을 부여한 것을 잘 고려한 표현이 아니라고 볼 수 있다. 계 6:1-2절의 첫 번째 인이 떼어져서 펼쳐진 환상을 복음확장 운동으로 본다. 이것은 정당한 이해이지만, 무역사적으로 즉 이상적으로 이해하고 있다 (139). 계 6:3-4절의 붉은 말을 적그리스도 운동으로 보면서 현재(와 말세)의 반 기독운동의 관점에서 주석한다 (144, 146). 계 8:1-2절의 '반시 동안 고요한 것'을 잠시 후에 다가 올 환난의 전주곡으로 본다. 즉 성도가 영적 무장을 해야 할 시기로 본다 (176). 계 8:12-13절을 실제로 지구상에 임할 암흑으로 보기도 하고 심령이 어두워지는 것으로 보기도 한다 (185). 바다에서 올라오는 짐승은 적 기독국가를 가리킨다 (243). 땅에서 나온 짐승은 땅에 속한 세상주의 기독교에서 나온 세력을 가리킨다. 땅은 신령한 하늘과 세상-열국을 상징하는 바다의 중간으로 타락하고 세속화된 곳을 가리킨다 (250). 666은 인본주의를 가리킨다 (254). 계 14:16절의 추수는 재림 후의 일로 본다 (268). 계 16:3-4절의 바다가 피같이 되는 것을 영적으로 이해할 뿐 아니라 문자적으로 해석할 수 있다고 본다 (279). 계 16:15절의 '도적같이 오리니'를 주님의 재림으로 본다 (287). 계 16:16절의 아마겟돈 전쟁은 이방 여러 나라와 기독교와의 싸움으로 본다 (289). 바벨론은 인본주의로 높아진 세력과 단체들이다 (291). 부활한 몸을 입지 않은 '영혼'이 '천상'에서 주님과 함께 왕노릇 하는 것을 무천년설이 주장한다고 오해하면서, 문자적 해석에 근거한 전천년설을 지지한다 (336). 새 예루살렘성을 신령한 새로운 지리적인 세상으로 본다 (354).

(4) 석원태

이전에 고신에 소속되어 있었던 석원태 목사는 1984년에 쓴 계시록 강해집에서 계 4:1-20:15절을 전투교회의 광경으로 본다. 교회사에 나타난 용을 소개함으로 교회사적 해석도 시도한다 (140). 바다 짐승은 주님의 재림 때까지 계속 출현할 것이다 (167). 바다 짐승은 적그리스도의 권력이다 (183). 666은 불완전의 수가 중복되어 적그리스도 국가의 비대함을 암시한다 (199). 이것은 세상 끝 날에 일어날 적그리스도 국가와 그 맹주국들의 암호이다. 아마겟돈 전쟁은 유브라데강이 마른 곳에서부터 시작되는데, 주님의 재림과 직접적으로 관련된 마지막 전쟁이다 (290). 므깃도는 세계 최악의 살인의 장소가 된다 (297). 바벨론은 적그리스도적인 이 세상 즉 무신론적이요 반신론적이요 살신론적인 권력을 상징하는 이름이다 (314). 계 19:11-20:15절은 그리스도의 재림과 심판을 다룬다. 계 19장에서 계 16장의 아마겟돈 전쟁이 수행된다 (373). 천년왕국은 초림-재림 사이이다 (399). 무천년설을 지지한다 (415). 계 21-22:5절은 승리한 교회 즉 천상의 교회를 가리킨다 (423). 그러므로 새 예루살렘의 현재적인 특성을 무시한다. 신천신지는 새로운 창조가 아닌 만유의 갱신을 의미한다 (429).

(5) 정근두

1997년에 출판된 자신의 요한계시록 강해 설교 시리즈에서 정근두 목사는 바벨론을 인류 문명의 대명사로 본다 (10쪽). 즉 하나님을 떠난 모든 문화는 반드시 하나님의 심판을 받게 된다는 것이다. 이것은 일종의 이상주의적 해석이다. 음행은 하나님을 섬기지도 충성하지도 않는 것이다 (23). 계 18장을 지구의 종말로 보지 않고 하나님을 떠난 문명이 받을 심판으로 본다 (31). 하나님은 모든 시대의 마지막에 종말론적인 경고들을 발하신다. 죄악이 관영할 때마다 하나님은 경고하시고 심판하신다 (42). 요한 당시의 상황을 고려한다 (43). 우리 시대의 음녀에 대해 설명한다. 그러므로 여기서는 세상 역사적 해석이 나타난다 (44). 계 19장의 어린양의 혼인 잔치를 계 21-22장의 어린양의 혼인잔치의 맛보기로 본다. 지금 교회는 예수님과 정혼한 사이이다. 정혼은 약혼보다 더 강한 의미가 있다. 그러나 결혼은 아니다. 신랑 예수님이 오실 날을 기다리고 있다. 결혼의 비유는 우리가 누리게 될 구원의 즐거움을 묘사하는 비유이다 (114-115). 계 19:11-16절은 백마를 타신 예수님의 '재림'을 그림언어로 그린다. 악에 대한 최종 승리이다. 혼인 잔치의 신랑이 등장하는 것이다. 마 24장 그리고 감람산 강화 병행 구절과 연결시킨다 (128-129). 계 20:1-3절의 사단의 결박은 그리스도의 초림과 십자가와 부활과 관련된다. 이것은 계 12장에서 하늘에서 쫓겨났다고 말씀한다 (159-160). 사단의 패배와 활동을 그리스도 사역의 결과인 '이미와 아직 아니'로 설명한다 (167). 계시록의 후기 연대를 주장한다 (170). 천년왕국은 초림과 재림의 상징적인 기간을 상징한다 (186). 계시록의 메시지는 상징으로 기록되었으나 복음서와 서신서의 메시지와 일치한다 (190). 이 말은 맞다. 그러나 정근두 목사는 계시록 해석에서 감람산 강화를 (잘못) 의존한다. 그래서 계 20:7-10절을 역사의 종말에 일어날 전쟁으로 묘사한다 (살후 2:8). 계시록의 기록목적은 초대교회의 성도를 격려하기 위해서이다. 계 20:11-15절을 최후의 심판으로 본다 (202).

2. 합신

(1) 박윤선

그의 주석은 호레이다너스 (Greijdanus)의 주석을 많이 의존했다. 과거사적 해석을 배격한다. 이유는 계시록이 (미래에 관한) 예언이기 때문이다 (계 1:3; 35). 미래적 해석의 문자적 해석 경향을 경계하면서도 주님 재림 전후의 사건을 다룬다는 점에서 찬성한다 (36). 박윤선의 근본 방향은 미래적 해석이다 (계 1:3절의 '때가 가까움이라'의 주석에서도 호레이다누스를 인용하면서 밝힘). 그리고 교회사적 및 영해적 해석도 참고한다. 주님 재림의 징조로 이방인에게 복음이 전파되고 (마 24:14), 환난과 배도 (마 24), 죄악의 사람이 나타남 (살후 2:3)을 든다 (38). 계 1:7절은 예수님의 재림의 가견성을 의미한다 (50). 계 6장 이하는 세상 종말이 어떠함을 보여주는 것이다 (115). 마 24:1-5절에서 제자들이 예수님에게 말세의 징조를 물었다고 주석한다 (151). 7인은 복음전도의 승리적 실현이라고 본다. 즉 복음이 이방인에게 전파되는 것은 주님 재림의 전조라는 의미이다 (167). 계 13:1절의 바다 짐승은 세상 말기에 나타날 적그리스도왕국의 절정을 가리킨다 (250). 바벨론은 세상 권세의 중심점. 시대에 다라 여러 국가로 나타난다 (266). 하나님과 교회를 거스린다. 바벨론은 거짓 종교이며 반기독교적인 이 세상 나라이다 (309). 계 14:1-3절은 천당의 광경을 묘사한 것이다 (270). 계 16:16절의 아마겟돈은 세계 최후 전쟁의 명칭으로 사용된다 (299). 즉 세상 끝 날에 교회가 적그리스도를 이긴 승리한 곳에 대한 상징적 명사이다. 계 19:11-20:15절은 그리스도의 재림과 심판을 다룬다 (323). 계 19:6-8절의 혼인잔치 시기는 주님의 재림 시기를 가리킨다 (326). 전천년설을 지지한다 (334). 계 21:2-22:5절은 무궁한 안식세계를 가리킨다. 구천지가 심각하게 격변하여 신천지가 임한다 (벧후 3:10-12). 새 질서는 옛 질서의 연속이지만 질적으로 완전히 다르다 (348). 새 예루살렘은 승리한 교회이다. 이것이 위치한 새 하늘과 새 땅은 새로운 세상이다 (349). 새 예루살렘은 무궁 안식 세계이다 (356).

3. 합동

(1) 신성종

1983년 엠마오 성경 강해 시리즈 중 하나인 요한계시록 강해에서 신성종 목사는 풍유적 해석-영적 해석을 신비주의적이며 주관적인 것으로 여겨 배격하고, 과거주의적 해석은 계시록의 예언을 부인하는 자유주의적인 것으로 여겨 역시 배격한다. 그래서 교회역사적 해석방법을 중심으로 미래적인 해석방법을 접목시킨다. 주님의 초림과 재림 사이의 전체 역사에 관한 예언으로 보되, 새 하늘과 새 땅이라는 미래적인 서술에 초점을 둔다. 저작 시기를 도미티안 때로 본다 (11). 계 1:7절을 주님의 재림으로 본다 (19). 계 4:1-22:5절을 미래에 일어날 일을 계시하신 것이라고 본다 (49). 7인, 나팔, 대접은 연속적으로 일어날 것으로 설명한다. 마지막 7번째 재앙은 다음 재앙의 첫 번째에 상응하기 때문이다 (60). 계13:1절의 바다 짐승은 오늘의 적그리스도 국가인 공산주의 나라 (중공, 북한, 쿠바, 베트남 등)를, 11절의 땅 짐승은 WCC 그리고 문선명의 통일교와 박태선과 같은 이단들이라고 본다 (96-97). 계 13:18절의 666은 인본주의의 극단이며 마귀의 3위 일체의 숫자이다 (99). 바벨론은 하나님 없는 세상의 문명과 육체적 향락의 소굴이 된 이 세상을 가리킨다 (102). 계 19:17-19절의 아마겟돈 전쟁은 사단의 군대가 마지막 참패를 당하고 불못에 던지우는 장소이다 (129). 무천년설을 지지한다 (132). 계 20:8절의 곡과 마곡은 러시아로 본다 (135). 새 예루살렘의 인격성을 잘 고려하지 못하고 있다 (139-141).[46] 계 22:1-5절의 신천신지도 문자적으로 해석하는 뉘앙스를 풍기면서 장소성으로 설명한다 (143).

4. 통합

(1) 이상근

이상근 목사 (1985)는 그의 주석에서 네로의 박해는 미조직적이고 국지적인 것으로 보면서 계시록을 도미티안 때의 저작으로 본다 (18). 도미티안의 황제 숭배 강요에 대항하던 교회를 위로하기 위해 기록했다 (20). 계시록의 예언적이며 종말론적인 성격에 비추어 볼 때 미래적 해석이 가장 바람직하다 (34). 그러나 역사적이고 영적 해석법에도 일리가 있는 것을 인정해야 한다. 동시에 이상근은 그 당시의 상황에 대한 예언인 동시에 종말에 관한 예언으

---

46) 한글 찬송가 223장과 225장은 새 예루살렘성을 미래에 주님이 재림하신 후에 이루어질 낙원 즉 장소로 설명한다.

로 본다. 동시에 올바르게 지적하기를 "영적인 해석은 응용이지 해석이 되어서는 안 된다." 계 1:19절에 근거하여 저자가 본 것은 계 1장, 이제 있는 일은 계 2-3장, 그리고 장차 될 일은 계 4-22(22:5)장으로 구분한다 (35). 계 1:7절을 재림의 모습으로 본다 (51). 계 2-3장의 7교회를 시대적으로 나누어서 보는 견해를 수용하지 않으면서도 라오디게아 교회는 현대 교회를 표시한다는 데는 타당성이 크다고 본다 (64). 계 9:16절의 이만만을 종말적 전쟁에 동원되는 거대한 군대로 본다 (142). 계 9:18절을 미래의 인류 전쟁에서 현대무기의 사용으로 엄청난 살상이 있을 것으로 본다 (143). 계 11:15절의 그리스도의 나라를 천년왕국의 성립을 예견하는 것으로 본다. 즉 천년왕국을 미래적으로 본다 (163). 계 12:12절의 "사단이 자기 때가 얼마 못 되는 줄로 알고"를 미구에 결박된다고 본다 (계 20:1-2). 그러므로 사단의 결박을 십자가와 부활 사건에 연결시키지 않는다 (172). 바다 짐승을 외부에서 교회를 박해하는 세력으로 본다 (178). 로마의 그림자 된 미래의 인물로서 종말적인 적그리스도이다. 로마 황제로 보기도 한다 (183). 땅 짐승은 황제를 위해 일하는 거짓 선지자로 본다. 땅은 소아시아 지방을 가리킨다 (183). 666은 네로와 같은 인물로 나타나는 적그리스도를 가리킨다. 네로로 보지 않는다 (188). 계 14:17-20절을 재림으로 본다 (196). 3개의 7중 심판에서 진전되는 면은 있으나 독립적인 것으로 보아 반복이론을 반대한다 (202). 계 16:16절의 아마겟돈은 제롬 이후의 정설이라고 소개하면서 최후적인 사단과 하나님의 군대 사이의 (상징적인 명칭으로서) 결전장으로 본다 (207). 음녀 바벨론은 로마 제국이다. 음녀는 이교적 우상 숭배에 대한 혐오적 표현이다 (211). 계 17:11절의 여덟 번째 왕은 문자적으로 네로나 도미티안을 가리키지 않는다 (216). 계 19:11-16절은 재림을 묘사한다 (233). 천년왕국은 문자적 천년 왕국을 가리킨다. 전천년설을 따른다 (214). 계 21:10절 이하에서는 새 예루살렘성을 지역적으로 해석한다. 이전은 인격적인 것으로 본다 (252).

5. 순복음

(1) 조용기

　조용기 목사는 1978년 일반 성도를 위한 요한계시록 강해집에서 7년 환란 후에 예수님이 재림하시고, 1000년 왕국이 이루어지고, 현세계가 멸망하고, 백보좌 심판이 있은 후 영원 세계가 이루어진다고 본다. 전천년주의-환란 전 휴거설을 지지한다 (100). 교회시대를 계 2-3장이, 계 4장은 교회의 휴거를, 7년 환난을 계 6-19장이 (3년 반 전 환란은 계 6-10장, 3년 반 후 환란은 계 11-19장), 천년왕국시대를 계 20장이, 신천신지를 계 21-22장이 각각 설명한다. 계 1:7절은 예수님의 재림을 가리킨다 (18). 저작연대를 도미티안 때로 본다 (22). 계 19장의 아마겟돈 전쟁으로 지구 최후가 오고, 그 때 주님은 많은 성도와 함께 7년 공중 혼인 잔치를 마치고 지상에 강림하시는데 (계 1:7; 99-100), 이것이 지상 재림이다. 지상에 강림한 주님은 입에서 나오는 검으로 원수를 물리치신다. 마귀를 무저갱에 천 년간 가두고, 천년왕국을 이루신다. 계 5장부터 7년 환난에 돌입하여 심판을 내리시기 위한 준비 장면에 돌입한다 (117). 계 12:1절의 여인은 민족으로서 이스라엘이다 (217). 계 13:1절의 바다 짐승의 10뿔은 유럽 10개국의 통치자들을 가리킨다 (234). 그 수령이 적그리스도이다 (236) 이들은 옛 로마 제국의 판도를 다시 형성한다. 7머리는 역사상 7제국 (앗수르, 바벨론, 메데 바사, 헬라, 애굽, 로마 그리고 부활한 로마)을 가리킨다. 666은 악의 3위 일체를 가리킨다 (242). 바벨론은 하나님을 배반하는 성이다 (246). 계 19장은 예수님의 지상 강림. 7년 환난 끝에 혼인잔치가 베풀어진다 (272, 275). 계 19-17-19절의 아마겟돈 전쟁은 적그리스도가 이끄는 유럽 10개국과 동방에서 진격해온 2억이 싸우는 곳인데, 이 싸움은 국면이 전환되어 결국 예수님이 하늘에서 이끌고 온 군대와 싸우게 된다 (280). 새 예루살렘을 신천신지의 수도로 보아서 장소성으로 이해한다 (299, 306).

6. 초교파

(1) 김상복

그는 1993년 책에서 계시록을 미래에 대한 계시로 본다(16). 1장은 과거, 2-3장은 현재, 4-22장은 미래의 일을 다룬다 (20). 미래적 해석과 역사적 해석을 혼합한 방식을 따른다 (29). 계 7장은 말세의 구속 역사로 본다 (99). 계 13:1의 짐승은 적그리스도적 인물로서 다양한 방편으로 시대마다 역사한다 (151). 배급제가 시행된다. 매매를 못하게 한다. 북한도 배급하고 있다 (154). 7 즉 하나님의 완전함에 666은 하나 모자란 숫자이다 (155). 음녀 바벨론 즉 적그리스도적 인물의 활동은 우리 시대에는 혼합주의 성격의 WCC를 통해서 나타난다 (188). 계 17장은 음녀로 나타나는 종교적 바벨론의 멸망을, 18장은 (사회-경제) 정치적 바벨론의 멸망을 다룬다. 항상 정치적 바벨론은 종교적 바벨론을 이용하되, 나중에는 버리고 만다 (196). 어린양의 혼인잔치는 대환난 기간 초기에 일어날 일이다. 대 환난 직전에 휴거가 일어나기 때문이다 (205). 계 19:11 재림을 묘사한다 (206). 아마겟돈은 인류 멸망의 전쟁터이며 적그리스도의 세력과 그리스도가 싸우는 곳이다 (207). 전천년주의를 박윤선, 바빙크, 카이퍼를 들어 긍정적으로 본다. 후천년은 물론 무천년주의를 비판한다 (213-214). 천년왕국은 영광스런 몸으로 실제로 1000년 동안 다스릴 것을 의미한다. 전천년주의와 환란전 휴거설을 지지한다 (216). 새 하늘과 새 땅- 새 예루살렘을 주님이 오셔서 건설하신 우주에 떠있는 세상으로 본다. 부활체를 입기에 우주의 그 성에 출입할 수 있다 (226). 새 예루살렘의 묘사를 문자적으로 해석하는 경향이 있다. 장소적으로 본다 (236). '속히 오리라' 는 금방이 (quickly) 아니라 갑자기 (suddenly) 온다는 의미이다 (242).

7. 이단

(1) 안상홍(하나님의 교회) 참고. www.watv.org

자신들을 144,000으로 소개하면서 '멜게세덱 출판사'를 통해서 1985년 2월에 사망한 교주 안상홍의 주장을 전파하는 '하나님 교회'에서 짐승의 수인 666을 아래와 같이 소개한다 (계시록에 관한 전체적인 주해는 자료 관계상 구하지 못했음):

성경의 예언을 이해하고 하나님의 뜻을 깨닫는 데 있어서 중요한 것 중 한 가지가 마귀의 정체를 아는 것이다. 마귀는 "내가 마귀다" 또는 "우리가 마귀의 단체다"라고 주장하지 않는다. 마귀의 세력들은 자신을 철저히 위장하여 마치 하나님을 섬기는 척하기 때문에 세심한 주의가 필요하다 (마 13:24-30, 36-43 고후 11:13-15). 사람들은 보통 '사단'이나 '사단의 일꾼들'이라고 하면 무서운 마귀의 모습이나 흉측한 모습을 연상하는데 이는 큰 오산이다. 마귀는 절대로 자신의 정체를 드러내지 않는다. 하나님을 믿는 것처럼, 하나님을 극진히 섬기는 것처럼 위장하고 있기 때문에 겉으로 보아서는 결코 그 정체를 분별할 수 없다. 사도 요한도 계시를 볼 때 교회가 사단의 위 (throne)에 자리 잡고 있는 상태를 계 2:12-13절에서 언급한다. 이와 같이 사단이 교회 안에 세력을 형성하고 권력을 장악하게 될 것을 성경은 미리 경고하며, 그 세력을 짐승이라고 비유하는 동시에 그 짐승을 가리키는 숫자가 666이라 하였다 (계 13:18). 우리가 이 짐승을 경계해야 하는 이유는 이 '짐승' (왕이나 나라를 비유함)을 세상에 세우고 배후 조종하는 자가 바로 사단이기 때문이다 (계 13:2-4). 이미 성경을 연구한 믿음의 가족들은 짐승의 정체가 로마 교황권이며, 짐승의 수인 666이 로마 교황의 호칭인 'VICARIUS FILII DEI' (하나님의 아들의 대리자)의 라틴어 숫자 합이라는 사실을 알고 있다. 로마 교황은 자존(自尊)하여 자신을 가리켜 '하나님의 아들의 대리자'라 하고 자신의 권력이 천상과 지상과 지하에 미친다고 공언하며 무소불위의 권력을 행사하였다 (단 7:25). 예언대로 로마 교황권은 하나님의 때와 법을 마음대로 바꾸었고, 종교재판을 열어 로마교회의 지시를 따르지 않는 많은 사람들을 처형하였다. 그리고 자신을 높이기 위해 공식 호칭으로 VICARIUS FILII DEI (하나님의 아들의 대리자)라는 말을 사용하였으나 그 말이 오히려 그가 짐승이라는 사실을 증명해주게 된 것이다. 라틴어의 자모들은 숫자 의미를 가지고 있는 것도 있는데 로마교황의 호칭인 VICARIUS FILII DEI (하나님 아들의 대리자)의 로마 숫자의 합이 바로 666이다.[47]

---

47) 그런데 1998년 3월 29일, 카토릭 신문인 평화신문에 서울 목동 본당 이종헌 신부가 위의 내용을 반박하는 기사를 게재하였는데 그 내용은 다음과 같다: 로마교황의 호칭인 VICARIUS FILII DEI (하나님의 아들의 대리자)의 로마 숫자의 합이 666이 아니라 661밖에 안 된다. 그러나 하나님 교회에서는 다음과 같이 반론을 펼친다. VICARIUS FILII DEI라는 용어가 있든 없든 성경의 예언과 역사를 살펴 볼 때 마귀에게 권세를 받아 하나님을 대적하고, 성도들을 괴롭히며, 정치적인 권력과 종교적인 권력을 쥐고 절대자로 통치해 온 로마 교황권이 바로 짐승이라는 것은 분명한 사실이다. 666이란 '숫자의 합' 만을 가지고 로마 교황권을 짐승이라고 하는 것은 아니다. 그러면 과연 천주교학자들의 주장대로 로마자 U가 숫자 의미 5가 없는 것일까? 고대 로마어에서는 V자만 사용되었다. 그러다가 그 V에서 U가 생겨났고 오늘날에 이르러서는 자음으로 사용될 경우에는 V가, 모음으로 사용될 경우에는 U를 쓰게 된 것이다. 언어학자들은 로마제국 시대에 자음과 모음 모두 다 V로 표기하였고 그 후에 V는 단어의 첫머리에, U는 단어의 중간에 쓴 적도 있었으며, 르네상스 시대에 와서 V는 자음의 위치에, U는 모음의 위치에 쓰는 일이 일반화 되었다고 하나 이러한 내용이 어떤 원칙으로 고정되지는 않고 사용되었다고 한다. 초대교회 성도들을 괴롭히고 죽였던 로마의 네로 황제의 주화에도 지금의 표기로는 U가 되어 있어야 할 부분들 모두가 V로 되어 있다. 현대의 표기로는 AUGUSTUS NERO CAESAR가 되지만 주화에는 AVGVSTVS로 되어 있다. 그리고 1세기 말의 도미티안 황제의 주화에도 동일하게 표기되어있다. 현대 표기로는 DOMITIANUS AUGUSTUS로 되지만 주화에는 DOMITIANVS AVGVSTVS로 되어 있다. 그리고 세계 3대 박물관의 하나로 꼽히는 바티칸 박물관에는 MVSEI VATICANI라고 새겨져 있다. 현대의 표기로는 MUSEI VATICANI라고 해야 옳을 것이지만 당시에는 V를 썼다. 이와 같이 VICARIUS FILII DEI (하나님의 아들의 대리자)도 고대에는 VICARIVS FILII DEI로 표기되었던 것이다. 정리해 보면 VICARIUS FILII DEI의 U가 숫자 의미가 없다며 661밖에 되지 않는다는 카토릭 측의 주장은 허구이며, VICARIVS에서 VICARIUS로 파생되었음을 충분히 이해한다면 자신을 가리켜 '하나님의 아들의 대리자' 라며 자존망언 (自尊妄言)하는 로마 교황권이 마귀의 처소인 짐승이라는 것에 추호도 의심의 여지가 없는 것이다.

(2) 이만희의 신천지교회와 무료성경신학원

　신천지교회 및 무료성경신학원에서 가르치는 계시록의 전장 핵심 요약은 다음과 같다: 계시록은 약 이천 년 전 밧모섬에 유배되어 있던 사도 요한이 예수님의 계시를 받아 기록한 책이다. 당시 예수께서 장래사를 환상으로 보여주셨으니 계시록 대부분이 '실체가 아닌 빙자한 비유'로 기록되어 있다. 환상으로 예언된 이 계시는 성취 때 실상으로 보게 된다. 실상으로 나타나기 전에는 '빙자한 비유'에 대해 알지 못한다.

　① 계시와 영생: 계시를 받은 자만이 아버지 하나님과 보낸 자를 알 수 있고 아버지와 보낸 자를 알므로 영생을 얻을 수 있다 (마 11:27).

　② 계시 전달 과정: 예수 그리스도의 계시는 하나님, 예수님, 천사, 사도 요한, 종들, 흰 무리의 순서로 전달된다. 이 전달 과정을 부인하여 따르지 않는 자는 구원을 얻을 수 없다.

　③ 계시록 성취 현장: 계시록 성취 현장은 일곱 별이 있는 일곱 금 촛대 장막이다.

　④ 이긴 자: 일곱 금 촛대 장막에 침노한 니골라당과 싸워 이긴 자가 유업을 이을 아들이 되어 심판권과 치리권과 영생하는 양식을 받아 가진다. 그러므로 심판도 이긴 자만이 할 수 있고 영생하는 양식도 이긴 자만이 줄 수 있다. 이 약속을 믿고 따르지 않으면 지옥 형벌을 면치 못한다.

　⑤ 영적 새 이스라엘: 영적 새 이스라엘 열두 지파 십사만 사천 인과 흰 무리는 하나님 나라와 백성이다. 이들은 처음 하늘의 해, 달, 별이 어두워지고 떨어진 후에 시온산으로 추수되어 와서 하나님의 인을 맞는 자이다. 하나님의 인을 맞지 아니한 자들은 하나님 나라와 백성이 될 수 없다.

　⑥ 약속의 목자: 천사가 하늘에서 가져 온 책을 받아먹은 사람이 나라와 백성과 임금과 방언에게 하나님 말씀을 전할 약속의 목자이다. 누구든지 하나님 책에 기록된 말씀을 배워서 지키지 않으면 거듭날 수 없다.

　⑦ 만국을 다스릴 아이와 하나님 나라의 시작: 만국을 다스릴 남자는 해, 달, 별을 입은 여자가 하늘에 들어온 용 앞에서 낳은 아이이다. 하나님 나라

와 권세와 구원은 이 아이가 용과 싸워서 이긴 후부터 있게 된다. 이 일이 있기도 전에 스스로 자기를 거룩히 구별하여 구원받은 정통이라고 하는 자는 망한다 (사 66:17).

⑧ 새 노래를 배우러 가야 할 약속의 처소: 지상 만민이 새 노래를 배우러 가야 할 장소는 하나님과 예수님과 첫 열매 십사만 사천 인이 모인 영적 시온산이다. 이곳에 가지 않는 자는 새 노래 즉 예언의 실상을 배울 수 없고 재림주를 맞이할 수도 없다. 이 사실을 알려주었는데도 시온산에 가지 않는 자는 하나님을 믿지 않는 자요 구원과 거리가 먼 자이다.

⑨ 만국이 가서 경배할 곳: 만국이 가서 경배할 곳은 모세의 노래와 어린양의 노래 즉 신구약 성경 말씀이 나오는 증거 장막 성전이다. 증거 장막 성전은 성경에 약속된 제단이요 하나님과 천사들이 함께 하는 정통 교단이며 짐승과 우상과 그 이름의 수를 이기고 벗어난 자들이 모인 구원의 처소이다. 미혹 받은 만국은 이곳에 와야만 소성을 받고 구원을 얻게 된다.

⑩ 어린양의 혼인잔치: 어린양의 혼인잔치는 배도자와 멸망자가 심판을 받은 후에 있게 된다. 이 잔칫집에는 잡아놓은 하나님의 소와 살진 짐승이 있어 그 증표가 된다. 재림 예수님의 혼인잔치에 청함을 받은 자들은 복이 있다. 그러나 청함을 받고도 오지 않는 자는 화를 면치 못한다. 청함을 받고도 오지 않는 것은 하나님 뜻을 무시하는 것이요 하나님을 믿지 않는 것이다. 이는 모두 성경에 관한 무지로 일어난 일이다.

⑪ 첫째 부활과 심판: 하나님 말씀을 위해 순교한 영혼들과 짐승에게 표 받지 아니한 자들이 살아서 천년 동안 왕 노릇하니 이것이 첫째 부활이다. 이 첫째 부활자들을 제외한 모든 사람들은 하나님 보좌 앞에서 자기 행위에 따라 성경에 기록된 대로 심판을 받아 영생과 영벌로 갈라진다. 계시록 말씀과 그 말씀대로 이룬 사건을 증거해도 믿지 않는 자, 거짓말을 지어내는 자, 핍박하는 자 등 하나님의 역사를 인정하지 않는 자는 유황 불못에 던져진다.

⑫ 거룩한 성과 새 하늘과 새 땅: 초림 이후 약 이천 년간 복음을 전해온 처음 하늘과 처음 땅이 없어지고 새 하늘과 새 땅이 창조된다. 이곳에 거룩한 새 예루살렘 성이 하늘에서 내려와 하나가 되므로 사망과 고통이 없어진다. 이 일로 하나님께서는 육천 년 회복의 역사를 매듭지으신다.

⑬ 계시록 가감: 하나님께서는 계시록 말씀을 일점일획이라도 가감하시지 않고 반드시 이루신다. 이 예언의 말씀 외에 조금이라도 더하는 자는 기록된 재앙을 받을 것이요 하나라도 제하여 버리는 자는 천국에 못 들어간다. 계시록을 알지 못하거나 증거 하지 못하는 자는 계시록을 제하여 버리는 자요 계시록 외에 다른 것을 말하는 자는 계시록을 더하는 자이다. 계시록 말씀 또한 두드리고 찾는 자에게 열리게 된다 (마 7:7-8). 시온기독교신학원에는 누구나 와서 두드릴 수 있는 하늘의 신문고가 있다.

이만희 집단은 계시록을 '빙자한 비유'로 본다. 그리고 계시록에 나타난 계시전달과정을 부인하는 자에게 구원이 없다고 말한다. 계시록의 성취 현장을 장막으로 본다. 그들이 말하는 장막이 교회를 가리킨다면, 그들은 계시록의 우주적인 성취를 파악하지 못하고 있다. 결국 이만희는 기존 교회를 이단으로 몰아 부치면서, 자신이 구원을 얻는 사람에게 하나님의 인을 치는 자요 시온산이 지상의 신천지 교회이며 유일한 구원의 장소라고 주장한다. 위의 견해에서 볼 수 있듯이, 이들은 계시록의 기본적인 역사적 배경이나 문법적 요소조차 언급하지 않는다.

나오면서

성경의 연구에서 한국에서 그 책이 어떤 과정을 거쳐 어느 정도까지 연구되었는가를 살펴보는 것은 한국 신학의 1세계 의존성을 극복하고 독립을 위해 중요한 작업이라고 생각된다. 신학을 복사해서 사용하던 시기는 이제 극복되어야 하며, 오히려 한국으로 신학을 배우기 위해 더 많은 외국인이 찾아오는 시대가 열려야 할 것이다.

위의 주석이나 강해집을 통해서 알 수 있는 것은 전반적으로 미래적이고 문자적인 해석이 대세를 이루면서도 세상 역사적 해석을 가미하고 있어 혼합주의적 해석 혹은 일관성 없는 해석의 경향을 보인다는 점이다. 그리고 천년주의에 대해서는 전천년에서 무천년으로 이동하는 듯하다. 그리고 연대는 도미티안 때로 일관되게 본다. 그러므로 감람산 강화와 같은 간본문을 잘못 사용하거나 상징-묵시를 제대로 다루지 못할 뿐 아니라 주석을 할 때 대체로 요한 당시의 상황을 출발점으로 잡지 않는다. 따라서 시대착오적 요소가 적지 않다. 그러므로 간본문에 근거한 일관성 있는 해석은 물론 1세기 상황에 뿌리를 둔 주석이 필요하며, 저작 시기에 대한 반성도 필요하다. 더 나아가 그리스도의 계시인 계시록 안에 나타난 계시의 전진을 앞으로의 연구에서 더 밝혀야 할 것이다.

참고문헌

김상복. 1993. 당신은 확실히 준비하십니까. 요한계시록 강해. 나침반.
박윤선. 1991 (21판 초판은 1955). 성경주석. 요한계시록. 영음사.
석원태. 1984. (1991. 4판). 요한계시록강해 하권. 경향문화사.
신성종. 1983. 요한계시록강해. 엠마오.
양승달. 1979. 주님 오실 때까지. 한국성서협회.
오종덕. nd. 묵시록. np.
이병규. 1990 (8판 초판은 1978). 성경강해 요한계시록. 염광출판사.
이상근. 1985 (15판 초판은 1968). 신약주해: 요한계시록. 총회교육부.
정근두. 1997. 바벨론의 멸망. 요한계시록 강해설교시리즈 5. 도서출판 하나.
조용기. 1978. 요한계시록강해. 영산출판사.
하나님의 교회. (www.melchizedek.co.kr/dic1/index.html
　　　　2005년 6월 7일에 접속. 참고. www.watv.org)
이만희의 신천지교회 및 무료성경신학원.
　　(www.eduzion.org: 2005년 6월 7일에 접속)

Ⅳ

성경상징주의에서 본
요한계시록[48]

A brief reader's guide to Revelation

저자서문

본서 요한계시록 해석 가이드는 원래 '성경의 지평' (Biblical Horizons) 101-106 (1998)에 실렸던 글이다. 이 글은 수 년 동안 미국 플로리다주의 나이스빌의 은혜장로교회에서 행한 강의 시리즈의 요약이다. 이 204 강의를 위한 테이프와 안내 책자들은 Biblical Horizons으로부터 구입할 수 있다. Biblical Horizons은 또한 매 분기마다 '계시록 연구'(Studies in the Revelation)를 발행하는데 이 저널은 요한계시록과 그것에 관련된 성경에 관한 상세한 연구를 다룬다. 이 자료들과 다른 연구에 관한 자료들을 위해 이 책의 맨 마지막을 참고하라.

이 간략한 연구는 단지 개요이기에 나는 각 주제를 세밀히 다룰 수가 없다. 본서 마지막에 있는 테이프와 책 목록은 상세한 논의를 위해 도움을 제공할 것이다. 나는 이 책을 읽는 목회자들과 평신도들이 요한계시록을 새로운 안목으로 읽기를 소망하며 계시록은 흔히 생각하듯이 이해하기 어려운 책이 아님을 발견하기를 바란다.

제 1 장
요한계시록은 무엇에 관한 책인가?

비록 요한계시록은 이 책을 읽고 듣는 자들이 복되다고 말하지만 (1:3) 흔

---

48) 이 글은 James B Jordan의 1999년 A Brief Reader's Guide to Revelation(ISBN # 1-883690-12-9) Transfiguration Press. P. O. Box 1096 Niceville, Florida 32588을 저자의 허락을 받아 번역한 것이다. 이 글은 철저부분적 과거론적 (Consistent partial preterism) 입장을 따르고 있다. 때로는 지나친 상징주의적인 해석으로 동의하기 힘든 주관적인 해석이 등장하기도 하나 성경상징주의와 계시사적인 안목이 돋보이는 간략한 계시록 주석이다.

히 혼동스럽기도 하다. 계시록 독자는 대적들에 대한 하나님의 승리의 장면과 그의 성도들을 위한 신원의 장면들에 의해 흥분한다. 하지만 구체적인 내용에 관해서는 누가 알겠는가? 계시록은 교회의 모든 시대, 모든 경우에 적용할 수 있기에 역사의 많은 상이한 사건들을 예언하는 것으로 해석되어져 왔다. 자연스럽게, 이런 해석들은 모두 서로 대립되며 그 결과 많은 독자들로 하여금 계시록은 불가해한 것이 담긴 신비에 싸여진 수수께끼로 여기도록 하여 계시록을 연구하는 것은 시간 낭비라는 인상을 심어 주었다.

하지만 그렇지 않다. 계시록은 언제 기록되었으며 직접적으로 무엇에 관한 책인지를 분명히 우리에게 말한다. 일단 우리가 이 점을 이해한다면 우리는 계시록의 특별한 예언들과 어떻게 이 책이 계속하여 모든 세대에 적용되는지를 알 수 있다. 그 실마리는 다음과 같다. 계시록의 천사들은 창조세계에 최후의 심판을 가져오는 자로 묘사되어 있다. 이 사실은 심판받고 있는 창조세계는 첫 번째 또는 옛 창조세계이며 계시록은 예루살렘 성전과 예루살렘이 AD 70년에 멸망하기 전에 기록되었음을 우리에게 말해 준다.

성경에서 '천사'로 번역된 말은 메신저를 의미하여 종종 인간을 의미한다. 예를 들어, 계시록 2-3장의 일곱 교회들의 천사들은 하나님의 말씀을 교회에 전하는 목사들을 의미한다. 하지만 계시록의 나머지 부분의 천사는 영적인 천사들을 의미한다. 옛 창조세계는 천사들에 의해 지배되고 있지만 새 창조세계는 구속받은 사람들에 의해 다스려지고 있다고 성경은 우리에게 말한다. 지면을 아끼고 이 책은 성경공부를 위해 고안된 것이기에 그 관련 구절들을 기록하지 않을 것이다. 독자 스스로 살펴보기 바란다. 고전 6:3절에 보면 새 창조의 끝에 우리가 천사들을 심판한다고 말하는데 그 역은 아니다.

옛 창조세계 (피조물)에 관해서는 히 2:2절과 행 7:53절을 참고하라. 그리고 갈 3:19절과 갈 4:1-7절을 읽어 보라. 이 구절들은 옛 창조세계에서는 우리는 자녀들로, 천사들은 우리의 선생들 (tutors)로 소개한다. 주요 선생은 루시퍼였지만 그는 에덴동산에서의 그의 소명을 저버렸다. 그래서 하나님의 아들이 사람들을 성숙으로 인도하기 위해 주님의 영적인 천사가 되었다. 그 하나님의 아들이 두 번째 아담이었기 전에 예수님은 두 번째 루시퍼였다. 옛 창조세계 전체를 통하여 사람을 감독하고 심판하는 주님의 천사와 주님의 영적인 천사들을 우리는 본다. 그러나 이제 그리스도 예수께서 천사들을 다스리러 승천하심으로 주님과 연합된 우리도 천사들을 다스리고 있다.

이것이 계시록을 위해 의미하는 바는 다음과 같다: 천사들이 심판을 가져오기 때문에 그들의 고발에 합당한 세상을 심판해야만 한다. 이것은 새 창조세계는 해당되지 않고 옛 창조세계에 해당한다. 새 창조는 오순절에, 즉 승천하사 보좌에 앉으신 예수님이 성령을 보내사 우리로 하여금 세상을 가르치고 다스리도록 한 그 때에 시작되었다. 하지만 옛 피조물은 그때에 종막을 고하지 않았는데 그 이유는 하나님께서 유대인과 하나님을 경외하는 이방인들에게 옛 창조세계에서 새 창조세계로 옮길 시간을 주시기 위해서였다. 마 23:34-38절은 옛 피조물의 모든 죄들과 허물들은 AD 70년의 예루살렘 멸망으로 심판을 받았다고 말한다. 이 사건은 오순절로부터 40년 후의 일이다.

하나님은 단순히 예수님을 거절했다는 이유로 옛 피조물을 곧장 심판하실 수 없었다. 율법-하나님의 법-은 두 중인들의 증거를 요구한다. 두 번째 증인은 성령님이었다. 예수님은 자신을 거역하는 자는 사함을 받되 성령을 훼방(거역)하는 자는 사함을 받지 못한다고 말씀하셨다 (눅 12:10; 행 7:51; 28:25-27). 많은 유대인들과 하나님을 경외하는 이방인들은 성령 강림으로 회심을 했지만 회심하지 않은 자들에게는 진노가 극도로 임했다 (살전 2:14-16).

새 창조의 임함과 옛 창조의 마지막이 겹치는 이 기간 동안 이삭과 이스마엘이 하나님의 집에 함께 거했다. 그러나 이스마엘은 조금 후에 내쫓겨났다 (갈 4:21-31). 이제 이 사실들을 염두에 두면 우리는 요한계시록의 시간적 배경은 사도행전과 서신서들의 시간과 기본적으로 동일하다는 것을 알 수 있다. 비록 계시록은 그 시간의 마지막에 초점을 맞추고 있지만. 이 사실은 우리는 계시록을 후대의 사건들에 관해서 상상하는 대신, 다른 신약 성경들이 말하는 것에 비추어 해석할 수 있고, 또 그렇게 해야 함을 의미한다, 그리고 자연스럽게 계시록을 사도행전과 서신서들과 연결시키는 것은 계시록의 상징들을 보다 쉽게 해석하도록 한다.

옛 피조물의 최후의 파괴는 예수 그리스도의 공적인 신원이다. 반복해서 예수님은 그의 전체 생애에서, 배도한 유대인과 전체 옛 피조물에게 심판이 곧 임할 것을 말씀하셨다. 가끔 예수님은 자신의 부활을 예언하셨는데 자주는 아니었다. 예수님의 부활은 예수님이 누구이셨으며, 무엇을 하셨는지에 대한 사적인 신원이었는데 아무도 주님의 부활 순간을 보지 못했다. 단지 예수님은 몇몇 제자들에게 나타나셨을 뿐이었다. 그 대적 성읍 (예루살렘)의 파괴는 주님의 공적이 신원이었다. 예수님의 예언들의 성취로서 예루살렘의 파괴는 예수님을 참 선지자요, 마지막 그 위대한 선지자로 확증했다. 그 증거는 주님이 승천하셔서 왕 중의 왕, 주중의 주가 되셨다는 것이다. 따라서 옛 피조물의 파괴는 성경신학을 위해 아주 중요하다. 이것은 단순한 소탕작전이 아니라 성부하나님에 의한 성자 예수님의 공적인 신원이었다.

이 점을 인식하지 못한 사람은 대개 예루살렘 멸망의 중요성을 약화시키고, 왜 이 사건이 복음서에서 중요한 위치를 차지하는지, 그리고 이 사건이 계시록의 주요 관심임을 보지 못한다. 우리는 계시록을 '예수님의 신원' 이라 부를 수 있다 (적어도 한 명의 복음주의 학자는 이것을 인식했다: N.T. Wright. 1996. Jesus and the Victory of God. Minneapolis: Fortress). 비록 영국 더럼의 주교 톰 라이트 (N.T. Wright)는 계시록을 다루지 않았지만 복음서들로부터, 예수님은 반복해서 예루살렘의 멸망을 주님의 주장의 공적인 신원으로 예언했다고 철저히 증명했다. 아마 마침내는 학자들이 성경신학의 이 중요한 주제를 다룰 것이다.

많은 크리스천들은 계시록이 오순절로부터 AD 70년 옛 피조물의 끝까지의 기간에 관련한다는 사실을 반대하는데, 이 주장이 계시록을 현재의 세상과 무관하게 만든다고 생각하기 때문이다. 그렇지 않은 이유는 AD 30-70년의 짧은 역사는 오순절로부터 주님의 재림까지의 기독교의 긴 역사의 모형 또는 모델이기 때문이다. 계시록의 사건들이 신약 나머지 성경들과 연관되어 있기에 우리는 계시록이 말하고자 하는 바를 확실히 명시할 수 있다. 이 말은 우리가 단지 계시록이 말하는 바를 상상하는 것보다 계시록을 우리의 생활에 훨씬 잘 적용할 수 있다는 의미이다. 따라서 계시록에 나타나는 하나님의 말씀의 나팔을 부는 영적인 천사들은 오늘날의 기독교 설교자들과 복음 전파자들을 의미한다. 교회 안팎의 짐승들과 유혹하는 자들은 오늘날도 우리와 함께 존재해 있다.

제 2장
요한계시록의 저자

자유주의 신학자들과 다수의 복음주의 신학자들은 '요한'이 계시록을 썼다고 말하면서 시작한 후, 이 요한이 세베대의 아들인지 아니면 다른 요한인지를 논한다. 요한이 계시록을 썼다. 그러나 계시록의 저자는 분명히 언급되기를 예수님 자신이시다 (계 1:1). 성경은 우리에게 세 가지 방식으로 주어졌다. 첫째로, 성경의 많은 부분은 단순히 하나님(주님의 천사)에 의해 그들이 써야할 것에 대해 들은 사람들에게 구술되었다. 이것은 출애굽기의 일부, 그리고 레위기, 민수기, 선지서들 (이사야, 예레미야 등등)의 대부분에 해당한다. 둘째로, 많은 부분들은 하나님께서 자신의 이름 또는 익명으로 기록한 사람들의 생각을 인도하시면서, 신적 영감하에 기록되었는데, 창세기, 사사기, 다윗과 아삽의 시편 등이 이에 해당한다. 셋째로, 성경의 몇몇 부분은 환상의 형식으로 영감하에서 사람에게 주어졌다. 예를 들어, 에스겔 40-48, 스가랴 1-6, 그리고 요한계시록이 이 방식으로 기록되었다. 물론 계 2-3장은 예수님에 의해서 요한에게 구술되었다.

그러므로 우리는 요한계시록이 요한복음과 요한서신들과 동일한 스타일로 기록되었다고 기대할 수 없다. 의심 없이 세배대의 아들 요한이 계시록의 기록자이지만 계시록은 그의 스타일로 기록되지 않았다. 따라서 상이한 스타일을 가진 다른 '요한'을 계시록의 저자로 더 논의할 필요는 없겠다.

제 3장
요한계시록의 언어

지금 나는 영어로 글을 쓰고 있다. 요한계시록은 상징으로 기록되었다 (1:1, 그리고 주님은 그의 천사를 통해서 그의 종 요한에게 이것을 보내었고 상징화했다). 상징은 영어나 러시아어만큼이나 하나의 언어이다. 계시록이 상징으로 기록되었다는 이 사실은 성경을 모르는 자들을 어렵게 만드는 것이다. 만약 당신이 러시아어를 배우기를 원한다면, 우선 당신이 해야 할 것은 키릴 자모 (Cyrillic alphabet)를 배우는 것이다. 그 다음에 당신은 그 알파벳으로 기록된 러시아어의 다양한 말들을 배운다. 오래지 않아 당신은 그 단어들로 구성된 매우 단순한 문장을 읽을 수 있다. 많은 연구를 거쳐서 당신은 러시아어를 유창하게 읽을 수 있다. 마지막으로 당신은 러시아어로 꿈을 꾸는데 그것은 러시아어를 당신이 정말로 알 때 가능하다.

이것은 상징을 이해하는데도 사실이다. 상징 언어는 세상 창조의 참된 진술인 창세기 1장에서 시작되는데 그 안에서 우리는 나중에 상징들의 근본적인 범주들을 보게 된다. 상징들은 성경 전체의 짧은 부분들에서 뿐만 아니라 출애굽기의 중반부 이후 레위기, 전체, 민수기, 역대상, 시편의 많은 부분, 그리고 에스겔, 다니엘, 스가랴에서도 볼 수 있다. 우리는 상징 언어 속에 있는 단어들에 익숙해짐으로서 상징을 배우는데 제단, 성전, 등잔, 부정함, 피, 토기, 황소, 양, 염소, 반구 그리고 비둘기와 같은 말들이다. 그 후에 우리는 어떻게 이런 상징들이 연결되어 문장들을 이루는지 알게 되는데, 레위기의 희생 제사 또는 성막 안의 기물의 구조나 배치와 같은 것이다. 그 다음에 우리는 이 문장들이 어떻게 레위기 10장으로부터 16장으로의 진행이나 에스겔 40장에서 48장으로의 진행과 같은 더 큰 진술 (statements)들 또는 상징으로 이루어진 전체 에세이를 이루는지를 안다. 마지막으로 우리가 상징에 익숙해지면 우리는 상징 안에서 살고 거동하고 우리의 존재를 그 안에 가질 수 있다. 성경은 많은 말들인데 그 중 하나가 상징 안의 과정이다. 계시록의 예수님은 우리가 이 언어를 안다고 가정하신다. 예수님은 우리가 완전히 레위기나 에스겔에 친숙하다고 생각하신다. 우리는 어떤 동물들이 희생제물인지 안다. 우리는 희생 제사들을 알고 이해한다. 우리는 솔로몬 성전 안을 거닐고 그것을 설명할 수 있다.

이런 이유로, 나와 같은 사람은 아직 내가 이해하지 못한 깊이가 있다는 것을 알지만 5년이란 세월을 쉽게 계시록을 강의하며 매 분기마다 이 주제에 관한 저널을 출판하는데 보낼 수 있다. 계시록이 상징으로 기록되었고, 우리 21세기 크리스천들은 이것을 도무지 모르기에 계시록을 이해하려면 우리로 하여금 엄청난 양의 작업을 요구한다. 공교롭게도 나는 수년을 상징을 이해하는데 시간을 보내왔다.

만약 당신이 '성경의 지평' (Biblical Horizons)의 목록을 본다면 당신은 이 주제에 관한 나의 기본적인 서론 (Through New Eye: developing a biblical view of the world) 뿐만 아니라 많은 특별한 연구들을 보게 될 것이다. 이것은 나로 하여금 계시록을 이해하는데 유리한 위치에 서도록 한다. 나는 내가 이것을 완전히 이해한다고 생각한다면 허영이다. 다만 뒤따르는 장에서 내가 수년 동안 연구한 결실들을 여러분에게 제공할 것이다. 이 짧은 연구에서 나는 계시록의 깊은 곳을 다룰 수 없다. 그리고 나는 내가 지면 관계로 논의하고 증명하지 못하는 많은 해석들을 주장할 것이다. 본서는 단지 서론적인 작업이기에 여러분이 강의 테이프를 참고한다면 더 깊이 있는 분석을 참고할 수 있을 것이다.

제 4장
요한계시록의 독자

　요한계시록은 유대인이나 이방인을 위해 기록된 것이 아니고 교회들에게 주어졌다 (1:4). 이것은 새 창조 안에 살고 있는 우리를 위해 기록되었음을 의미한다. 특별히 계시록은 예루살렘과 로마 사이에 위치한 소아시아의 일곱 교회에게 주어졌는데 그들은 로마의 압제자들과 배도한 유대인-유대주의자들로부터 고통당하고 있었다 (유대주의자들은 거짓 크리스천들로서 갈라디아서 등에서 보는바와 같이 개종한 이방인들을 의식법 아래로 인도하려고 한 자들이다). 우리가 사도 바울의 언어로 생각해 본다면 이 두 그룹들 (유대인과 유대주의자)을 함께 '할례당' 이라 부를 수 있다.

　이 일곱 교회 모두 도시에 위치했는데 예루살렘의 성전과 더 큰 로마제국의 도시 (세상 또는 연방국가) 안에 있던 음녀 예루살렘 (할례당)과 왕래했다. 예수님은 이 교회들에게 각각 글을 쓰시면서 그들의 선행을 칭찬하시며 그들의 죄에 관해서는 심판을 경고하셨다. 그리고 주님은 이 교회들과 우리에게 객관적인 교훈을 주신다. 할례당과 로마제국에 임할 심판에 관한 여덟 번째 편지는 일곱 인으로 인봉된 두루마리인데 새롭게 창조된 일곱 교회를 위한 객관적인 교훈이기에 우리에게 주는 교훈이기도 하다.

　계시록은 예루살렘과 성전의 파괴를 초래한 유대인과 로마제국간의 전쟁을 다루지 않는다. 오히려 계시록은 복음전파, 성취, 순교 그리고 확고히 선 성도들의 신원을 다룬다. 이것이 교회에게 말해졌는데 그 이유는 교회는 - 교회가 이 사실을 깨닫든지 못 깨닫든지, 그 문화가 이 사실을 믿든지 믿지 않든지 - 교회가 위치해 있는 곳이 문화의 중심이기 때문이다. 심판은 갱신과 축복을 향한 첫 발걸음이며, 그러한 심판은 하나님의 집에서부터 시작한다. 하나님의 백성들이 성취될 때, 하나님은 그들의 적들을 회심시키거나 멸하심으로 자기 백성들과 평화하도록 하신다.

사도행전 전체를 통해서 하나님의 백성들의 대적은 유대인과 유대주의자이다. 이들은 계시록에서는 하나의 무리로 나타나는데 우리는 그들을 할례당이라 부른다. '그들은 거짓 사도들, 발람의 교훈을 지키는 자들, 니골라당, 사단의 회 그리고 바벨론 큰 음녀'라 불린다. 사도행전에서 우리는 주로 교회를 지키는 로마인들을 본다. 그러나 계시록은 얼마 지나지 않아서 그 짐승 즉 로마도 역시 교회를 대적할 것이라고 예언한다. 계시록은 사도행전의 역사를 옛 세상의 종국으로 확장한다.

제 5장
요한계시록의 문학적 구조

상징 언어가 사용된 이유는 이야기체 (discourse) 언어로는 쉽게 말해질 수 없는 것들을 표현하기 위해서다. 하나의 상징은 만일 그것이 여러 가지 상징의 묶음 안에 있다면 동시에 여러 가지를 지시할 수 있다. 예를 들어, 성막과 성전은 동시에 (1) 우주, (2) 하나님의 집, (3) 사회 공동체, (4) 개인 인간, 그리고 (5) 완전한 사람으로서의 메시아를 상징한다. 이와 유사하게 제단은 동시에 (1) 축소된 거룩한 산, (2) 전체로서 하나님의 백성, (3) 사람들, 그리고 (4) 예수님을 상징한다.

동일한 방식으로 상징적 네러티브는 하나의 단계 이상에 존재한다. 계시록을 그 안에 몇 개의 멜로디가 완벽한 조화와 상호작용 중에 동시에 움직이며 운율적인 변화가 있는 음악작품으로 생각해 보라. 예를 들어, 요한계시록은 창조의 7일에 차례대로 기초해 있는 레위기 23장에 나타난 '잔치의 해의 순서' (the order of the festival year)를 따른다.

안식일 - 빛 (주님의 날) - 계 1장
　유월절 - 궁창의 사람들의 창조 - 계 2-3장
　첫 열매들 - 식물들 - 계 4-5장
　유월절 - 빛 - 계 6-7장 (율법이 유월절에 주어졌다.)
　나팔들 - 하나님의 백성들을 소집함 - 계 8-15장
　대접들 - 사람 - 대 속의 날 - 계 16-19장
　초막절 (Booths) - 큰 안식일 계 20-22장

지금까지 요한계시록을 상징의 관점에서 연구하는데 많은 시간을 보내었기에, 계시록 안에 나타나는 다른 개요를 사용해 보자.

　1. 일곱 교회를 향한 서론, 1장
　2. 일곱 교회들, 2-3장
　3. 인봉된 책에 대한 서론, 4-5장
　4. 인봉된 책, 6-7장
　5. 나팔들, 8-12장
　6. 나팔들에 대한 후기, 13-15장
　7. 대접들, 16장
　8. 대접들에 대한 후기, 17-22장

이 구조는 교차 대구적 구조 (chiastic)인데, 주제적으로 안으로 이동한 후 밖으로 되돌아가는 구조이다. 그리고 영화로운 예수님으로부터 시작해서 영화로운 신부로 전체 구조가 진행한다:

　1. 요한을 만나시러 땅에 내려오시는 예수님
　2. 일곱 교회들
　3. 승천하시는 예수님
　4. 일곱 인들
　5. 일곱 나팔들

6. 승천하는 교회 (12-15장)
　　7. 일곱 대접들
　　8. 땅으로 내려오는 교회 (21장)

셋째로, 계시록 전체가 교차 대구적 구조를 보인다.

각각의 이 개요들은 계시록을 이해하는 길들이며 계시록을 정확하게 읽기 위한 방법들이다. 잠시 후에 우리가 볼 것처럼 계시록의 사건들의 연속을 구조 지을 다른 방식도 있다. 만일 당신이 이 글을 이 책이 의도하는바 연구 가이드로 사용한다면, 계시록을 각각의 개요에 따라 시간을 두고 최대한 구조를 음미하며 읽어 보라.

　A. 요한과 예수님, 1
　B. 교회들, 2-3
　C. 하늘의 보좌(들), 4-5
　D. 말들, 6:1-8 (첫 네 개의 인들)
　E. 제단 아래의 성도, 6:9-11 (다섯 번째 인)
　F. 심판의 시작, 6:12-17 (여섯 번째 인)
　G. 땅 위에 인 맞은 성도, 7
　H. 일곱 나팔의 출현, 8:1-2
　I. 오순절 시대의 시작, 8:3-5
　J. 수목, 8:7
　K. 이방인들, 8:8-9
　L. 술취함, 8:10-11
　M. 하늘, 8:11-12
　N. 거짓의 군대, 9:1-11
　O. 성도의 군대, 9:12-11:6
　p. 대학살, 13:15
　Q. 용, 12

　　　　Q´ 바다에서 나온 짐승, 13:1-10
　　　　P´ 대학살, 13:15
　　　　O´ 성도의 군대, 14:1-3
　　　　N´ 거짓말이 없는 군대, 14:4-5
　　　　M´ 하늘, 14:6-7
　　　　L´ 술취함, 14:8
　　　　K´ 이방인들, 14:9-13
　　　　J´ 수목, 14:14-16
　　　　I´ 오순절 시대의 끝, 14:18
　　　　H´ 일곱 대접의 출현, 15:1
　　　　G´ 하늘의 성도, 15:2-4
　　　　F´ 심판의 재 시작, 15:5-18:24
　　　　E´ 하늘의 성도, 19:1-10
　　　　D´ 말들, 19:11-21
　　　　C´ 하늘의 보좌 (들), 20
　　　　B´ 교회, 21:1-22:5
　　　　A´ 요한과 예수님, 22:6-2

제 6장
요한계시록의 근본적인 상징들

　요한계시록을 해석하기 전에, 하나의 다른 예비적인 일이 있는데 그것은 많은 사람을 혼동케 해왔던 특정한 근본적인 상징들을 살펴보는 것인데 이 작업은 우리의 연구에 있어서 시간을 절약해 줄 것이다. 이 상징들은:

　땅. 땅 (Earth)은 토지 (land)보다 더 나은 번역인데, 그 이유는 이 말이 거룩한 땅 즉 할례 받은 사람들과 연관된 백성들을 언급하기 때문이다. 유대인의 파멸 이후에 '땅'은 모든 인류를 의미한다 (21-22장).

바다. 땅이 할례 받은 사람들을 가리키는 것처럼 바다도 이방세계를 가리킨다. 이 상징주의는 에덴동산 밖의 땅들이 강들에 의해 물을 공급받는 것을 묘사한 창 2장에서 나온다 (다음의 상징들을 비교해 보라: 요나서; 삼하 22:4-5; 시 65:7-8; 사 5:30; 17:12-13; 57:20; 렘 6:23; 겔 27:25-36; 단 7:2-3).

인류. 계시록의 '사람들'은 할례 받은 사람들 (the Circumcision)을 의미한다. 이방인들이 언급될 때, 계시록은 4중의 리스트를 사용하는데, 주로 '방언, 족속, 나라들과 백성들'로 약간 다르게 표현된다. 다시 계 21-22장에서 '사람들'은 더 일반적으로 사람들을 의미한다. 이 사중의 리스트는 문명 세계 (civilization)의 네 가지 유형을 가리키는데, 차례대로 살펴보면:

방언 - 바벨탑 사건 이후의 족장시대
족속 - 이스라엘과 이방인들이 족 속의 형태로 살던 모세 시대
나라들 - 이스라엘과 이방인들이 국가의 형태로 살던 왕정시대
백성들 - 느부갓네살 이후 이스라엘과 이방인들이 하나의 큰 제국 안에서 살던 백성들로서 제국시대 (oikumenical age)

매매. 계시록의 경제적인 상거래는 예전적인 업무를 상징한다. 이것은 계 3:18절 (그리고 21:6절을 비교해 보라)에 나타난다. 짐승의 표를 거부했을 때 매매가 허용되지 않았는데 이것이 그들이 회당과 성전에서 추방된 것을 의미한다. 계 18장의 땅의 상인들은 성전과 회당에서 예배하던 사람들이다 (성전 안의 환전 상인들과 복음서, 사도행전 그리고 서신서들에 나타나듯이 회당과 성전으로부터 추방될 것에 관한 반복적인 위협들과 비교해 보라).

왕들. 왕들은 나라를 다스리는 자들이다. 이방 짐승처럼 왕들은 정치적인 지도자들이다. 그러나 유대 땅처럼 '땅의 왕들'은 종교적인 지도자들이다 (17:2, 18; 18:3, 8). 하나님은 유대인들에게 예비적인 왕국을 주심으로 열방들을 섬기도록 하셨다. 그 왕국의 통치자들은 정치적인 지도자가 아니라 종교적인 지도자들이었다: 서기관들, 바리새인들, 제사장들 등.

앞으로 우리는 모든 상징들을 다루지는 못하고 다른 몇몇 상징들을 살펴볼 것이다. 더 세밀한 요한계시록의 상징주의에 관해서는 Biblical Horizons에서 구할 수 있는, 나의 연구서 '무대의 배후: 요한계시록 오리엔테이션' (Behind the Scenes: Orientation in the Book of Revelation)을 참고하라. 이제 이것들을 염두에 두고 계시록 본문 자체를 읽어보자.

제 7장
예수님: 측량의 기준 (계 1:9-20)

요한계시록은 반복해서 성취의 때가 가까웠다고 말한다 (1:3; 22:10). 모든 '땅' 이 구름을 타고 오실 예수님을 볼 것 (깨달으며 이해할 것)이다 (1:7). '구름을 타고' 는 지상으로 임할 것을 결코 의미하지 않고, 단 7:13절에서 암시하는 바와 같이 성부 하나님을 의미한다. 계시록은 어떻게 예수님이 승천하심으로 그의 나라를 시작하셨는가를 보여준다.

요한은 우리에게 그는 "주의 날에 성령 안에 있었다"라고 말한다 (1:10). '성령의 영역' 은 성령 받은 회중들이 하나님 앞에서 그리고 성령님 안에서 매주 주의 날에 모일 때는 '예배의 영역' 이 된다. 거기에는 초청 (계 1장)과 죄를 돌아봄 (2-3장), 하나님의 나라와 사죄의 선포 (4-5장), 성경 읽기 (두루마리와 나팔들)와 그것에 기초한 설교 (10:8-11), 성례의 나눔 (대접들과 혼인 만찬), 그리고 복음 들고 밖으로 나갈 것에 대한 요청 (계 22장의 강, 그리고 22:17의 성령님과 신부의 초청)이 있다.

요한계시록은 예전적인 전투 (liturgical warfare)와 관련 있다. 하나님의 눈앞에서 성도들의 기도와 신실함이야말로 계시록의 사건들을 추진하게 하는 것이다. 오늘날에도 마찬가지다. 예수님은 계 1:12-20절에 나타나신다.

주님은 교회가 측량되는 기준이신데 주님에 의해 바벨론과 짐승 역시 측량될 것이다. 주님은 1:14-16절에서 일곱 가지의 특징을 지닌 분으로 묘사되는데, 우리가 이것들을 열거해 본다면 교차 대구적인 형식을 보게 될 것이다. 이 일곱 가지 특징들은 일곱 교회를 측량하는데 사용될 것이며, 또한 계시록 전체의 개관을 제공할 것이다:

머리 - 1장, 예수님
 눈 - 2-3장, 교회들을 평가하심
  발 - 4-5장, 보좌로 나아가심
   음성 - 6-7장, 그 두루마기
  손 - 8-15장, 고통 중에 있는 교회를 붙잡고 계심
 입 - 16-19장, 적들을 심판하심 (19:15)
빛나는 얼굴 - 20-22장, 교회의 영광

제 8장
위협받는 일곱 교회 (계 2-3장)

일곱 교회를 위해 사용된 상징들은 옛 창조세계 역사의 일곱 시대로부터 나온다.

2:7 (에덴)
 2:10 (요셉)
  2:14 (광야)
   2:20 (왕국)
    3:2 (심판과 포로)
   3:7 (회복)
  3:16 (예수님 당시의 배도)

당신이 요한계시록의 일곱 편지들을 읽을 때, 어느 교회를 가장 좋아하는지 스스로 물어 보라. 당신은 성경역사의 이 특정한 시대들 안에서 특별한 도움을 찾게 될 것이다. 더욱이, 이 일곱 편지들은 계시록 전체를 내다본다. 일곱 교회의 대적은 니골라당 (문자적으로는 '사람을 정복하는 자들', 즉 유대주의자)이다. 서머나의 유대인-유대주의자들은 계 6-12장의 주요 초점이다. 짐승과 거짓 선지자 (발락과 발람-문자적으로는 '사람을 잡아먹는 자')는 13장과 버가모에 나타난다. 음녀 이세벨 (17장)은 두아디라에 있다. 예루살렘의 심판 (18장)은 사데교회를 향한 경고이다. 성도의 정복하는 군대 (19장)는 빌라델비아에 묘사되어 있다. 새 예루살렘에 들어갈 것인가, 아닌가의 선택은 라오디게아 교회 앞에 놓여져 있다 (3:20).

이 일곱 편지는 교차 대구적으로 배열되어 있다. 에베소와 라오디게아교회는 방종에 빠져 있었다. 서머나와 빌라델비아교회는 둘 다 신실했지만 하나는 작았고 다른 하나는 강하고 실제적이었다. 하나의 중요한 교훈은 신실함은 자동적으로 번영이나 박해를 의미하지 않는다는 것이다. 중간의 세 교회들은 진행의 과정에 있는 교회들이다. 버가모교회에는 내쫓겨야 할 악한 자들이 조금 있었다. 두아디라교회 안에는 악한 자들이 의로운 자들만큼이나 강했는데 총체적인 전투가 필요했다. 사데교회에는 악한 자들이 의로운 자들을 능가했다. 메시지는 분명하다: 만일 버가모교회가 악한 자들을 처분하지 않는다면 두아디라교회 같이 될 것이다 그 다음에는 만일 이 문제를 처리하지 않는다면 사데교회 같이 될 것이다.

예수님은 일곱 교회 전체를 향한 하나의 중요한 메시지를 가지고 계신다: 너희들은 몇몇 사람들을 쫓아버려야 한다! 그 메시지는 교회의 권징은 반드시 양심의 가책 없이 시행되어야 하는데, 만일 이것이 시행되지 않을 때는 바람직한 결과는 아니지만 예수님이 친히 오셔서 시행하실 것이라는 말씀이다. 이 경고들을 말씀하신 후, 예수님은 교회들에게 주님이 오셔서 죄를 정결케 하신다는 것이 무엇을 의미하는가를 말씀하신다. 이것은 일곱 인으로 봉인된 두루마리 (이것은 여덟 번째 교회 즉 바벨론에게 주어진 여덟째 편지임) 안에서 볼 수 있는 것과 같은 것이다.

제 9 장
예수님의 승천 (계 4-5장)

요한계시록 4-5장은 우리에게 단 7:9-13절에 예언된 사건들을 세밀하게 보여준다. 첫째로, 보좌에 앉으신 성부하나님을 우리는 본다. 그 분은 에머랄드 무지개에 둘러싸여 계시는데 그 에머랄드는 레위 족속의 돌이다. 그러나 이 레위인들은 24그룹의 천사장들인데, 역대상 24-25장에 의하면 성전 안에서 섬겼던 레위 족장들의 24그룹의 천상적인 모델이다. 내부에 더 가까이 있는 것은 천상의 예배를 인도하는 네 그룹들이다.

우리는 4:10절에서 그 24천사장들이 자기의 면류관을 하나님 앞에 던지며 엎드려 하나님을 경배함을 듣는다. 이 장면은 계시록의 드라마를 예상하는데, 그 이유는 계시록 안에서 정확하게 천사장들에 의한 24행위들을 찾을 수 있기 때문이다. 각각의 천사장들은 자신의 순서가 되면 보좌 앞에 나아가 옛 창조세계를 지배하던 그들의 면류관을 벗고 옛 창조를 향한 심판의 마지막 행위를 하러 나아간다. 이제 그 면류관들의 더미는 천사장들을 대신해서 예수님과 함께 다스리러 하늘에 들어가는 성도들에 의해 취해진다 (20:4).

첫 번째 천사장은 인봉된 책을 가지고 나아간다. 이 두루마리는 그때까지 인봉된 채로 있었는데 '하나님 나라에 관한 책' 이다. 모든 피조물은 하나님의 나라는 그 책을 취하여 다스릴 아담이 없기에 실제로 아직 오지 않았다고 탄식한다. 그때 예수님이 죽임 당한 어린양의 모습으로 나오셔서 우리의 죄값을 치르시므로 합당한 분으로 나타난다. 주님은 그 책을 받으시고 모든 피조물은 기뻐한다. 이전에는 그들이 하나님을 노래로 찬송했지만 이제는 악기에 맞춰서 노래한다. 이 책은 사실 큰 두루마리이다. 이 책의 가장자리는 일곱 개의 큰 밀랍 인들로 닫혀져 있는데, 이 모양은 각각의 인들 위에 새겨진 그림이 있음을 의미한다. 이것들은 하나님의 나라가 도래한 이래로 보관된 것들인데, 이것들에 의해 옛 아담의 창조세계의 지배를 방면한다. 그 다음에 주님은 나팔들 안에서 이 두루마리가 말하는 바를 선포하시는데, 심판의 대접들로써 그 내용을 보충하신다. 따라서 계 22:5절까지의 나머지 부분들은 이 책의 내용인데, 만일 일곱 교회가 어떤 조치를 취하지 않을 경우 그들에게 임하게 될 것에 관해 경고하는 여덟 번째 편지이다.

24 천사장들

  A. 힘 있는 한 천사 (5:2)
   B. 일곱 나팔을 가진 천사들 (8-11장)
    C. 주요 네 천사들 (9:14-15; 그리고 7:1-2)
    C' 심판하는 네 천사들 (14:8,9,15, 그리고 17,19)
   B' 일곱 대접을 가진 천사들 (15-16장)
  A' 힘 있는 한 천사 (18:21)

대접을 가진 천사들은 다음의 천사들을 포함 한다:
  a. 예언하는 천사 (1:1; 17:1, 7; 21:19; 22:6,8,16)
  b. 물을 차지한 천사 (16:5)
  c. 해 위에 선 천사 (19:17)

제 10장
하나님 나라의 공개 (계 6:1-8:5)

일곱 인들, 나팔들, 그리고 대접들은 동일한 입장을 다루며, 각각 같은 사건들을 반복한다고 주장하는 사람이 있다. 앞으로 볼 것이지만 사실은 그렇지 않다. 일곱 인들은 그 책을 개봉한다. 나팔들은 그 책의 내용을 선포한다. 대접들은 그 내용의 적용이다. 역사적으로, 그 인들은 AD 30년의 하나님 나라와 관련이 있다. 나팔들은 오순절로부터 그 시대의 끝 즉 AD 70년까지의 시기에 관한 것이다. 대접들은 마지막 사건들에 관한 것이다. 물론 하나님 나라는 그 시작과 중간과 (첫 번째) 끝에 있어서 동일한 성격을 가지므로 인, 나팔 그리고 대접 사이에는 많은 병행이 있다. 하지만 반복 (recapitulation)의 개념은 계시록 안에 나타난 순환적이 아닌 분명한 점진적인 순서들을 깨뜨린다.

인을 떼는 것은 하나님 나라의 공개임을 기억하면서 이제 인들에 관해 살펴보자.

첫 네개의 인들 (seals)은 네 그룹 (the four cherubim)들에 의해 불려지는 네 말들과 네 명의 말 탄 자들을 방면한다.

사자는 복음으로 정복하는 흰말을 상징한다.
황소는 사람들 간의 투쟁의 붉은 말을 상징한다.
사람은 예전적 능력의 검은 말을 상징한다.
독수리는 최후 심판의 청황색 말을 상징한다.

이 네 말들은 교회이고, 네 명의 말 탄 자들은 예수님이시다. 스가랴 2:6절과 6:1-5절을 보면 말들은 예수님에 의해 다스려지는 교회이다. 말들의 색깔은 이스라엘 족속들의 채색된 색깔로부터 나온다. 말들의 순서는 복음전파와 정복의 순서이다. 첫 번째로는 예수님을 왕으로 선포하는 하나님의 말씀이 나온다. 흰색은 신부를 상징하는 납달리 족속의 색깔이다. 다음은 붉은 말로 상징되는 투쟁이 나온다. 붉은 색은 전쟁을 개시하는 유대 족속의 색깔이다. 이것은 정치적인 투쟁의 묘사가 아니라 예수님이 예언하신바 어머니가 딸을, 형제가 형제를 대항해서 싸우는 것에 관한 묘사이다. 이것은 복음이 가는 곳 어디서나 경험되는 싸움인데 특별히 요한계시록이 다루고 있는 시대의 유대인들과 이방인 신자들에 의해 경험되는 싸움이다.

세 번째 검은 말은 기근과 관련 있는 것처럼 보이지만 이것은 일반적인 식량에 관한 경제적인 기근을 가리키지 않는다. 언급된 세 가지 식량은 성경의 예전적인 음식들이다: 곡식, 포도주 그리고 기름 (약 5:14), 빵은 아침에 처음 (alpha) 먹는 주식이며, 포도주는 당신이 일을 마쳤을 때 마시는 마지막 (omega) 음식이다. 빵이 제사장적이라면 포도주는 왕적이다. 빵은 사람이 아직 완전히 왕적이지 못하며 제사장이었을 당시의 옛 세상에 초점을 둔다 (왜냐하면 예수님께서 아직 승천하시기 않으셨기에). 반면에 포도주는 사람이 예수님과 같이 안식일을 다스릴 때의 새 세상에 초점을 둔다. 모세는 만나를 가져왔고 예수님은 포도주를 만드셨다. 검은 말은 옛 세상의 점진적인 아사 (starvation)를 그린다. 반면에 새 질서의 은사들은 보호되고 유지된다. 계 7:3절과 비교해 보라.

검정색은 빵 굽는 자요, 술 맡은 자인 요셉의 색깔이다 (창 40; 41:48; 44:2, 5). 좀 더 정확히 말하자면 요셉의 돌은 마노인데, 그 안에는 포도주와 빵의 경우처럼 검은 색과 흰색 그리고 어두운 빛과 밝은 빛깔이 섞여있다. 여기서 이 말이 검은 색인 이유는 그 말이 새 포도주 - 교회이며 이 포도주는 보존되고 있기 때문이다.

청황색 말은 레위인의 말인데, 우리는 레위인들이 함부로 제단 또는 성소에 접근하는 사람을 창으로 죽였던 성막과 성전을 지키는 자임을 기억한다. 내가 믿기로는 이 말은 옛 질서를 고수하려는 사람들과 새 질서로 돌아선 사람들 간의 실제적이고 육체적인 투쟁을 동반한다. 이것은 AD 60년대 후반에 유대인에게 일어났던 바인데, 하나님 나라가 새로운 백성에게 임할 때는 언제나 일어나는 일이다. 이것이 대 위임명령 (the Great Commission)을 성취하여 하나님 나라를 세상의 모든 나라에 임하게 하는 사건들의 순서이다. 이 일이 AD 30년 전에는 일어나지 않았는데 하나님 나라가 감추어져 있었기 때문이다. 그러나 지금은 개시되어 있는 역사의 끝에 주님이 오실 때까지 계속될 것이다.

다섯 번째 인이 떼어질 때 우리는 제단 아래에 있는 성도를 본다. 이것은 향단인데 궁창의 하늘을 의미한다. 그리고 향단은 맨 위의 하늘 바로 밑에 있다. 이곳은 상징적으로 옛 창조의 성도가 죽을 때 가는 곳이다. 예수님이 아직 맨 위의 하늘로 올라가시지 않았기에 그들도 갈 수 없는 것이다. 그들은 '아브라함의 품안에' 즉 '천국'에서 그 날이 올 때까지 머무른다. 이제 그들의 완전한 승천을 억누르던 인이 깨어져서 그들은 예수님과 함께 하나님의 보좌로 올라갈 것을 기대한다. 그러나 놀랍게도 그들은 조금 더 기다려야 한다는 말을 듣는다. 순교자의 최종 추수 즉 옛 창조세계의 창조 추수가 있기까지는 그들이 올라갈 수 없을 것이다. 이 최종 증인/순교자의 무리는 계 7장에서 보다시피 인 맞았고, 계 14장에서는 순교한다. 그 후 그들과 모든 옛 창조의 성도들은 계 18장에서 바벨론의 파멸로 신원 받는다. 그 이후 계 20장이 말하듯이 그들은 예수님과 연합하기 위해 보좌로 올라온다 (히 11:40절과 비교해 보라).

여섯 번째 인은 옛 창조의 최후 심판을 억누르던 것을 깨뜨린다. 땅이 흔들리고 별들이 떨어지며, 달들이 하나님의 천상의 눈앞에서 성도들의 피를 보인다. 그리고 이 심판이 시작되자 곧바로 이른바 공중 (mid-air)에서 중지된다. 이 심판이 사람에게 다가오지만 다른 무엇이 일어날 때까지 보류된다. 옛 창조의 성도가 잠시 기다려야만 하는 것처럼 옛 창조에 대한 최종 심판도 유보된다. 우리가 계 16장의 대접들을 접할 때 그 심판은 재개된다. 그 동안에 옛 창조의 사람들에게 회개와 구원을 위한 마지막 기회가 주어진다.

계 7장은 이 여섯 번째 인의 기사와 계속 이어지는데 왜 그 심판이 중단되었는지를 말한다. 천사장들 중 네 명은 사람들의 일단의 무리의 이마에 인을 치기 위해 나아온다 (창 3:9; 출 28:36; 겔 9:4). 그 인 맞은 사람들은 상징적인 144,000명의 개종한 유대인으로 구성되는데, 상징적으로 배교한 단지파를 제외한 매 지파에서 12,000명씩이다 (삿 17-18). 이 신실한 유대인들은 계 14장에서 변절한 할례당에 의해 죽임을 당할 것이다. 여섯 번째 인의 이야기의 세 번째 환상은 주후 60년대 후반에 있을 큰 환난으로 죽임 당할 것임을 보여준다. 이들은 짐승 즉 로마제국 안에서 네로와 그의 추종자에 의해 죽임 당한 크리스천들이다. 이들이 하나님의 보좌 앞에 보여지는데, 왜냐하면 그곳이 그들이 죽을 때 가는 곳이기 때문이다 (14:13).

구약에서 많은 수의 이스라엘 백성들과 중다한 회심한 잡족들 (출 12:38), 그리고 개종하지 않은 하나님을 두려워하는 이방인들이 함께 출애굽을 했다. 동일한 것이 옛 창조로부터 새 창조로의 출애굽에서 지금 일어나고 있다. 요한계시록은 AD 30-70년 이 40년 동안 '광야'에서 일어난 것이다.

마지막 일곱 번째 인이 떼어질 때 하늘에서 찬송이 반시 동안 중단된다. 이것은 역사의 이 기간 즉 계 15장의 성도들이 순교 이후에 재개된다. 노래가 중단됨으로 나팔 소리를 들을 수 있다. 예전적으로 말하자면, 설교가 들려지도록 찬송을 멈추는 것이다. 일곱 번째 인은 이제 불처럼 쏟아지는 성령님을 제지한다. 계 8:5절에 쏟아 부어진 불은 진노의 그림이 아니다. 오히려 이 구절은 행 2장의 성령으로부터 내려온 불의 방언들을 가리킨다 (단 7:10절과 계 4:5절을 비교해 보라). 지금 이 두루마리가 열려지므로 선포가 시작될 수 있다.

제 11장
경고의 나팔들 (계 8:6-11:18)

우리는 이제 24천사장들 중에서 앞으로 나아오는 7명을 더 본다. 각각은 불려질 나팔 즉 선포할 말씀을 가지고 있다. 이 말씀들은 경고인데 매 경우마다 3분의 1이 파괴당한다. 이것들 중 많은 것은 하나님께서 맏아들과 그들의 군대를 멸하기 전에 애굽인들에게 내렸던 재앙과 유사하다.

첫 번째 나팔은 땅 즉 할례 받은 자를 향해 울린다.
두 번째 나팔은 바다 즉 이방인들을 향해 울린다.
세 번째 나팔은 성전을 가리키는 물의 샘을 향해 울린다 (창 2:10-14; 겔 47).

쓴 물은 부패한 성전으로부터 흘러나오는 유독한 교리인데 이것은 하나님께서 성전에 두셨던 깨끗한 물을 담는 놋대야와 반대된다. 여기서 우리는 계시록에 나타나는 사단의 일곱 이름 중 첫 번째 것을 본다: 쑥, 독이 있는 식물. 할례 받은 사람들이 예수님을 배척했기에 사단은 성전 안에서 자기의 보좌를 취한다. 사단의 보좌에 함께 앉아 있는 자는 대제사장, 살후 2장의 죄악의 사람, 땅에서 올라오는 짐승 그리고 계시록의 거짓 선지자이다.

네 번째 나팔은 해와 달과 별들을 향해 울려 퍼진다. 이 네 번째 나팔은 창조의 제 4일과 연관됨을 주목하라. 이 빛 안에서 우리는 다른 것들을 창조의 다른 날과 연관시킬 수 있다. 천체는 통치자들과 지배자들을 상징한다 (창 1:4-18). 예수님은 지금 왕이신데 그 앞에 모든 권세자들은 엎드려야 한다. 나머지 마지막 세 나팔들은 땅 즉 할례 받은 사람들을 향해서 화를 선포한다. 로마인들이 할례 받은 사람들로부터 교회를 보호했음을 우리는 사도행전을 통해서 안다. 다섯째 나팔은 사단과 그의 수많은 악마적 할례당의 추종자들을 무저갱으로부터 놓아준다. 율법과 행위를 통한 구원을 선포함으로써 그들은 사람들을 (할례 받은 자들) 유월절과 나팔절 사이의 5개월 동안 괴롭힌다. 그러나 그들의 사악한 교리들은 오직 믿음으로 의롭게 됨을 아는 선택받은 자들을 괴롭히지 못한다. 사탄에게는 '아바돈'과 '아볼루온'이라는 다른 두 이름도 주어졌다.

여섯 번째 인처럼, 여섯 번째 나팔은 3개의 환상을 포함한다. 이 환상들은 교회에 관한 것들이다. 2억의 천사 군대는 교회의 말을 타고 적들과 싸우는데, 사람들을 개종시키고 유대 족속의 사자 (Lion-of-Judah)의 입에서 나오는 성령의 불로써 그들의 육체를 죽게 함으로 사람들을 '죽인다' (나는 이 두 환상은 AD 60년대의 로마의 유대인 정복을 위한 전쟁과는 아무 상관이 없음을 첨가한다). 여섯 번째 나팔의 두 번째 환상은 요한 자신이 이 군대의 일원임을 우리에게 말한다. 요한은 그 책의 한 부분 즉 다른 더 큰 책으로부터 취해진 작은 책을 선포하도록 부름 받았다. 이 작은 책은 다른 천사 즉 예수님에 의해 요한에게 주어졌다. 이 작은 책의 내용은 요한이 막 기록하려는 일곱 천둥들인데, 요한은 기록하지 말 것을 명령받았다. 대신에 그 일곱 천둥들은 계시록의 뒤따르는 부분들 안에서 '큰 음성'으로 계시될 것이다.

여섯 번째 나팔의 세 번째 환상은 유대인들에게 하나님의 말씀을 선포하는 신실한 144,000의 상징인 두 증인에 관한 것이다. 이들은 스가랴 4장에서 그 이미지를 찾아볼 수 있는 어두운 세상에서 성령으로 힘을 공급받는 (감람유) 촛대이다. 이들은 엘리야나 모세와 같다 (11:5-6). 이들은 유대인을 향해서 두 증인의 한 증거를 만드는데 마치 소돔을 방문했던 두 천사와 애굽의 모세와 아론과 같다 (11:8). 그들의 증거의 힘에 의해 무저갱으로부터 나온 짐승은 (9:1-11) 잠시 동안 구멍 안으로 들어갈 것이지만 결국은 다시 나와서 이들을 죽일 것이다 (17:8). 그들의 시체가 "큰 성의 길에 있는데, 그 성은 영적으로 하면 소돔이라고도 하고 애굽이라고도 하니 곧 저희의 주께서 십자가에 못 박히신 곳이라" (11:8). 계 2:20절의 이세벨 이후에, 이것은 바벨론을 암시하는 두 번째 표현이다. 바벨론은 무엇인가? 이것은 하늘에 도달하기 위한 거짓 종교의 중심이 되기를 시도했던 원래의 도시-망대였다 (창 11). 그녀는 음녀이며, 거짓 신부요, 딸이었다. 이 사실은 우리에게 바벨론은 분명히 로마가 아니며 어떤 세속적인 권세가 아님을 말한다. 오히려 바벨론은 예루살렘이지만, 더 확대해 본다면 로마제국 전역에 있던 유대주의자들 그리고 예루살렘의 촉수들이다. 바벨 (Babel)이 망대를 가진 도시였던 것처럼 예루살렘에는 망대 즉 하늘에 도달하기 위한 성전이 있다.

이 사악한 할례 받은 자들은 이 증인들이 죽었기에 기뻤다. 그들은 서로 예물을 보내었는데, 이것은 마치 에스더 9:19절에 경건한 유대인들이 그들의 원수들이 죽었을 때 선물을 주고받았던 것과 같다. 그러나 이방인들은 이 증인들의 죽음을 생각하고 많이 회심한다 (11:13). 증인이 죽임 당한 이 사건은 계 14장의 144,000명의 죽임 당함과 상응한다. 잠시 후에 우리가 볼 바와 같이 계 12-15장의 일곱 나팔의 '후기' (postlude)는 이 동일한 시기를 다른 각도에서 조망한다. 일곱 번째 나팔이 울려 퍼질 때 모든 피조물은 하나님을 찬양하는데 그리스도의 나라가 임하며, 영원할 것을 기린다. 이제 옛 창조의 마지막 사건은 끝나고 남은 것은 혼란한 것을 깨끗이 치우는 진노의 대접들에 관한 것이다.

제 12장
나팔 시간의 역사 (계 11:19-15:4)

일곱 나팔들은 오순절과 옛 창조의 최후 심판 사이의 기간에 관한 주제들과 특징들을 나타낸다. 계 12-15장의 나팔들의 후기는 상징적으로 이 기간의 역사를 펼쳐 보이는데, 사도행전과 서신들 그리고 사도행전의 끝 부분에 이어서 나오는 곳에서 볼 수 있는 장면들 배후에서 작용하는 영적인 실체들과 갈등들을 보여준다. 우리는 여인의 후손 (seed)으로서의 예수님의 성육신과 승천으로 시작할 것이다. 사탄은 예수님께서 이 땅에 오는 것을 방해했다: 가인을 꾀어서 아벨을 죽이도록 했으며, 애굽에서 이스라엘을 부패하도록 했으며, 아달랴를 통해서 다윗의 가계를 멸절하려 했고, 헤롯을 격동시켜 아기 예수님을 죽이려고 시도했고, 그렇게 했다. 천사장 미가엘이 사단을 하늘로부터 내쫓았을 때 사단은 실패했고 예수님은 승천하셨다 (여기서 사단의 마지막 네 이름이 나타난다: 용, 뱀, 마귀, 사단). 사단이 땅으로 내 던져졌는데 잠시나마 땅 위의 성전 (쑥)에서 그의 거처를 잡았다.

즉시 사단은 그리스도의 신부인 여인을 핍박하려고 했다. 이 모습은 행 3-7장에 나타나는데 거기서는 스데반이 돌에 맞아 죽는 것으로 끝난다. 여인이 광야로 도망하는 모습을 우리는 행 8장에서 성도들이 예루살렘에서 도망하는 장면에서 볼 수 있다. 교회의 오랜 평화로운 시기 이후에 (행 9:31), 쓴 쑥 (wormwood)은 여인을 부패시키려고 유독한 물 즉 유대화 된 거짓 교리를 퍼부었다. 하나님께서 바울을 일으켜 사단과 유대주의자를 물리치시려 했고, 그 동안 땅(할례 받은 자들)은 거짓 교리를 마셨다.

사단은 두 가지 전술을 사용해 왔는데 핍박과 부패케 하는 것이다. 이 두 가지는 실패했다. 그래서 사단은 다시 박해하기를 결정했는데 이번에는 비유대인 신자들 (그 여자의 남은 자손)을 대항하는 것이다. 사단은 바다 모래 위에서, 로마제국의 이방인 바다를 향해 말하면서 한 짐승을 바다로부터 올라오게 한다. 이 짐승은 단 7장에 나온다. 하나님은 원래 바다짐승 즉 지상의 네 그룹-보호자들 (four earthly cherubim guardians)을 세워 그의 백성들의 후견인과 보호자로 삼았다. 그들 중에는 일곱 머리를 가진 네 짐승들이 있었다: 궁극적으로 한 짐승이지만. 매번 이 짐승들은 악해져서 하나님의 백성들을 대항했기에 하나님은 이들을 제하고 새로운 짐승을 세웠다. 따라서 느부갓네살과 그의 계승자들은 유대인에게 호의적이었다. 하지만 느부갓네살이 하나님을 경멸했을 때, 하나님은 그 대신에 고레스를 세우셨다. 페르시아인들이 유대인을 보호하기를 그만 두었을 때 하나님은 알렉산더를 세우셨다. 이와 같은 방식으로 하나님은 계속 역사 하셨다.

다음은 짐승들과 그 머리들이다.

짐승 1 머리 1 바벨론
짐승 2 머리 2 페르시아
짐승 3 머리 3 헬라의 알렉산더
짐승 3 머리 4 헬라 애굽 (남방의 왕, 단 11)
짐승 3 머리 5 헬라 시리아 (북방의 왕, 단 11)
짐승 3 머리 6 헬라화된 로마
짐승 3 머리 7 로마제국

우리는 로마가 본질적으로 헬라 도시국가였음을 기억해야 한다. 로마제국의 언어는 헬라어였다. 신약성경도 헬라어로 기록되었다. 황제들의 가계는 원래의 로마 질서를 부패시켰고 궁극적으로 그것을 대신했다. 사도행전에서 우리는 여전히 헬라적인 로마제국을 보는데 로마는 교회를 보호했다. 네로가 등극했을 때 그는 진지하게 로마를 변화시키려 했다. 로마는 AD 64년에 불탔고 네로는 기독교인들을 비난했다. 이것이 옛 로마의 종말이고 새 로마 즉 일곱 번째 머리와 네 번째 짐승의 완전한 도래이다. 이것이 사단이 계 13장에서 일어나게 한 사건이다. 이것은 죽음의 상처로부터 로마가 회복된 사건이다. 이것은 또한 여섯 번째 머리의 죽음이요, 일곱 번째 머리의 출현이다.

그리하여 후견인 짐승은 결국 악해져서 이방인들 가운데 신실한 자들을 공격한다 (13:7). 그러는 동안 할례 받은 자들은 짐승을 숭배한다. 만일 당신이 어떤 유대인에게 당신이 시저를 숭배했느냐고 묻는다면 그는 아마 당신이 그 질문을 했다는 이유로 당신을 죽도록 때렸을 것이다. 그러나 사실 유대인들이 선택의 기로에 섰을 때는 그들은 "우리에게는 시저 외에는 다른 왕이 없다"고 말했다 (요 19:15). 그들의 마음 중심으로는 예수님을 배척했고 정치적인 왕국을 원했다 (계시록 13장을 당신이 읽을 때 '땅' 은 '할례 받은 자들'을 의미함을 기억하라). 계시록은 나타나는 장면의 배후에 있는 영적 실제들을 다루는데 그 실제는 할례 받은 자들이 시저를 미워했음에도 불구하고 그를 숭배했다는 사실이다.

이제 우리는 두 번째 짐승 곧 땅에서 올라오는 짐승을 살펴보자. 이 짐승은 분명히 유대인 짐승인데 거짓 선지자로 불린다 (살후 2장은 '무법의 사람'으로 부른다). 이 짐승은 두 뿔을 가지고 있는데 바다에서 올라온 짐승의 복사판이다. 이 두 뿔들은 헤롯 왕들과 대제사장들이다. 사실 헤롯 왕들은 팔레스타인의 로마제국을 위한 셈족 (에돔족속) 종들이었다. 그리고 헤롯 왕들은 대제사장들을 임명했다. 계 13:14절에서 거짓선지자/땅으로부터 나온 짐승이 하늘로부터 불을 땅에 내려오도록 시도하고 있다. 이 장면은 부분적으로 갈멜산 위의 엘리야의 모습을 회상하게 하지만, 이 문맥에서는 계 8:5절에 대한 위조 (모방, counterfeit)로서의 거짓 오순절을 의미한다. 이것은 또한 아주 중요하게도 성막과 성전이 완공되었을 때 하나님께서 제단 위에 보내신 불에 대한 위조이기도 하다 (레 9:24; 대하 7:1). 사도행전 2장의 오순절 날의 불은 예수님께서 그의 새 성전인 교회를 제정하셨다는 표적이었다.

어떤 사건이 계 13:14절을 가리키는가? 내가 믿기로는 이것은 참 성전에 대한 사악한 위조로서의 헤롯 성전의 완공을 가리키는데, 헤롯 성전은 하나님의 영광의 구름이 아니라 쓴 쑥을 보존하고 있었다. 헤롯 성전은 AD 64년 즉 로마가 불타고 새 로마가 시작된 해에 완공되었다. 이 헤롯 성전의 완공은 할례 받은 자들에게는 하나님이 자신들의 편임을 나타내는 표적으로 여겨졌다. 이 완공은 할례 받은 유대인들을 격려하여 로마에 대항하도록 했으며, 그 결과는 성전의 파괴였다. 이 성전 완공은 또한 그들을 격려하여 예전에 없었던 크리스천들을 박해하도록 했다. 그들은 확신하건대 신명기 13장에 의하면 크리스천들은 배도한 악한 사람이기에 죽어 마땅하다고 믿었다. 헤롯 성전 완성의 결과는 열광주의의 거짓 오순절과 144,000명과 두 증인들 그리고 신자들의 핍박받음과 순교이었다.

거짓선지자는 바다에서 올라온 짐승을 위해 한 상 (image)을 세워놓고 명령하기를 누구든지 이 짐승의 상을 숭배하지 않는 자는 죽임을 당할 것이다.

짐승의 상을 숭배하는 것은 매매를 위해 중요한데, 손이나 이마에 짐승의 표를 받을 것을 요구한다. 짐승의 상은 완공된 성전이다. 참 성전이 그 안에 거하시는 하나님 나라의 외적인 상징이듯이 거짓 성전은 그 안에 거하는 쑥의 나라의 외적인 상징이다. 우리는 이 거짓 숭배가 상 (image)의 숭배를 요구했음을 기억해야 한다. 계시록이 참된 예배는 두루마리와 작은 두루마리, 그리고 하나님 말씀과 예수님의 증거에 대한 신실함과 관련이 있다. 거짓 예배는 상 (image)을 숭배하는 것이다. 기독교회의 역사는 제 2계명을 어기는 상들을 숭배하는 유혹이 지속적인 문제임을 보여준다.

마지막으로, 짐승의 수에 관해 살펴보자. 이 숫자는 '사람의 수' 라고 말해진다. 항상 '사람' 은 '유대인' 을 의미한다. 따라서 이것은 유대인의 수이다. 이것은 왕상 10:14절에서 온 것인데, 그 구절은 역대상·하 중에서 솔로몬 왕의 범죄로 인한 몰락을 다루는 시작 부분이다. 신명기 17장의 율법은 왕이 금과 여자와 말을 많이 두는 것을 금했지만 솔로몬은 이 세 가지 모두를 범한다. 계시록에는 '땅' 의 종교적 통치자들이 왕들, 즉 '땅의 왕들'이라 불린다. 따라서 대제사장과 이스라엘의 반역으로 그의 나라를 상실했던 것처럼, 땅에서 나온 짐승은 예루살렘이 파괴될 때 그의 나라를 영구히 상실하고 말 것이다.

Note: 666은 네로 황제와 아무런 연관이 없다. 이 숫자는 유대인의 수로서 종교지도자와 거짓 솔로몬의 수이다. 바다에서 올라온 짐승은 성부 하나님의 모사 (counterfeit)이며, 거짓 선지자는 성자 하나님의 모사이다. 성자 예수님이 말씀이시며, 성부 하나님의 수이듯이 (유대)땅에서 나온 짐승은 바다에서 올라온 짐승의 이름이요 수이다. 그 바다짐승은 이방인들이고 그 수는 유대인이다.

마지막으로 우리는 성경에 나타난 세 개의 큰 대적들을 주목해야 하는데, 그들은 배교자들 (창 3), 잔인한 형제 (창 4) 그리고 유혹하는 이방 여자 (창 6)이다. 이들은 각각 유대의 배교적인 종교 지도자들, 에돔족 속의 살인자들 (에서의 후손) 그리고 이방인들이다. 예수님은 유대인이 산헤드린, 에돔족속

(이두메)인 헤롯 그리고 로마의 빌라도에 의해 재판을 받으셨다. 바울 역시 이 세 부류에 의해 심문을 받았다. 내가 이것을 언급하는 이유는 헤롯 왕들이 성경의 예언의 부분임이 주로 간과되기 때문이다. 여기서 바다짐승은 이방인 대적들이고, 땅의 짐승은 주로 헤롯 왕가와 그의 동맹자로서의 대제사장이며, 짐승의 상 (image)은 유대인 대적이다.

계시록 14장에서 우리는 땅의 짐승에 의해 명령된 대량 학살을 보게 된다. 계 14:1절에는 144,000명이 예수님과 함께 시온산에 서있는 반면, 계 15:2절에서는 그들이 하늘에 있다. 그 동안에 그들은 순교했다. 이 무리들은 새 창조의 첫 열매 추수로 나타나는데 (14:14), 그들은 동시에 옛 창조의 추수를 완료한다. 계 14장에는 여섯 천사들이 나타난다. 4천사들은 24명의 천사장들 가운데에서 나오고, 다른 두 천사들은 주님의 천사 즉 '다른 천사' 이다.

   1. 천사로서의 예수님, 14:6
   2. 천사장, 14:8
   3. 천사장, 14:9
   4. 사람이신 예수님, 14:14
   5. 천사장, 14:15
   6. 천사장 14:17
   7. 천사로서의 예수님, 14:18(8:1-5)

먼저 예수님은 복음 즉 기쁜 소식을 유대인들에게 그리고 이방인들에게 전하신다. 복음은 심판의 시간이 다가오고 있다는 사실이다. 그 시간은 대 환난 즉 성도의 대량 학살과 더불어 시작될 것이다. 그 심판은 바벨론의 파멸로 이어지고, 짐승과 거짓 선지자의 파멸로 마감될 것이다 (Note: 대 환난은 예루살렘의 파괴로 인한 유대인의 고난이 아니라, 할례 받은 자들과 이방인에 의한 성도들의 고난과 순교이다).

예수님을 따라서 한 천사장은 선언하기를 "바벨론이 무너졌다"고 했다. 이것은 예수님께서 단순히 선언하셨던 그 심판을 더욱 상세히 설명하는 것이다. 이후에 다른 천사장은 교회로부터 배교하여 악한 성전과 타협한 자들이 지옥에 던져질 것이라고 선언한다. 주목할 사실은 지옥이 하나님의 보좌 바로 앞에 언급된다는 것이다. 죄인들은 하나님을 그 무엇보다 더 미워하는데, 죄인들을 위한 큰 환난 속에서 인내하는 성도를 돕기 위한 것이라고 말한다. 그들이 겪고 있는 고통은 그들로 하여금 할례 받은 자들처럼 되도록 유도하겠지만, 이 무서운 경고는 그들로 인내하도록 만든다.

계 14:13절에서 우리는 "지금 후로 주님 안에서 죽는 자는 복되다"라는 말씀을 듣는다. 즉, 그들은 더 이상 아브라함의 품으로 가지 않고 하늘이 열리기를 기다린 이 마지막 순교는 계 15:2절에서 보다시피 하늘 문이 열리도록 만들 것이며, 모든 성도들이 그 안으로 들어갈 것이다. 계 14장의 일곱 인물의 중간에 다 익은 곡식을 추수하기 위해 서 계시는 인자가 나타난다. 한 천사장이 나와서 인자에게 추수하도록 권면한다. 그리고 인자는 낫으로 추수를 한다. 그 후 다른 천사장이 포도를 추수하려고 낫을 들고 나타난다. 계 8:1-5절에는 '다른 천사'로 묘사된 예수님이 그 낫을 가진 천사를 불러 포도를 추수할 것을 말하자 그는 추수한다.

여기, 빵과 포도는 그리스도의 몸과 피의 상징인데 개인적인 예수님뿐만 아니라 그의 몸 전체 즉 교회의 상징이다. 예수님 더하기 교회는 신학에서 '전체로서의 그리스도'(*Christus Totus*)라 불린다. 곡식과 포도의 추수는 이 예전적 군대의 추수 (the harvest of this sacramental army) 즉 순교자들의 최후의 대학살이다. 혹자가 주장하듯이 포도의 추수를 악한 자들을 추수하는 것이라고 주장하기 쉬운 이유는 포도가 하나님의 진노에 의해서 큰 포도주 틀 속에 던져졌기 때문이다. 하지만 이 말은 포도가 하나님의 진노에 의해서 밝혀지는 것을 의미하지 않는다. 오히려 이 말은 포도로 만들어진 포도주는 하나님의 진노를 수행한다는 것이다. 이 사실은 뒤이은 진술 속에서 아주 분명하다: 포도주의 피는 완전히 땅을 뒤덮고 채운다. 성경에서 피는 신원을 위해 부르짖는다. 땅을 덮고 있는 피는 하나님의 심판을 위해 부르짖는다.

그 피는 하나님의 진노를 위해 부르짖고, 즉각적으로 뒤따르는 것은 대접들이 쏟아지는 것이다. 그 피는 하나님의 진노로 신원 되어지는 성도의 피다 (창 4:10; 출 1:22; 7:20; 12:23; 민 35:9-34, 신 21:1-9). 포도는 성 밖에서 밟혀진다. 이 모습은 성도들이 성 밖에서 죽으신 예수님과 연합할 때 그들이 고려된다는 사실에 관한 다른 증거이다. 히 13:11-14절과 비교해 보라.

이 최후의 대학살은 바벨론의 운명을 인치는 것이다. 계 6:6절에 보면, 옛 창조의 아사와 새 창조의 보존을 의미하는 곡식의 기근과 포도주와 기름의 보존이 나타난다. 곡식의 추수는 사악한 할례 받은 자들이 받을 심판을 나타내는 반면, 포도의 추수는 성도의 순교를 의미할 수 있을 것이다. 하지만 악한 곡식이 추수되는 것이 의로운 포도 앞에 나타나는 이 사실은 계시록의 이러한 사건들의 역사적인 순서를 뒤집는 것이다: 먼저는 성도들의 환난, 그 후에 음녀와 짐승들의 심판. 따라서 나는 곡식과 포도 모든 교회를 가리킨다고 믿는다.

계 15:1절에는 세 번째의 큰 이적이 나타난다 (12:1, 3): 마지막 일곱 재앙을 가진 일곱 명의 천사장들. 이 재앙들은 성도의 학살에 대응한 타격이다. 반면에 성도들은 아브라함의 품에서 가장 높은 하늘로 옮겨서 하늘로 옮겨서 하늘 성소의 문 앞에 있는 얼음/유리 바다 위에 서서 하나님을 찬송한다 (이 바다는 창 1:6-8절에 나오는 궁창 위에 올려진 것이다 비교. 출 24:10; 겔 1:22; 계 4:6). 그러나 성도들은 아직 성소에 들어가지 못했다.

제 13장
최후 심판의 대접들 (계 15:5-16:21)

일곱 대접의 내용은 계 15:5절에서 시작한다. 다시 한 번 우리는 일곱 천사장들이 등장함을 본다. 하나님의 완전한 진노가 네 그룹에 의해 그들의 대접 안에 주어진다. 그 후 하나님의 영광이 하늘의 궁전을 채우므로 아무도 그 안으로 들어가지 못한다. 이 단계에서 모든 24천사장들은 떠나가고 그들의 보좌는 비게 되지만, 아직은 성도들이 그 보좌를 차지하기 위해 들어가지 못한다 (마지막 천사장은 계 18:21절에서 일하지만 그는 분명히 이일 전에 일곱 대접 천사들과 함께 그의 보좌를 떠났음은 분명하다).

일곱 나팔의 경우처럼 첫 네 대접들은 할례 받은 자, 이방인들, 성전 그리고 통치자들을 대상으로 한다. 대접들이 땅에 부어질 때 그 초점은 할례 받은 자들이지만 (16:1), 바벨론의 심판은 동시에 전체 옛 창조에 관한 심판인데 이유는 바벨이 옛 창조의 기초요, 중심이기 때문이다. 나팔의 경우와 비슷하게 일곱 대접들은 최후 심판의 일곱 가지 특징들을 우리에게 말하는데, 그 후기는 (17-22장 17:1, 21:7) 상징적인 형식으로 실제 사건들의 역사적인 서술을 제공한다. 첫 번째 대접은 왕이신 예수님 대신에 권력과 정치의 신인 로마 황제를 숭배한 '사람들', 즉 배교한 유대인과 유대주의자들에 관한 것이다. 두 번째 대접은 바다에 관한 것인데 바다를 완전히 파멸시킨다. 이방 세계의 존재는 이제 끝난다. 이방인들은 단지 선택받은 제사장 나라 (히브리인들 -이스라엘 사람들- 유대인들)에 대립해서만 존재한다. 교회는 새 선민이요 새 제사장이다. AD 70년의 옛 선민의 제거와 더불어서 '이방인'으로서의 사람들의 명칭은 더 이상 어떤 의미를 지니지 않는다.

비록 인종적, 문화적인 유대인, 헬라인, 로마인으로서의 사람들은 AD 70년 이후에도 존재하지만, 이들은 옛 창조시대에 그들이 가졌던 특별한 소명을 더 이상 가지고 있지 않다. 로마제국은 더 이상 짐승의 후견인이 아니며 유대인은 더 이상 특별한 제사장 나라가 아니다. AD 70년 이후, 남아있는 모든 사람은 신자 아니면 불신자이다. 세 번째 대접은 성전과 성전의 유해한 물에 관한 것이다. 만일 우리가 요점을 잃어버렸다면, 계 16:6절은 이 심판들은 성도를 신원하시는 하나님에게서 나온 것으로, 아벨로부터 144,000명의 모든 순교자들을 위한 심판임을 분명히 밝힌다 (마 23:35). 계 6:10절에서 '얼마나 더? 라고 묻던 제단의 성도들은 이제 '아멘!' 이라고 16:7절에서 말한다.

네 번째 대접은 통치자들과 지배자들에 관한 것이다. 해가 빛을 잃지 않고 대신 강하게 되어 공격적으로 변한다. 억압하는 정부 (oppressive government)는 하나님으로부터 나온 심판인데, 여기서의 그 언급은 유대인을 더욱 더 억압하던 로마정부를 가리킨다. 그러나 유대인들 ('사람들')은 회개치 않았다. 다섯 번째 대접은 할례 받은 자로부터 짐승에게로 이동한다. 내가 생각하기로는 이것은 네로의 통치 말년과 세 황제들이 혼란스런 통치기간 (AD 68-69)의 로마의 혼란을 암시하는 것이다. 여기서는 하나님을 훼방하고 회개치 않던 '사람들'이 아니라, '그들' 즉 이방인임을 주목하라.

여섯 번째 대접은 아마겟돈 전쟁을 개시한다. 히브리어 '하르' (Har)는 '산'을 의미하고, '마게드' (Maged)는 '잔치 모임'을 의미한다. 축제 모임의 산의 전쟁은 시내산, 시온산, 교회에서의 전쟁이다. 실제적인 전쟁의 묘사는 어린양의 혼인잔치 중에 전쟁이 수행되어 짐승이 파멸되는 것으로 계 19장에 나타난다. 우리는 시내산 기슭에서의 (출 17장) 이스라엘과 아말렉의 전쟁을 기억한다.

두 군대가 함께 마주친다. 첫 번째 군대는 동방에서 오는 왕들의 군대이다. 이 군대는 성도들의 군대인데, 그 대장은 동방의 천사 즉 예수 그리스도이시다 (계 7:2). 유브라데 강이 말라서 이 군대는 거룩한 땅으로 들어갈 수 있다. 두 번째 군대는 세 마리의 개구리 군대이다 (the three frog army). 세 마리 개구리들은 하나님 (용은 하나님의 모조이다)으로부터 나오시는 성령, 성부 (바다짐승), 성자 (거짓 선지자)의 모조 (counterfeit)이다. 이들은 교회와 싸우려고 로마제국의 지도자들을 모은다. 계 17장은 이 사실에 대해 더 많은 정보를 우리에게 준다. 이것을 영적으로 말하자면, 사단은 하나님의 나라를 대적하려고 사악한 로마인들과 사악한 할례 받은 백성들을 모았지만, 로마는 그 대신 예루살렘을 파멸하기로 결정한다 (계 17:3, 7, 14, 16). 그 후 잔치의 모임의 산의 전투 (아마겟돈 전투)에서 예수님과 주님의 백성들은 짐승을 죽였다 (19:9).

그 후, 일곱 번째 대접이 부어지며, 계 6:12-17절의 사건들이 재개된다. 이전에 40년 동안 보류되었던 심판이 이제 완료된다. 바벨론과 이방인의 영역은 무너지고 오직 하나님의 성읍만 남게 된다. 다시 한 번 우리는 다음의 사실을 상기해 보자: 계시록은 역사의 드러나는 사건 배후에 놓여져 있는 영적인 참된 실제들에 관해 우리에게 말하고 있다. 인간의 도시들은 여전히 땅 위에 존재하고 사악한 정부들 역시 존재한다. 로마제국은 AD 70년에도 여전히 지속되었다. 하지만 옛 창조의 세력 안에서 사단의 강한 힘에 의해 세력을 얻은 영적인 권세로서의 이러한 모든 인간 제국들은 무너지고 자취를 감추게 되었다.

제 14장
바벨론의 심판 (계 17-18장)

비록 바벨론은 중심적으로 예루살렘이지만, 이 상징은 단지 예루살렘도시 그 이상을 의미한다. 옛 창조의 제사장적 백성의 중심으로서의 바벨론-예루살렘은 거룩한 땅 전체와 할례 받은 자들이 사는 곳은 어디에나 해당된다. 음녀 바벨론은 많은 물위에 앉아 있는데 그것은 열국들의 바다 위에 앉은 것이다 (17:1,15). 동시에 바벨론은 하나님이 세우셨으나 사단이 변질시킨 후견인인 짐승 위에 앉아 있다. 이 두 상징들은 하나님의 보좌의 모사인데 그 이유는 짐승과 거짓 선지자가 하나님처럼 되고자 한 것처럼 바벨론 역시 하나님과 같이 되고자 하기 때문이다 (실제로 이것이 결국은 이 세력들이 서로 대적하게 된 원인이다). 하나님은 물위에 좌정하신다 (창 1:2; 시 29:2, 10). 하나님은 그룹 즉 하늘의 수호자들 (the heavenly guardians) 위에 보좌를 펴시고 앉아계신다 (언약궤 위에, 겔 1장을 보라).

이 음녀 역시 광야에 있다. 우리가 마지막으로 경건한 여인 즉 교회를 보았을 때 그 여인은 사악한 유대주의의 가르침에 의해 고난을 당하며 광야에 있었다 (12:14). 이 음녀가 광야에 거한다는 이 사실은 그녀가 불신 유대인일 뿐만 아니라 교회의 모사 (counterfeit)인 유대주의자들임을 나에게 말해준다. 이 음녀는 전체로서의 할례 받은 자들이다. 이 음녀는 애굽을 떠난 후 광야에서 죽은 이스라엘 백성들을 나타낸다. 그들은 구원받았지만 그 구원을 거부했던 사람들이다. 그 동안 신실한 자들은 계시록의 신부가 그렇게 한 것처럼 약속의 땅에 들어갔다.

대제사장의 이마 위의 금 꽃에는 '여호와께 성결' 이란 문구가 새겨져 있었다. 대제사장의 모사인 바벨론은 그 이마에 '큰 바벨론이라, 땅의 음녀들과 가증한 것들의 어미' 라고 기록되어 있다- 거룩한 하나님 자신이 아니라 가증스럽고 배교한 신부가 하나님이라고 주장한다. 이 음녀는 성도의 피에 취해 있다. 전에는 온 땅에 퍼져있던 성도의 피가 하나님의 심판을 초래했다. 이제는 배교한 자들이 반 (反) 예전적인 모습으로 자신들 안에 성도의 피로 채워서 하나님의 심판을 그들의 가장 깊은 곳에 임하도록 하고 있다. 여자가 그 위에 앉아 있는 짐승은 붉은 용 (사단)과 바다짐승 (자신의 대리인인 헤롯 왕조를 통해서 지탱되는 로마)의 결합이다. 물론 더 궁극적인 권세는 무저갱에서 올라오는 짐승 즉 용이다 (9:1, 2, 11). 이 무저갱의 짐승은 계 9:1-11절과 계 12:15절에서 보는 바처럼 할례 받은 자들을 통해서 교회를 대적하도록 했을 때 '있었다.' 그 후 이 짐승은 바울과 제자들에 의해 패배 당한 후에는 사라졌다. 잠시 후, 이 짐승은 교회를 바울과 제자들에 의해 패배 당한 후에는 사라졌다. 잠시 후, 이 짐승은 교회를 최종적으로 공격하기 위해서 무저갱에서 나왔다 (11:7; 13:15-17). 궁극적으로 이 짐승은 파멸 당할 것이다. 먼저는 그의 대리인인 바다짐승과 거짓 선지자가 파멸 당할 것이고 (19:20), 그 후에는 사단 자신이 파멸 당할 것이다 (20:10).

이 사실은 요한계시록의 연대를 결정한다. 즉 계시록은 AD 64년에 로마에서는 네로에 의해, 팔레스타인에서는 헤롯 성전이 완공되었을 때 할례 받은 자들에 의한 공격 이전에 기록되었다. 계시록은 우리가 사도행전의 마지막 시기 즉 AD 60-62년에 바울이 결정적으로 유대주의자들을 물리친 사건 이후에 기록되었다 (성령님의 유대주의자에 대한 승리는 결정적이었으나 최종적인 것은 아니었다. 왜냐하면 계시록 2-3장의 소아시아의 일곱 교회에는 여전히 '거짓 사도들' 과 '발람의 교훈을 지키는 자' [사람을 잡아먹는 자], 그리고 니골라당[사람을 정복하는 자]가 있었기 때문이다).

계 17:9절에 상징들이 더 나타난다. 일곱 머리는 여자가 앉아 있는 일곱 산이며 짐승의 왕국들이다 (이 산은 로마의 일곱 개의 작은 언덕이 아니며, 어떤 사람들이 생각하듯이 예루살렘의 일곱 언덕들도 아니다). 일곱 산/일곱 머리는 제국의 우두머리와 인격체인 왕들로서 연속적으로 존재한다. 그중 다섯은 무너졌다 (바벨론, 페르시아, 알렉산더, 헬라제국의 애굽 그리고 헬라제국의 시리아). 하나는 지금 존재한다 (교회를 여전히 보호하고 있는 헬라화된 로마). 다른 하나는 곧 나타날 것이다 (AD 64년의 악마적 로마제국).

일곱 번째 머리는 또한 여덟 번째 머리이기도 하다. 이것에 대한 설명은 단 7장이다. 작은 뿔은 일곱 번째 머리 위에 있는 하나의 머리이다. 그는 우리가 살펴보았지만 로마의 황제들을 가리키는 열 뿔 중에서 세 개를 뽑아버린다. 그는 팔레스틴에서 로마제국의 얼굴이었으며, 그 당시에 일시적으로는 3명의 로마황제로부터 전권을 받았던 헤롯 왕가이다. 세 명의 황제들은 자신의 권력을 3 헤롯 왕들에게 주었다:

아우구스투스 : 예수님을 죽이려고 시도했던 헤롯대제에게.
디베라우스 : 세례요한과 예수님을 죽였던 헤롯 안티파스에게.
글라우디우스 : 사도 야고보를 죽였던 헤롯 아그립바 1세에게.

열 뿔은 열 명의 왕이다. 이들은 모두 일곱 번째 머리 위에 있는데, 그 이유는 로마제국이 AD 64년에 헬라화 된 로마를 무찌르고 나타나기 전에 1세기 동안 등귀 (騰貴)하는 경향 가운데 있었기 때문이다. 매번 새 짐승-머리를 정

복하고 대체하기 전에 등귀하고 있었다. 그 황제들은 다음과 같다:

시저 율리우스
시저 아우구스투스
시저 디베리우스
시저 가이우스 (갈리굴라)
시저 글라디우스
시저 네로   율리오-글라우디안 왕조의 끝
갈바   세 황제의
오토   혼란스러운
비텔리우스   기간
베스파시안   예루살렘 정복을 보상함

베스파시안은 AD 69년에 등극했고, 바다짐승은 AD 70년에 종막을 고했다: 예루살렘이 짐승으로서 더 이상 보호하는 존재가 아니라는 사실은 로마가 더 이상 후견인 짐승 (a Guardian Beast)이 아니라는 것을 의미했다. 이 열 뿔들이 하나의 제국주의 짐승의 권력으로 바르게 이해되면 이제 음녀를 대항하게 된다. 이전에는 로마인들이 로마제국 안의 유대인들에게 특권을 줌으로써 그들을 지원했었다. 사실, 이것이 로마가 이전에 교회를 유대인의 한 종파로 여김으로 보호했던 이유이다. 하지만 유대인이 하나의 국가로서 AD 64년의 거짓 오순절 이후에 로마에 반역했을 때 로마는 유대인들을 대항하게 되었다.

요한계시록 18장에서 우리는 예루살렘-바벨론의 파괴로 인해 한편으로는 환호성을 다른 한편으로는 애가를 묘사하는 장면을 보게 된다. 하나님의 백성들은 그 성을 떠나라는 명령을 듣는다 (마 24:15ff과 비교해 보라). 그 후 3개의 애가가 나온다. 첫 번째 애가는 종교지도자를 의미하는 땅의 임금들의 노래이다. 두 번째 애가는 일반적인 예배자들을 의미하는 땅의 상인들의 노래이다. 물품 목록에 나타난 상품들은 성막과 성전을 짓기 위해 모아졌던 물

품들과 일치한다 (출 25:4-7; 대상 28-29장). 이 물품들과 관련 있는 매매는 계 13:17절을 돌아보게 하는데 예배를 위한 거래 (worship transaction)와 관련된다. 세 번째 애가는 이방 뱃사람 (Gentile seafarers)의 노래인데 이들은 유대인들을 지원했던 사람들이다. 이들은 하나님 나라를 거부하고 유대주의로 개종한 자들이다. 열방을 묘사하는 '민족과 방언과 나라와 백성' 처럼, 이방 뱃사람들을 묘사하는 4중적인 묘사 (18:17b)는 다른 곳에서도 볼 수 있다.

마지막으로, 성도는 바벨론의 파멸의 예언을 기뻐하도록 초청된다. 계 19:21절에는 24천사장 중 마지막 한 천사장이 나와서 이방인 세계 속으로 유대인들을 흩어버릴 것을 부분적으로 의미하는 것으로서 드라마틱하게 돌 하나를 바다에 던진다. 결론 구절인 24절은 다시 한 번 설명하기를 이 일어난 모든 것은 죽임 당한 그의 신부를 위해 남편이 행한 것이라고 말한다.

제 15장
아마겟돈 전쟁 (계 19장)

요한계시록 19장에서 우리는 성부 하나님과 하늘에서 함께 거하는 성도의 기뻐하는 모습을 본다. 이것은 역사의 대축제가 본격적으로 시작되는 시간이다. 물론 대 축제는 오순절에 시작되었지만 그 완전함은 이제 도달하는데 아브라함의 집에서 이스마엘이 쫓겨나는 때이다. 어린양의 혼인 잔치 만찬이 진행되는 동안 혼인 잔치 모임의 전쟁 (아마겟돈 전쟁)이 발발한다. 교회는 이제 모든 나라를 정복하심으로 신원하시는 예수님을 따라서 새로운 역사 안으로 진군한다. 유대인을 정복하는 것은 대 위임명령 안에서 단지 첫 번째 그리고 결정적인 사건이다. ('유대인에게 먼저') 바다에서 올라온 짐승과 거짓 선지자로부터 시작하여 이제 모든 나라가 복음으로 정복된다. 나라들은 하나님 나라의 선포를 의미하는 예수님의 입에서 나오는 칼에 의해서 죽임 당한다.

바다에서 올라온 짐승과 거짓 선지자 (헤롯 왕조와 대 제사장들)뿐만 아니라 바벨론의 파괴 당시에 살아남은 땅의 왕들 중 남은 자는 파멸 당하고 역사로부터 사라진다.

제 16장
천년왕국 (계 20장)

이 사건들은 후에, AD 70년에 천년왕국이 시작된다. 성경의 연대기를 연구해보면 솔로몬의 성전 건축부터 AD 70년까지는 1000년의 거간이다. 이것이 첫 번째 천년왕국인데 더 큰 천년왕국의 그림자이다. 문자적인 것은 상징적인 것을 예시한다: 천년왕국의 상징은 첫 왕국의 실제적인 1000년으로부터 나온다 (솔로몬의 '666 배교'는 천년동안 첫 번째 왕국으로 끝난 '666 배교'의 예시임을 주목하라). 그 첫 번째 천년은 다음과 같다:

성전으로부터 바벨론 포로까지의 403년
바벨론 포로 동안의 70년
고레스에서 주님의 십자가 처형 $3\frac{1}{2}$ 이후의 490년
그리고 AD 70년까지의 37년

이것은 계산을 위해 다니엘서 9장의 70이레를 문자적으로 취하도록 한다. 이 연대기에 관한 연구는 본서 '요한계시록 해석 가이드'에 100페이지나 더 첨가될 분량이므로 곧 완성될 '성경의 연대기'(Biblical Chronology)에 나올 글을 참고하기 바란다. *Biblical Horizons*으로 편지를 쓰면 정보를 얻을 수 있다.

천년왕국이 시작될 때 사단은 무저갱으로 던져진다. 이것은 사단이 아무

것도 할 수 없다는 것을 의미하지 않고, 사단이 더 이상 나라들을 속이지 못하며 하나님의 나라가 그들에게 임하는 것을 막지 못한다는 것이다. 사단은 계 13:1절에서 그가 했던 바를 이제 할 수 없다. 그는 모든 나라를 철저히 그리고 동시에 속이던 일로부터 이제 묶인바 된다. 그러는 동안 승천한 성도는 하나님의 궁전-성전으로 이동하는데, 그곳에 있는 천사장들이 비운 보좌에 앉아서 그리스도와 함께 다스린다 (계 20:4a). 이들의 하늘에서의 통치는 '천년' 동안이 아니라 영원한 것이다. 동시에 (20:4b-6), 땅 위의 교회는 부활을 경험한다. 어떤 의미에서는 우리의 개인적인 구원은 사망에서 생명으로 옮겨지는 첫 부활이다. 세례 또한 첫 부활로 여겨진다. 계시록 20장에는 AD 70년 이후의 신부의 회복이 집합적이기는 하지만 첫 번째 부활로 생각된다 (국가적 회복의 상징으로서 육체적 부활로 사용된 에스겔 37장과 비교해 보라).

죽은 자들의 나머지는 최후의 날까지는 일으킴을 받지 못한다. 계 14:13절의 관점에서 보면, 나는 성도가 죽을 때 보좌에 앉은 성도들에 참여하여 그리스도와 다스리기 위해 나아간다고 믿는다. 따라서 '죽은 자들의 나머지' 는 최후의 날에 자신의 육체를 돌려 받아 하나님의 보좌 앞에 있는 불 못 속으로 던져질 사악한 자들이다. 계 20:7절은 예수님의 승천 후 40년에 시작된 천년 왕국을 말하는데 주님의 재림 때까지는 지속되지 못할 것이다. 천년왕국 이후의 짧은 기간이 있는데 그때 사단이 다시 한 번 심연으로부터 풀려날 것이다. 다시 한번 사단은 나라 즉 곡과 마곡 (왕자 그리고 백성 겔 38-39장)을 속일 것인데 교회를 공격하기 위함이다. 이 최후의 공격은 최후의 심판과 하늘로부터 내려오는 불로 인해 잠시 만에 그칠 것이다.

우리가 살펴본 것처럼, 하나님이 성전에 거하실 때 아무도 성전 안에 남아있지 못한다. 최후의 심판 때, 하나님은 오셔서 하늘과 땅을 충만히 하실 것인데 그때 그들은 도망갈 것이다. 그 후 모든 사람은 자신의 신앙 또는 불신앙의 행동에 의해 심판 또는 상을 받을 것이다.

마지막으로, 사단이 놓임을 받을 때 땅의 '모든' 사방 백성을 미혹할 수 있다 (20:8). 분명히 하나님께서 보실 때 어떤 심판이 필요하다고 생각하실 때, 사단은 놓임 받아 특정한 기간 동안 특정한 나라들을 미혹한다. 나치 독일과 옛 소련은 이러한 미혹을 받았던 이전의 기독교 국가의 좋은 실례이다. 하지만 사단은 끝 날까지 모든 나라를 미혹하기 위해 놓임 받지는 않을 것이다.

제 17장
새 예루살렘 (계 21:1-22:5)

요한계시록 21-22장의 마지막 이상은 새 하늘과 새 땅 그리고 새 예루살렘에 관한 것이다. 이것은 천년왕국 이후에 임할 것이기에, 우리는 최후 심판 이후의 것을 묘사하는 것으로 생각하는 경향이 있다. 하지만 나는 계 21:1-8절만 거기에 해당한다고 생각한다: 영원한 하나님 나라에 관한 묘사는 최후 심판 이후에 나온다. 하지만 새 예루살렘 역시 천년왕국의 실제인데 그 이유는 그 성의 문들이 열려져 있고, 회심한 자들이 들어오고 있으며, 성령님과 신부가 복음 초청을 하고 있기 때문이다 (21:24; 22:17).

하늘과 땅을 새롭게 만든 것은 물질적인 것이 아니라 통치상의 그 무엇이다. 새 하늘과 새 땅은 예수님의 승천 때 임했는데, 그 이유는 지금 '인자' (a Man)가 하늘의 하나님의 보좌 위에 계시기 때문이다. 또한, 드디어 성령님께서 충만한 능력으로 땅에 임하셨기에 신천신지는 오순절에 임했다. 또한 사단은 하늘에서 땅으로 내쫓겼다. 그러나 이것은 단지 첫 번째 단계일 뿐이다. 새 하늘의 완전한 임함은 성도가 하늘 보좌 위의 예수 그리스도께 동참할 때이다 새 땅의 완전한 임함은 사단이 땅으로부터 제거될 때이다.

그러나 새 하늘과 새 땅의 현시는 점진적인데, 결국에는 천상의 바다가 사라져버릴 것이기 때문이다. 이 천상의 바다는 창조의 제 2일에 만들어졌는데, 하늘과 땅의 임시적인 경계이다. 최후의 심판 이후 이 바다는 사라질 것이며 (21:1), 새 예루살렘이 그 위치를 차지할 것이다. 우리는 신부가 '잔치 모임의 산의 전쟁' (역자주: 아마겟돈 전쟁) 때에 형성되어졌음을 살펴봤다 (19:7-9). 그 후 신부는 희고 거룩한 의복을 받았다.

이제 우리는 계 21:2절에서 새 예루살렘이 남편을 위해 단장하도록 준비된 것을 읽는다. 신부는 희고 거룩한 옷 위에다 입을 영광스럽고 화려한 색의 옷들을 받는다. 이것은 무엇을 의미하는가? 이것은 교회가 오순절 날 완전히 만들어졌음을 의미하는 것이 아닌가? 그렇지 않다. 교회는 오순절 날 새 창조의 충만함 속에서 시초적으로 형성되었지만, 40년 이상 동안 교회를 형성하는 작업이 이루어져왔다. 교회의 사도들과 선지자들의 임무가 바로 이것이었다. 첫째로, 그들은 성경을 완성해야 했다. 둘째로, 그들은 바울서신이 보여 주는 것처럼 시간이 걸리고 어려움이 있는 과정이지만, 유대인과 하나님을 경외하는 이방인들을 그리스도 안의 하나의 새로운 몸으로 함께 엮어야 했다. 이 과정이 완료되었을 때, 이 첫 열매교회 (Firstfruits Church)는 예루살렘 성문 밖에서 그들의 주님에게 동참 (순교)할 특권이 있었다 (14:20). 오직 그때에야 신부는 완전히 준비되었고, 형성되었다. 십자가에 죽으시고 부활한 주님은 이제 순교하고 부활한 신부를 가지고 있다.

이제 신부가 준비되어 있고, 혼인 잔치가 시작된다. 이 잔치는 역사의 끝까지 계속되는데, 그 후 신부와 신랑은 결혼의 지복의 충만한 경험 안에 서로 결합한다 (물론 그 혼인 잔치 후에 오는 것이다). 그러나 우리가 계 21:9절 이하로 돌아가 보면, 만국이 열린 문을 통해 들어오는 것과 같이 새 예루살렘이 영원한 하나님의 나라에 명백히 적용되지 않는 면을 보게 된다. 따라서 새 예루살렘의 성취는 미래이지만 이미 오순절 이래로 존재해 오고 있다 (히 12:22; 갈 4:26을 보라). 그래서 새 예루살렘은 오순절 이후의 교회의 모습인데, 교회의 모습일 뿐만 아니라 대 위임 명령이 온 땅 위에 성취될 때 점차적으로 교회 안으로 들어오는 훈련된 나라들 (the discipled nations)의 그림이기도 하다 (21:24).

성경에서 하나님은 자신의 신부를 억압하던 패배한 대적들에게서 나오는 전리품으로 성소를 세우신다. 따라서 성막은 애굽의 전리품으로 지어졌고, 성전은 블레셋을 무찌른 다윗의 노획물로 지어졌다. 에스겔 40-48장의 위대한 이상적 도시-성전은 (언약시대의 회복을 상징하는데) 곡과 마곡을 대항한 전쟁의 전리품으로 세워졌다 (겔 38-39; 에스더서). 비슷하게, 새 예루살렘은 바벨론에게서 얻은 전리품으로 세워지는데 그 목록은 계 18:12-13에 나타난다.

첫 번째 두 성소는 실제로 세워졌다: 성막과 솔로몬 성전. 두 번째 두 성소는 너무나 영화롭기에 물질적인 외형을 가질 수 없다: 에스겔의 회복된 성전과 새 예루살렘. 오히려, 이들은 이전에 물질적인 성막 성전이 그러했던 것처럼 똑같은 방법으로 영적 실제를 보여주는 문자적인 성전-도시들이다.

새 예루살렘은 거대한 피라미드 즉 상징적인 거룩한 산인데 그 머리가 하늘 보좌에 미치는 궁창이 한때 있었던 곳을 차지한다. 이 도시는 높은 성벽으로 보호되는데 문들마다 전령 (servant messengers)들이 있다 (이 '천사들'은 계 2-3장에서처럼 목사들이다). 새 예루살렘은 죽임 당한 큰 머릿돌이신 그리스도 위에 그리고 순교한 12사도의 기초돌 위에 세워져 있다. 이 돌들은 12사도로 의미가 변한 이스라엘 12족속의 보석 돌이지만 진주로 장식된 문들은 이방나라의 바다에서 온 것인데, 그 이유는 새롭게 완성된 교회는 이전의 유대인과 이방인을 하나의 새 몸 안으로 연합시키기 때문이다.

새 예루살렘은 성전이고, 이 성전은 도시이다. 이것은 교회와 국가의 구분이 없어짐을 의미하지 않고, 교회는 국가가 반드시 되어야 할 모든 것의 소우주 (microcosm)임을 의미한다. 대 위임 명령에 따르면, 교회는 회심한 나라들을 앞에 도착하고 그들을 제자로 삼는다. 쑥의 해독한 물은 제거되고, 생명을 주는 물줄기 즉 성령님은 하나님의 보좌로부터 흘러 온 세상에 새 생명을 가지고 오신다.

마지막으로 죽은 성도가 하늘에서 천사장들의 보좌에서 다스리는 것처럼,

살아있는 성도는 땅 위에서 영원히 다스린다 (즉 세상을 교화시킨다. 22:5).

제 18장
최후의 남은 자들 (계 22:6-21)

환상 (vision)은 이제 끝났다. 요한은 일곱 교회에게 이 모든 일들이 속히 일어날 것임을 상기시킨다. 일곱 교회들은 시험 당하겠지만, 그들은 주님 자신이 신원 받으신 대로 예수님께서 곧 그들을 위해 신원하심을 알기에 확고히 설 수 있다. 만일 그들이 (그리고 우리가!) 견고하게 서지 못한다면 지금 개봉된 두루마리의 내용이 바벨론과 짐승에게 임한 것처럼 그들에게도 (그리고 우리에게) 임할 것이다.

이 설교는 복의 선포로 마친다 (계 22:21).

더 참고할 자료

서론에서 언급했다시피, 본서 '요한계시록 해석 가이드'는 수년에 걸친 연구와 강의의 요약이다. 제임스 B 조던 박사의 요한계시록 강의시리즈 전체는 450페이지의 가이드와 함께 45-50분 길이로 204개의 메시지로 구성된다. 독자들은 특별히 조던 박사가 저술하는 '요한계시록 연구'(Studies on Revelation)와 Biblical Horizons에서 출판된 성경적 종말론과 상징주의 그리고 요한계시록과 관련된 성경의 다른 부분을 다룬 자료들을 참고할 수 있다. Biblical Horizons의 카탈로그를 참고하라.

참고로 Biblical Horizons의 인터넷 주소는 http://www.hornes.org/biblicalhorizons/이다.

요한계시록과 성경적 종말론에 관해서는

간략한 다니엘서 주석
언약 역사 속의 에스더
재고된 이스라엘의 미래: 로마서 11장에 관한 과거론적 견해
무대의 배후: 요한계시록 오리엔테이션
거룩한 도시의 죽음과 변형: 스가랴 9-14장의 문학적 구조
나훔, 하박국, 그리고 스바냐
학개, 스가랴 1-6, 그리고 말라기
에스겔
에스겔 40-48장 연구
요한복음의 종말론
축제모임의 산의 전투

성경의 이미지와 상징주의에 관해서는

성경의 변명서
영광에서 영광으로: 성소에 나타난 가치의 정도들
레위기와 신명기에 나타난 언약의 연속
성막: 새 창조
완전한 번제: 그것의 예전과 의미
우주 건설자들: 창세기 1장의 반복으로서의 상막 건축자들 (므라리, 게르손, 고핫)에 관한 연구
야긴과 보아스에 관한 논고
물의 전차들: 솔로몬 성전의 수대에 관한 연구
불 전차: 에스겔의 임명

성경 (그리고 세상)의 역사의 구조에 관한 연구에 관해서는

위기, 기회, 그리고 크리스천의 미래
포로를 향한 초읽기: 유다 나라의 종말

V

요한계시록의 구조가 지니는 신학적 함의

The theological implication from the structures of the Book of Revelation

들어가면서

내용은 구조라는 용기 (container) 안에 담겨 있다. 그리고 성경의 내용과 구조는 모두 영감 되었다. 따라서 구조를 제대로 파악한다면 계시록의 내용을 밝히는데 중요한 기여를 하게 된다. 하지만 계시록의 구조에 관한 합의가 현재까지 도출되지 않고 있다. 계시록의 구조의 수는 주석가의 수만큼이나 된다. 이유는 넓게는 계시록의 상징과 중심 주제에 대한 해석이 다양하기 때문이며, 좁게는 7인-7나팔-7대접 환상에 관한 견해 차이 때문이다. 하지만 Kempson (1982:45, 72)이 주장하듯이, 계시록의 구조 분석은 2부류로 크게 나누인다: 하나는, 계시록 외적인 요소에 의해 구조를 분석하는 것이다. 예를 들어, 헬라 드라마, 로마제국의 게임, 초대 기독교 유월절 예전 등에 호소한다. 다른 하나는 내적인 요소에 의한 구조분석이다. 숫자 7, 중요한 시간적 흐름을 설명하는 계 1:19절, '복되도다' (*macarism*, 1:3; 14:13; 16:15; 19:9; 20:6; 22:7, 14), '성령에 감동하여' 라는 표현 등에 호소하는 것이다. 계시록만큼 구조와 내용이 해석적으로 긴밀히 관련된 책도 없을 것이다. 이렇게 다루기 힘든 본문 앞에서 주석가가 상세한 연구 없이 어떤 구조를 설정해 놓으려는 유혹에 넘어가서 전체 본문을 강압적으로 그 틀 속에 맞추어 가는 것은 금물이다. 처음부터 전체적인 세밀한 구조를 찾기보다는 큰 구조 (macro-structure)를[49] 정해 놓고 작은 구조 (micro-structure)를[50] 보충적으로 연구해 가는 것도 하나의 해결 방법이다. 이 글에서는 지금까지 논의 중에서 몇 가지 중요한 구조연구를 소개하고 평가한 후에 나름대로의 구조를 밝히고 그 구조가 지니는 신학적 함의를 소개하고자 한다.

---

49) Macro-structure is the organization and arrangement of the broad text sequences of a book and of its larger blocks of text (Paulien, 1995:248).

50) Micro-structure is concerned with the relationships between sentences and the various verbal, grammatical, and syntactical entities in the small structures of a work (Paulien, 1995:248).

1. 계시록 구조 연구개요

계시록의 구조연구는 다양하게 시도되었다. 주요 구조는 다음과 같다:

(1) 7인, 7나팔, 7대접이 동일한 사건을 묘사한다는 (3세기의 Pettau의 Victorinus에 의해 처음으로 시도된) 반복이론 (recapitulation theory)에 근거한 구조:

3세기 말의 Victorinus는 단지 7나팔과 7대접의 재앙 사이에 주제의 반복이 있음을 발견했고, 후대 학자들이 7인과의 반복으로 확대했다. 표현과 주제의 반복은 특별히 계시록의 중심 주제이자 주제들을 묶어주는 (thematic bond) '하나님 나라가 임하는 것'과 관련되며 박해, 어린양과 하나님의 승리, 열방에 대한 심판과 성도의 신원 등이다. 따라서 요한이 하늘에 올라가서 본 첫 환상 (계 4-5)에서 이미 22장까지의 전체 환상이 어떠할 것인가를 엿볼 수 있다. 그리고 7인에서 뒤따를 7나팔과 7대접의 청사진을 볼 수 있다. 그러므로 7나팔과 7대접은 반복 (recapitulation, recycling)되되 상술 (reiteration)적인 측면도 가진다 (참고. Hall, 2002:296). 요한이 종종 사용하는 예상과 회상 그리고 무엇보다도 계시록 내의 간본문성 (intertextuality)은 이 반복 이론을 더욱 지지한다 (참고. Giblin, 1994:81-85). 하지만 Giblin (1994:94)과 같은 이는 이런 반복이론 속에 나타나는 역사적인 지시성을 찾는 것을 그리 바람직한 것으로 보지 않았는데, 이유는 요한 당시의 시간 틀은 엄격한 모형론적인 것이라고 생각했기 때문이다. 그러나 상징이나 주제가 저자 당시의 어떤 역사적 사건이나 인물에 기초해 있음을 알고 찾으려는 노력은 적절하며 필요하다.[51] 이 말은 더 이상 따르지 않는 역사주의적 해석 (world-church historical interpretation)을 지지하는 것은 아니다. 7인-7나

팔-7대접의 재앙을 반복이론에 의해 도표화해 보면 다음과 같다:

```
인     1  2  3  4  5  6  7
나팔   1  2  3  4  5  6  7
대접   1  2  3  4  5  6  7
       등극           마지막
```

이것을 연대기적으로 정리하면 다음과 같다 (참고. Jauhiainen, 2003:559):

```
인    1 2 3 4 5 6 7
나팔          1 2 3 4 5 6 7
대접                1 2 3 4 5 6 7
      등극           마지막
```

(2) 7개가 한 벌이 되는 구조 (heptadic structure):

A.Y. Collins (1976:13-29)가 대표적인 예이다 (참고. Murphy, 1998:viii-xii, xvii):

---

51) 계 2-3장의 7편지의 해석에 있어서 역사적인 사건의 지시성을 찾는 것은 흔한 일이다. 예를 들어, 라오디게아교회의 미지근함은 북쪽으로 약 7km 떨어진 히에라폴리스의 온천이 흘러오면서 물이 식어진 것을 요한이 염두에 두고 있다고 추측한다. 과연 요한은 7편지에서만 역사적인 사건이나 지리적인 특징을 염두에 두고 있을까? 아니면 계 4장 이후의 상징적인 표현 속에서도 그러한가? 고난 중에 있었던 요한의 독자들은 상징을 통해서 요한이 무엇을 말하려는지 알고 있었다. 그러므로 계시록이 기록된 AD 60년대 중순의 상황이 상징 속에 반영된 것으로 보인다. 장르가 서신이기에 이런 유추는 더 힘을 얻는다. 그러나 지나치게 표현 하나하나에 역사적인 지시성을 연결시키는 것은 불가능할 것이다. 그리고 그 상징적 표현은 역사적 지시성 이외에 상징 그 자체의 의미도 가지고 있음을 기억해야 한다. 이것은 tensive symbol의 특징이기도 하다.

(1) 서론 1:1-8
(2) 7메시지 1:9-3:22
(3) 7인 4:1-8:5
(4) 7나팔 8:2-11:19
(5) 7개의 숫자가 명시되지 않은 환상 12:1-15:4
(6) 7대접 15:1-16:21
    부록: 바벨론 17:1-19:10
(7) 7개의 숫자가 명시되지 않은 환상 19:11-21:8
    부록: 새 예루살렘 21:9-22:5
(8) 결론 22:6-21

Collins의 구조는 7중 구조의 중요성을 분명하게 부각한 점은 인정받을 만하지만 부록으로 존재하는 바벨론과 새 예루살렘은 매끄럽지 못한 것 같다. 그리고 과연 7로만 전체 구조를 분석할 수 있을 지도 의문이다.

(3) '성령에 감동하여' (en pneumati - I was in the Spirit, 1:10; 4:2; 17:3; 21:9)를 중심으로 한 구조 (Filho, 2002:229; Bauckham, 1993:3; Snyder, 1991:445):

Smith (1994:392)의 구조를 살펴보자:

서론	1:1-8
밧모섬에서 '성령에 감동하여'	
7편지	1:9-3:22
하늘에서의 '성령에 감동하여'	
천상여행	4:1-9:21; 11:14-19
전환	10:1-11
역사적 환상	11:1-13; 12:1-16:21; 19:11-21:8

광야에서의 '성령에 감동하여'
   바벨론 환상   17:1-19:10
산 위에서의 '성령에 감동하여'
   예루살렘 환상   21:9-22:9
결론   22:0-22:21

Smith의 구조는 하늘, 광야, 산이라는 장소성과 '성령에 감동하여' 라는 표현에 근거한 구조이다. 하지만 '역사적 환상' 부분만 역사적인 의미를 가지고 다른 것은 비역사 혹은 초역사적인 느낌을 준다. 이것은 상징이 지니는 역사적인 지시성을 매우 약화내지 부정하는 것으로 문제가 된다.

(4) '내가 보니' (eidon)를 중심으로 나눈 구조:

환상 중심의 유대 묵시문헌에 나타난 '내가 보니' 라는 표현의 문학적 구조에의 기여를 계시록의 구조와 비교해 본 Korner (2000:174)의 구조분석을 살펴보자:

(1) 서론 1:1-8
(2) 환상 블록 1 (Vision block; 1:9-3:22): 7편지
   (1개의 개별적 환상 1:9-3:22)
(3) 환상 블록 2 (4:1-6:17): 6개의 인
   (11개의 개별적 환상: 4:1-11; 5:1; 5:2-5; 5:6-10; 5:11-14; 6:1a;
   6:1b-4; 6:5-6; 6:7-8; 6:9-11; 6:12-17)
(4) 환상 블록 3 (7:1-8): 인 맞은 144,000
   (2개의 개별적 환상 7:1; 7:2-8)
(5) 환상 블록 4 (7:9-15:4): 일곱 번째 인/6나팔/일곱 번째 나팔/7대접
   (12개의 개별적 환상: 7:9-8:1; 8:2-12; 8:13; 9:1-21; 10:1-12:18;
   13:1-10; 13:11-18; 14:1-5; 14:6-13; 14:14-20; 15:1; 15:2-4)

(6) 환상 블록 5 (15:5-17:18): 7대접과 바벨론 묘사
  (4개의 개별적 환상: 15:5-16:12; 16:13-21; 17:1-5; 17:6-18)
(7) 환상 블록 6 (18:1-22:21): 바벨론의 파멸 및 새 예루살렘의 강림
  (10개의 개별적 환상: 18:1-19:10; 19:11-16; 19:17-18; 19:19-21;
  20:1-3; 20:4-10; 20:11; 20:12-15; 21:1; 21:2-22:21)

Korner의 이 구조는 세부적인 관련된 환상들을 다발로 묶어서 비교적 자세히 분석한 흔적이 많이 드러난다. 그러나 7편지, 7인, 7나팔, 7대접 환상을 제외하면 144,000명과 바벨론 그리고 새 예루살렘만 독자적으로 부각되고, 그 외에 중요한 환상 (예. 12:1절 이하의 그리스도 사건)은 부차적인 것으로 여겨진다.

(5) 교차대칭구조 (chiastic structure, 혹은 약간 변형된 concentric-symmetric structure; 참고. Strand, 1978:401):

일종의 병행적 문학 형태 (parallel-literary form)라 할 수 있는 교차대칭구조는 구약의 시편을 비롯해서 신약 성경 전체에 종종 등장한다. 주로 중심은 사고의 전환점으로 기능한다 (Lund, 1942:41). 계시록의 교차대칭구조는 macro-level과 micro-level에서 다양하게 나타나고 제시되었다. 아래 도표 중 왼쪽은 Jordan (1999:17)의 것이고, 오른 쪽은 Schüssler-Fiorenza (1985:175)의 구조이다:

A. 요한과 예수님, 1   A. 서론 (1:1-8)
B. 교회들, 2-3   B. 시작 환상과 7편지 1:9-3:22
C. 하늘의 보좌(들), 4-5   C. 7인 두루마리 환상 4:1-9:21; 11:15-19
D. 말들, 6:1-8 (첫 네 개의 인들) D. 작은 예언 두루마리 10:1-15:4
E. 제단 아래의 성도, 6:9-11 (5번째 인) C'. 7인 두루마리 환상의 계속 15:1, 5-19:10

    F. 심판의 시작, 6:12-17 (6번째 인)   B´. 심판과 구원의 환상 19:11-22:9
    G. 땅 위에 인 맞은 성도, 7   A´. 결론 22:10-22:21
     H. 일곱 나팔의 출현, 8:1-2
      I. 오순절 시대의 시작, 8:3-5
       J. 수목, 8:7
        K. 이방인들, 8:8-9
         L. 술취함, 8:10-11
          M. 하늘, 8:11-12
           N. 거짓의 군대, 9:1-11
            O. 성도의 군대, 9:12-11:6
             p. 대학살, 13:15
              Q. 용, 12
             Q´ 바다에서 나온 짐승, 13:1-10
            P´ 대학살, 13:15
           O´ 성도의 군대, 14:1-3
          N´ 거짓말이 없는 군대, 14:4-5
         M´ 하늘, 14:6-7
        L´ 술취함, 14:8
       K´ 이방인들, 14:9-13
      J´ 수목, 14:14-16
     I´ 오순절 시대의 끝, 14:18
    H´ 일곱 대접의 출현, 15:1
   G´ 하늘의 성도, 15:2-4
  F´ 심판의 재시작, 15:5-18:24
  E´ 하늘의 성도, 19:1-10
 D´ 말들, 19:11-21
 C´ 하늘의 보좌 (들), 20
B´ 교회, 21:1-22:5
A´ 요한과 예수님, 22:6-2

이 둘은 모두 계 12-13장을 중심으로 하는 교차대칭구조이다. 하지만 Schüssler-Fiorenza의 경우 C와 D에서 본문의 순서가 바뀐 것은 이해하기 힘들고, 대체로 이런 교차 대칭구조는 임의적인 성격이 강하다는 약점이 있다.

(6) 언약적 구조:

Chilton (1990:17)과 Shea (1983:81)의 경우가 대표적이다:

	계시록 2-3	계시록 전체
서론 (The Preamble)	큰 왕이신 그리스도를 적절한 상징으로 나타냄	큰 왕이신 그리스도가 누구이신가: 1:5a
역사적 서언 (The Historical Prologue)	과거의 관계에 대한 설명 ("내가 너희의 행위를 안다"는 진술을 통해서)	그리스도께서 그의 신하-7교회를 위해 행하신 것: 1:5b-6a
조항들 (The Stipulations)	특정 상황에 맞게 각 교회를 위해 주신 따라야 할 행동 방침	충성과 신실함에 대한 요청: 계 2-22
증인을 부름 (The Call upon Witnesses)	"성령이 교회들에게 하시는 말씀을 들을지어다"라는 반복적인 명령	22:16a, 17a, 20a
복과 저주 (The Blessing and Curse)	승리에 대한 약속과 불신실함에 대한 경고	22:7a, 14a, 18-19

위에서 제시하는 것에 의하면 계 2-3장의 언약적 구조는 비교적 구체적이지만 계시록 전체의 언약적 구조는 너무 포괄적이어서 피상적이다.

(7) 서사적 구조:

Du Rand (1993:262)의 경우가 대표적이다. 그는 서사비평에만 머물지 않고 그것의 신학적인 해석에까지 나아간다. 그는 다음과 같이 분석한다:

① 편지를 통하여, 승귀하신 그리스도는 교회에게 메시지를 보낸다. 그것은 구원과 (비교. 승리한 자) 심판에 (비교. 성도의 행위에 관해 기록된 것) 관해 말한다 (계 1-3장).
② 어린양이신 그리스도께서 우주 앞에서 두루마리를 개봉하신다 (계 4-11장). 이 부분은 구원 (어린 양)과 심판 (인, 나팔)을 묘사한다.
③ 그리스도 사건은 역사 속에서 (계 12-22장) 구원 (어린 아이의 탄생)과 심판으로서 (용과 그의 부하와의 전쟁: 대접, 파멸된 부도덕한 바벨론) 전개된다. 최종적으로 구원은 신부와 새 하늘과 새 땅, 그리고 새 예루살렘을 통한 승리이다.

Du Rand의 구조는 서사분석에 기초한 그리스도 사건의 중요성을 부각시킨 점이 인상적이다. 그리스도 사건은 마치 음악에서 기초적으로 반복되는 음처럼 기조를 이룬다. 하지만 위의 구조의 (2)의 배경을 우주로, (3)의 배경을 역사로 본 것은 추상적이다. (1-3) 모두 우선적으로 요한 당시의 교회를 중심으로 보아야 한다.

Barr (1998:14)의 서사적 구조도 흥미롭다:

	첫 번째 움직임	두 번째 움직임	세 번째 움직임
장소:	밧모	하늘	땅
인물:	영화로우신 인자	죽임당한 어린양	하늘 전사이신 예수님
	요한/교회	장로/천상의 존재	용/짐승/여자와 그 후손
행동:	편지를 씀	예배	전쟁

요한:	기록자	하늘 여행자	예언자
묵시페러다임:	신현	보좌 환상	거룩한 전쟁
장:	1-3장	4-11장	(11:19)12-22장

이 구조는 밧모섬, 하늘 그리고 땅이라는 장소성에 근거한 서사적 구분이다. 그러나 요한은 처음부터 밧모섬에 있을지라도 하늘 환상을 보았음을 기억해야 한다 (예. 계 1:12절 이하의 부활 승천하신 영광스런 그리스도의 환상). 이처럼 밧모섬 (소아시아 7교회), 하늘, 땅이라는 장소성에 근거한 구조를 분석하되 철저 부분적 과거론적 입장 (특히 계 18:20의 성취)에서 논하는 사람은 Ogden (1996:xvii-xxi)이다.

(8) 본문 내적 혹은 외적인 요소를 통합적으로 고려한 구조분석:

Kempson (1982:95-142)이 대표적인 예이다. Mazzaferri (1989:363)는 Kempson과 A.Y. Collins, E. Schüssler-Fiorenza, J. Lambrecht의 구조를 분석한 후 자신의 분석은 제시하지 않고 Kempson의 것을 가장 설득력 있는 것으로 인정한다.[52]

---

52) Pratt (2003:2055)의 구조는 기본적으로 Kempson의 것과 일치한다 (참고. Poythress [nd:4]의 수사학적 구조):
 (1) 서론 (1:1-8)
 (2) 환상 (1:9-22:5)
  A. 그리스도 환상 (1:9-20)
  B. 7교회에 주는 권면 (2:1-3:22)
  C. 천상의 환상 (4:1-22:5)
   1. 제 1사이클: 7인 (4:1-8:1)
   2. 제 2사이클: 7나팔 (8:2-11:9)
   3. 제 3사이클: 7상징적 역사 (12:1-14:20; 용, 여자, 바다짐승, 땅짐승, 144,000, 3명의 천사 메신저, 인자같은 이

서론 1:1-8
환상 1. 1:9-3:22
환상 2. 4:1-16:21
    A. 서론: 하늘의 목적을 계시함 4:2-5:14
    B. 7인 6:1-8:1
    C. 7나팔 8:2-11:19
    D. 두루마리의 개봉 및 시행 (3표적)
        1&2. 여인과 용 12:1-14:20
3. 7대접 15:1-16:21
환상 3. 17:1-21:8
    A. 음녀와 짐승 17:3-18
    B. 바벨론을 인한 만가 18:1-19:10
    C. 최종 승리 19:11-21:8
환상 4. 21:9-22:5
결론 22:6-21

하지만 Kempson의 구조의 문제점 중 하나는 7대접의 심판 환상이 7인이나 7나팔과는 달리 부수적인 것으로 취급된 점이다. 7편지-7인-7나팔-7대접은 대등하게 7중 구조를 형성하는 것으로 보인다.

---

  4. 제 4사이클: 7대접 (15:1-16:21)
  5. 제 5사이클: 바벨론의 심판과 교회의 신원 (17:1-19:10)
  6. 제 6사이클: 최후 전투 (19:11-21)
  7. 제 7사이클: 성도의 통치와 최후 심판 (20:1-21:8)
  8. 새 예루살렘 (21:19-22:5)
(3) 결론 (22:6-21)
  이 구분은 전체적으로는 정당하다. 하지만 계 19:11절 이하부터 주님의 재림 (직전)과 관련시키는 것이 한계이다.

(9) 헬라 드라마식 구조 (Voortman & Du Rand, 1997:91):

Bowman (1955:440443)의 7막 7장 드라마 구조는 다음과 같다:

제 1막. 지상의 교회의 환상- 교회 가운데 거하시는 인자 (1:9-3:22)
배경: 7금 촛대 (1:9-20)
1장: 에베소교회 (2:1-7), 2장: 서머나교회 (2:8-11), 3장: 버가모교회 (2:12-17), 4장: 두아디라교회 (2:18-29), 5장: 사데교회 (3:1-6), 6장: 빌라델비아교회 (3:7-13), 7장: 라오디게아교회 (3:14-22)

제 2막. 하늘의 하나님 환상- 역사 안에서의 하나님의 목적 (4:1-8:1)
배경: 하나님의 보좌 (4:1-11); 인봉된 두루마리 (5:1-5)
죽임당한 어린 양 (5:6-7); 3찬송 (5:8-14)
1장: 흰말 탄 자-정복 (6:1-2), 2장: 붉은 말 탄 자-내전 (6:3-4), 3장: 검은 말 탄 자-기근 (6:5-6), 4장: 청황색 말 탄 자- 죽음 (6:7-8), 5장: 제단 아래의 순교자 (6:9-11), 6장: 종말적 사건 (6:12-7:17: 우주적 격변, 순교자가 인침 받음, 하늘의 순교자). 7장: 하늘의 고요함 (8:1)

제 3막. 현재의 7천사의 환상- 고난 중의 교회 (8:2-11:18)
1장: 땅 위에 우박과 불이 떨어짐 (8:7), 2장: 산이 바다에 빠짐 (8:8-9), 3장: 강과 샘에 큰 별이 떨어짐 (8:10-11), 4장: 천체가 어두워짐 (8:12), 5장: 첫 번째 화- 황충 (9:1-12), 6장: 두 번째 화 (9:13-11:14), 7장: 세 번째 화- 하늘의 예배 (11:15-18)

제 4막. 승리의 교회 환상-구원의 드라마 (11:19-14:20, 15:2-4)
배경: 언약궤 (11:19)
1장: 여인과 용 (12:1-18), 2장: 바다 짐승 (13:1-10), 3장: 땅 짐승 (13:11-

18), 4장: 시온 산 위의 144,000명과 그리스도 (14:1-5), 5장: 영원한 복음을 가진 천사, 바벨론의 파멸 예고 (14:6-13), 6장: 구름 위의 인자와 3 심판 천사. 하나님의 진노의 포도주 틀 (14:14-20), 7장: 구원받은 자들의 어린양 찬양 (15:2-4)

제 5막. 하나님의 진노의 7천사 환상- 고통 중의 세상 (15:1, 5-16:21)
배경: 증거의 장막의 성소 (15:1, 5-8; 16:1)
1장: 땅 위의 재앙-첫째 대접 (16:2), 2장: 바다의 재앙-둘째 대접 (16:3), 3장: 강과 샘의 재앙- 셋째 대접 (16:4-7), 4장: 해의 재앙-넷째 대접 (16:8-9), 5장: 짐승의 보좌의 재앙- 다섯째 대접 (16:10-11), 6장: 유브라테스의 재앙- 여섯째 대접 (아마게돈, 16:12-16), 7장: 공기의 재앙- 바벨론 파멸 선포 (일곱째 대접, 16:17-21)

제 6막. 바벨론 전복의 환상- 심판의 드라마 (17:1-20:3, 7-10)
배경: 성소에서 나온 7재앙의 천사들 중 하나 (17:1-2)
1장: 붉은 짐승 위의 여인 (17:3-5), 2장: 여인과 전쟁 중인 짐승 (17:6-18), 3장: 최후 우주적 성담곡 (18:1-19:10), 4장: 말씀이신 흰말을 탄자와 추종자 (19:11-16), 5장: 해 위에 선 천사 (19:17-18), 6장: 아마겟돈 전쟁 (19:19-21), 7장: 무저갱의 사단 (20:1-2); 사단의 제한적 권세 (20:7-10)
제 7막. 천년왕국의 교회 환상- 하나님의 목적의 완성 (20:4-6과 20:11-22:5)
배경: 그리스도와 함께 보좌에 앉힌 교회 (20:4-6)
1장: 옛 천지의 사라짐 (20:11), 2장: 최후심판 (20:12-15), 3장: 신천지 (21:1), 4장: 새 예루살렘 (21:2-8), 5장: 새 예루살렘 묘사와 측량 (21:9-21), 6장: 그 성의 빛남 (21:22-27), 7장: 그 성의 생명의 원천 (22:1-5)

결어 (22:6-10)

이런 헬라 드라마식 구조는 흥미롭다. 현대의 추종자들도 더러 있다. 그러나 전반적인 해석의 경향은 계 4장부터 요한 당시의 구체적인 역사성을 띠지 않는다.

그 외에 그리스도의 과거-현재-미래 사역 중심의 개괄적 구조 (Song, 2003:52),[53] 과거-현재-미래 시간중심의 구조 (chronologically linear division, Boring, 1989:30-31)[54] 초대교회 예배형식의 구조,[55] 혹은 메시아

---

53) 구원사와 하나님의 통치가 반영된 구조의 예를 제시한 Wall (1991:40-41)은 요한이 계시록을 기록한 이유와 교회가 정경으로 계시록을 수용한 이유를 다음에서 찾는다. 전투하던 요한의 1차 독자들은 세상에서 신앙의 축은 하나님의 복음임을 확신해야 했다. 이 복음은 그리스도의 승귀와 다시 오심 속에서의 하나님의 주권적이고 의로우신 통치의 승리와 현현이어서, 7교회에게 소망을 주는 동시에 회개를 촉구하도록 자극한다. 이 원칙에 맞게 그는 다음과 같이 구조를 분석한다:
서론 1:1-3
(1) 7교회를 향한 인사 1:4-3:22
(2) 하나님의 통치에 대한 감사: 성도의 신앙의 근거 4:1-11
(3) 하나님의 구원사에 관한 설교 5:1-22:6a
(4) 서신적 복의 선포 22:6b-21

54) California의 The Master's Seminary의 Thomas (1992:44-46)는 Dallas신학교에서 박사학위를 받은 배경 그대로, 문자적이며 세대주의적-미래주의적 해석과 전천년적 해석에 근거하여 계시록을 연대기적으로 이해하여 다음과 같은 구조를 제시한다. 대개 이런 시간중심의 구분의 근거는 계 1:19절이다:
  (1) 요한의 준비: 그의 과거의 환상 (1:1-20)
  (2) 백성의 준비: 그들의 현재의 상황 (2:1-3:22)
  (3) 예언의 공포: 그것의 미래적 기대 (4:1-22:21)
이 구조는 계 4장 이후의 모든 내용은 미래 특히 예수님의 최종 파루시아에 연결시키는 통속적인 미래적 해석을 반영하는 구조로서 요한 당대의 사람과는 별 관련성이 없게 된다.

54) California의 The Master's Seminary의 Thomas (1992:44-46)는 Dallas신학교에서 박사학위를 받은 배경 그대로, 문자적이며 세대주의적-미래주의적 해석과 전천년적 해석에 근거하여 계시록을 연대기적으로 이해하여 다음과 같은 구조를 제시한다. 대개 이런 시간중심의 구분의 근거는 계 1:19절이다:
  (1) 요한의 준비: 그의 과거의 환상 (1:1-20)
  (2) 백성의 준비: 그들의 현재의 상황 (2:1-3:22)
  (3) 예언의 공포: 그것의 미래적 기대 (4:1-22:21)
이 구조는 계 4장 이후의 모든 내용은 미래 특히 예수님의 최종 파루시아에 연결시키는 통속적인 미래적 해석을 반영하는 구조로서 요한 당대의 사람과는 별 관련성이 없게 된다.

전쟁-출애굽 주제-전투 신화 (combat myth)로 나눈 구조 (Bauckham, 1993:210-213; Collins, 1976:207-231) 등 실제로 다양하다. 여기서 알 수 있는 것은 첫째로는, 계시록 전체가 한 명의 저자에 의해 잘 짜여진 통일성 있

---

55) Vanni (1991:349-351)에 의하면 계시록의 서론 (1:1-3)이 밝히듯이 예배 중에 계시록을 크게 읽는 자 (lector, 선포)와 듣는 회중 (audience, 반응) 사이의 대화에서 볼 수 있듯이 계시록은 예배적 대화 (liturgical dialogue)라는 문학적 형식을 띠고 있다. 예를 들어, 계 1:4-6절에서는 복의 선언으로 예배가 시작되며 (1:4-5a), '너희' 와 '우리' 사이의 예배적 대화가 발생한다. 1:7절에서도 낭독자가 강조하는 그리스도의 하나의 파루시아에 대한 응답으로 청중은 아멘으로 화답한다: lector 1:4-5a ↔ audience 1:5b-6 ↔ lector 1:7a ↔audience 1:7b ↔ lector 1:8. 계 22:6-21절에도 lector와 audience사이의 상호작용이 분명히 나타난다. 이 예배적 대화는 계시록의 중심 사상인 그리스도의 나라가 시작에서 완성될 것을 특별히 확언하고 있기 때문이다. 구약 제의적 구조, Paulien (1995248)은 환상의 서론 단락에서 유대-구약 제의적 요소-이미지 (cultic imagery: 제사, 성전, 보좌, 나팔절, 오순절, 속죄일 등)가 강하게 나타남을 주목하여 다음과 같이 구조를 분석한다:

서언 (1:1-8)
　서론 장면 (Introductory scene) (1:9-20)
　　7교회 (2:1-3:22)
　서론 장면 (4:1-5:14)
　　7인 (6:1-8:1)
　서론 장면 (8:2-6)
　　7나팔 (8:7-11:18)
　서론 장면 (11:19)
　　열방에 대한 진노 (12:1-15:4)
　서론 장면 (15:5-8)
　　하나님의 진노 (16:1-18:24)
　서론 장면 (19:1-10)
　　최후 심판 (19:11-20:15)
　서론 장면 (21:1-8)
　　새 예루살렘 (21:9-22:5)
결어 (22:6-21)

이런 구조분석은 구약의 제의적인 배경과 구약-유대교의 사회-문화-종교적인 간본문에 관해 예리한 통찰력을 주지만, 요한이 과연 그렇게 의도했는가는 의문이며, Paulien 자신의 제 7일 안식교의 관점으로 인해 계19:11절 이하를 최후심판으로 본 점은 용납하기 힘들다. 그리고 더 나아가서 그는 이런 제의적 요소들은 계시록의 직선적인 시간적인 진행을 지지한다고 본다 (Paulien, 1995:261).

는 작품으로 보는 경향이 많다는 점과, 둘째로는 구조가 표층적으로 드러나는 문학적 특징을 밝히는 것에 그치는 것이 아니라 계시록의 신학적 이해와 사고의 흐름 그리고 주석방법의 입장과 연관됨을 알 수 있다. 하지만 아직까지 '바로 그 구조'라고 할 만한 것은 없는 것으로 보인다. 바람직한 구조분석을 위해서 계시록의 내용과 주제가 문학적 구조를 결정하도록 허용해야 할 것이다. 왜냐하면 그것이 저자 요한이 의도한 구성적 강조점(compositional emphasis)에 일치할 것이기 때문이다.

2. 계시록의 구조 제안

먼저 표층구조와 심층구조의 관계부터 살펴보자. 의사소통의 관점에서 보면 아래와 같이 도식화된다 (참고. Louw, 1982:94):

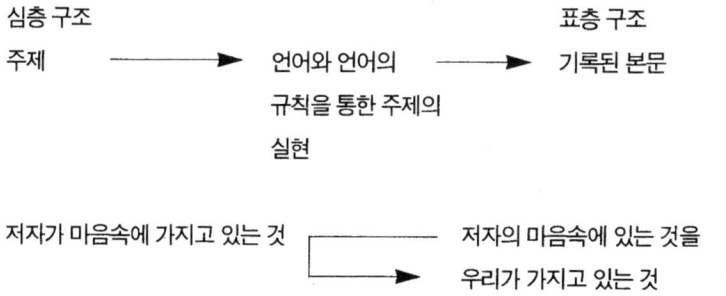

이제 표층구조와 심층구조를 먼저 살펴보고 그것에 근거한 언약적 구조의 관점에 대해 살펴볼 차례이다.

(1) 표층구조 (surface structure)

표층구조는 간단히 말해서 겉으로 드러나는 이야기의 전개 흐름을 드러내는 구조이다.[56] 작은 단락의 표층구조를 위해서는 사고구조분석 (thought structure analysis on macro level)이나 담론분석 (discourse analysis, colon analysis)을 사용할 수 있으나 계시록 전체의 분석을 위해서는 불가능하다. 그렇다면 계시록의 표층구조 분석을 위한 근거는 무엇인가? 연결고리 문장 (interlocking sentences, 계 8:2-4; 10:11-11:1; Hall, 2002:283), 계 1:19절, 7이라는 숫자와 같은 본문 내적인 구조적 요소를 반영하며 기독론과 성령론 그리고 구원론과 같은 신학적이고 부분적 과거론과 같은 주석적인 입장이 반영된 표층구조가 바람직하다. 알파와 오메가이신 예수 그리스도의 사역 중심의 표층구조는 다음과 같다:

① 승천으로 우주의 왕이 되신 그리스도 (계 1)- 요한 당시에서 볼 때 과거
② 7교회에 보내는 편지 (계 2-3)와 배교한 유대교와 로마를
　　심판하심으로써 새 언약과 우주적 왕권을 개시하신
　　그리스도 (계 4:1-20:6)- 요한 당시의 현재
③ 새 예루살렘을 통해 새 언약을 완성하실 그리스도-
　　불특정 미래의 사건 (계 20:-7-22:5)
④ 결어: 요한 당시 (계 22:6-21)

다음과 같이 좀 더 세부적인 표층구조를 제시할 수 있다:

---

56) 표층구조를 알기 위해서는 구문분석에서 나타난 시작 부분과 접속사와 연결고리들 그리고 마지막 결론 부분을 잘 보아야 한다. 특별히 *hoti* (왜냐하면- 원인), *hina* (-하기 위해- 목적), *oun* (그러므로- 결과) 등에 주의해야 한다. 그리고 시공간적 배경/ 원인-결과/ 수단-결과/ 수단-목적/ 근거-결론/ 조건-결과/ 동기-목적/ 명령-약속/ 질문-대답(설명)의 관계를 잘 파악해야 한다.

현재:	서언 (1:1-8)	
가까운 과거:	승귀하신 그리스도에 대한 환상 (1:9-20)[57]	서론
현재 (가까운 미래):	7교회에 주는 편지 (2:1-3:22)	
	보좌 위의 성부와 어린양 그리고 두루마리 환상 (4:1-5:14)[58]	
	6인의 재앙 (6:1-17)	
	삽입- 남은 자인 144,000 (7:1-17)	
	7째 인 개봉 (8:1)과 6나팔의 재앙 (8:2-9:21)	
	작은 책의 환상 (10:1-11)	
	삽입- 남은 자인 두 증인과 성전측량 (남은 자) (11:1-14)	
	7째 나팔의 재앙 (11:15-19)	
본론	중심 요약적 환상: 여인, 그리스도, 용, 두 짐승 (12:1-13:18)[59]	
	어린양, 시온산 위의 남은 자, 4메신저와	
	하나님의 진노(14:1-20)	
	7대접 심판의 서론 (15:1-8)	
	7대접 심판의 시행 (16:1-21)	
	음녀 바벨론의 묘사와 멸망- 7인, 7나팔, 7대접 심판의 결과 (17:1-18:24)	
	찬양과 천년 왕국 기간 동안 백마를 타신 분과 신부의 정복 (19:1-20:6)	
비결정적 미래:	새 예루살렘 (20:7-22:5)	
현재:	결어 (22:6-21)	결론

위의 구조를 좀 더 체계적으로 다음과 같이 설명할 수 있다. 계시록을 7개의 환상과 10개의 장면으로 (과거론적으로) 구분한 Thomas S. Kepler (1957:35-40; Strand, 1976:36-37에서 인용)의 구조를 참고한 것이다. 하나님의 계획이 승리하신 그리스도와 연합한 교회를 통해 구원과 심판의 측면으

---

57) 실제적인 개시 환상 (inaugural vision)이다.
58) 본론의 실제적인 개시 환상으로서 전체적인 그림 즉 청사진을 제공한다.
59) 다수의 학자들이 제시한 교차대칭 구조에서 볼 수 있듯이 이 부분은 계시록의 핵심 부분으로서 그리스도의 성육신과 승귀를 통한 결정적인 구속사역의 성취와 교회의 고난 중에서의 승리를 보여준다. 가까운 과거, 현재, 그리고 미래를 아우른다.

로 성취되고 완성됨이 더욱 잘 부각된다:[60]

> 서언 1:1-8
> 　1. 교회 안에 거하시는 인자 1:9-3:22
> 　　　(1) 환상의 배경 1:9-20
> 　　　(2) 7편지 2:1-3:22
> 　2. 하나님의 역사계획 4:1-8:1
> 　　　(3) 하늘 보좌 4:1-5:14
> 　　　(4) 7인의 개봉 6:1-8:1 (삽입인 계 7장 포함)
> 　3. 고통을 직면한 교회 8:2-11:19
> 　　　(5) 7나팔 8:7-11:19 (삽입인 10:1-11:13 포함)
> 　4. 전투와 승리 12:1-14:20
> 　　　(6) 삽입: 구원과 심판에 관한 예언 (12:1-14:20)
> 　5. 하나님의 진노 15:1-16:21
> 　　　(7) 7대접의 심판 15:1-16:21
> 　6. 심판받은 바벨론 17:1-20:10
> 　　　(8) 음녀 바벨론의 멸망 17:1-18:24
> 　　　(9) 승리하신 그리스도와 교회의 정복 19:1-20:10
> 　7. 새 예루살렘에서의 하나님의 계획의 완성 20:11-22:5
> 　　　(10) 세상 역사의 종말과 새 예루살렘 환상 20:11-22:5
> 결어 22:6-21

　위의 표층구조에서 알 수 있듯이 계시록의 사고의 전반적인 흐름은 과거-현재-미래이지만 대부분의 내용은 요한 당시와 속히 될 일들을 묘사한다 (계 1:1, 19; 22:6). 그리고 환상이 본론 부분을 차지하는데 주로 7개로 구성된 3

---

60) 계시록에서 '승리' (정복)라는 말은 신약 전체의 용례의 60%를 차지한다. 요한의 관점에서 승리는 그리스도에 의한, 그리스도 안에서의 승리를 의미한다. 그리스도 없는 승리는 무의미하며 패배이다. 사단의 승리는 일시적이고 지상적인 관점에서 그러할 수 있지만 하늘 (하나님)과 영원의 관점에서는 교회가 승리한다. 그리고 사단과 짐승의 희생자들이 결국은 하나님 안에서 신원 받고 남은 자가 되기에 그들은 결국 승리자가 되고 만다 (계 6, 14; Homcy, 1995:199-200; Holden, 1990:39).

개의 재앙시리즈를 통한 성취가 강조되지만, 삽입부분에서는 그 심판 가운데 서도 남은 자가 있음을 보여 준다. 본론이 7인-7나팔-7대접을 중심으로 전개 된다면 그 사이에 해당하는 부분들은 모두 삽입으로 볼 수 있다. 삽입은 내용 전개에 있어서 불필요한 요소가 아니라 나름대로 서론, 반전, 요약 등 중요한 기능을 한다. 요한의 사고는 정확한 어떤 숫자에 얽매이지 않음을 볼 수 있다. 그러므로 구조를 어떤 틀 속에 도식화하여 강압적으로 맞추는 것은 바람직하지 않다.

(2) 심층구조 (deep structure)[61]

A.J. Greimas가 제안한 설화구조의 모델이 여기서 우리의 주의를 요청한다. 그는 설화 구조의 모델은 계층적으로 구분되는 6개의 요소를 포함하는데, 우리는 그것을 순차(sequence), 연사 (syntagm), 진술 (statement), 행역자모델 (actantial model), 기능 (function), 그리고 행역자 (actant)라고 부른다. 이 중 행역자 모델을 구성하는 여섯 행역자가 있다: 발신자, 객체, 수신자, 조력자, 주체, 그리고 반대자이다 (참고. 팟테, 1987:80).

---

[61] 이것은 구조주의 (1969년 프랑스에서 시작된 structuralism은 표층의 문제적 의미 배후의 더 깊은 의미를 찾으려 하는 시도로 현대 성경학계에 충격을 준 첫 번째 공시적 [synchronic approach] 해석방법으로 여겨짐)에서 사용하는 분석으로서 주로 변증법적인 정-반-합과 같은 긴장관계가 분명한 본문을 분석할 때 사용하는 것으로서, 모든 본문에 유용한 것은 아니다. 특히 계시록처럼 논쟁적인 본문을 다루는 경우에 유용하다. 단순화시켜 말하면 이 심층구조는 본문의 서사적 해석 (narrative approach)의 핵심 줄거리 (plot)를 도식화한 것과 비슷하다. 즉 심층 구조를 분석하면 그 본문의 심층에 흐르는 대결구조와 그 핵심을 쉽게 파악할 수 있다는 것이다. 여기서 서사적 해석의 관점들 (point of views)은 심층구조와 관련을 갖는데 그 이유는 여러 관점들을 (예- temporal, spatial, phraseological [주로 1인칭 혹은 3인칭 narrator인지 아니면 전지적 관점인지 아닌지, 혹은 어떤 표현을 주로 사용하고 있는지를 밝힘], psychological [본문에 나타난 변화하는 입체적 인물과 주인공처럼 시종일관 같은 특성을 가지고 있는 평면 인물들의 심리 즉 순종, 협력 혹은 불순종, 반대 등]) 통해 도출된 신학적 메시지 (ideological viewpoint)는 심층구조의 논리 흐름을 밝히는데 유용하다.

Greimas의 도표를 따라 계시록의 저변에 흐르는 사고의 심층구조를 아래와 같이 간략하게 제시할 수 있다 (참고. Sch?ssler-Fiorenza, 1985:174-175):

```
(sender)        (object)        (receiver)
하나님     →    구원/심판   →   7교회/교회의 대적 (불신 유대인-이방 로마제국)
                   ↑
천사/요한  →    예수님     ←   용/짐승/ 사단의 숭배자 (불신 유대인/이방 로마제국)
(helper)        (subject)       (opponent)
```

혹은 부수적으로 아래와 같은 심층구조도 가능하다:

```
하나님       →   종말론적인 전쟁  →  7교회/교회의 대적
                      ↑
짐승/바벨론/왕  →    용          ←   그리스도/미가엘/성도
```

이 두 도표는 행역자 역할 (actantial role) 혹은 행동의 영역 (spheres of action)이라는 구조적 요소(structural elements)에만 한정시킨 결과이다. 이것은 일종의 메시아 전쟁 (messianic warfare)이라는 신학적인 주제에 적합한 심층분석이다.

(3) 언약적 구조 (covenantal structure)

새 언약의 중보이신 예수 그리스도께서 승천하시어 말씀하신 예언이 계시록이다. 그리스도는 하나의 파루시아로 옛 언약의 질서를 파괴하시며 그 결과 확연하게 그 실체를 드러낼 새 언약 파트너인 교회의 주인으로서 미래적인 완성도 주도하실 것이다.[62] 그러므로 자신의 열방-우주적인 왕권을 성취하기 위해서 새 언약을 도래-완성하신 어린 양 그리스도 중심의 언약 구조가 바람직하다 (Campbell, 2004:105).

다음은 Chilton (1990:89)이 제시하는 계시록의 개괄적인 언약적 구조인데, 부가적인 평가와 설명을 첨가한다:

서론 (계 1). 참고로 언약의 서론 (preamble, the titulary)과 관련된 것은 예수님의 호칭이다 (계 1:5, 8, 17, 18; Du Preez, 1981:34). 계 1:12-20절은 승귀하신 그리스도의 모습을 상세하게 그리고 있는데, 종주권 언약의 큰 왕 (the Suzerain)과 동일시 할 수 있다. 계 1:8절의 '전능하신 자' 와 계 19:16절의 '만왕의 왕, 만주의 주' 는 언약의 큰 왕과 동일하며 구약의 '만군의 여호와' 에 해당한다 (Shea, 1983:72-73; Du Preez, 1981:35).

① 거짓 사도 (교사)에 대한 심판 (계 2-3; 비교 2:1-7): 거짓 교리를 가르친 이단 교사들이 참 사도적 전통을 고수한 요한과 성도에 의해 폭로되고 비난받고 쫓겨난다. 하지만 거짓 교사는 좁게는 소아시아 넓게는 이방 로마제국과의 혼합주의를 용인하기에 유대주의자에게만 적용할 필요는 없다.

② 거짓 이스라엘에 대한 심판 (계 4-7; 비교 2:8-11): 성도를 핍박한 배교한 이스라엘은 심판받고 신실한 남은 자인 새 이스라엘은 심판으로부터 보호받고 언약적 복을 받는다. 6인이 떼어지는 환상이 보여주듯이 AD 30-70년 사이의 역사적인 형편은 팔레스틴과 로마 모두 하나님의 심판적인 측면에서 유발된 전쟁과 내란 (격동기)을 거치면서 심판을 받기에 불신 로마에 대한 심판 역시 해당된다. 로마는 구약의 바벨론과 앗수르처럼 배교한 이스라엘을 심판하는 하나님의 도구인 동시에 자신의 교만으로 인해 심판의 대상이 된다. 참고로 Shea (1983:73)에 의하면, 그리스도의 구원 사역이 반복적으로 등장하는 것은 (계 1:17-18; 5:9-10; 7:14-17; 12:7-11 등) 큰 왕이 작은 왕에게 해준 것을 서술하는 역사적 서언 (historical prologue, statement of relationship)에 해당한다. 그 내용은 계시록의 본론 부분에 골고루 분포되어 있다.

---

62) 여기서 Du Preez (1979:48)의 말을 들어보자: "In die besonder dan as 'n universele koningskap wat 'n koninkryk daarstel in die weg van 'n verbond wat via die Lam 'n nuwe verbond geword het met 'n Israel uit alle nasies."

③ 악한 왕과 거짓 선지자에 대한 심판 (계 8-14; 비교. 2:12-17): 짐승과 거짓 선지자는 교회를 대항하여 전쟁을 일으키지만 참 왕과 그의 군대에 의해 패망한다. 불신 이스라엘을 상징하는 땅에서 올라오는 짐승과 달리 바다서 올라오는 짐승은 사단의 하수인인 로마제국의 세력으로 볼 수 있다. 그리고 언약의 조항 (stipulations)은 계 12:17절과 계 14:12절 (참고. 계 22:6, 14)의 '계명' 이라는 구절에서 발견된다.

④ 왕적 음녀 (바벨론)에 대한 심판 (계 15-22; 비교 2:18-29): 거짓 신부인 바벨론은 정죄되고 불살라지지만, 참 신부는 어린양의 혼인잔치를 즐긴다. 바벨론은 tensive 상징으로서 예루살렘으로 대변되는 유대주의자와 이방 세력 로마를 동시에 가리킨다. 참고로 언약체결의 증인 (witnesses)과 관련된 구절은 8회나 등장한다: 계 1:2, 9; 6:9; 11:7; 12:1, 17; 15:5; 19:10. 증인의 동사형은 계 22:16, 18, 20절에 등장한다. 그리고 하늘과 땅이라는 언약의 증인을 부르는 구절이 등장한다 (예. 계 12:12). 하지만 실질적으로 그리스도 자신 (22:16, 18), 그의 종 요한 (1:1) 그리고 해석하는 천사 (22:16)가 계시록의 내용이 참됨을 증거한다 (Du Preez, 1981:38). 그리고 마지막 언약 요소인 복과 저주 (blessing and curse)는 7번의 복의 선포 (계 1:3; 14:13; 16:15; 19:9; 20:6; 22:7; 22:14)와[63] 7번의 화의 선포 (계 8:13; 9:12; 11:14; 12:2; 18:10, 16, 18; 그리고 계 2-3장의 각 교회에 주는 경고도 포함할 수 있다)로 나타난다. 그리고 계 22:11-19절의 복과 저주는 언약의 문서의 변개를 막는 차원에서 특별히 중요하다 (신 4:2; 12:32; 29:20).

계시록 전체에 언약적 구조가 나타남에도 불구하고, 언약의 요소들이 반드시 장별로 순서대로 등장하는 것은 아니다. 오히려 서론, 역사적 서언, 언약의 조항, 증인, 그리고 복과 저주가 계시록 전체에 걸쳐서 동시다발적으로 나타난다. 하지만 계시록 전체의 언약적인 주제는 몇 장씩 한 묶음이 되어 순서대로 전개된다. 이 언약의 성취는 요한 당시로부터 가까운 미래에 속히 일어

---

63) 땅의 약속은 구약과 힛타이트 언약에 종종 나타난다. 계시록의 경우 새 하늘과 새 땅에 대한 약속이 등장한다 (5:10; 21:1-22:5; Du Preez, 1981:37).

날 것이며 그 완성은 비결정적인 미래에 속한다. 요한은 언약의 완성을 통한 하나님 나라의 완성을 제시한다 (Du Preez, 1981:41).

계시록 전체의 언약 구조를 넘어, 이제는 계 2-3장의 7편지 안에 나타난 언약적 구조와 7인-7나팔-7대접의 시리즈의 사이클에 나타난 언약 구조, 그리고 새 예루살렘의 언약적 구조에 관한 세밀한 연구가 필요하다. 이를 위해서는 계시록에 나타난 언약 구원론-기독론, 교회론, 종말론에 관한 연구와 구약에 나타난 언약의 복과 저주, 고대 근동의 종주권 언약 등에 관한 심도 있는 (비교)연구가 필요하다.

3. 제안된 언약적 구조의 신학적 함의

위의 언약 구조는 무엇을 함의하는가? 계시록은 서신이기에 저자와 독자의 시대 즉 과거적으로 이해되어야 한다. 그리고 계시록의 주제는 "고난 가운데도 하나님의 구원은 그리스도 사건에 기초하여 교회의 증거로 확장된다"이다 (계 11:15; 12:11). 따라서 계시록은 전통적이고 통속적으로 이해되어 온 것처럼 주님 재림과 관련된 먼 미래를 위한 청사진을 제공하는 책이 아니라, 새 언약의 성취와 완성의 관점에서 기독론적이고 구원론적이며 성령론적이고 교회론적으로 이해되어야 한다. 언약의 전진은 곧 하나님의 구원계시사의 전진이다.

나오면서

계시록의 언약적 구조는 위에서 살펴보았듯이 Du Preez, Strand, Shea 그리고 Chilton 등에 의해 주장되었으나, 아직까지 소수의 의견으로 정당한 빛을 보지 못하고 있다. 그러나 계시록의 쟝르가 예언적-묵시-서신임을 기억한다면 그리스도 안에서 성취된 예언-언약이 구조와 석의를 결정하도록 허용해야 한다.

참고문헌

BARR, D.L. 1998. Tales of the end: a narrative commentary on the Book of Revelation. Santa Rosa : Polebridge Press.

BAUCKHAM, 1993. The climax of prophecy: studies on the Book of Revelation. Edinburgh : T&T Clark.

BORING, M.E. 1989. Revelation. Interpretation Commentary. Louisville : John Knox Press.

BOWMAN, J.W. 1955. The Revelation of John: its dramatic structure and meaning. *Interpretation*, 9:436-453.

CAMPBELL, G. 2004. Findings, seals, trumpets, and bowls: variations upon the theme of covenant rupture and restoration in the Book of Revelation. *Westminster Theological Journal*, 66:71-96.

CHILTON, D. 1990. The days of vengeance: an exposition of the Book of Revelation. Tyler : Dominion Press.

COLLINS, A.Y. 1976. The combat myth in the Book of Revelation. Missoula : Scholars Press.

DU PREEZ, J. 1981. Ancient near eastern vassal treaties and the Book of Revelation: possible links. *Religion in Southern Africa*, 2(2):33-43.

DU PREEZ, J. 1979. Die koms van die koninkryk volgens die boek Openbaring. Annale University van Stellenbosch. Volume 2, serie B, No. 1. Cape Town : Nasionale Boekdrukkery.

DU RAND, J.A. 1993. Introduction to Revelation. (*In* Du Toit, A.B., ed. The Gospel of John; Hebrew to Revelation: introduction and theology. Pretoria : N.G.K.B. p.227-263. [Guide to the New

Testament, Vol. VI])

FILHO, J.A. 2002. The Apocalypse of John as an account of a visionary experience: notes on the Book's structure. *Journal for the Study of the New Testament*, 25(2):213-234.

GIBLIN, C.H. 1994. Recapitulation and the literary coherence of John's Apocalypse. *Catholic Biblical Quarterly*, 56:81-95.

HALL, M.S. 2002. The hook interlockings structure of Revelation: the most important verses in the Book of Revelation and how they may unify its structure. *Novum Testamentum*, XLIV (3):278-296.

HOLDEN, R.R. 1990. The Lamb's victory. *Restoration Quarterly*, 32(2):39-43.

HOMCY, S.L. 1995. "To him who overcomes": a fresh look at what "victory" means for the believer according to the Book of Revelation. *Journal of the Evangelical Theological Society*, 38(2):193-201.

JAHIAINEN, M. 2003. Recapitulation and chronological progression in John's Apocalypse. *New Testament Studies*, 49 (4):543-559.

JORDAN, J.B. 1999. A brief reader's guide to Revelation. Niceville : Transfiguration Press.

KEMPSON, W.R. 1982. Theology in the Revelation of John. Louisville : Southern Baptist Theological Seminary. (Dissertation-Ph.D.)

KORNER, R.J. 2000. "And I saw?: an apocalyptic literary convention for structural identification in the Apocalypse. *Novum Testamentum*, XLII (2):160-183.

LOUW, J.p.1982. Semantics of New Testament Greek. Philadelphia : Fortress Press.

LUND, N.W. 1942. Chiasmus in the New Testament. Chapel Hill : University of North Carolina Press.

MAZZAFERRI, F.D. 1989. The genre of the Book of Revelation from a source-critical perspective. Berlin : De Gruyter.

MURPHY, F.J. 1998. Fallen is Babylon: the Revelation to John. Harrisburg : Trinity Press International.

OGDEN, A.M. 1996. The avenging of the apostles and prophets: commentary on Revelation. Somerset : Ogden Publications.

PAULIEN, J. 1995. The role of the Hebrew cultus, sanctuary, and temple in the plot and structure of the Book of Revelation. *Andrews University Seminary Studies*, 33(2):245-264.

PRATT Jr., R.L. (ed) 2003. Spirit of the Reformation study Bible. Grand Rapids : Zondervan.

SCH?SSLER-FIORENZA, E. 1985. The Book of Revelation: justice and judgment. Philadelphia : Fortress Press.

SHEA, W.H. 1983. The covenantal form of the letters to the seven churches. *Andrews University Seminary Studies*, 21(1):71-84.

SMITH, C.R. 1994. The structure of the Book of Revelation in light of apocalyptic literary conventions. *Novum Testamentum*, XXXVI (4):373-393.

SNYDER, B.W. 1991. Triple-form and space/time transitions: literary structuring devices in the Apocalypse. (*In* SBL 1991 Seminar Papers. Atlanta : Scholars Press. p.440-449.)

SONG, Y.M. A partial preterist understanding of Revelation 12-13 in intertextual perspective. Johannesburg :
Rand Afrikaans University. (Dissertation-D.L.P.)

STRAND, K.A. 1976. Interpreting the Book of Revelation. Worthington : Ann Arbor Publishers.

STRAND, K.A. 1978. Chiastic structure and some motifs in the Book of Revelation. *Andrews University Seminary Studies*, 16:401-408.

THOMAS, R.K. 1992. Revelation 1-7. An Exegetical Commentary.

Chicago : Moody Press.

VANNI, U. 1991. Liturgical dialogue as a literary form in the Book of Revelation. *New Testament Studies*, 37:348-371.

VOORTMAN, T.C. & DU RAND, J.A. 1997. The language of the theatre in the Apocalypse of John: a brief look at the Apocalypse as drama. *Ekklesiastikos Pharos*, 79(1):78-93.

WALL, R.W. 1991. Revelation. New International Biblical Commentary. Peabody : Hendrickson.

D. 팟테. 1987. *구조주의적 성서해석이란 무엇인가?* 한국신학연구소.

VI

요한계시록에 나타난 황제 제의

The imperial cult in the Book of Revelation

들어가면서

A. Deissmann, R.A. Horsley, A. Brent, P. Zanker, W. Carter, S.J. Friesen, 그리고 S.R.F. Price와 같은 소수의 학자만 신약의 황제 숭배 문제에 관심을 가졌다. 이 주제와 관련하여 우리가 쉽게 추론해 볼 수 있는 것으로는, 바울이 전도를 하되 눈을 감지 않고 다니지 않은 이상 매일 황제 숭배의 문화와 대결하면서 복음을 전했다는 점이다. 그렇다면 왜 이처럼 황제 숭배는 신약에서 크게 주목을 받지 못했는가? 오히려 기독교와 유대교의 관계에 초점이 오랫동안 맞추어져 왔다. 신약에 구약과 유대교의 전통이 강하게 있기에 이런 현상은 이상한 것이 아니다. 계시록의 배경 이해를 위해서도 황제 숭배가 종종 언급된다. 황제 숭배에 동참하지 말 것을 중심으로 전개되는 계시록의 반 로마적 메시지는 계시록의 중심 주제를 일방적으로 불신 유대인을 향한 경고와 심판으로 볼 수 없도록 한다. 계 2:9절과 3:9절의 '사단의 회'라는 원색적인 비난 (name calling)은 유대인이 서머나교회와 빌라델비아교회의 외적인 박해 세력임을 분명히 한다. 그러나 다른 5교회에는 이런 언급이 없고, 계 4장 이후로도 분명하게 언급되어 있지 않다 (참고. Horrell, 2005:251-252).

1. 황제 제의란 무엇인가?

"신이란 무엇인가? 힘을 행사하는 것이다. 왕이란 무엇인가? 신과 같은 것이다"라는 그리스 격언은 신과 왕의 관계, 곧 지배자 숭배로 나타나는 신-왕 일치의 성격을 잘 반영하고 있다. 신과 왕은 각기 천상적 질서와 지상적 질서의 정점을 의미한다. 천상적 질서의 중추인 최고자와 우주적 질서의 가시적인 구현자로서 지상적 질서를 책임지는 왕과의 연계는 왕이 행사하는 권력에 정당성을 부여하는데 있어서 중요한 기능을 한다. 고대에서는 종교가 국가의 사회-정치적 질서의 기본을 이루면서 모든 삶 속에 배어 있었고, 당연히 정치적 이데올로기는 신화적인 용어로 구성되었고 제의 (cult)와 의식 (ritual)을 통하여 표현되었다. 로마제국은 BC 6세기 이전에는 군주제였지만 그 이후에 원로원을 구성하고 있는 귀족들과 집정관에 의해 다스려지는 공화정체제를 띠게 되었다. 따라서 로마인들은 새로운 형태의 왕정이 등장하는 것을 위험스럽게 생각했다. 왕정을 반대한 이유는 왕에게 권력이 집중되는 현상을 경계하기 위해서였다. 율리우스 시저 (Caesar) 사후 정권을 잡은 옥타비아누스 (아우구스투스)가 왕을 지칭하는 인도-유럽어족의 전통적인 용어인 rex 대신에, 공화정 시대에 전쟁에서 승리한 장군을 지칭했던 imperator라는 칭호를 사용한 것에도 반 왕정 경향을 볼 수 있다. 옥타비아누스는 왕이 아닌 '제 1의 시민'을 자청했고, 선왕인 율리우스 시저를 신격화하고 거기에 자신의 권력의 토대를 마련했다. 이후에도 여러 로마황제들은 선왕을 신격화시키고 그 선왕에 대한 경외를 로마제국에 대한 충성의 표지로 이해했다.

로마의 황제 숭배사상은 알렉산더 대왕의 신격화의 영향을 받은 것이다. 물론 훨씬 이전인 페르시아나 고대 이집트까지 황제숭배는 소급된다. 알렉산더 사후 톨레미나 셀류키드 왕조에서도 황제 숭배가 계속되었다. 로마 제국에서 신적 영예를 부여하기 시작한 것은 로마에 의해 정복당한 그리스 백성들이었는데, 그들은 권력을 지닌 로마의 대표자들에게 지속적으로 그러한 영예를 제공했다. 아우구스투스 이후의 황제들은 아우구스투스의 신-왕 일치정책을 계승했고, 단지 몇몇 폭군으로 알려진 황제들에 의해서 당대에 스스로를 신격화하는 경향을 띠고 있었다. 로마 시민들이 황제를 위해서 행했던 하나의 정규적인 제의는 헌주 (獻酒)였는데, AD 30년 원로원은 공사적인 모든 연회에서 황제(의 영적인 현존: Genius)에게 바치도록 결정했다. 이 의식은 이후에 로마제국의 국가 종교에서 황제의 수호신에 대한 제의로 정식으로 채택되었다. 아우구스투스는 전통적인 신들의 반열에 황제의 Genius를 포함시켜서 희생제사와 황제의 Genius에 근거한 공식적인 서약을 행하도록 하였다. 황제의 죽음은 신에게로 옮겨지는 영광으로 이해되었다. 죽어서 신이 된 황제는 국가 종교에 공식적으로 등록되고 로마의 전통적인 신들과 함께 숭배되었다. 따라서 자동적으로 당대의 살아있는 황제는 신의 아들이 된다. 갈리굴라 네로, 도미티안은 생존시에 스스로 신격화한 것으로 알려진다. 황제제의 시에 포도주 헌주나 제의용 케익이 바쳐졌고, 특별한 제단에서 향이 태워지거나 동물 특히 황소를 잡아서 희생 제사를 드렸다. 희생 제사가 진행되는 동안 제단 옆에서는 찬가가 불리어졌다 (김선정, 2003:30-31, 56).

소아시아는 물론 지중해 연안의 세계에 만연한[64] 황제 숭배 (emperor veneration)는 점차 황제 제의 (imperial cult)로 발전되어, '로마의 평화'를 [65] 위한 제국의 정치적인 전략으로 기능했다. 즉 황제는 황제 숭배를 구심점으로 해서 로마의 단결을 촉진시켰다. 따라서 황제에게 파견된 속주의 대사들이 황제에게 신적 경외를 표하는 칭호를 사용했다. 황제 제의와 관련된 사항들은 '신성한 법'으로 불려졌고, 위반 시 단순한 처벌이 아니라 죽임을 당할 수 있었다. 이것은 이단의 문제가 아니라 반역의 문제였다. 황제 숭배는 신앙의 문제라기보다는 공공질서와 규율의 문제였다. 그러므로 황제 숭배에 참여하지 않는 사람은 승진기회의 박탈, 법적인 보호에서 제외됨, 공직임명, 경제적인 불이익을 감수해야 했다. 그러므로 황제 숭배는 공공 생활의 모든 영역에 스며들게 되었다.

---

64) 그리스 도시들과 도시 동맹들 역시 황제에게 가장 큰 경의를 표하기 위해 경쟁하였는데, 반년마다 경기를 개최하고 경기와 문화를 결합한 축제를 열고, 황제에게 엄청난 희생제물을 바치곤 했다. 그런 축제에는 도시 전체 인구가 참여했고, 고기를 무료로 나누어 주어 대부분의 사람들이 고기를 먹을 수 있는 유일한 기회였다. 이 축제는 그 지역의 귀족과 대지주, 정치가의 후원으로 열렸다. 이들은 또한 황제의 호의를 입었고, 제국의 피라미드 상층부의 권세가로 자리매김했다. 황제제의는 후견인-단골손님 제도에 근거하여 경제적으로는 빈익빈 부익부를 확고히 했고, 정치적으로는 황제에 대한 충성을 더욱 분명히 한 수단이 되었다 (참고. 리차드 호슬리, 2004:49).
65) 'Pax Romana'는 특별히 유대에서 인기가 없었다. 로마가 부과한 과도한 세금부담 등의 이유 때문이었다. 정도의 차이가 있겠지만, 다른 지역에서도 그러했다. 타키투스의 책에 언급된 칼레돈의 추장의 말을 들어보자: "(로마인들은) 이 세상의 약탈자들이다 만일 적이 부유하면 그들은 강탈하고, 만일 적이 가난하면 그들은 지배한다. 동방도 서방도 그들을 채우지는 못했다 그들은 약탈하고 살육하고 빼앗으며 그것을 '제국'이라 불리고, 폐허로 만들면서 그것을 '평화'라고 부른다" (참고. 리차드 호슬리, 2004:37).

지중해 연안의 대부분의 국가는 혼합종교를 가지고 있었기에 로마의 신과 황제 제의를 수용하는데 별 어려움을 겪지 않았다. 그리고 유일신 여호와를 섬긴 디아스포라는 황제 숭배에 직접적인 강요를 받지 않았기에 (예. 아우구스투스, 글라우디우스 등) 로마 제국과 적어도 '불가피한' 갈등에 처해있지 않았다. 오히려 로마제국은 유대인들의 유일신 종교와 자치를 많이 허용했다. 유대인들은 로마 황제를 '위해' 매일 희생 제사를 드릴 정도로 제국에 호의적이었다. 유대인들은 신과 왕을 하나로 보는 로마의 전통에 반대하여, 신과 왕을 구분했다. 즉 유대인은 신-왕 일치 사상이 아니라, 신-왕 분리 사상을 견지했다. 이것은 일종의 타협이었다. 왜냐하면 유대인에게는 하나님이 세우신 유대의 왕이 있었기 때문이다. 따라서 유대인은 왕-황제를 '위해서' 제사를 드릴 수 있었던 것이다. 유대는 비교적 충성스러운 로마의 속주였다. 하지만 AD 66년 네로 통치시기에 로마 총독의 성전 금고 탈취 사건에 항의하여 유대인들이 황제를 위한 제사를 거부하였고, 이것은 유대-로마 전쟁의 도화선이 되었다.

그러나 로마의 박해 상황 중에 유대인보다는 기독교인이 황제 숭배에 보다 더 배타적으로 동참하기를 거부했다. 유대인과는 달리 기독교인에게 있어서 신-왕은 일치했고, 그 분은 바로 하나님 (곧 예수 그리스도)이었다. 로마의 신-왕 일체 사상은 식민지 지배 이데올로기였다면, 기독교인의 신-왕 일체 사상은 그러한 로마의 이데올로기에 대응하는 것으로 볼 수 있다. 그러므로 기독교인은 유대인처럼 로마 권력과 타협할 수 없었다. 기독교인에게 있어서 로마와의 갈등뿐 아니라, 회당과의 갈등도 불가피했다. 로마인에게 있어서 처음에는 기독교가 유대교의 한 분파로 비쳐졌다. 점차 로마인은 기독교인을 로마의 황제-신, 전통적인 신이나 다른 민족의 신을 인정하지 않는 무신론자들로 보았다. 그리고 기독교와 유대교의 갈등과 구분이 명확해지자, 로마인들은 기독교를 로마로부터 합법적인 종교로 인정받은 유대교와는 다른 사교로 보게 되었다. 기독교의 확산은 로마의 사회 질서에 위협으로 간주되었다. 그러므로 황제 제의는 강제성을 띠고 기독교인에게 강요되었다. 1세기 중반 이후로 그리스도인들에게 황제 제의가 강요되었고, 향과 기도와 맹세를 바치는 것은 국가에 대한 충성의 표지였으며, 거부하면 불충성한 자로 여겨졌고 처벌되었다. 기독교인들의 이러한 제의와 집회에 참여하지 않은 이유로 재앙이 일어나는 것으로 여겨졌고, 결국 공공의 적으로 간주되었다.

2. 요한계시록에 나타난 황제 제의

계시록 안의 황제 숭배를 연구하는 것은 철저 부분적 과거론 (the consistent partial preterism)보다는 전환적 부분적 과거론 (the transitional partial preterism)을 지지하는 일종의 증거이다. 계시록의 수신자가 처했던 정황은 어떠한가? 수신자들을 유대인 성도와 이방인 성도로 나눌 수 있다. 하지만 고고학적인 증거가 확보된다면 각 7교회의 수신자로 나누어서 계시록 해석을 위해 세부적으로 청중비평 (audience criticism)을 적용할 수 있을 것이다. 즉 '라오디게아인이 읽는 계시록' 과 같은 주제가 가능하다. 계 2-3장에 묘사된 소아시아 7교회의 상황은 내부적인 문제보다는 외적인 문제를 겪었음을 볼 수 있다. 물론 내부적인 문제가 있었는데 그것은 영적인 나태함과 냉랭함, 거짓 선지자의 용납 등이다.

계시록을 기록하는 요한에게 예수 그리스도의 주권을 로마 황제의 그것과 비교하면서 전개하려는 의도가 있었을 것이다. 비록 내외적인 문제가 다양했을지라도 계시록의 수신자들은 (거의 비슷한 간격을 두고 흩어져 살았던 이들에게) 일상생활 속에서 직면하고 있던 황제 숭배 문제에는 모두 반대했다. 하지만 그 숭배가 강압적이었는지는 조금 더 연구해 보아야 한다. 그러나 에베소, 서머나, 버가모, 두아디라에는 신전과 황제 숭배를 위한 건물이 있었다 (Cukrowski, 2003:51-56).

여기서 우리의 논의를 위해, 요한계시록의 이른 기록 연대로 인해 네로의 황제 숭배를 살펴보는 것은 중요하다. 네로의 동전 중에는 그가 '세상의 새로운 선한 영'으로서 알렉산드리아의 신과 동등시 되었다. 이집트에서는 '세상의 구주요 은혜 베푸는 자'로 불려졌으며, 로마제국의 동쪽 속주의 동전에서는 네로를 '신'으로 칭하였다, AD 65년부터는 사후 신격화된 황제들에게만 허용되었던 빛나는 관을 쓴 네로 황제의 모습이 등장했다. 네로의 과대망상증이 극에 달하자 그의 궁전에 100피트나 되는 자신의 상을 세웠다. 황제의 경우 주로 흉상이, 신의 경우 주로 전신상이 제작되었다. 네로는 AD 59년 상류계급의 군인들로 구성된 Augustiani를 두어 그가 극장에 나타날 때 박수를 보내도록 했는데, 이러한 황제에 대한 환호에 사용된 단어는 신적 의미를 지니고 있다 (참고. Cukrowski, 2003:58). 디오 카시우스에 의하면 네로가 그리스를 정복하고 돌아왔을 때 군중은 "네로. 우리의 아폴로 신이여 태초로부터 계신 유일하신 분 신의 승리여. 당신의 말을 듣는 이들은 복이 있으라." 여기서 분명히 네로는 신으로 불려지고 숭배를 받고 있다 (김선정, 2003:47-48).

계 1:2절에서 하나님의 말씀은 곧 예수님의 증거라고 말씀한다. 여기에 예수님이 선재하신 분으로서 위로부터 오신 분이라는 의미가 함축되어 있다. 따라서 예수님은 위로부터 오신 하나님이시기에, 하강구조를 띤다 (참고. 계 1:1). 그러나 주로 로마 황제는 죽어서 신격화되는 상승구조를 띤다. 그러므로 이것도 반 황제 제의적 메시지를 담고 있다고 볼 수 있다.

계 2:9절과 3:9절에서 유대인은 '사단의 회'라고 불린다. 유대인들은 로마의 가이사를 자신의 임금으로 고백한 배교한 집단이다. 이 유대인들은 다윗 가문의 후손 중에서 메시아가 임할 것을 더 이상 기대하지 않았다 (참고. 요 19:15). 하지만 계 5:5절에서 예수님은 다윗의 후손 즉 다윗 가문을 성취하신 메시아로 소개된다. 따라서 계시록의 수신자들은 다윗의 후손이신 예수님을 왕으로 신앙함으로써 반로마적 메시지와 반 유대적 메시지를 동시에 던지고 있다. 이 점은 눈여겨볼 만한 사항이다. 계시록의 수신자가 배교한 유대인과 로마 제국의 박해를 동시에 받았기에, 요한은 이 둘을 동시에 반대하고 비판하는 메시지를 효과적으로 던질 수 있어야 했던 것이다.

'황제 숭배'와 관련된 구절인 계 2:13절의 사단의 위 (the throne of Satan)는 무엇인가? 서머나에 있었던 제우스와 아테나 (Athena)의 신전을 가리키는가? 아니면 서머나가 소아시아의 로마 통치의 중심부였다는 의미인가? 아니면 버가모 외곽의 치유의 건물이 있던 Asklepieon을 가리키는가? 아니면 최근에 가장 많은 지지자를 얻은 주장인 서머나에 황제 숭배 중심지가 있었다는 의미인가? 하지만 서머나는 아시아 지역의 황제 숭배의 중심지가 아니었다. 황제 숭배가 시행된 상황은 참으로 다양했다. 황제의 신전에서는 물론, 극장, 운동자, 법정, 바실리카 (basilica), 스토아 (stoa), 개인 가정집에서도 거행되었다. 황제 숭배는 어디서나 일어났지만 동시에 여러 유형이 있었다. 어떤 주 (province)나 도시가 황제에게 신전을 바칠 수도 있었고, 개인들에 의해서 적절한 규모의 제단을 통해서도 황제 숭배가 가능했다. 따라서 소아시아에 황제 숭배 중심지가 있었다고 확실하게 주장할 수 없을 것이다. 그리고 아시아에는 황제 숭배 신전이 AD 80년대까지 3군데나 있었다. 버가모에는 순교자 안디바가 있었던 곳이다. 아마도 버가모는 다른 6교회보다 더욱 심한 외적인 박해를 받았던 것으로 보인다. 즉 모든 교회가 순교의 위협을 당한 것으로 볼 필요는 없을 수도 있다. 계 2:13절에서 사단의 회를 언급한 후, 14-15절에서 요한은 발람의 교훈과 니골라당의 교훈을 따르는 자들이 버가모 교회에 있다고 책망한다. 발람과 니골라는 교회 내적인 문제였는가 아니면 외적인 문제였는가? 이 두 세력은 버가모 교회 내부의 거짓 선지자들로서 교회 외부의 이교 제의나 가르침을 따르고 타협하도록 유혹한 것으로 보인다. 이 타협이야말로 안디바와 같은 순교자를 더 이상 내지 않는 길이라고 현혹했을 수도 있다. 그렇다면 '사단의 위'는 버가모 교회와 그 당시의 주류 이방 사회 사이의 긴장을 설명하는 단어로 볼 수 있다 (Friesen, 2005: 362363).

계 4:11절의 "우리 주 하나님이여 영광과 존귀와 능력을 받으시는 것이 합당하오니"는 황제에게 돌려진 칭송에 대응하는 것이다. 그리고 주 카이사르 (*Kyrios Caesar*)와 주 그리스도 (*Kyrios Christos*)의 대립은 계시록 전체를 통해서 황제 숭배-제의에 대한 저항으로 볼 수 있다. 계시록의 수신자는 황제에게 주어진 칭호들 (주, 구세주, 신, 신의 아들)을 신성모독으로 여겼을 것이다 (참고. 요 4:42; 20:28). 더욱이 그리스도의 완결적 희생 제물 되심을 알았던 계시록의 수신자들에게 있어서 황제 제사-제의는 의미가 없었다. 오히려 성례만 있었을 뿐이다. 그리스도인은 국가를 위해 기도를 했지만 제사를 드리지는 않았다.

계시록 중 후반부에 등장하는 성도를 살륙함 (계 6:9-11; 13:7; 16:6; 17:6; 18:24; 19:2), 전통적인 헬라-로마 신들을 숭배함 (우상제물을 먹음, 음녀 바벨론, 영적음행; 계 14:6-11; 17-19) 그리고 황제 숭배에 참여하는 자들이 누릴 상대적인 경제적 부요 (도시 인구의 5-8%만 상층으로서 경제적 안정을 누림; 계 17-18)가 언급된다. 요한은 그의 독자들이 처해있는 이방 제국의 이데올로기의 실체를 드러냄으로써 독자들이 이것이 동화되지 않도록 경고하려는 목적과 관련된다. 이처럼 황제 숭배는 경제와 종교 그리고 제국주의와 연관되어 있다.

계 12:2절 이하에서 여인은 아들 한 명만 낳는다. 이 남자 아이는 하나님의 독생자이신 예수님이시다. 독생자 사상에서도 반 로마적인 신학을 본다. 즉 황제들은 사후에 신의 아들들로 높임을 받지만 예수님은 유일한 하나님의 아들이시다. 예수님은 하나님과의 관계성에 있어서 황제와는 비교가 되지 않는 친밀성과 배타성 즉 절대적이고 유일한 아들이시다.

아첨꾼들은 황제의 이미지가 초자연적인 능력을 행사한다고 주장하기도 했는데, 짐승의 우상이 말을 한다고 언급된 계 13:15절도 이러한 경향을 반영한 것으로 보인다.

계 17-18장의 음녀 바벨론은 겉으로는 화려하지만 그 내막은 착취적인 로마의 정복-통치를 상징적으로 그리고 있다. 하지만 이것은 곧 심판받아 망할 것이며, 대신 진정한 아름다움과 평화의 메시아 왕국이 하늘에서 이 땅에 임할 것이다 (계 21-22).

계 20:4절에서는 짐승의 숭배와 목 베임을 직접적으로 연결한다. 이 짐승을 황제로 볼 수 있다 (Cukrowski, 2003:60).

3. 황제 제의를 통한 요한의 메시지

계시록 전체에서 불신 유대인의 괴롭힘을 배제할 수 없지만, 특별히 황제 숭배를 중심으로 전개되는 반 로마적 메시지를 통하여 요한은 세상의 주제이신 예수 그리스도의 통치권을 대조적으로 강조한다. 물론 황제 숭배 반대와 같은 반로마적 메시지가 유일한 바로 그 저작 동기라고 할 수 없다. 그러나 요한은 독자로 하여금 주류 세상에 타협하지 말 것을 강조한다. 비록 종교-경제적으로 격리되더라도 그리고 반 사회 혹은 분파 (anti-society 혹은 sect)라는 이름이 붙는다해도 올바른 기능을 하도록 격려한다. 그러나 요한은 고립된 게토가 아니라 제사장 나라로서 선한 영향을 미치라는 주문도 잊지 않는다.

나오면서

계시록의 황제 제의는 식민통치를 효과적으로 이루어 로마의 평화를 유지하기 위한 통치 이데올로기 (ruling ideology)였다. 유대인들은 이 이데올로기에 편승하여 타협했지만, 계시록의 수신자들은 비타협적인 자세로 임해야 했다. 이를 위하여 요한은 처음부터 끝까지 반로마 메시지를 제공한다. 그 핵심은 하나님이시며 왕이신 그리스도께서 이루시는 종말론적인 하나님 나라이다.

참고문헌

CUKROWSKI, K. 2003. The influence of the emperor cult on the Book of Revelation. *Restoration Quarterly*, 1&2:51-64.

HORRELL, D.G. 2005. Introduction. *Journal for the Study of the New Testament*, 27(3):251-255.

FRIESEN, S.J. 2005. Satan's throne, imperial cults and the social settings of Revelation. *Journal for the Study of the New Testament*, 27(3):351-373.

김선정. 2003. 요한복음서와 로마황제숭배. 한들출판사.

리처드 호슬리. 2004. 예수와 제국. 한국기독교연구소.

VII

요한계시록의 언약 종말론에 기초한 구원계시사

The revelation history on the basis of the covenantal eschatology of the Book of Revelation

들어가면서

일반적으로 요한계시록의 쟝르는 묵시적-예언적 편지 (an apocalyptic-prophetic letter)로 간주되어 왔다. 비록 이 견해가 틀린 것은 아니라 할지라도, 하나님의 구원역사의 결정적인 전환과 성취가 이루어진 것을 밝히고 있는 계시록의 계시사적인 특성을 충분히 드러내는 것이라고는 볼 수 없다. 환언하면 계시록의 문학 장르를 밝힐 때는 계시록 안에서 하나님의 계시 역사가 감추어졌던 그리스도의 영광의 계시와 더불어 절정에 도달하고 있음을 고려해야 한다. 하지만 언약적 용어는 계시록 안에 두드러지지 않는다. 언약(*diathēkē*)이라는 말은 한번만 등장하는데, 계 11:19절의 하늘의 하나님의 언약궤의 환상 중에 나타난다.[66] 그러나 요한은 자주 하나님과 7교회 사이의 언약을 암시하며, 자연스럽게 그것에 상응하는 구속의 주제와 연결시킨다 (보라. Smalley, 1994:155-156). 이 글에서 그 동안 주석가들에 의해 간과되어 온 계시록의 언약적 특징에 주목하면서 그것의 구원계시사적 메시지를 찾아보려고 한다. 이를 위해 먼저 계시록의 언약적 구조와 메시지와 관련된 신구약의 언약 본문을 간략히 살피고, 계시록 안의 기독론적인 언약 구조를 찾고, 그 언약 구조의 기독론적이면서 종말론적인 계시사적 의미를 살피고, 그 다음 계시록을 관통하는 언약적 메시지를 살펴보고자 한다. 마지막으로 이 언약에 기초한 계시사가 우리에게 주는 의의를 살펴보면서 글을 마치고자 한다.

1. 계시록의 언약과 신구약의 언약 간본문

계시록의 언약은 구약 언약 중 특별히 레 26장 후반부와 강한 간본문성 (intertextuality)을 가진다. 레 26장의 언약 형태와 주제가 계시록의 7교회에 주는 메시지, 7인 7나팔, 그리고 7대접에 의해 확장된 형태로 나타난다고 볼 수 있다. 특별히 레 26:18, 21, 24, 28절에서는 이스라엘백성이 언약에 충실하지 않고 계속적으로 범죄할 경우에 7배나 더 재앙을 내릴 것이라고 말씀한다. "7배나 더 벌을 내리시겠다"라는 레 26장의 반복적인 선언은 구약과 신약 중에서 중요한 간본문들을 가진다. 먼저 구약의 경우, 레 14:33-53절이 간본문인데, 나병으로 인해 부정하게 되었다가 깨끗케 된 집에 관한 내용이다. 구약에서 나병으로 부정하게 된 집은 2번이나 깨끗하게 되어야 했다. 첫 번째는, 레 14:37절에 의하면, 만일 나병을 검사하는 제사장이 푸르거나 붉은 무늬의 색점을 집의 벽에서 발견했다면 '7일' 동안 그 집을 폐쇄해야 했다. 그 후 '7일'이 지나서, 색점이 퍼졌으면 색점 있는 돌을 빼내어서 성 밖 부정한 곳에 버려야 했다. 이것이 첫 번째 정결이다. 두 번째 정결은, 레 14:49절에 나오는데, 만일 첫 번째 정결 이후에 그 집에 색점이 다시 보이지 않으면 제사장은 새 두 마리를 잡아 죽여서 흐르는 물에 그 피를 쏟아서 백향목과 우슬초와 홍색실로 새의 핏물을 발라서 '7번' 그 집에 뿌려야 했다. 이것이 두 번째 정결이다. 하지만, 레 14:44절에 의하면, 만일 이렇게 집을 두 번이나 정결케 한 후에, 다시 나병의 색점이 발견된다면 그 때는 집을 완전히 헐고 건축 자제를 성 밖 부정한 곳에다 버려야 했다. 레 26장의 신약의 간본문은 눅 11:14절 이하이다. 예수님이 벙어리 귀신들린 자를 고쳐주었지만, 깨끗하게 소제된 그 사람에게 쫓겨난 귀신이 나중에 더 악한 귀신 '일곱'을 데리고 들어와서 결과적으로 처음보다 더 악한 상태가 되어버렸다 (눅 11:26).

여기서 더 주목해 볼 점은 눅 11장의 벙어리 귀신들린 사람의 마음의 집과 레 14장의 나병환자의 집은 계시사적-모형론적으로 예수님께서 청결케 하셨던 예루살렘 성전 즉 예루살렘에 있었던 하나님의 집과 관련된다는 사실이다. 예수님은 예루살렘 성전을 두 번이나 정결케 하심으로써 레 14장의 나병환자의 집에 관한 율법을 성취하셨다. 예수님은 예루살렘 성전을 청결케 하셨고, 소제하셨고, 수리하셨고, 결국은 비게 하셨다. 예수님은 빈 성전에 자신을 초청하던지 아니면 더 악한 7귀신을 초청하던지 결단하라고 말씀하신다. 하지만 유대인들은 빈 성전에 예수 그리스도를 모시지 않았다. 2번이나 예수님에 의해서 정결케 된 예루살렘 성전이 예수님을 거역하고 결국은 사단의 가르침을 받아들여서 그 곳에 3번째 더러움이 돌아왔을 때, 결국 그 성전은 레 26장에서 말씀하신 것처럼 하나님의 7배의 심판을 받아서 AD 70년에 파멸 당했다. 그러므로 레 14장, 26장, 눅 11장, 예수님의 성전청결 사건 그리고 AD 70년 예루살렘 파괴는 모두 언약주제와 관련되어 있는 직-간접적인 간본문으로서 계시록의 중심주제와 연결 된다 (참고. Campbell, 2004:72; Jordan, 2004:1-2). 자연스럽게 이것은 계시록 안의 7개의 심판 시리즈가 언약적 심판과 관계됨을 추론하도록 한다.[67]

2. 계시록의 기독론적 언약 종말론의 구조

묵시-예언적 성격을 띤 언약의 서신 (a covenantal epistle)인 요한계시록은 다양한 환상과 권면적인 표현들로써 소아시아의 7교회와 그들의 큰 왕이신 주 예수 그리스도 (Suzerain, the covenant superior, the Lord Jesus Christ) 사이의 언약적 관계의 무한한 명예와 가치를 생생하게 그리고 있다. 그리고 언약 관계 속에서 작은 왕-신하 (vassal)의 의무에 관한 전체 개념은 종주의 앞선 그리고 지속적인 선함 위에 근거한다. 사실, 작은 왕에게 있어서 심지어 죽음을 경험하더라도 고통 가운데서라도 큰 왕을 위해서 언약의 조항들을 행하는 것은 큰 명예가 아닐 수 없다 (Du Preez, 1979:221). Strand (1983:251-254, 264)가 적절히 설명하고 있듯이, (일방적인) 종주권 언약 (the [unilateral] vassal-suzerainty covenant)은 분명히 계 2-3장과 계시록 전체에 나타난다 (참고. Shea, 1983:81; Chilton, 1990:17; Campbell, 2004:76-79). 아래의 도표는 좁게는 계 2-3장, 넓게는 계시록 전체에 나타나는 언약적 구조를 보여 준다:

---

67) 계 4:1절은 시 29편과 겔 1장을 암시하면서 하늘의 보좌 환상이 시작된다. 하늘의 보좌는 요한 당시의 세상 법정을 연상시킨다. 4장 1절 끝에 나오는 '이후에 마땅히 될 일'은 요한 당시에 이루어질 일을 가리킨다. 계 4:2절은 심판자이신 하나님이 곧 있을 피고에게 내릴 형벌의 선고를 위해 보좌에 앉아 계시는 장면이다 (시 29:10). 피고는 불신 유대인들과 로마제국이다. 고발자 (원고)는 교회-순교자들이다. 이들의 원통함은 나중에 계 6:9절에 나타난다. 계 2-3장은 물론, 법정 용어와 이미지를 사용한 언약 형식을 계 4장의 보좌 환상과 그 이후에서도 볼 수 있다 (참고. Chilton, 1985:165-166).

	계시록 2-3	계시록 전체
서론 (The Preamble)	큰 왕이신 그리스도를 적절한 상징으로 나타냄	큰 왕이신 그리스도가 누구이신가: 계 1:5a[68]
역사적 서언 (The Historical Prologue)	과거의 관계에 대한 설명 ('내가 너희의 행위를 안다'는 진술을 통해서)[69]	그리스도께서 그의 신하-7교회를 위해 행하신 것: 계 1:5b-6a
조항들 (The Stipulations)	특정 상황에 맞게 각 교회를 위해 주신 따라야 할 행동 방침	충성과 신실함에 대한 요청: 계 2-22
증인을 부름 (The Call upon Witnesses)	"성령이 교회들에게 하시는 말씀을 들을지어다" 라는 반복적인 명령	계 22:16a, 17a, 20a
복과 저주 (The Blessing and Curse)	승리에 대한 약속과 불신실함에 대한 경고	계 22:7a, 14a, 18-19[70]

---

68) 계 1:5절에서 새 언약의 중보자이신 예수님을 '충성된 증인' (the Faithful Witness)이라고 부르는 것도 언약적 측면이 있다. 왜냐하면 증인으로서의 예수님의 법적 진술 (legal testimony)은 하늘의 재판관이 지상의 언약 파트너를 조사-심문할 때 결정적이기 때문이다. 그리고 주목할 구절은 바로 뒷 절인 계 1:6절 (우리를 나라와 제사장으로 삼으신 그에게)이다. 이 구절은 출 19:6절에서 하나님이 이스라엘에게 율법을 주셔서 언약 관계를 막 계시하려고 하실 때 그들을 '제사장 나라와 거룩한 백성'으로 선포하신 것과 관련있다. (참고. 계 22:6; Campbell, 2004:73-74).

69) 호세아 4:1절은 북 이스라엘에 진실, 인애 그리고 하나님을 아는 지식이 없기에 하나님의 심판은 불가피하다고 말씀한다. 이 표현이 담고 있는 사상은 고대 근동의 종주권 언약과 유사하다. '진실'은 '책임성있는 관계'를, '인애'는 헤세드인데 쌍방적인 의미를 담고 있다. 즉 헤세드란 하나님 편에서는 자기의 언약백성에게 베푸시는 은총이고, 우리 편에서는 하나님을 향한 충성이다. '하나님을 아는 지식' (LXX: *epignosis*)은 호세아서에서 참으로 중요한 말이다. '안다' (히. 야다)라는 말은 언약을 체결할 때 언약을 체결한 당사자 사이의 파기할 수 없는 관계를 인정하는 것을 의미한다. 특별히 작은 왕 (vassal)이 큰 왕 (suzerain)에게 보이는 충성을 의미한다. 그러므로 신하인 이스라엘 백성이 큰 왕이신 하나님께 충성하지 않는 것이 하나님을 아는 지식이 없는 것이다. 이 지식을 소유하는 것은 호 2:22절에 의하면, 종말론적인 복을 보장한다 (참고. Stuart, 1987:75).

여기서 기독론적 언약 '종말론'이라고 부른 이유는 그의 '그리스도 중심의 종말론'(Christ-centred eschatology)에서, University of South Africa의 A. König (1970:535-536) 교수가 주장하듯이 계시록을 포함한 신약 전체는 철저히 종말론적인 용어로 그리스도의 전체 역사를 말하고 있기 때문이다. 그리스도는 우리를 위해서 (for us) 하나님의 창조의 목적을 실현하셨는데 특별히 자신의 성육, 죽으심과 부활을 통해서 그러하다. 주님은 우리 안에 (in us) 성령님을 통한 역사로 또한 이것을 이루셨고, 마지막으로 우리와 함께 (with us) 자신의 최종 파루시아 (his Parousia)로 이루실 것이다. 그러므로 종말론은 그 마지막 것들 (ta eschata, 'the last things')이 아니라, 그 마지막 분 (ho eschatos, 'the last One')에서 기인해야 한다. 예수 그리스도는 바로 그 성취된 목적 (the fulfilled end)이시다. 왜냐하면 이것이야말로 주님이 실현하신 하나님의 창조의 목적이기 때문이다. 따라서 종말론은 '목적론적 기독론' (teleological Christology)이다. 재창조의 성취자이신 예수 그리스도 중심의 종말론을 계시록과 신약 전체가 가르치고 있다.

3. 계시록의 기독론적 언약 종말론의 계시 역사적 의미

여기서 주목해 볼 점은 계시록의 큰 왕이신 예수 그리스도의 이미지는 하나님의 3가지 시제를 반영한다는 점이다 (계 1:4)- 과거, 현재,[70] 그리고 미래 (참고. Resseguie, 1998:206-207):

(1) 그리스도의 과거 행위-사역: 죽임당한 어린양은 십자가 위에서의 예수님의 과거 사역을 보여준다. 계시록에서 역사적 예수님에 관한 언급은 죽으

---

70) 계 22:18-20절은 신 4:2절과 12:32절을 인용하면서 말씀을 가감하는 자는 언약의 재앙을 받을 것이라고 경고한다. 이것은 법정적이고 언약적인 성격을 가진다.

심, 부활 그리고 승귀에 초점이 맞추어 진다. 특별히 주목해볼 만한 것은, 아오리스트 형으로 반복해서 나타나는 enikēsa은 단번에 이루신 그리스도의 구속의 승리적인 사역을 강조한다는 점이다 (the once-and-for-all redemptive work of Christ, 계 3:21; 5:5).[72]

(2) 그리스도의 현재적 사역: 계시록이 가지고 있는 미래적인 종말론적인 색채에도 불구하고, 그리스도의 현재적인 사역에 관한 언급이 훨씬 더 많이 나타난다. 현재에 그리스도는 승귀하신 우주의 왕이시다. 과거에 흘리신 그의 피는 현재에도 유효하다 (계 12:11); 주님은 교회 안에 그리고 교회를 위해 현존하신다 (계 1:13; 2:1; 3:19). 무엇보다도, 주님은 여전히 말씀하고 계신다 (계 1:1; 2:7, 2:24; 4:1; 16:15; 22:6; 22:20). 따라서 그리스도는 왕, 제사장, 선지자로서 역사하고 계심이 분명하다. 특별히 계시록에 ho nikōn (계 2:7, 11, 17, 26; 3:5, 12, 21; 21:7)은 현재 분사형으로 나타나서 현재에 능동적으로 주님을 따르기 위해 그리스도의 부르심에 크리스챤들이 신실하게 반응하는 것을 강조한다.

(3) 그리스도의 미래적 사역: 계시록에 나타나는 예수 그리스도의 다가오는 미래 사역의 대부분은 요한이 계시록을 쓰고 있는 시점 (AD 65년경)과 종말 사이의 역사적인 미래의 기간과 관계되지 않고, 주님의 최종 재림 (the Parousia)과 관련된다. 예수 그리스도는 자신의 최종 오심으로써 하나님 나라를 완성하실 것이다 (참고. Beale, 1999a:173).[73]

---

71) 그리스도의 현재 사역이란 그의 승귀로부터 요한의 시간까지를 의미한다. 그리고 계시록은 환상을 묘사하면서 정기적으로 미래, 현재 그리고 아오리스트 시제 사이의 느슨한 진자운동 (loose oscillations)을 보인다 (예. 계 13:1-8, 11-18). 이 진자운동은 자연스러운데, 왜냐하면, 역사적인 지시 (historical referent)는 미래적이며, 요한의 환상의 경험은 과거적이며, 현재 시제는 미래를 위한 역사적 현재시제 (historical present)와 금언적 현재시제 (gnomic present)의 범주를 통해서 과거와 미래를 포함할 수 있기 때문이다 (참고. Poythress, 1993:45).

72) 계 12:11절은 "여러 형제가 어린양의 피와 자기의 증거하는 말로 사단을 이겼다"라고 아오리스트형으로 말씀한다. 어린양의 과거의 승리는 교회의 현재적 승리와 미래적 승리를 보증한다.

위에서 언급한 예수 그리스도의 사역을 통해서, 대부분의 관심과 주의는 역사적 예수 그리스도의 죽음과 부활 그리고 승귀하신 그리스도의 현재적인 사역에 초점이 맞추어져 있음이 분명해진다. 이 강조는 과거, 현재, 미래를 함께 묶는 그리스도의 인격에 뿌리를 박고 있다. 그러므로 계시록의 메시지는 기독론적으로 그리고 종말론적으로 이해되어야 한다. 하나님의 나라는 이미 땅위의 그리스도의 공동체 안에 현존하고 있는데, 지상 교회는 이 땅 위에서 하나님의 목적을 가시화시킬 사명을 가지고 있다. Smalley (1994:156)가 믿었듯이, 요한의 교회론은 전체적인 면에서 언약적이고 구속사적이다 (참고. Rissi, 1966:34). 소아시아의 7교회는 그들의 고백과 경건한 삶의 방식으로 이미 하나님의 가시적인 대표자들이 되었다.[74] 요한이 기록하고 있는 모든 것은 예수 그리스도의 인격과 사역을 중심으로 한다. 어떤 의미에서, 요한의 신학은 다름 아니라 기독론이고, 그의 기독론은 그의 구원론이다 (Johannine theology is nothing but Christology, and his Christology is his soteriology, 참고. Smalley, 1994:50). 달리 말하면, 7교회의 정체성과 사명은 기독론적인데, 계시록의 핵심 주제라고 할 수 있는 하나님의 나라가 하늘에서 이루어진 것처럼 이 땅에서도 가시적으로 이루어지기 위해서는 존재론적으로 그리스도를 닮아가야 하는 것 (the ontological *imitatio Christi*)

---

73) 계시록은 하나님의 언약의 완성을 통해서 하나님 나라가 완성된다는 비전을 포함하고 있다 (참고. Du Preez, 1979:215; Chilton, 1990:17). 비슷하게, Van der Waal (1990:125, 170)은 계시록은 그리스도를 거부한 이스라엘을 향한 '언약적 심판' 의 시행이라는 분명한 방식에 대해 말하고 있다고 주장한다. 예를 들면, 계 22:1-2절에서 '낙원 언약' (the paradise covenant)이 성취되는데, 하나님의 신하로서 아담이 짓고, 다스리고 회복되어야 했던 것이 신약 성도 안에서 미래적으로 이루어 질 것이기 때문이다. 따라서 David Barr (1998:173)의 다음의 주장은 설득력이 없다: "사실 계시록 안에 묘사된 모든 것은 이미 발생했다."

74) 요한 공동체의 정체성에 관하여, *basileia* (계 1:6, 9; 5:10; 11:15; 12:10; 17:12, 17, 18)를 '왕권' (혹은 지배, 예수님의 이름으로 다스리다, 하나님에게 충성하다)으로 번역하는 것이 '하나님 나라' 보다 더 나은 번역으로 보인다. 과거의 그리스도 사건으로 인해 (계 1:5; 5:9), *basileia*는 그 문맥에서 현재적-등극적-종말론적-역동적-능동적 의미를 가지고 있다. 그럼에도 불구하고, 요한의 청중들은 고난 가운데서 예언적인 증거와 제사장적인 사명을 수행함으로써 그들의 왕권을 이 땅 위에 시행할 수 있다 (Bandstra, 1992:17-18, 23). 따라서 하나님 나라 (the kingdom of God)는 하나님의 역동적인 왕권 (God's dynamic kingship)으로 구체적이고도 정확하게 이해할 수 있다.

이어야 하기 때문이다 (참고. Wall, 1992:334 Reddish, 1995:220).

이 사실은 '이미와 아직 아니'라는 구도가 모든 세대를 적합하도록 만드는 신약의 종말론과 긴밀히 연관되어 있다 (Bandstra, 1992:23; Beale, 1999b:134).[75] 보좌 앞에 서 계시는 그리스도에 관한 묘사는 성부 하나님을 대신하여 구속 역사를 성취하시는 지속적인 예수님의 사역을 증명하는 것이다.[76] 아직 아니의 사건 (the not yet event)을 마치신 후에는, 예수님이 보좌 위에 앉으신다 (계 22:1). 그럼에도 불구하고, 종말론적 구원의 이미와 아직 아니의 초점은 역사의 선적인 개념 혹은 시간 경과 중심적이라기보다는 (the linear concept of history 즉 a time-lapse category), 하나님 나라와 보좌 위의 그리스도의 통치 중심이다 (참고. Schüssler Fiorenza, 1989:419).

---

75) Gilbertson (2003:51)은 Oscar Cullmann의 구속사 개념을 계시록 해석에 적용한 M. Rissi의 입장을 비판한다. 그는 Rissi가 계시록 본문의 시간적인 차원 (the temporal dimension of the text)을 진지하게 다루고 있음을 인정하면서도, 계시록의 임박한 종말론적 성취를 가리키는 표현 (계 1:1, 3; 22:7, 12, 20)으로 인해 Rissi처럼 그리스도의 초림과 재림 사이의 세상 역사를 묘사하는 것으로 볼 수 없다고 비평한다. 그리고 Gilbertson은 구속사적 해석이 계시록에 적용될 경우, 역사의 중심이자 전환점이신 예수 그리스도의 구속 사역에 기초하여 초림과 재림의 직선적인 개념을 강하게 지니기에 새 하늘과 새 땅이라는 미래적인 목표를 향하여 흘러가는 시간관을 반영하여 현재와 미래를 긴장적으로 동시에 파악하는데 어려움이 있다고 본다. Rissi의 해석에 이러한 약점이 있을 수 있지만, Gilbertson의 우려와는 달리 계시록의 구속사적 해석은 요한 당시로부터 가까운 미래에 이루어질 일을 고려하면서도 그리스도의 완결적 과거 사역에 기초한 역동적인 3시제 (과거-현재-미래)의 통합적인 관점을 견지한다. 그리고 '이미와 아직 아니' 의 시간관에만 기초한 구속사가 아니라 그리스도의 인격과 사역에도 뿌리를 둔 구속사적 해석은 '아직 아니' 의 측면이 근본적으로 미래 종말에 '이미' 의 측면으로 완전히 변혁될 것도 약화시키지 않는다
76) 계시록 전체를 통하여, 성부 하나님은 그리스도를 통하여 정의되어 지신다. 성부는 보좌를 성자와 공유하신다 (계 3:21; 12:5; 22:1, 3). 즉 인물들의 유동성이 강조된다 (즉 허물어지고 부드러운 경계 [blurred or soft boundary]) (Thompson, 1990:790; Bauckham, 1993:64). 계시록의 균형잡힌 종말론과 관련하여, 구원사의 중심은 이미 발생한 그리스도 사건에 놓여 있다. 그 결과 그리스도 안에 시간은 새로운 방식으로 나누어진다. 교회는 그리스도의 최종 나타나심을 고대하고 있다. 그러나 동시에 교회는 역사가 새로운 방식으로 침노되어진 (was invaded) 과거의 순간을 되돌아본다. 계시록의 구조에 있어서, 이것은 신학은 연대기 (chronology) 보다 더 중요함을 의미한다 (Smalley, 1994:150-151).

예를 들면, 계 1:4절에서 시간의 직선적인 개념이 3번째 용어를 통해서 깨어지고 만다 (*einai* 대신에 *erchestai*). 이 사실은 계시록 안의 하나님과 시간 이해에 매우 중요하다. 하나님의 미래는 그분이 전에 '이셨고' (was) 현재적으로 '이신' (is) 것과 관련되지 않고, 세상에 오시고 역사하시는 방식과 관련된다. 오시는 분으로서 (*ho erchomenos*), 하나님은 지금 이미 현재와 과거를 그의 종말론적인 도착 (*eschatological arrival*)의 관점에서 보신다. 하나님의 이 종말론적인 도착은 그의 영원한 왕국의 설립과 친히 거하시기 위해 갱신되어진 (renewed) 창조 세계 안에 자신의 거하심 (indwelling)을 의미한다.

환언하면, 원형적인 승리 (a prototypical victory)로서 십자가 위에서의 결정적인 전쟁 (the decisive war on the cross)은 주님을 따르는 사람들의 모든 승리를 자신의 최종 파루시아 때까지 가능하도록 만드셨다. 하나님 나라의 종말은 그리스도 사건을 통하여 임했기에, 하나의 새로운 도덕적 체계 (a new moral order)가 가능하게 되었고 성도는 그것에 따라서 살아야 한다. 크리스챤의 비폭력인 헌신 (the Christian commitment to nonviolence)[77]은 자신들이 새 세대를 살고 있다는 사실에 대한 확신을 세상에 증명하는 종말론적인 헌신이다 (참고. De Villiers, 1987:138). 신자는 이 왜곡된 세상 속에서 하나님이 처음과 나중 되신다는 사실을 인식함으로써 비폭력적인 방식으로 살 수 있다. 요한의 세계관 안에서 볼 때 역사는 하나님께서 구속을 시행하는 영역이다. 비록 요한이 악을 아주 실감나게 묘사하기는 하지만, 계시록은 근본적으로 비관적이지 않고 낙관적이다.[78] 이 이유로 계시록의 주요 논지는 고난당하는 그의 교회를 위한 그리스도의 승리이다 (계 1:7,

---

77) 계시록의 비폭력적인 특성과 반대되는 Garret (1998:474)의 주장은 다음과 같다: "계시록이 폭력을 승인하는 것과 여성에 대한 암시적인 비난 (implicit disparagement of women)은 계시록의 중심 진리를 파괴하도록 위협한다. 더욱이 요한이 사용한 여성적인 이미지는 여성이 자신의 몸과 욕망을 통제할 수 없고 여성을 향한 폭력이 승인되는 사상을 촉진하기에 위험하다." Garret (1998:470)이 요한이 구약의 여성적 표현-이미지 (expression, image)를 사용했다고 주장하는 것은 옳지만, 요한이 구약에서 빌려온 이러한 여성적인 표현-이미지를 통해서 드러내는 비폭력적인 의미 (meaning)를 인식하는 데는 실패했다 (이것과 관련한 유사한 비판을 위해서는 Bauckham, 1993:77을 보라).

8; 17:14; Gentry, 1989:127). 그리스도는 자신의 우주적이고 가시적인 통치와 주권을 재확인하실 것이다. 이 재확인의 방식은 오랫동안 숨겨진 방식이라기보다는 특별히 복음서와 사도행전과 비슷한 방식으로 나타난다.

4. 계시록의 언약적 메시지[79]

요한은 계시록의 시작 부분에서부터 언약적 뉘앙스를 강하게 풍긴다. 계 1:1-2절에서 예수 그리스도는 성부 하나님의 계시를 교회에게 전달하는 중보자 겸 계시자로 등장한다. 계 1:5절에서는 예수님이 충성된 중인이시기에 그분의 법적 증언은 하늘의 재판관이 땅의 언약 동반자를 심문할 때 결정적인 요소가 된다. 마지막 부분인 계 22:18-20절에서는 신 4:2절과 12:32절과 유사한 법적인 형식을 포함한다. 출애굽 공동체가 제사장 나라와 거룩한 나라로 불리었던 것처럼 (계 19:6) 계시록의 갱신된 언약 공동체는 나라와 제사장으로 불린다 (계 1:6). 이 왕적 통치와 제사장직을 수여하신 분은 구름을 타고 오시고 찔림을 당하고 애곡의 대상으로 나타난다 (계 1:7). 이 구절은 단 7:13

---

[78] 예를 들어, 막간 (interlude)으로서 계 7장과 11장이 단순한 도피의 기간을 묘사하지 않고, 인내의 기간을 묘사한다는 사실은 계시록이 세상 속으로의 크리스챤의 능동적이고 적극적인 참여를 강조함을 의미한다. 이 점은 계시록의 묵시적이 아닌, 하나님의 백성으로 하여금 늘 현재에서 바른 행동을 하도록 지시하는 예언적인 성격을 강조한다. 전천년주의와 무천년주의의 비관론자들 (the pessimillennialists of premillennialism and amillennialism)은 그리스도 십자가와 부활-승천-재위가 사단에게 불가견적이고 영적이며 치명적인 일격을 가한 것으로 보기는 하지만, 불행하게도 그들에게 그리스도 사건은 사단에게 가해진 결정적이고 역사적이며 가견적인 치명타로 작용하지 않는 것으로 보인다 (North, 1987:xxi). 확실히 하늘에서의 하나님의 승리는 땅 위에서 그분의 승리를 보증한다 (참고 계시록 처음 [1:1]과 마지막 [22:6]에 등장하는 7복과 주권적인 하나님의 뜻이 반드시 (dei) 이루어지는 것을 주목해 보라. 결론적으로 Chilton (1985:164)의 말에 주의해 보자: "The persecuted Christians were not at all forsaken by God. In reality they were on the front lines of the conflict of the ages, a conflict in which Jesus Christ had already won the decisive battle. Since His resurrection, all of history has been a 'mopping up' operation, wherein the implications of His work are gradually being implemented throughout the world."

[79] 이 부분은 주로 Campbell (2004:73-95)을 참고한 것이다.

절과 언약의 갱신 전에 하나님의 대변자가 가정된 언약적 친구의 집에서 고난을 당할 것이라는 슥 12:10절을 상기시킨다 (참고. 슥 13:6, 9). 그러므로 계 1장에서는 하나님을 향한 언약관계가 긍정적이면서도 부정적으로 나타난다. 긍정적으로는 언약의 복을 받은 (계 1:5-6) 성도에 의해 승귀하신 그리스도에게 바쳐진 찬송과 부정적으로는 언약에 신실하지 못한 자들에게 주어진 경고가 있다. 따라서 계시록의 수신자들은 언약의 복을 누리면서 하나님의 통치를 받든지 아니면 거부하든지 결단해야 하며 제 3의 길은 없다.

계 1:12-13절과 20절의 일곱 금 촛대는 출 24장 이하에서 진술된 언약 재가 (the covenant ratification) 중에 언급된 성막 예배를 위해 필요한 7가지를 가진 촛대와 등잔을 연상시킨다 (출 25:31, 37). 그리고 모세가 불타는 덤불에서 말씀하시는 여호와를 본 것 (출 3:2-4:17), 불타는 산 앞에서의 시내산 언약 (출 19:18-19), 그리고 여호와는 불이시라는 사실은 (신 4:24; 시 97:3; 겔 1:4) 불타고 있는 촛대 (교회) 사이에 거니시는 인자와 관련된다 (계 1:13). 이 모든 관련성은 계시록의 독자로 하여금 특별히 예배라는 정황 가운데 하나님을 대면하도록 초청한다.

계 2-3장의 서신에서는 위에서 지적한 대로 언약의 큰 분 (the covenant superior)이신 그리스도께서 신하인 교회의 상황을 모두 아시고 언약의 의무조항과 복과 저주를 성령을 증인으로 삼아서 선언하신다. 언약의 한 당사자인 교회 편에서 불순종이 발생할 때마다 그들은 회개를 통하여 언약의 복을 맛볼 수 있다. 그러므로 회개라는 조건이 중요한 요소로 부각된다. 승귀하신 그리스도께서 소아시아 7교회의 상황을 잘 아시듯이, 언약의 하나님은 구약 이스라엘을 살피셨다. 7교회는 구약의 다양한 언약 제정의 당사자들에 상응한다. 그리스도께서 책임을 다하며 충성해야 할 언약의 인간편의 당사자의 약점을 살피는 것은 구약 이스라엘 역사에서도 상응하는 사건이 나타나는데, 이것은 오히려 긍정적으로 언약 관계를 위한 밝은 미래의 여지를 남겨둔다. 계 2-3장에서 결혼 은유와 이미지 (nuptial metaphor and image)를 암시함으로써 결혼 서약에 일향 미쁘신 신랑의 모습과 때로는 부정하거나 순결한 신부 (교회)의 상태를 대조시킨다 (참고. 계 2:14, 22; 3:12, 20). 그러므로 7편지를 뒤 따르는 7인, 7나팔, 7대접 환상은 언약을 파기한 당사자에게 내리는 심판을 그 내용으로 한다.

계 4-5장에서 하늘의 보좌 환상은 겔 1장과 간본문성을 가진다. 특별히 계 5장의 봉인된 두루마리를 오직 유다지파의 사자 다윗의 뿌리이신 예수님만 열 수 있음은 출 24장과 관련 있다. 모세는 하나님으로부터 온 언약을 직접 기록했으며 백성들 앞에서 낭독했다. 그리고는 언약의 체결을 위해 피를 단과 백성에게 뿌렸다 (출 24:4-8). 죽임 당한 어린양이 교회를 위해 자신의 피를 뿌리심으로 하늘 보좌를 향한 새롭고 산길을 열어 주셨다. 이 새롭고 산길은 주님과 함께 먹고 마시도록 예비 된 것이며 (계 3:20) 하늘의 열린 문이다 (계 4:1). 계 4:2-22:3절 전체는 보좌가 중심인데, 계시록의 독자들로 하여금 자신의 성전을 찾아오시는 보좌의 하나님을 대면하게 한다. 그리고 계 6-19장의 인, (임박한 언약적 심판을 경고하는) 나팔, (언약적 저주와 심판의 실행을 강조하는) 대접심판은 구약의 불순종한 이스라엘과 (때로는 이스라엘을 대적한) 이방인을 향한 언약적 저주와 관련 있다. 구체적으로 다음과 같은 언약적 사항을 찾아낼 수 있다. 계 4:3절의 무지개는 겔 1:28절로 거슬러 올라갈 뿐 아니라 노아 언약에 뿌리를 둔다 (창 9:13). 보좌 주위의 24장로 (계 4:4)도 언약적 인물인데, 이유는 이들이 구약 이스라엘 백성의 대표로서 언약을 지키며 신정정치를 누구보다 더 인정하고 보증해야 했던 장로와 관련되기 때문이다. 보좌 주위의 4생물은 보초 (sentinels)로서, 법궤 위의 두 그룹과 솔로몬의 성전을 지켰던 두 기둥을 합한 것으로 볼 수 있는데 (출 25:17-22; 대하 3:10-13; 4:7-8) 이 사실을 통해서 드러나는 것은 언약궤는 본질적으로 보좌의 복제 (duplicate)라는 점이다. 계 4:8절에서 하나님의 전능하심과 관련하여 등장하는 3번의 거룩 (trisagion)은 사 6:3-4절에서 이사야가 선지자로 부름받을 때 심판을 포함한 하나님의 계시를 받은 것을 연상케 한다. 하나님의 전능하심은 자신의 거룩을 거스리는 것을 심판하신다. 계 5:1절의 책은 법적인 성격을 띠는 유언서 (testament) 혹은 이혼서 (a bill of divorce)로 볼 수 있다 (신 24:1, 3; 사 50:1; 렘 3:8). 유언서라면 일찍 죽임을 당한 어린

양 예수님이 유언자 (testator)이시다. 유언자인 어린양의 죽음으로 이제 유언장이 개봉될 수 있다. 이 책이 이혼서라면 신랑이 혼인 서약을 파기한 간음한 아내에게 주는 심판의 글이 된다. 어린 양이 피를 흘림으로써 우주적인 교회를 사셨는데 이것은 시내산 언약의 원래 약속을 성취한 것이다 (출 19:3-6; 24:4-8). 계 5:9절의 새 노래는 새 언약을 이루신 어린양의 등극을 축하하는 것으로 보는 것이 적절하다.

계 8-11장의 7나팔 환상은 나팔소리와 함께 대속죄일 (7월 10일)에 시작되는 희년 혹은 제 7월 첫날에 시작되는 나팔절을 연상시킨다 (레 23:24; 25:9). 대속죄일이 회개와 사죄의 날이라면, 희년은 공의와 회복의 날이다. 계 8:10절의 떨어진 별은 사 14:12-15절에서 대적 바벨론의 심판을, 계 8:12절의 어두움은 크고 두려운 주님의 날 (the Day of the Lord; 사 13:9-11; 24:21-23) 및 새 언약의 개시 (막 15:33)와 관련된다. 계 8:11절에서 셋째 나팔이 불어지자 강과 샘의 삼분의 일이 쑥 (gall)이 된 것은 언약의 파기 및 우상 숭배에 대한 심판의 이미지와 관련된다 (신 29:11; 렘 9:15; 애 3:15, 19; 암 5:7; 6:12). 계 11:15-18절에서 지체함 없이 오시는 언약의 큰 왕의 방문을 축하하는데, 큰 왕은 충성된 신하에게 상을 주며 우상 숭배로 '땅을 망하게 하는 자들' (destroyers of the earth)을 심판하신다 (참고. 렘 51:25). 계 11:19절의 성전 안의 언약궤는 언약 백성 가운데 성령으로 거하시는 큰 왕이신 하나님의 임재를 상징한다. 그런데 계 21장의 새 예루살렘 성 안에는 언약궤가 다시 보이지 않는다. 이것은 새 언약의 도래의 증거로서 렘 3:16-17절의 성취이다.

계 12장은 교회의 증인 사명을 통한 새 언약의 승리를 선포한다 (10-12절). '우리 하나님의 구원…' (계 12:10)이라는 표현은 언약의 하나님의 주권을 강조한다. 계 12:13-18절의 해석의 열쇠는 새 언약의 개시이다. 사단이 그리스도를 대적하는데 실패하자 주님의 신실한 신하 (faithful vassals)인 교회를 공격 목표물로 삼는다. 계 12:17절의 '계명'과 '증거'는 동의어로 큰 왕의 복을 받은 신하가 지켜야 할 언약 조항 (covenant stipulations)을 가리킨다 (계 14:12). 계 13:4절에서 짐승은 사람을 유혹하여 용 (사단)을 경배하게 만든다. 이것은 참된 언약의 핵심인 예배를 모방한 것이다 (참고 계 13:12-15). 계 14:7-13절에 등장하는 4번에 걸친 심판의 선언은 짐승을 숭배하여 음행 (언약 파기)을 행함으로써 영원한 언약의 복음을 거부한 자들에게 임하게 된다. 계 14:14-20절에서는 포도송이를 거두어 큰 포도주 틀에 넣어 밟음으로 '피'가 튀는 것은 포도나무로 상징되는 옛 이스라엘에 대한 언약적 심판을 상징한다.

계 15:1절의 마지막 재앙도 언약의 심판을 가리킨다. 계 16장부터 시행되는 일곱 대접의 환상에서 '쏟아 붓는다'는 표현은 하나님께서 그의 백성의 대적에게 시행하시는 진노 즉 언약적 심판의 전형적인 표현이다 (렘 10:25; 겔 14:19; 습 3:8). 계 15:3-4절의 '모세의 노래, 어린양의 노래'는 출 15장과 신 32장과 관련되는데, 거기서 모세는 하나님의 구원과 광야에서의 이스라엘의 불충성, 그리고 질투하는 하나님의 심판과 궁극적인 회복의 역사를 다룬다. 그러므로 요한은 계 15장의 찬송에서 모세보다 더 크신 예수 그리스도 안에서 더 크고 새로운 출애굽과 새 언약이 성취되었음을 찬송한다. 계 15:5-8절은 출애굽 시의 성막 (출 40:34-35) 혹은 솔로몬의 성전 봉헌 시에 충만하게 임재하신 하나님의 영광을 연상하도록 한다 (왕상 8:10-11). 이것은 긍정적으로는 새 이스라엘 가운데 충만히 거하시겠다는 하나님의 언약의 성취이며, 부정적으로는 배교한 이스라엘-예루살렘을 향한 심판이다. 하나님의 심판이 시행될 때 그 누구도 중보 기도하러 성전에 들어갈 수 없다. 계 15:5절의 '증거의 장막'이라는 표현을 파기된 언약의 문서적 증거(documentary evidence of a broken covenant)를 통하여 하나님이 심판하신다는 언약적 의미로 볼 수 있다. 계 5:8절의 성도의 기도가 담긴 금 대접과 계 16장의 진노의 일곱 대접은 대조를 이룬다. 계 16:4절에서 셋째 천사가 대접을 쏟아 부으니 강과 물 근원이 피로 변한 것은 어린양의 피로 새 이스라엘이 구원을 얻는 것과 언약적 대조를 이룬다. 계 16:6절의 복음의 대적으로 하여금 피를 마시게 하는 것은 잔치에 반대되는 것 (anti-banquet)으로서 그리스도의 신부가 즐길 어린 양의 혼인 잔치와 대조된다. 계 16:12절의 강물을 마르게 함으로 원수가 쳐들어오도록 하는 것은 구약에서 특별히 바벨론의 심판을 묘사하는 표현이다 (사 11:15; 44:27; 렘 50:38; 51:36). 다른 한편으로 강물-바닷물이 마르는 것은 하나님의 언약 백성에게는 구원이다 (출 14:21; 계 12:16).

특별히 계 16:17-21절에 묘사된 마지막 7번째 대접 심판은 이전의 여러 심판의 장면을 종합해서 최고조의 분위기 속에서 마치 최후 심판을 묘사하는 것 같은 인상을 준다 (학 2:6; 슥 14:4). 계 17-18장의 음녀 바벨론은 하나님의 공의로운 심판을 받는다. 그리고 계 21-22장에서 그리스도의 최종 파루시아 때에 새 예루살렘 성이 강림함으로 에덴 언약을 비롯한 모든 언약이 완성된다. 그 어떤 언약의 중첩이나 긴장도 찾아 볼 수 없게 된다. 그 때 그리스도의 신부인 새 예루살렘은 신천지에서 완전한 하나님과의 화해와 지복을 영원히 얼굴과 얼굴을 맞대고 누리게 된다. 이 일을 위해 새 언약의 중보자이신 그리스도께서 지금도 보좌에서 통치하시면서 성령과 교회를 통해서 역사하신다.

나오면서

현대의 계시록 해석은 주로 유대 묵시사상이나 1세기의 헬라-로마 세계의 빛 속에서 그 형식과 내용이 연구되어 온 것 같다. 이런 연구가 계시록 이해에 중요한 빛을 던져주는 것임을 부인할 수 없다. 하지만 계시록은 단순한 예언적-묵시적 서신이 아니다. 구원 계시사적으로 볼 때 오히려 계시록의 언약적 서신의 특성이 부각된다. 계시록은 큰 왕이신 예수 그리스도께서 과거와 현재와 미래를 다스리심으로써, 작은 왕들인 7교회를 언약의 복으로 초청하시는 소망의 메시지이다. 따라서 계시록의 핵심 메시지는 기독론적인 언약 종말론적으로 계시사적으로 이해되어야 한다. 바로 그때 하나님의 역동적인 왕권이 새 시대의 주이신 그리스도 안에서 성취된 새 언약 안에서 이루어졌음을 알게 된다. 이 왕권은 그리스도의 최종 파루시아로 완성될 것이며, 그 이전에는 교회의 사명으로 계속 성취되고 있다. Pohlmann (1997:64)이 정확하게 지적했듯이, 계시록과 그 세계관을 더 깊이 연구하면 할수록 주석가는 하나님의 언약에 도달하게 된다. 그리스도와 그분의 승리를 닮아가는 성도는 현재의 고난 가운데서라도 왕, 선지자, 제사장으로서 사명을 감당해야 한다. 승귀하신 만왕의 왕이신 예수 그리스도의 최종 파루시아는 성도가 겪는 정체성의 긴장을 궁극적으로 해결할 뿐 아니라 하나님의 역동적인 왕권의 가시적인 완성을 이루실 것이다 (계 21:3, 7; 22:4). 이것은 네로와 불신 유대인의 박해를 받던 소아시아의 7교회에게만 아니라 모든 시대의 교회에게 소망과 위로를 준다.

참고문헌

BANDSTRA, A.J. 1992. "A kingship and priests": inaugurated eschatology in the Apocalypse. *Calvin Theological Journal*, 27:10-25.

BARR, D.L. 1998. Tales of the end: a narrative commentary on the Book of Revelation. California : Polebridge Press.

BAUCKHAM, R.J.1993. The theology of the Book of Revelation. Cambridge : Cambridge University Press.

BEALE, G.K. 1999a. Questions of authorial intent, epistemology, and presuppositions and their bearing on the study of the Old Testament in the New: a rejoinder to Steve Moyise. *Irish Biblical Studies*, 21:158-186.

BEALE, G.K. 1999b. The Book of Revelation: a commentary on the Greek text. Grand Rapids : Eerdmans.

CAMPBELL, G.C. 2004. Findings, seals, and bowls: variations upon the theme of covenant rupture and restoration in the Book of Revelation. *Westminster Theological Journal*, 66:71-96.

CHILTON, D. 1985. Paradise restored: a biblical theology of dominion. Tyler : Reconstruction Press.

CHILTON, D. 1990. The days of vengeance. Tyler : Reconstruction Press.

DE VILLIERS, P.G.R. 1987. Leviatan aan 'n lintjie. Pretoria : Serva-Uitgewers.

DU PREEZ, J. 1979. Die koms van die koninkryk volgens die boek Openbaring. Annale University van Stellenbosch. Volume 2, serie B, No. 1. Cape Town : Nasionale Boekdrukkery.

GARRETT, S.R. 1998. Revelation. (*In* Newsom, C.A. & Ringe, S.H., eds. Women's Bible commentary. Louisville : Westminster John Knox Press. p.469-474.)

GENTRY, K.L. 1989. Before Jerusalem fell: dating the Book of Revelation. Texas : Institute for Christian Economics.

GILBERTSON, M. 2003. God and history in the Book of Revelation. Cambridge : Cambridge University Press.

JORDAN, J.B. 2004. Defiled and holy houses (Luke 11:14-52). *Biblical Horizons*, 172:1-2.

KÖNIG, A. 1970. Jesus Christus die eschatos: die fundering en struktuur van die eskatologie as teleologiese Christologie. Pretoria : N.G. Kerk-Uitgewers.

NORTH, G. 1987. Genesis: the dominion covenant. Tyler : Institute for Christian Economics.

POHLMANN, M.H. 1997. The influence of the "Weltanschauung" on the theological thrust of the Apocalypse of John. Johannesburg : Rand Afrikaans University. (Dissertation D. L. P.)

POYTHRESS, V.S. 1993. Genre and hermeneutics in Revelation 20:1-6. *Journal of the Evangelical Theological Studies*, 36(1):41-54.

REDDISH, M.G. 1995. Martyr Christology in the Apocalypse. (*In* Porter, S.E. & Evans, C.A., eds. The Johannine Writings: a Sheffield reader. Sheffield : Sheffield Academic Press. p.212-222.)

RESSEGUIE, J.L. 1998. Revelation unsealed: a narrative critical approach to John's Apocalypse. Leiden : Brill.

RISSI, M. 1966. Time and history: a study on the Revelation. (tr. by Winsor, G.C.) Richmond : JohnKnox Press.

SCHÜSSLER FIORENZA, E. 1989. Revelation. (*In* Epp, E.J. & MacRae, G.W., eds. The New Testament and its modern interpreters.

Society of Biblical Literature. p.407-455.)
SHEA, W.H. 1983. The covenantal form of the letters to the seven churches. *Andrews University Seminary Studies*, 21(1):71-84.
SMALLEY, S.S. 1994. Thunder and love: John's Revelation and John's community. Milton Keynes : Word Books.
STRAND, K.A. 1983. A further note on the covenantal form in the book of Revelation. *Andrews University Seminary Studies*, 21(3):251-264.
STUART, D. 1987. Hosea-Jonah. WBC. Waco : Word.
THOMPSON, L.L. 1990. The Book of Revelation: apocalypse and empire. Oxford : Oxford University Press.
VAN DER WAAL, C. 1990. The covenantal Gospel. Alberta : Inheritance Publications.
WALL, R.W. 1992. The Apocalypse of the New Testament in canonical context. (*In* Wall, R.W. & Lemcio, E.E., *eds.* The New Testament as canon: a reader in canonical criticism. Sheffield : Sheffield Academic Press. p.274-298.)

VIII

요한계시록의 찬송의 기능

The function of the hymns in the Book of Revelation

들어가면서

신약성경 중에서 요한계시록은 가장 해석상 논란이 되는 책인 동시에,[80] 아마 히브리서를 제외하면 가장 예전적인 (liturgical) 책일 것이다. 이 사실은 계시록이 종종 구약의 성전을 언급하고, 언약궤, 제단, 촛대, 향, 연기, 나팔, 대접 등을 언급하기 때문이다. 그 외에 찬송과 '주의 날' 이라는 표현에도 예전적인 성격이 드러나며, 어린 양이나 세마포와 같은 용어는 문맥에 따라서 예전적인 함의를 담고 있는지 결정해 한다 (참고. Paulien, 1995:254).[81] 찬송들은 주로 계 4-20장 즉 몸통부분에 등장하는데, 계시록의 구조상 아주 전략적인 위치를 차지한다. 대부분의 찬송은 하늘에서 천상의 존재들에 의해 불려진다. 그리고 성부 하나님과 성자 예수님이 같이 찬양의 대상이 된다. 이 글은 계시록의 찬송에서 천상의 예배와 지상의 예배와의 관련성을 찾으려는 지금까지의 시도들과는 각도를 조금 달리하여, 계시록의 몸통 부분에 등장하

---

80) 현대의 다양한 해석 방법론들은 요한계시록 해석에도 적용되고 있다. 가장 최근의 계시록에 관한 다양한 이념적-문화간의 (intercultural) 해석을 위해서는 Rhoads (2005)를 참고할 수 있다. 하지만 전통적으로 계시록을 해석하는 데는 4가지 방법이 있어 왔다: (1) 본문의 의미를 1세기 요한 당시로부터 찾으려는 과거론적 해석 (preterist interpretation); (2) 주님의 재림과 관련된 미래의 관점에서 해석하려는 미래론적 해석(futuristic interpretation); (3) 구체적인 역사성을 무시하고 하나님 (교회)과 사단 사이의 대결로 이해하려는 이상주의적 해석 (idealistic interpretation); (4) 주석가 자신이 처한 세상의 형편과 교회의 상황에 따라 해석하려는 세상-교회 역사적 해석 (world-church historical interpretation). 한국에서는 렌스키, 헨드릭슨과 레온 모리스와 같은 복음주의자들의 주석의 영향으로 미래론적-이상주의적 해석이 복음주의 진영에서 많이 소개되고 있는 것 같다. 하지만 과거론적 해석을 제외한 나머지 해석은 '의미'를 찾는 것이라기보다는 '의의'를 찾는 적용의 차원으로 볼 수 있기에 적합하지 않다. 이상주의적 해석은 계시록이 문학 쟝르 상 예언적 서신이므로 1세기 상황을 고려해야 한다고 말하지만, 주석의 실제에 있어서는 철저히 이 원칙을 적용하지 않는 약점이 있다. 과거론적 해석의 수정된 형태인 부분적 과거론적 해석 (partial preterist interpretation)에 개혁주의자들은 주목해야 할 것이다. 이유는 1세기의 배경 속에서 계시록의 의미를 우선적으로 찾으려고 하는 것은 다른 해석방법들보다 더 철저하며, 동시에 계 20장 이후를 미래인 측면으로 정당하게 고려하고 있기 때문이다.

81) 요한은 구약의 예전을 기독론적으로 재해석하고 있다고 할 수 있다. 계시록에 등장하는 자세한 예전적인 표현들과 등장 횟수에 관해서는 Paulien (1995:249-255)과 Peterson (1988:68-70)을 보라.

는 10개의 찬송들로 범위를 좁혀서 주석함으로써, 이들이 계시록의 주제 전개에 있어서 사건을 요약하고 주석하는 중요한 기능을 가지는 것과, 특별히 박해 가운데 있던 소아시아의 7교회로 하여금 이미 임한 하나님 나라와 어린 양의 등극이라는 계시록의 절정을 미리 맛보도록 인도하여 위로하는 기능이 있음을 보여주기 위한 것이다 (참고. Du Rand, 1991:26; Osborne, 2002:473).

1. 계시록의 찬송의 배경

계시록의 찬송들과 예전적인 요소들이 요한 당시의 기독교 혹은 유대교의 예전 (회당이든 성전이든)을 반영하는 것인지는 분명하지 않다. 유대묵시 중 제 4 Qumran (400, 2; 403, 1 등)에서 발굴된 문서에 나타나는 'Merkabah (궁창 위의 보좌 방 [throne room] 안의 중심 무대인 보좌-마차) 신비주의'를 그 배경으로 하고 있다는 주장도 있다 (참고. Ford, 1998:208). 넓게는 계시록의 찬송이 제의적 찬송 (the cult hymn)과 서사적 찬송 (the rhapsodic hymn)으로 구성되는 그레코-로마 제국의 찬송에서 유래했으며, 좁게는 하늘 보좌와 비슷한 로마제국의 법정을 상기시켜서 독자들로 하여금 오히려 그 유사성을 직시하여 동화되지 말 것을 가르치려는 목적을 가지고 있다고 보는 이도 있다 (Ruiz, 1995:216; Aune, 1997:316). 혹자는 계시록의 예전적 요소의 기원을 묵시 문헌에 종종 등장하는 천사 숭배 (the angelic worship)와 황홀경적 환상 경험 (ecstatic visionary experience)에서 찾는다 (참고. Nogueira, 2002:166).[82] 하지만 계시록의 찬송들은 이런 외경의 묵시적인 찬송들보다는, 요한이 많이 의존하고 있는 간본문인 구약 선지서 중에서 겔 1-10, 40-48장 그리고 사 6장의 보좌의 모습과 천사들의 경배와 더 관련된 것으로 보인다. 천상의 예배는 지상의 예배와 밀접히 연관된 것으로서, 박해 가운

---

82) 요한은 자신의 정신의 황홀경적인 경험을 소개하는데 관심이 없고, 대신에 성령의 감동을 강조한다 (참고. Du Rand, 1996:7).

데 있던 소아시아의 교회가 그것을 듣고 마음에 그려보면서 자신의 상징 세계 (symbolic world)로[83] 삼아서 힘과 소망을 얻을 수 있도록 의도되었다.

2. 계시록의 찬송의 특징

시간적으로 두 종류로 나뉘어진다: (1) 일시적인 악으로부터의 구원을 노래하는 찬송들 (계 4:6-11; 5:6-14; 7:9-12; 11:15-17; 12:10-12; 14:1-5; 15:2-4; 16:5-7; 18:2-23; 19:1-8), 그리고 (2) 미래적인 종말론적 찬송들 (계 21:1-22:5; 참고. Bratcher & Hatton, 1993:6).[84] 모든 주요 사건들이 찬송을 동반하는 것은 주목할 점이다. 이 찬송들은 바로 앞에 등장하는 사건 혹은 사실적 설명의 주석으로 기능한다. 이 주석은 하나님의 종말론적인 심판과 구원이 예수 그리스도를 통해서 시행됨을 그 주요 내용으로 한다. 그러므로 이 찬송에는 (핵심 주제로서의) 구원론과 (구원이 시행되는 시점으로서의) 종말론, (구원의 대상인 동시에 찬양의 주체인) 교회론 그리고 (구원의 근거를 성취하신) 기독론이 혼합되어 있다.

3. 계시록의 찬송들

계 2-3장과 계시록의 결론 부분에는 하나님의 큰일 (*magnalia Dei*)을 직접적으로 노래하지 않기에 찬송이 등장하지 않는다. 주요 찬송들은 다음과 같다:[85]

---

83) 상징세계 안에는 어린 양이 승리하여 온전히 다스리고 계신다. 그러나 소아시아의 7교회의 수신자들의 박해 상황은 변하지 않았다. 그러므로 이 상징세계를 바라보면서 요한의 독자들은 위로를 얻어야 했기에, 이것을 믿음과 소망의 세계라고 부를 수 있다.
84) 이 부분은 찬송의 형태를 가지지 않는다. 그러나 찬송의 내용을 담고 있다고 볼 수 있다.

(1) 계 4:8, 11

계 4:1-5:14절에 나타나는 하늘 보좌의 환상은 계시록 안에서 가장 긴 보좌 환상 장면인데, 7인의 환상뿐 아니라 계시록 전체의 환상의 서론 역할을 한다 (Aune, 1997:313). 계 4:8절은 세상의 모든 피조물을 상징하는 4생물이,[86] 11절은 구약과 신약의 모든 하나님의 백성을 상징하는 24장로가[87] 보좌 위의 성부 하나님을 찬송하는 부분이다. 성부 하나님은 주님이시요 전능하신 분으로서, 거룩하신 분이신데, 과거에도 계셨고, 지금도 계시고, 지금도 계속해서 오고 계시는 분이시다.[88] 계 4장에서 요한은 성령의 감동으로 하늘 보좌로 올라가서 환상을 보도록 초대된다. 계 4:1절은 시 29편을 암시하는데, 하늘의 보좌는 요한 당시의 세상 법정을 연상시킨다. 4:1절 끝에 나오는 '이후에 마땅히 될 일'은 요한 당시에 이루어질 일을 가리킨다. 계 4:2절은 심판자이

---

85) 이 글에서 다루는 10 찬송 중에서 2, 3, 4, 5, 6, 7, 10번째 찬송은 보좌 위의 성부 하나님과 더불어 어린양이신 메시아도 찬양한다. 이것은 중심테마 (Leitmotiv, basso ostinato= ground bass)인 그리스도 사건 (the Christ-event)이 계시록 전체의 줄거리가 구조적으로 그리고 신학적으로 통일성 있게 전개되는데 있어서 주도적인 역할을 하고 있음을 증거하는 것이기에 계시록은 전체로서 읽혀져야 한다 (참고. Du Rand, 1993a:310; 1993b:313).

86) 4생물은 각 영역에서 가장 뛰어난 피조물들이기에 모든 피조물을 상징하는 것이다. 하늘에서 하나님의 명 (슈)을 받들어 섬기는 영적인 존재들인 천군 천사들로서 사자 같이 용맹스럽고, 송아지 같이 충성되고, 사람같이 지혜롭고, 독수리 같이 민첩한 존재들이다.

87) 24란 숫자는 12 곱하기 2인데, 12는 구약의 이스라엘 12족과 신약의 12제자를 상징하기에 신구약의 모든 하나님의 백성을 상징한다 (비교. 계 21:12-14). 더 나아가, 24란 숫자는 구약의 제사장의 24반열을 상징하기에 (대상 24장), 신약의 교회는 24장로서 보좌에서 왕으로 다스릴 뿐 아니라 (계 4:4), 새 언약의 (왕적) 제사장들이다.

88) '주'와 '하나님'이라는 호칭은 반 로마적인 색채를 가진다. 비록 생존시에 스스로 신격화를 추구했던 Gaius와 Nero같은 소수의 경우를 제외하면 대부분의 로마 황제들이 살아있을 때는 신격화 된 적 없었지만, 그들의 사후에 원로원의 포고 (senatorial decree)로 이런 호칭으로 신격화 되었다. 그러므로 계시록의 수신자들은 누가 참된 주요 하나님으로서 예배를 받을 것인가를 선택해야만 했다 (참고. Aune, 1997:310-311). '전능자' (the Almighty)라는 표현은 요한의 독자들이 박해 상황 속에 있는 것을 기억한다면 그들을 위로하는 차원으로 적절한 칭호이다. 여기서는 계 1:8절의 전능자를 너머 '주 하나님 전능자' 라고 완전한 호칭을 사용함으로써 하나님의 권세뿐만 아니라 피조물에 대한 그분의 주권도 찬양한다. 그러므로 요한의 독자들은 세상의 거짓 권세자를 두려워할 이유가 없다 (Osborne, 2002:237).

신 하나님이 곧 있을 피고에게 내릴 형벌의 선고를 위해 보좌에 앉아계시는 장면이다 (시 29:10). 피고는 예수님과 초대교회의 최대의 대적이었던 불신 유대인들이다. 원고는 교회-순교자들이다. 원고의 원통함은 나중에 계 6:9절에 나타난다.

　신구약의 모든 성도를 상징하는 24장로들이 굽혀 경배하고 자신의 면류관들을 보좌 앞에 던지는 제스쳐 (계 4:10)는 모든 주권이 보좌 위의 '주 하나님 곧 전능하신 분'에게 종속되어 있음을 상징적으로 강조한다. 환언하면, 24장로로 상징되는 교회가 최고 크신 왕 즉 만왕의 왕이신 성부 하나님께 전적인 헌신과 충성을 해야 한다는 의미이다. 계 4장을 공간적인 관점 (spatial viewpoint)에서 볼 때, 24장로는 보좌 주위의 주변적인 인물이지 중심인물은 아니다. 24장로의 찬송인 계 4:11절은 4생물의 찬송과는 달리 2인칭을 사용하여 직접적인 찬송을 하나님께 드리고 있는데 계 4장의 절정에 해당하는 구절이다. 하나님에게 "주 하나님, 영광과 권세가 합당하다"라고 찬송하는 것은 단지 예전적인 의미뿐 아니라, 요한 당시의 로마 황제나 황제의 대리인이 어떤 도시에 방문차 도착했을 때 사람들이 돌렸던 동일한 호칭과 영광과 권세를 연상케 하는 정치적인 함의를 지니고 있는 것으로 보인다. 그렇다면 반 로마적인 메시지를 통해서 황제가 아니라, 하나님만 참된 권세자이시며 세상의 통치자로서 영광을 받으실 것을 이런 용어들이 강조하는 것이다 (참고. Osborne, 2002:240). 따라서 계 4:8절과 11절은 계 4:1-7절의 하늘 보좌 환상에 관한 상징적인 설명을 요약하는 주석적 기능을 하고 있다고 결론을 내릴 수 있다.

(2) 계 5:9-10, 12, 13

　계 5:9-10절은 4생물과 24장로가, 12절은 보좌 주위의 많은 천사들이, 13절은 모든 만물이 일곱 인으로 봉인된 두루마리를 열기에 합당하신 어린 양을 새 노래로 찬송하는 부분이다.[89)] 계 4장에서는 보좌 위의 위엄의 심판자이신 성부 하나님에게 초점을 모았다면 계 5장에서는 성자 예수님에게로 초점이 전이된다. 그 이유는 예수님을 통해서 하나님은 자신의 구원 계획을 계시하시기 때문이다. 계 5:1절에 일곱 인으로 인봉된[90] 두루마리는 AD 66-70년에 예루살렘에게 내려질 하나님의 심판의 선고문인데, 넓게는 종말론적인 통치백서(統治白書)이다 (참고. 마 23:35). 요한은 이 선고문을 들으려고 하늘의 법정으로 들어간다. 하지만 이 인봉된 두루마리를 열만한 자격을 갖춘 사람을 보지 못해서 울고 만다 (계 5:4). 이것은 계시록의 주인공이신 예수님의 극적인 등장을 위해 적절한 배경이다. 예수님은 일곱 인으로 봉인된 두루마리의 내용을 일곱 나팔을 통해서 말씀하실 것이고 일곱 대접을 통해서 보충하시며 계시하실 것이다. 넓은 의미에서 점층적인 반복이론 (recapitulation theory)이 틀리지 않은데, 그 이유는 7인-7나팔-7대접 사이의 병행 구절이 증거 하기 때문이다 (참고. Koester, 1992:245).

계 5:5절이 밝히듯이 이 찬송에서 승리하신[91] 유다 지파의 사자이며 다윗의 뿌리이시며 후손으로서의 메시아 (the Davidic Messiah)를 본다. 일찍 죽임 당한 것 같은 어린 양 (5:6)은 이사야의 고난당한 여호와의 종을 연상케 한다. 그러나 단지 고난만 당하시는 것이 아니라, 7뿔과 7눈 (=7 성령)을 가진

---

89) '새 노래'가 불리어 지는 것은 예수 그리스도의 죽음과 부활이 새 시대를 열었기 때문이다. 시간적인 새로움을 주로 뜻하는 것으로 계시록에서는 한번도 사용되지 않은 neos와는 달리 kainos는 보통의 것과는 전혀 다른 것 혹은 옛것보다 좋다는 가치와 질에 있어서 우월을 의미한다. 바로 이런 의미에서 하나님 나라의 새로움이 계시록의 중심주제이다. 노래가 계시록에서 5회 어린양과 연결되는데, 구원개념과 관련된다 (계 5:9; 14:3 [2회]; 15:3 [2회]; 참고. Osborne, 2002:259).

90) 두루마리가 일곱 인으로 인봉되었다는 것은 그 누구도 열어볼 수 없는 완전한 비밀로 감추어져 있다는 말이다. 따라서 요한은 하나님의 통치의 뜻-계획-내용에 대해 계시를 받고 싶어 했다. 여기서도 구약의 제의가 암시되어 있는데, 어린양이신 그리스도는 새로운 모세로서 하나님 나라의 새로운 율법을 받고 있다 (Paulien, 1995:259).

91) 단회성을 강조하는 아오리스트형으로 표현된 '이겼다' (enikēsen)라는 표현은 주님의 과거의 영단번의 구속 사역을 가리킨다 (계 3:21; 5:5). 하지만 현재 분사형으로 나타나는 '이기고 있는 자' (ho nikōn; 계 2:7, 11 등)는 예수님의 과거의 승리를 믿는 자에게 주어지는 계속적인 승리를 강조한다.

전지전능하신 메시아이시다. 7절은 승천하신 승리의 메시아께서 이제 하늘과 땅의 권세를 받아서 역사의 주관자로서 사역을 하시고 계심을 보여주는데, 특별히 교회의 기도를 통해서 구원과 심판을 시행하신다 (8절). 계 5:9-10절은 4생물과 24장로가, 11-12절은 천사들이, 13-14절은 만물이 합창함으로 교창 (antiphonal praise)의 형식을 띤다. 계 5:10절은 예수 그리스도의 사역으로 '나라와 제사장'이 된 성도의 변화된 신분을 강조한다 (참고. 단 7:14, 18). 계 5:14절은 24장로들이 굽혀 성부와 어린양을 경배하고 있다. 흥미롭게도 이 두 번째 찬송(과 바로 앞 배경 구절들)은 계 1:4-8절과 표현과 주제에 있어서 유사하다: (1) 오신다 (계 1:4; 5:7), (2) 죄로부터 자유케 하신다 (계 1:5; 참고. 5:9), (3) 왕과 제사장을 삼으신다 (계 1:6; 5:10), (4) 영광과 능력을 예수님에게 (계 1:6; 5:12), (5) 일곱 영 (계 1:4; 5:6).[92] 요약하자면, 이 찬송에는 어린 양의 과거의 구속 사역이 유일하게 인봉된 두루마리를 떼서서 세상 통치를 할 수 있는 합당한 자격을 부여하고 있음과 신약 교회의 복된 신분의 변화를 강조한다. 계 5:13절의 찬송은 계 5장뿐만 아니라 계 4-5장 전체의 결론적인 찬송으로 볼 수 있고 계 5:14절의 '아멘'은 계 4-5장 전체 예배 장면의 적합한 결론이다. 계 5장에서는 종말론적인 하나님의 통치 계획 (종말론)이 담긴 두루마리를 승귀하신 그리스도께서 (기독론) 성부로부터 받으셔서 교회를 위해 (교회론) 시행하신다는 (구원론) 풍성한 신학이 담겨있다 (참고. Osborne, 2002:264-266).

---

92) 성부 하나님과 예수님에 비해서 성령님에 대한 언급은 요한계시록에 상대적으로 적다. 그 이유는 요한이 보았던 환상의 중심이 보좌에 앉으신 성부와 성자이기 때문이다. 그렇다고 이 이유 때문에 계시록에 성령님이 중요하지 않다고 말할 수 없다. 계시록에 성령 하나님을 언급할 때 두 가지 표현을 사용한다. 하나는 '성령' (1:10; 2:7, 11, 17, 29; 3:6, 13, 22; 4:2; 17:3; 21:10)이고, 다른 하나는 '일곱 영 (the seven spirits [of God])'이다. '일곱 영'은 계 5:6절을 비롯하여 계 1:4, 3:1, 4:5절에 4번 등장하는 말인데 독특한 표현이다. 일곱 영이라고 할 때 일곱은 충만과 완전을 상징한다. 4번 등장한다고 할 때 4는 동서남북 즉 온 세상을 상징한다. 이 이유로 계 5:6절에서 '일곱 영'을 온 땅에 보내심을 입은 하나님의 일곱 영이라고 소개한다. 요한이 일곱 영을 언급할 때 슥 4:1-14절을 인용한다. 요한에게 있어서 슥 4:1-14절은 하나님의 활동에 있어서 성령님의 역할을 이해하는데 중요한 본문이다. 요한이 답하고자 하는

(3) 계 7:10, 12, 15-17

10절은 각 나라와 족속과 백성과 방언에서 나온 흰 옷 입은[93] 무수히 많은 무리가, 12절은 모든 천사가, 15-17절은 장로 중 하나가 부른 찬송인데, 이스라엘 12족속 중 144,000명을 인친 후 (계 7:4)에 부른 찬송이다.[94] 계 7:9절은 예수 그리스도의 구원의 우주적인 성격을 '각 나라와 족속과 백성과 방언에서 아무라도 능히 셀 수 없는 큰 무리' 라는 말에서 알 수 있다. 이들 역시 흰 옷을 입은 거룩한 백성이며 (14절) 종려가지를 든 승리의 백성이다. 여기서 이 찬송이 등장하는 문맥을 살펴보자. 6째 인까지 떼어진 후 이제 7째 인이

질문은 "소아시아의 7교회가 내외적인 어려움을 겪고 있을 때 하나님께서는 어떻게 땅 위에 통치를 이루어 가실까?" 이다. 슥 4:6절은 그 방법을 소개하면서 말씀하기를 "이는 힘으로 되지 아니하며 능으로 되지 아니하고 오직 나의 신으로 되느니라"고 한다. 계 5:6절에서 요한은 일곱 영을 어린양의 '일곱 뿔' 뿐만 아니라 '일곱 눈' 과 동일한 것으로 말한다. 특히 어린양이 가지고 있던 '일곱 눈' 을 온 땅에 보내심을 입은 하나님의 일곱 영과 동일시한다. 어린양이신 예수님이 일곱 눈을 가지고 있다는 사실은 온 땅을 두루 살피시는 예수님의 전지하심을 의미한다 (대하 16:9). 어린양이 일곱 뿔을 가지고 있다는 것은 어린양의 승리의 권세를 나타낸다. 그렇다면 일곱 영이신 성령님은 어린양의 승리와 전지하심을 온 땅에 증명하시기 위해 일하신다 (행 16:7; 고전 2:10-16). 어린양이 죽음과 부활을 통하여 이룬 승리의 권세를 일곱 영이신 성령님을 온 땅에 실현시켜서 하나님 나라를 가져온다. 그리스도의 과거의 사역이 현재에 효과적으로 나타나는 방법은 성령님을 통해서다. 성령님은 일곱 뿔 즉 완전한 권능과 일곱 눈 즉 완전한 전지하심을 통해 온 세상에 예수님을 증거 하신다. 일곱 영이신 성령님은 교회의 선교적인 사명을 온 땅에 충만히 이루시는 분이시다. 소아시아의 일곱 교회의 선지적 증인의 사역을 밝히려는 의도가 일곱 영에서 볼 수 있다. 요약하자면, 계시록에서 단순히 '성령' 이란 언급이 선지자를 통해 '교회(안)에게' 말씀하시는 것이라면, '일곱 영' 은 교회를 통하여 '온 세상에게' 말씀하시는 성령의 역사를 가리킨다 (참고. Du Rand, 1996:1-15).

93) '흰 옷' 은 반 로마적 의미를 지니고 있다. 로마 시내를 개선한 장군이 흰 옷 (white toga)을 입고 행진하는 것과 유사하다 (Osborne, 2002:319).

94) 왜 인침을 받은 자가 144,000명인가? 숫자 3이 삼위일체의 수인데, 이것을 동서남북을 상징하는 4로 곱하면 12가 된다. 4로 곱하는 것은 인침을 받은 자가 온 사방으로부터 왔기 때문이다. 그러면 숫자 12는 3위 하나님이온 세상 가운데 역사하심을 상징한다. 그리고 구약과 신약의 백성은 12지파와 12제자로 상징되기에 이 둘을 곱하면 144가 된다. 144라는 숫자에다가 무수히 많다는 의미의 1000을 곱하면 144,000명이 된다. 그러므로 144,000명은 신구약의 모든 신실한 하나님의 백성을 상징하기에 적합한 수가 된다. 그리고 이 144,000명은 뒤 따르는 계 7:9-17절의 '셀 수 없는 큰 무리' 와 동일 집단으로 보인다.

떼어져야 하는데 (계 8:1), 계 7장에서는 다른 사건이 첨가되어 일종의 휴지 (休止) 혹은 중간극 (interlude)의 상태를 보인다. 왜 이런 삽입 혹은 휴지 상태가 발생하는가? 그 이유와 연관해서, 6개의 인이 하나씩 떼어질 때마다 하나님의 심판이 배교한 유대인에게 내려졌기에, 다음과 같은 질문이 자연스럽게 일어난다: "과연 이 심판의 와중에서 구원받은 남은 자는 없단 말인가?" 이 질문에 답을 하기 위해 계 7장이 존재한다. 겔 9장에서도 하나님의 천사는 이마에 인을 친다. 그 대상자는 BC 586년에 바벨론에게 멸망되지 않고 보호될 '남은 자'이다. 여기 계 7장에서도 비슷한 환상이 등장하는데, 예루살렘 멸망 이전에 하나님께서 그의 신실한 자를 구별하고 인치시는 것이다. 그렇다면 유대-로마 전쟁 중 즉 AD 66-70년 사이의 '남은 자'는 누구인가? 바로 예수님을 메시아로 영접한 사람들이다. 물론 시간이 지남에 따라 선교활동으로 이방인 성도가 점차로 이 남은 자에 들어오게 되었다. 그러므로 계 7:4절의 144,000이란 숫자는 AD 70년 예루살렘 멸망 직전에 하나님의 인도로 탈출한 예루살렘의 유대인 성도를 상징하는 숫자이다 (눅21:20 이하). 이 탈출의 사건은 역사가들이 밝히듯이 요단강 동편의 펠라 (Pella)로 예루살렘교회가 도망간 사건이다 (참고. 막 13:14).[95] 그리고 12지파에서 각각 12,000명씩 선발되었다는 말은 (계 7:4), 예루살렘 (유대인) 교회가 구약의 이스라엘백성의 대를 잇는 참된 (혹은 새로운) 이스라엘이라는 상징적 의미가 있다. 이 144,000명은 복음의 '처음 익은 열매'로 불릴만하다 (계 14:4; 참고. 마 9:37 이하; 요 4:35-38; 약 1:1, 18). 예루살렘 교인들이 첫 열매이기에 열방의 이방인 성도들은 두 번째, 세 번째 복음의 열매들로 이해할 수 있다.

---

95) 하나님은 예루살렘 교회의 인정받은 사람들에게 데가볼리의 한 도시인 펠라 (Pella, 오늘날의 Tabaqat Fahl)로 도망가라고 가르쳐 주셨는데, 이 전승은 2세기 초에 유대인을 대적해서 변증했던 아리스톤 (Ariston)에게서 유세비우스가 정보를 얻어서 그의 *Historia Ecclesiastica*, 3.5.3에 기록했다. 유세비우스의 책 이외에도, 이 사건이 역사적인 사건임을 Epiphanius의 책 Panarion, 29.7.7-8과 30.2.7, 그리고 pseudo-Clementine의 *Recognitions*, 1.37-39에 기록되어 있다. 펠라는 매우 친 로마적인 도시였다. 따라서 펠라는 로마를 대항한 폭동에 대해 아주 반감을 가지고 있었기에 이곳을 선택한 것은 예루살렘 교회의 적절한 선택이었다 (참고. Koester, 1989:90-106; Van Elderen, 1994:207-220, contra Van de Kamp, 2000:293).

다수사본은 하나님의 인침의 '현재적인' 결과를 분명히 해주는데, 이 찬송들은 이 인침의 현재와 미래 (17절 후반)의 종말론적인 결과를 동시에 주석하면서 찬송한다. 그리고 이 찬송은 인침 받은 사람들의 승리적 신분의 근거를 어린양에게 돌린다 (계 7:14). 계 7:16-17절은 바벨론 포로에서 돌아올 이스라엘 백성에게 주신 약속의 말씀인 사 49:10절의 주석적인 확장 (midrashic expansion)이다. 요한은 16절에서 'eti'를 2번이나 사용하여 다시는 교회를 괴롭힐 어떤 굶주림과 목마름이 없을 것 더 정확히 말하자면 하나님을 위해서 겪는 모든 고통으로부터 건져 주실 것을 강조한다. 왜냐하면 겔 34:23절에서 약속된 이스라엘의 목자이신 예수 그리스도 때문이다 (참고. 호 5:12-13 요 10; Osborne, 2002:330).

(4) 계 11:15, 17-18

천사가 7번째 나팔을 불 때 하늘에서 들린 찬송이다. 겔 40-47장에는 한 사람이 측량 막대기를 가지고 성전을 측량하는 장면이 나온다. 비슷하게도 계 11:1절에서 요한은 지팡이 같은 갈대를 성전 측량을 위해 받는다. 이 두 사건 모두 임박한 예루살렘 성전의 파괴 직전에 참된 성전을 보호하기 위해 표시해 두는 것이다. 계 7:4절에서 하나님은 이스라엘 12지파로부터 총 144,000명을 인치셨다. 마찬가지로 계 11장에서도 하나님은 심판으로부터 자신의 참 성전인 새 언약백성을 인치시고 구별하시며 보호하신다. 계 7장에서처럼 계 11장도 7째 나팔이 불려지기 (계 11:15) 이전의 휴지 (休止) 혹은 삽입부분이다. 교회는 하나님의 인침을 받아서 이 땅에 살면서 보호를 받는데, 아무 어려움 없는 가운데 사는 것이 아니라 고난 가운데서 보호를 받는다.

구약의 나팔절 (the Feast of Trumpets, 티쉬리월 제 1일)을 연상시키면서,[96] 일곱 번째 천사가 나팔을 분 후에 찬송이 불려진다. 세상이 주 하나님 전능하신 분 (17절)과 그리스도의 나라가 되어 왕 노릇 하신다는 왕권을 높이는 찬송이다. 18절에는 심판 (진노, 참고 계 6:17)과 구원 그리고 보상이 함께 등장한다. 15-18절의 찬송은 먼저 하늘의 큰 음성이 부르고, 그 후 16절부터 장로들이 동참한다. 주목할 시상의 변화는 15절의 아오리스트 ('나라가 되어', *egeneto*, contra 예견적 아오리스트, Aune, 1998a:638)에서 미래 (대부분의 사본이 지지하듯이 "왕 노릇 하시리로다", *basileusei*로의 전환인데,[97] 그리스도의 우주적인 왕권의 시행의 '이미와 아직 아니' 의 측면으로 이해할 수 있다. 이 찬송 뒤에 19절에서 계시록에 종종 등장하는 출애굽 주제 (특별히 언약체결과 하나님의 현현)가 등장한다.

계 11:15절의 "세상 나라가 우리 주와 그 그리스도의 나라가 된다"라는 시간언급은 AD 70년을 기점으로 하는 것으로 볼 수 있다. 왜냐하면 기독교가 세상의 종교가 될 수 있었던 것은 AD 70년에 그 (예루살렘) 성이 파괴됨으로써 (계 11:13) 기독교가 유대교와 단절된 후이다. 그 후로 확실히 하나님의 나라가 이제 세계화-보편화 되었다. 따라서 계 11:18절은 주님의 재림 (the Parousia)을 의미하지 않는다. 그리고 팔레스틴이 아니라 하늘에 있는 성전이 열린 것은 (계 11:19) 하나님께서 성도를 신원하신 결과이다. 이 찬송은 어린양의 과거의 사역의 결과, 성도는 승귀하신 그리스도께서 다스리는 이 땅에서 새롭고 산길 즉 하늘의 지성소로 인도하는 시온의 대로를 걸을 수 있음을 노래한다.

(5) 계 12:10-12

이 찬송은 특별히 계 12:7-9절의 중요성을 해석하는 것인데 (Osborne, 2002:473),[98] 하늘의 큰 음성이 예수님의 초림,[99] 지상 사역 그리고 부활-승천으로 사단이 하늘에서 축출되어 종말론적인 하나님 나라가 도래한 것을 기념

---

96) 유대인의 사고에 있어서 일곱째 달의 나팔절 (7월 1일)은 대속죄일 (7월 10일, the Day of Atonement)로 연결되는 심판의 시간을 예고한다 (계 11:18-19). 실제로 계 11:19절부터 계시록 끝까지 심판에 대해 점층적으로 초점이 모아진다고 할 수 있다 (계 14:7; 16:5, 7; 17:1 등; 참고. Paulien, 1995:259-260).

97) 시제상의 변화가 지니는 신학적인 함의를 무시한 채, O'Rourke (1968:405)는 이런 시제상의 차이점을 요한이 다른 자료들을 사용한 결과라고 본다.

하는 찬송이다.[100] 계 12-13장이 계시록 전체의 핵심 부분이라면, 이 찬송은 계시록의 열쇠용어 (sleutelterm)인 '승리'를 분명히 다루는 가장 중요한 찬송으로 볼 수 있다 (Jordan, 1999:17, Van de Kamp, 2000:298).

이 찬송의 심층구조는 아래와 같다:

```
                      의사소통의 축
하나님(송신자)   →   구원/ 심판(대상)   →   형제들/배교한 유대인과 로마(수신자)

                          ↑
                       의지의 축
                          ｜
형제들(조력자)   →   어린 양(주체)   ←   참소자(대적)
                       힘의 축
```

이 찬송은 계 12:1-9절의 예수 그리스도의 초림과 고난 그리고 승천을 통한 사단의 하늘에서의 축출 사건을 주석하는 것이다 (Aune, 1998a:701). 그리스도 사건은 요한이 계시록을 기록할 당시에서 보면 가까운 과거의 사건이다. 요한이 AD 30경의 사건을 이 찬송에서 언급하기에, 계시록은 전반적으로 시간적인 순서를 따르되 철저하지 않음을 알 수 있다. 그리고 이 찬송은

---

98) 계 12:8-11절은 종말론적인 하나님 나라의 도래를 중심 사상으로 교차대칭 구조를 보인다 (Siew, 2005:136):
　　A- 미가엘에 의해 패배당한 용 (12:8)
　　 B- 하늘에서 땅으로 던져진 용 (12:9)
　　　C- 구원과 하나님 나라의 도래 (12:10a)
　　 B'- 던져진 참소자들 (12:10b)
　　A'- 성도에게 패배 당한 용 (12:11)
99) 여기서도 논객 (polemicist)으로서 요한은 로마의 제의와 계시록의 예배 사이의 병행을 강조하고자 한다. 그의 목적은 소아시아에서 네로 치하에서 박해 받고 있던 그의 청중들에게 3위 하나님만 참된 예배의 대상임을 확신시키기 위해서 이다. 계 12:1절에서 교회를 상징하는 휘황찬란한 옷을 입은 여인의 모습을 통해서 요한은 7교회의 영광스러운 신분과 자신을 'Apollo Helios'라고 불렀던 네로의 모방 (parody)을 대조하고 있다. 이처럼 반 (anti) 로마적 메시지가 등장하기에 전환적 부분적 과거론이 정당하게 보인다 (참고. Barnett, 1995:226-231).

계 11:15절을 더욱 상술하는 차원으로 볼 수 있다. 교회가 사단을 이긴 것은 어린양의 피와 자신의 증거에 근거한다. 이것을 다음과 같이 도표로 설명할 수 있다:

---

100) 계 12장의 근접문맥인 계 11장은 계 12장의 해석에 도움을 준다. 예를 들어, 증거라는 주제 이외에 (Van de Kamp, 2000:299), 예수님의 부활과 승천이 초대교회에 가져다 준 결과가 이 두 장의 공통 주제이다.
(1) 계 11-12장의 부활 주제: 시간적으로는 계 12장이 예수님의 성육신을 다루기에 초대교회의 사역을 다루는 계 11장에 선행한다. 하지만 이 두 장에는 특별히 AD 30년-60년경을 배경으로 한 신약 교회의 고난과 승귀가 그리스도의 부활과 승천 사건에 기초해 있다. 계 11:7절에 무저갱으로부터 올라오는 짐승이 두 증인을 전쟁 중에 죽이는 장면이 나온다. 그들이 죽은 곳은 영적으로 하면 소돔이요 애굽인데, 예수님께서 죽임 당하신 곳이다. 예루살렘이 이방인 도시 중에서 가장 타락하여 하나님의 심판을 받았던 소돔과 언약 백성을 짓눌렸던 악한 나라 애굽으로 표현된다. 이유는 배교한 이스라엘의 중심에 위치해 있었던 예루살렘 교회는 주요 대적인 예루살렘의 유대인들로부터 고난을 받았기 때문이다. 계 11:11절에는 두 증인이 죽은 지 삼일 반 후에 다시 생기를 받아 발로 일어서는 기적이 일어난다. 이 부활은 많은 사람들에게 두려움과 충격을 주었다. 따라서 이 부활은 초대교회의 재창조의 사건이다. 재창조의 사건은 불신자에게는 두려운 일이지만 교회에게는 큰 위로이다. 계 12:5절은 예수님께서 죽음을 보시지 않고 바로 승천하는 것으로 묘사하기에 부활의 주제가 등장하지 않는다. 하지만 12:11절은 "여러 형제들이 죽기까지 자기 생명을 아끼지 않았다"라고 함으로 죽음과 부활이 간접적으로 언급된다. 형제들의 부활은 그리스도 사건에 기초한 것이다.
(2) 계 11장과 12장의 승천 주제:
주님의 승천은 계시사적으로 아주 중요한 승귀 사건인데, 만주의 주요 만왕의 왕으로 등극하신 사건이다. 계 11:12절에서 두 증인은 부활을 경험한 후 하늘로 올라오라는 하나님의 말씀을 듣고는 구름 타고 승천한다. 많은 원수들이 이 승천 장면을 목격한다. 11:13절은 승천의 결과를 묘사하는데, 예루살렘 성의 10분의 1이 파괴되고 7천명이 죽고, 남은 자들은 두려워하여 회개하고 영광을 하나님께 돌리는 역사가 일어났다. 예루살렘 성은 배교한 이스라엘의 중심이기에 교회의 승리 (승천)를 인해 심판의 대상으로 전락하고 만다. 계 12:5절에는 철장으로 만국을 다스리실 주님이 하나님과 그 보좌 앞으로 올려가신다. 이 말은 주님의 승천은 만국을 다스리는 일을 위한 첫 걸음임을 의미한다. 하지만 계 12:6절에서 보듯이 교회는 주님의 승천과 만왕의 등극에도 불구하고 지상에서 계속 전투해야만 한다. 그렇지만 이 전투는 9절이 보여주듯이 이미 미가엘로 상징되는 예수 그리스도에 의해 패배한 사탄과 싸우는 전투이기에 미가엘의 사자들인 교회 역시 전리품을 얻을 수밖에 없다. 결론적으로 요약하자면, 계 11장의 부활은 두 증인으로 상징되는 초대교회의 부활을 명시적으로 말하는 반면에 계 12장의 부활은 초대교회의 부활을 암시적으로 소개한다. 그리고 계 11장의 승천은 초대교회의 대적을 향한 하나님의 심판을 필연적으로 수반하는 것에 초점이 모아지는 반면, 계 12장에서 예수님의 승천으로써 사탄이 하늘에서 추방되어 지상의 전투하는 교회를 통해 다시 패배하게 될 것임을 밝힌다.

```
예수님: 고난/죽음        →    영광/승리
      ↓                        ↓
소아시아의 성도: 고난/죽음  →    영광/승리
```

계 12:7절의 미가엘과 그의 사자들은 예수 그리스도와 그의 제자들을 가리키는 것으로 보인다. 이것의 1세기에서의 의미는, 십자가와 부활-승천으로 승리하신 주님과 그 주님의 승리를 덧입어 성공적으로 복음을 전파한 제자들이 사단의 권세를 물리친 것을 가리킨다. 그러므로 승리한 교회는 이 땅에서 이미 패배한 사단과 계속해서 싸워야만 한다. 그러나 하늘에서 즉 그리스도께서 이루신 승리는 땅에서의 승리를 보장하는 것이기에, 요한의 독자들은 이길 수밖에 없는 전쟁을 수행하고 있음을 교훈 받음으로써 박해 중에서도 위로와 격려를 받는다.[101]

(6) 계 14:3

어린 양의 추종자들이 부른 새 노래이다. 계 14:2-3절에서 요한의 눈이 시온산[102] 위에 선 어린양과 그의 144,000 군대에게 고정된 가운데서 하늘에서 울리는 큰 음성을 듣는다. 천상의 오케스트라가 하나님의 보좌와 4생물과 24장로 앞에서 새 노래를 부르는 승리한 교회의 승전가를 연주하는 것이다. 이 승리의 새 노래는 구속받은 교회만 알고 부를 수 있는 독특한 것이다. 새 노래가 구약에서 언급될 때는 하나님의 승리를 그 내용으로 하거나 창조의 사역을 그 주제로 삼는다 (시 33:3; 40:3; 96:1; 98:1; 144:9; 149:1; 사 42:10). 마찬가지로 계 14:3절 전후에서도 하나님의 승리와 교회의 재창조 (구속함)를 주제로 한다. 뒤 따르는 계 14:4-5절에서는 이 찬송의 가수들의 재창조함

---

101) 계 12:10-12절의 찬송과 관련하여, 요한은 로마 황제에게 돌려진 찬양의 연설 (the imperial panegyric)과 찬양을 반대하고 있다 (참고. Barnett, 1995:226). 실제로 버가모 도시는 황제의 신전이 세워졌을 때 노래를 부를 거대한 합창단을 조직했고, 이들은 재정적인 후원을 받았다 (Van Tilborg, 1996:201).

을 받은 신실한 모습을 상술한다.

시온 산에 선 144,000명 그들은 어린양을 어디든지 따르는 자들인데 성자와 성부의 이름을 소유하고 있다 (계 14:1). 이들은 음녀 바벨론과 대조되는 신앙의 정절을 지키는 흠이 없는 자로서 구원의 첫 열매들이다. 그러므로 이들을 요한 당시의 초대교회로 볼 수 있다. 이들은 계 12:11절의 승리의 주제를 성취하는 자들로서 새 노래를 부른다. 여기서 주의해 볼 것은 시온산 (1절)과 하늘 (2절)이라는 공간적인 배경이 동시에 등장한다는 사실이다. 즉 요한에게 있어서 종종 지상과 천상의 구별이 모호해지고 경계가 허물어지는데 (계 12:12; 계 13:6), 이것은 그리스도 안에서 이미 천상의 장소성을 확보한 승리한 전투적 교회의 영광스러움을 설명하기에 적합하다 (참고. 엡 2:6; 빌 3:20; 히 12:22-23).

(7) 계 15:3-4

진노의 대접을 쏟아 붓는 것의 서론격의 찬송으로 '하나님의 종 모세의 노래, 어린양의 노래'이다. 짐승과 그의 우상과 그의 이름의 수를 이긴 자들이 이 노래의 가수들이다 (2절). 따라서 이들은 3중 정복자이다. 이들은 지금 유리 바닷가에 서서[103] 하나님의 거문고를 들고 승전가로 주님을 찬양한다. 이들은 놋 바다 앞에서 자신을 정결케 했던 구약 제사장을 계시사적으로 계승한 신약의 제사장적인 합창단이다. 이 찬송의 표층 구조는 아래와 같다 (Du

---

102) 구약에서 약 155회나 언급된 시온산은 중요하다. 왜냐하면 이 산은 예루살렘의 거룩한 산을 가리키는데 모든 세상 나라가 모여서 새 언약 안에서 자신을 섬기게 될 때 바로 자신의 백성 (남은 자)과 함께 하시는 하나님의 현존과 땅 위에 펼쳐진 자신의 승리를 상징하기 때문이다 (시 9:1-20; 14:7; 20:1-2; 48:1-14; 사 24:21-23; 62:4, 12; 렘 31:10-37; 33:16; 겔 48:35; 슥 9:9-17; 4에스라 2:42, 47; 13:25-52; 2바룩 40; 솔로몬의 유언 17:4). 시온산은 계 21장의 새 예루살렘이 이미 성취된 것인 동시에 미래적인 측면을 동시에 지니고 있다. 이 이유로 어린양만 그 승리를 독차지하는 것이 아니라 그분과 연합되어 있는 그의 백성도 승리를 공유한다 (참고. Beale, 1999:731).

Rand, 1993b:327):

1절: 환호 (Acclamatio, 3절)
그의 하시는 일을/ 전능하신 이를/ 주의 길을/ 만국의 왕을

2절: 권면 (Exhortatio: 수사학적 질문, 4절a)
주님을 두려워하라/ 주님을 경배하라

3절: 송영 (이유, 4절b)
왜냐하면 (hoti) 주만 거룩하시기 때문에/ 왜냐하면 (hoti) 만국이 경배할 것이기 때문에[104]
왜냐하면 (hoti) 주의 의로운 일이 나타났기 때문에

계 15:1-4절은 마지막 일곱 대접 재앙의 서론 부분이다. 이 노래는 출 15:1-18절의 홍해를 건넌 후에 부른 승리의 노래뿐 아니라 많은 구약 구절들을 연상케 한다 (신 32:1-43; 시 86:9; 145:17; 렘 10:6-7; 11:19-20; 20:12 그리고 다윗이 어린양으로 골리앗은 사자와 곰으로 나타나는 삼상 17장의 Tosefta-Targum; Du Rand, 1995:206). 제 2의 모세이신 예수 그리스도께서 이루신 제 2의 새로운 출애굽 (New Exodus)을 노래한다. 그것은 의롭고 참되시며 전능하시고 만국의 왕이신 성부 하나님이 어린양이 수행한 메시아 전쟁 (Messianic War)을 통해 이루신 크고 기이한 일이다 (3절). '크고 기이하신 일을 행하신 전능하신 하나님' 이라는 표현의 간본문은 출 34:10; 신 32:3-4; 대상 16:8-12; 시 92:5; 112:2; 139:14; 사 47:4; 렘 10:16; 암 4:13절이다. 3

---

103) '서있다' 라는 말은 부활의 개념과 연관된 것으로 보인다. 왜냐하면 이 동사가 부활하신 어린양의 서계시는 것 (계 5:6)과 보좌 앞에 서 있는 무수히 많은 무리 (계 7:9)와 같은 동사 (histeimi)로 연결되기 때문이다 (Beale, 1999:791).
104) 이 두 번째 hoti절은 첫 번째와 병행적인 이유절이라기 보다는 첫 번째 이유절의 종속된 결과절 (subordinate result clause)로 볼 수 있다. 즉 하나님의 거룩하심이 열방의 예배를 초래했다 (Beale, 1999:797).

절 끝의 "주의 길이 의롭고 참되다"라는 표현은 신 32:4; 시 145:17; 호 14:9 절과 간본문이다. 교회가 이 땅에서 고난을 당할 때 과연 하나님의 길은 의롭고 참되신지 그리고 하시는 일이 크고 기이하신지 의문이 가지만 이 의문은 곧 없어진다. 왜냐하면 하나님은 '만국의 왕' 이시기 때문이다. 그러므로 하나님의 통치의 합당한 반응인 만국의 경배가 수사학적 질문으로 예언되고 있다 (4절). 그리스도 안에서 구원받아 하나님을 경배할 숫자가 매우 많음을 가리킨다. "주만 거룩하시니이다"는 출 15:11; 삼상 2:2; 시 99:3, 5. 9; 사 6:3; 57:5, 15; 호 11:9절 (참고. 마 19:17; 딤전 6:16)의 간본문이다. "만국이 와서 주께 경배하리이다"는 대상 16:28-31; 시 2:8; 22:27; 65:2; 66:4; 67:1-7; 86:8-9; 117:1; 사 26:9; 66:23; 렘 16:19절의 간본문이다. 만국의 개종은 하나님의 심판의 궁극적인 목적이며 결과이다. 배교한 이스라엘의 멸망은 세계의 구원으로 이끈다 (참고. 롬 11:11-12, 15, 23-32). 이 찬송에서 요한은 메시아 전쟁과 새로운 출애굽 주제를 연결하여 그의 독자들에게 하나님의 왕권의 도래를 확신시키고 있다 (Du Rand, 1995:209).

(8) 계 16:5-7

3번째 대접 재앙이 쏟아 부어진 후에 물의 천사가 부른 노래이다. 두 번째와 세 번째 대접 재앙이 물에게 시행되기에 이 물의 천사가 여기서 말하는 것은 자연스럽다 (계 16:3-4). 이 찬송은 계 17-18장에서 분명히 드러나는 바벨론의 파멸에 대한 하나님의 의로운 심판을 예기적으로 노래하는 심판 송영 (judgment doxology)이다. 7나팔의 심판과는 달리 7대접의 심판에서는 심판의 영역이 3분의 1에서 전체로 확대됨으로 교회의 대적이 철저히 파괴됨을 볼 수 있다. 즉 심판의 점층법적 기교가 나타난다. 7 대접의 재앙은 출애굽시의 10재앙과 유사하다. 이 사실은 예루살렘 교회를 비롯한 소아시아의 7교회는 새로운 모세이신 예수 그리스도를 통해서 제 2의 출애굽을 경험한 새 이스라엘 백성이라는 사실을 의미한다.

(9) 계 18:2-3, 4-8, 10, 14, 16, 19-23

계 17장에 이어서, 이 노래들은 음녀 바벨론의 파멸을 한편으로는 축하하고 다른 한편으로는 애도하는 노래이다.[105] 2-3절은 하늘에서 내려오는 한 천사가, 4-8절은 하늘의 다른 음성이, 10절은 땅의 왕들이, 14절, 16절, 19절은 상고와 선객들이, 21-23절은 큰 돌을 던지는 천사가 부른다. 이 찬송의 구조는 아래와 같이 도식화 될 수 있다:

콜론	주제 및 성경구절	관계
A 1-6	바벨론이 무너졌다는 선포 (계 18:2-3)	서론
B 7-9	바벨론에서 나오라는 주님의 명령 (계 18:4)	결과 1
C 10-19	바벨론의 파멸의 원인인 죄에 대한 설명 (계 18:5-8)	원인 1
D 20-29	바벨론과 결탁된 자들의 이전 번영과 애곡 (계 18:9-20)	결과 2
E 30-40	바벨론의 파멸에 대한 재 선포 (계 18:21-23)	결론

계 18장의 간본문인 사 47:8-10절에 보면, 바벨론에 대한 심판은 하루아침

---

105) '큰 성 바벨론' 이 누구이냐에 따라서 계 18장의 해석이 결정된다. 철저 부분적 과거론자들은 바벨론을 요한 당시의 '불신 유대인들' 로 본다. 이들에게 있어서 바벨론은 새 예루살렘(The New Jerusalem)과 대조되는 것으로서 언약을 저버린 '옛 예루살렘' (The old Jerusalem)이라고 본다. 전환적 부분적 과거론자들은 바벨론을 요한 당시의 교회를 핍박하던 '로마제국' 이라고 본다. 실제로 로마제국은 요한 당시에 세계 최강대국이었으며 모든 도로가 로마를 향했다. 로마는 세계의 모든 무역품이 집결됐던 장소였으며 (계 18:12-13), 이방신들의 집결장소와 같았다. 하지만 고트족에 의한 로마의 멸망은 AD 410년 8월이기에 요한으로부터 상당히 먼 미래가 된다. 만일 바벨론이 특정 이방 나라를 가리키지 않고 지상의 악의 세력을 상징적으로 나타내는 것으로 본다면 '바벨론' 은 요한 당시의 배교한 유대교와 로마제국을 동시에 가리킬 수 있다. 사실 유대인들과 로마제국 둘 다 소아시아의 7교회를 괴롭혔기에 하나님은 이 둘 중 하나만 심판하시지 않고 교회를 신원하실 때 이 둘을 모두 심판하신다. 그러므로 계 12장 이후는 철저 부분적 과거론과 전환적 부분적 과거론의 혼합이 적절한 해석으로 보인다.

에 급작스럽게 일어날 것이며 불가피한 것이기에 사술-마술과 진언-주문을 베풀더라도 피할 수 없다 (사 13:21-22; 렘 50:39; 51:37). 바벨론은 더러운 영에 의해 (계 18:2) 주관되는 천문학과 점성술과 마술의 본고장이다. 비록 이런 신비로운 것들이 불행을 막을 수 있다고 생각했지만 아니다. 바벨론이 과부가 된다는 말은 바벨론이 무역하던 나라들과 단절될 것이라는 의미이다 (계 18:9). 사 47:11-14절은 재앙, 손해, 파멸이 바벨론에게 임할 것이되 속수무책임을 설명한다. 구약에는 바벨론 이외에도 더러운 영에 의해 지배된 나라로서 하나님의 심판의 대상이 된 예가 더 있다: 두로 (사 23:1), 에돔 (사 34:11-14), 앗수르 (습 2:14-15). 그러므로 '바벨론'은 바벨론이라는 하나의 실제 나라를 가리키기 보다는, 언약 백성을 대적한 지상의 이방나라를 대표하는 것으로 보인다. 황폐함의 위협은 유다와 예루살렘을 포함하는 국가들과 도시들에 대한 예언적인 심판의 선포 안에서 자주 등장하는 주제이다 (렘 4:26-27; 9:10-12; 22:5-6; 겔 6:14; 호 2:3; 욜 3:19; 습 2:13; 말 1:3-4; Aune, 1998b:986).

여기서 주목 해 볼 것은 요한이 이런 구약의 간본문의 빛 속에서 대표적인 이방 나라라고 할 수 있는 바벨론의 파멸을 언급하는 것은 사실 이스라엘을 포함하는 열방의 심판을 언급하는 것과 같다. 예언서에서 열방에 대한 심판을 언급하는 이들 구약 간본문 이전에는 항상 남 유다와 북 이스라엘에 대한 구원과 심판이 먼저 등장한다. 그러므로 예언서 저자들과 마찬가지로 요한에게 있어서 이스라엘과 바벨론 (이방 나라)의 구원과 심판은 맥을 같이 하고 있다. 환언하면, 열방의 제사장 나라인 이스라엘이 하나님의 구원뿐 아니라 심판의 대상이 되듯이 열방도 역시 그러하다. 그렇다면 이 찬송은 소아시아 7교회의 두 대적이었던 디아스포라의 배교한 유대인 (육신적 이스라엘)과 이방 로마제국 모두를 하나님께서 심판하시고 교회는 구원하시는 것으로 볼 수 있다.

(10) 계 19:1-8

하늘의 허다한 무리의 큰 음성이 부르는 할렐루야 찬송인데 어린양의 혼인 잔치도 언급한다.[106] 새 언약에서 우주적인 구원을 주시는 하나님의 비밀을 언급한 계 11장과 계 19장은 여러 면에서 유사한 병행을 이룬다: 큰 소리 (11:15; 19:1), 하나님의 주권적인 통치를 찬송하는 것 (11:15, 17; 19:1, 6), 24장로의 하나님 경배 (11:16; 19:4), 신원의 시간이 다가옴 (11:18; 18:24-19:2), 모든 사람들이 하나님을 섬기게 됨 (11:18; 19:5), 번개와 큰 소리와 천둥 (11:19; 19:6). 계 19장은 계 11장의 사상을 더 확장시키고 있다. 여기서도 반복이론 (recapitulation theory)이 적용되고 있다. 계 19:1-3절은 하늘의 많은 무리의 큰 음성이 노래하고, 4절은 24장로와 4생물이, 5절은 보좌의 음성이, 6-8절은 허다한 무리의 음성이 노래한다. '할렐루야' 는 신약에서 여기서만 등장한다. '할렐루야' 는 유월절과 장막절에 하나님의 출애굽의 구원 사건과 예배의 회복을 기념하여 불렀던 할렐 시편들 (the Hallel Psalms)인 시 111-118, 147-150을 연상시킨다 (참고. 시 104:35; MacLeod, 1999:74). 할렐 시편들은 종말에 이방 족속들이 돌아와서 하나님을 경배할 것도 내다본다.

하나님의 백성은 대적 바벨론에 임한 심판을 보고 하나님께만 구원, 권세,

---

106) 유대인의 혼인잔치는 크게 3단계로 나누인다. 첫 번째 단계는 약혼의 단계인데, 신부의 아버지에게 결혼지참금이 지불된다. 두 번째 단계는, 신랑이 신부의 아버지의 집으로 가서, 자신의 아버지의 집으로 데리고 온다. 마지막 단계는 7일 동안 지속되는 잔치이다. 이 단계가 계 19장에 암시되어 있는데, 어린양은 자신의 피를 결혼지참금으로 신부인 교회에 지불하셨고, 자기 아버지의 처소로 교회를 인도하여 영원한 잔치를 베푼다 (참고. MacLeod, 1999:80). 여기서 주의해 볼 것은 비록 계 19장에서 혼인잔치가 명시적으로 나타나지만 '이혼' 도 암시적으로 나타난다. 바벨론의 파멸을 하나님과 대적 사이의 이혼으로 볼 수 있기 때문이다. 이혼은 결혼을 유발시킨다. 새 언약의 모임인 교회는 하나님의 구원 사역에 새로운 이정표이다. 예수님의 성육신은 물론, 오순절도 새 언약의 개시라 할 수 있다. 하지만주로 철저 부분적 과거론자들이 주장하듯이 AD 70년 사건은 배교한 유대인들과 하나님이 최종적으로 이혼한 것이기에 언약적인 관점에서 이해되어야 한다. 그러므로 계 19:1-10절을 주님의 최종 파루시아의 문맥으로 볼 이유가 없다.

공의 그리고 영광이 속해 있음을 인정하고 찬송한다. 계 19:3절의 "연기가 세세토록 올라가더라"는 표현은 대적 바벨론의 멸망의 영속성을 묘사하는데, 소돔과 고모라가 멸망할 때의 상황을 연상시킨다 (창 19:28). 왜 그런가? 구체적으로 예루살렘은 영적으로는 소돔과 같다고 계 11:8절에서 밝혔기 때문이다 (참고. 사 34:10). 계 19:5절의 음성은 하나님의 종들 (모든 교회, 6-8절의 허다한 무리)에게 주어진 것인데, 아마 24장로 중 하나이기보다는 보좌 위의 예수님의 음성일 것이다 (참고. 계 16:17). 다른 찬송들보다 계 19장의 찬송에서 구원받은 성도의 송영으로서의 적극적인 삶이 강조되어 있다 ('옳은 행실', 8절). 그 이유는 구약부터 예언된 메시아의 종말시대의 기쁨을 성취할 어린양의 혼인 잔치의 기쁨 때문이다 (사 61:10; 62:5; 고후 11:2; Van de Kamp, 2000:424). 이 찬송은 계시록의 모든 찬송들의 피날레 (the hymnic finale)로서의 기능을 하고 있다 (참고. Aune, 1998b:1040).

나오면서

계시록에 나타나는 찬송들을 통해서 유추해 볼 수 있는 것은, 1세기 중순의 소아시아의 7교회는 그들의 지상 예배 가운데 특별히 찬송을 통해서 이미 하늘에서 이루어진 하나님의 온전한 왕권을 인정하고 환난의 삶 속에서도 이 왕권을 이루면서 인내해야 할 것을 소망 가운데 확신했을 것이다 (참고.

---

107) 예배는 그 당시의 문화를 사용하여 표현된다. 그러나 반문화적이다. 왜냐하면 예배는 거짓 실제를 거부하기 때문이다. 예배를 통해 공동체는 하나님의 실제와 그분의 구원과 인간의 변화된 실제와 책임을 재확인하고 갱신한다. 예배 중에서 특별히 송영은 신학이고, 신학은 송영이다 (참고. Snodgrass, 1996:61). 계시록에 나타난 찬송에 비추어 본 지상 예배의 바람직한 모습을 유추해 보자: 계시록은 교회가 고난 가운데서라도 과연 하나님과 사단(과 그의 추종자) 중에서 누구를 예배해야 할지를 분명히 계시한다. 계시록의 천상의 예배의 모습을 어떻게 우리의 지상의 예배에 적용할 수 있을까? 여기서는 계시록의 첫 번째 찬송인 계 4:11절의 문맥을 중심으로 하여 지상의 예배의 모습이 어떠해야 하는지를 천상의 예배를 통해서 살펴보자: (1) 예배는 집단적이어야 한다. 예배는 언제나 개인적이고 내적인 것일 필요는 없다. 계 4:11절은 교인 모두가 참여하는 집단적인 예배를 강조한다. (2) 예배는 쌍방 대화적 (responsorial)이어야 한다. 지상의 예배에서 우리는 성경낭독, 기도, 성찬 등에 반응한다. 우리 지상의 예배는 가능한 한 이러한 천상의 예배의 모습을 모방할 필요가 있다. (3) 예배는 계획된 질서가 있어야 한

Peterson, 1988:77).[107] 오늘날의 예배에 중요한 빛을 던져주는 계시록의 찬송은 다음과 같은 주석적 기능과 특징을 가진다:[108] (1) 앞의 사건을 요약하면서 주석하는 기능 (2) 뒤이어 나올 사건을 예기적으로 설명하는 기능 (3) 소아시아 7교회의 변화된 신분을 제시하며 핍박 중에 있던 그들에게 위로를 주는 상징 세계로서의 기능 (4) 그리스도 사건을 통해서 이루신 구원과 심판의 결과로서 성부와 함께 예배를 받으시는 예수님 (5) 반 로마적인 메시지를 통해 성부와 성자의 주권을 더욱 강화하는 기능 (6) 찬송들 간의 주제적 유사성을 인해 반복 이론을 지지하는 기능이다.

다. 천상의 예배에서 24장로와 4생물은 서로 방해하지 않았고 튀려고도 하지 않았다. 예배는 고전 14:40절이 밝히듯이 집단적이되 혼란스러우면 안 된다. 성경공부나 가정 예배와는 달리 주일에 모이는 공적인 예배는 형식을 갖추어 하나님의 보좌 앞으로 즉 하나님의 궁전 안으로 같은 신앙을 고백하는 지역교회가 함께 모이는 독특한 것이다. 우리는 예배라는 큰 잔치 가운데 신앙과 충성을 고백하고, 죄를 용서 받고, 기도를 올리고, 하나님의 말씀으로 교훈을 받으며, 하나님의 식탁에서 먹으며, 모든 은혜에 대해 찬양으로 반응하고 감사한다. (4) 넓게는 예배, 좁게는 찬송은 하나님 중심이어야 하고, 승리하신 영광의 3위 하나님과의 교제와 위로와 안식을 발견하고 즐기는 잔치여야 한다 (참고. Chilton, 1990:162-164).
108) 계시록 전체는 오늘날 예배의 요소를 상징적으로 다음과 같이 보여준다: (1) 예배로의 부름 (계 1장). 이 부름은 인자 같은 분의 나팔음성으로부터 나오는 것이다. (2) 죄의 점검 (계 2-3). (3) 말씀을 가져옴 (계 4:1-8:1). 이 단락에서 우리는 두루마리를 어린 양이 취하시는 것을 본다. (4) 말씀을 읽고 설교함 (계 8-13). 두루마리를 여신 후 어린 양은 일곱 천사들에게 말씀을 주어 읽고 전하게 하신다. (5) 봉헌 (offertory, 계 14:1-15:5). 빵과 포도주는 거두어져서 하나님 앞으로 가져와 진다. (6) 성찬 (계 15:6-19:10). 대접 재앙은 부어지고 음녀는 피를 마시고 어린양의 혼인만찬은 그 뒤를 따른다. 대접들은 보좌로부터 나오지만 천사들에 의해 분배-쏟아진다. (7) 행진 (계 19:11-22:21). 백마를 탄 자가 나온다. 교회가 말씀을 가지고 세상을 향해 나아가는 장면인데, 계시록에는 바울 서신들이 갖추고 있는 분명한 형식의 축도가 마지막 부분에 나타나지 않는다 (Jordan, 2004:2-3).

참고문헌

AUNE, D.E. 1997. Revelation 1-5. WBC 52A. Dallas : Word Books.
AUNE, D.E. 1998a. Revelation 6-16. WBC 52B. Dallas : Word Books.
AUNE, D.E. 1998b. Revelation 17-22. WBC 52C. Dallas : Word Books.
BARNETT, p.1995. Polemical parallelism: some further reflections on the Apocalypse. (*In* Porter, S.E. & Evans, C.A., eds. The Johannine Writings: a Sheffield reader. Sheffield : Sheffield Academic Press. p.223-231.)
BEALE, G.K. 1999. The Book of Revelation. NIGTC. Grand Rapids : Eerdmans.
BRATCHER, R.G. & HATTON, H.A. 1993. A handbook on the Revelation to John. New York : United Bible Societies.
CHILTON, D. 1990. The days of vengeance. Tyler : Dominion Press.
DU RAND, J.A. 1991. Die narratiewe funksie van die liedere in Openbaring 4:1-5:15. *Skrif en Kerk*, 12(1):26-35.
DU RAND, J.A. 1993a. A 'Basso Ostinato' in the structuring of the Apocalypse of John? *Neotestamentica*, 27(2):299-311.
DU RAND, J.A. 1993b. 'Now the salvation of our God has come': a narrative perspective on the hymns in Revelation 12-15. *Neotestamentica*, 27(2):313-330.
DU RAND, J.A. 1995. The song of the lamb because of the victory of the Lamb. *Neotestamentica*, 29(2):203-210.
DU RAND, J.A. 1996. "Gees" en "Geeste" volgens die Openbaring aan Johannes. *In die Skriflig*, 33(1):1-15.
FORD, J.M. 1998. The Christological function of the hymns in the Apocalypse of John. *Andrews University Seminary Studies*,

36(2):207-229.

GENTRY, K.L. 1989. Before Jerusalem fell: dating the Book of Revelation. Tyler : Institute for Christian Economics.

JORDAN, J.B. 1999. A brief reader's guide to Revelation. Florida : Transfiguration Press.

JORDAN, J.B. 2004. Jesus' representative and his assistants: worship in Revelation. *Rite Reasons*, 88:1-4.

KOESTER, C.R. 1989. The origin and significance of the flight to Pella tradition. *The Catholic Biblical Quarterly*, 51(1):90-106.

KOESTER, C.R. 1992. The distant triumph song: music and the Book of Revelation. *Word & World*, XII(3), 243-249.

MACLEOD, D.J. 1999. Heaven's Hallelujah chorus: an introduction to the seven "last things" (Rev. 19:1-10). *Bibliotheca Sacra*, 156:72-84.

NOGUEIRA, P.A.D.S. 2002. Celestial worship and ecstatic-visionary experience. *Journal for the Study of the New Testament*, 25(2):165-184.

O'ROURKE, J.J. 1968. The hymns of the Apocalypse. *The Catholic Biblical Quarterly*, 30:399-409.

OSBORNE, G.R. 2002. Revelation. Baker exegetical commentary on the New Testament. Grand Rapids : Baker.

PAULIEN, J. 1995. The role of the Hebrew cultus, sanctuary, and temple in the plot and structure of the Book of Revelation. *Andrews University Seminary Studies*, 33(2):245-264.

PETERSON, D. 1988. Worship in the Revelation to John. *The Reformed Theological Review*, 47:67-77.

RHOADS, D. (ed) 2005. From every people and nation: the Book of Revelationin intercultural perspective. Minneapolis : Fortress Press.

RUIZ, J.p.1995. Revelation 4:8-11; 5:9-14: hymns of the heavenly liturgy. (*In* Hovering, E.H., *ed*. SBL Seminar Papers. p.216-220.)

SIEW, A.K.W. 2005. The war between the two beasts and the two witnesses: a chiastic reading of Revelation 11.1-14.5. Edinburgh : T&T Clark.

SNODGRASS, K. 1996. Ephesians. The NIV Application Commentary. Grand Rapids : Zondervan.

VAN DE KAMP, H.R. 2000. Openbaring: profetie vanaf Patmos. CNT. Kampen : Kok.

VAN ELDEREN, B. 1994. Hellenistic influence in first-century Palestine and Transjordan. *Reformed Review*, 47(3):207-220.

VAN TILBORG, S. 1996. Reading John in Ephesus. Leiden : Brill.

IX

요한계시록에 나타난 하나님 나라

The Kingdom of God in the Book of Revelation

들어가면서

구약과 신약을 관통하는 하나의 강력한 핵심 주제인 '하나님 나라' (basileia tou theou; '천국', basileia tōn ouranōn)라는 개념에 대해 간략하게 살펴본다면, 하나님 나라는 예수님께서 어느 날 갑자기 처음으로 제시한 주제가 아니다.[109] 구약에서 이 용어 자체가 나타나는 것은 아니지만, 구약에 그 사상은 분명히 나타나 있으며,[110] 신구약 중간기문헌[111] (초기 유대주의)[112] 그리고 (후기) 유대 묵시 문헌에도 이 사상이 반영되어 있다. 하지만 최근에는 신약의 사실이나 주제들을 다룸에 있어서 실재 (reality)의 관점에서 먼저 보지 않고 상징이나 은유로 접근함으로써 그 사건이나 실재의 역사성을 약화 내지 부정하는 면이 있다. 은유는 실재를 부정하지 않으면서 다양한 관점에서 설명하는 장점이 있지만, 실재를 은유로만 보려는 입장은 무시

---

109) 예수님 자신이 하나님 나라이시다 (auto-basileia; 눅 17:21). 이 이유로 하나님 나라의 계시의 양상은 그리스도의 계시에 달려있다고 할 수 있다. 구약의 선지자들은 다양한 방식으로 하나님 나라를 도래시킬 그리스도의 인격과 사역을 내다보았다. 예수님이 태어나심으로 구약의 모든 천국 예언이 성취되었고, 지금은 교회를 위해서 그리고 교회를 통하여서 성취 중이다. 주님의 재림은 모든 천국 예언이 완성되는 날이다.

110) G. Dalman (1902) 이래로 많은 학자들은 구약에서 '신정사상' (神政思想)을 표현하는 '말쿠트 야웨'의 1차적 의미는 야웨의 주권적인 통치이며, 2차적 의미는 이 주권이 적용되는 영역 (realm)으로서의 왕국 (a territorial kingdom, 참고. 신 33:5)으로 이해한다 (참고. Marcus, 1988:664).

111) 신구약 중간기 문헌 (혹은 초기유대주의)에서도 하나님의 나라 주제는 등장한다. 예를 들어, BC 2세기 중엽의 이집트의 디아스포라에 의해 기록된 '신탁의 책들' (The Sibylline Oracles)의 경우 3권 499, 560, 617 등에서 발견할 수 있고 특히 3권 46-50에서 메시야왕국의 도래를 예언하는 것 같다. BC 2세기 말엽에서 1세기 말엽에 기록된 제 1 에녹서에도 하나님의 영원한 왕, 우주의 왕 등으로 묘사한다 (9:4; 25:7 등). BC 2세기경의 '희년의 책' (The Book of Jubilees)에서도 동일한 사상을 본다 (1:27-28). BC 2세기의 마카비 시대에 기록된 '모세의 유언' (The Testament of Moses, 특히 9:7-10:13), '솔로몬의 시편' (The Psalms of Solomon, 2:29-30; 17:1-32), BC 2세기부터 AD 68년 예루살렘 멸망 직전까지 사해 부근의 쿰란 공동체 (에센파의 핵심적인 무리들)에 의해 기록된 사해 두루마리 (The Dead Sea Scrolls, 특히 11QMelch, 1QH, 4Q511 등), 카디쉬 제 18축복 기도문 (The Eighteen Benediction), 그리고 랍비문헌 중 탈굼에서 볼 수 있다. 예수님께서는 구약과 유대사상에 나타난 하나님 나라 주제와 이것과 관련된 메시야 사상을 알고 계셨을 것이다.

간적이며 무역사적인 함정에 빠질 위험이 있다. 천국은 일차적으로 상징이 아니라 실재하는 사실로서, 하나님께서 역사 안에서 행하는 구원과 심판의 통치와 그것에 대한 천국 백성의 송영적 반응을 가리킨다.[113] 하나님의 나라는 '3위 하나님의 왕적-역동적-주권적-종말론적 통치 (the kingly, dynamic, sovereign and eschatological rule)에[114] 동참하는 교회[115]의 반응' 으로 이

---

112) 초기 유대주의 (early Judaism)에 나타난 천국 개념은 3가지 요소에 의해 영향을 받았다: (1) 이스라엘의 대적인 사악한 자들을 심판하기 위해 여호와께서 (혹은 용사이신 메시아께서) 종말론적으로 현현 (Yahweh's eschatological epiphany)하실 것이라는 구약의 사상 (참고. 에녹 1서 46:1-6; 48:2-6; 62:5-7; 4 에스라 12:32). (2) 하나님 나라와 대리자들 (its agents)에 대한 다니엘의 새로운 이해 즉 다니엘에 의하면 이것들은 초월적이고 천상의 실재들이다. 물론 이 천국 혹은 메시아가 도래하기 전에 우주적인 환난이 예기된다 (4 에스라 6:24; 1 QM 12:9; 19:1-2). (3) 오랫동안 이방인들이 팔레스틴을 지배함으로 발생하게 된 해방에 대한 염원과 이스라엘의 정체에 대한 혁명적인 관점. 초기 유대주의에 나타난 천국 개념은 메시아 기대와 맞물려서 주로 예루살렘 중심의 유대 민족주의적인 지상적인 천국을 소망했다. 즉 예루살렘의 회복과 흩어진 이스라엘백성을 모으는 것이 메시아 왕국의 설립을 위해 필수적이다 (솔로몬의 시편 17:25; 바룩 4:36-37; 5:5-9). 이것과 달리 후기 유대주의의 천국은 주로 묵시문헌에 나타난 것으로서 우주적이고 하나님의 급작스런 역사 안으로의 개입으로 이룩될 것이다. 참고로, 신약에서 가르치는 천국은 유대묵시문헌에 나타난 것과 차이가 있다. 후자에 나타난 천국은 주로 유대 민족에만 국한되거나 막연한 미래적인 측면만 강조한다.

113) '하나님 나라' 는 오래되었지만 중요한 주제이기에, 지난 2000년 Potchefstoom대학교에서 열린 'International Reformed Theological Congress' 에서 'The Kingdom of God' 을 주제로 신학 제 분과에서 다루었다. 기조연설에서 L.F. Schulze는 'Let your Kingdom come' 이란 제목으로, 성경이 가르치는 철저한 하나님 중심의 천국 이해는 단지 심리적, 정치적, 사회적인 필요를 위해 인간의 조력자 (helper)로서 하나님을 이해하려는 현대 서구인들의 사고를 반대한다고 정당하게 밝혔다.

114) 3위 하나님의 통치와 교회 그리고 세상의 관계는 어떠한가? 하나님나라는 세상 속에서 즉 인간 역사 속에서 계시되기에 교회와 세상 그리고 하나님 나라는 불가분의 관계에 있다. 하나님 나라는 '하나님' 나라이기에 성부하나님 중심으로 우선적으로 볼 수 있고, 교회는 '예수 그리스도' 의 몸으로서 성자 중심으로 이해 할 수 있고, 세상은 주님의 초림과 재림 사이의 중간기 동안 세상을 주관하시고 성부의 뜻과 성자께서 이루신 구속의 효력을 적용시키시는 성령님에게 우선적으로 연결 할 수 있다. 이 세상 속에 여전히 성령은 성부와 성자의 뜻을 실현해 가신다. 세상 속에 존재하는 교회는 그리스도의 왕권을 보지만, 여전히 세상은 온전히 하나님 나라와 교회의 발 앞에 불복하지 않기에 세상에는 하나님 나라의 임의성 (provisionality)이 존재한다. 하지만 이 임의성에도 불구하고 교회의 세상을 향한 그리고 천국을 위한 사역은 광의적 (extensive)이고 강력 (intensive)하다 (참고. 리덜보스, 1979:1-2).

해할 수 있다 (참고. Marcus, 1988:674; Ladd, 1974:307).[116] 이 글에서는 계시록의 하나님의 나라와 관련된 용어의 용례를 주석적으로 살펴본 후, 계시록의 보좌 위의 하나님, 하나님 나라의 시간성, 마지막으로 하나님 나라의 과거적 의미와 현대적 적용을 차례로 살펴보고자 한다.

---

115) 하나님 나라와 교회의 관계는 어떠한가? 이 질문은 교회론과 하나님 나라 논의가 불가분적임을 암시한다. 왜냐하면 하나님 나라의 3대 구성 요소 중 하나가 바로 하나님의 백성이기 때문이다. 바실레이아는 그리스도 안에서 성취되고 완성되는 하나님의 큰 구속 사역이며, 에클레시아 (교회)는 하나님에 의해 선택되어 부르심을 받고 바실레이아의 복을 누리는 백성들이다. 이론상으로 바실레이아가 에클레시아 앞에 온다. 그리고 바실레이아는 내용상 에클레시아보다 훨씬 포괄적이다. 그것은 만물을 포괄적으로 조망하며, 모든 역사의 완성을 가리키며, 온 우주를 범위로 하여 은혜와 심판을 동시에 가져오며, 시간과 영원을 채운다. 에클레시아는 이 거대한 구원의 드라마 (salvific drama) 속에서 하나님의 선택과 언약을 힘입어 그리스도 안에서 하나님 편에 세움 받은 백성이다. 에클레시아는 현재적으로 그리고 미래 종말론적으로 바실레이아를 상속하도록 보호받는다. 따라서 바실레이아는 그리스도 안에서 그리고 그리스도와 연합한 에클레시아 안에서 나타난다. 바실레이아는 에클레시아 없이 이해 될 수 없다. 서로 구분은 되나 서로 분리될 수 없을 정도로 상호 작용한다. 이 둘은 중복되는 밀접하고 유기적인 공통요소를 가진다. 예를 들어, 마 18:17-18에서 어떤 사람이 교회에서 출교 당하는 것을 마치 하나님 나라에서 추방되는 것처럼 묘사한다. 하지만 이 둘은 동일하지 않다. 큰 차이점은 천국과 달리, 교회는 하나님 나라의 구체적이며 지상적인 실체인데 영적인 차원 (heavenly dimensions)을 가진다는 점이다. 반면에 천국은 영적이며 천상적인 하나님의 통치를 가리키는데 지상적인 암시 (earthly implications)를 가진다 (Du Toit, 2000). 하나님 나라는 교회를 필요조건으로 인정한다. 왜냐하면 하나님의 구속적인 통치는 교회를 통해서 그리고 교회를 위해서 나타나기 때문이다 (리델보스, 1988:440).

116) 하나님 나라의 성취와 완성은 그리스도 중심적 (Christocentric)이라기보다는 3위 하나님의 공동 사역 (Trinitarian)이다. 하나님 나라를 세우려는 (물론 3위의 공동 협의에 기초한) 성부의 뜻을 성자께서 결정적으로 성취하셨고 성령께서 교회를 위해 지금도 적용하고 계시기 때문이다. 특히 하나님 나라의 성취의 개념은 두 가지 측면 즉 개인적인 성취 (personal fulfilment; 개인의 심령과 삶 속에 이루어지는 역동적인 하나님의 통치)와 우주적 성취 (cosmic fulfilment; 새 하늘과 새 땅 즉 교회 공동체의 회복과 갱신과 온 피조물의 갱신)로 나누어 볼 수 있다. 하나님 나라의 완성의 개념도 두 가지로 나누어 볼 수 있다. 하나는 예수님이 주님의 종으로서가 아니라 (no longer Servant of the Lord), 하나님의 아들 (Son of God)로서 다스릴 것이다. 이것은 종말론적이며 존재론적 (ontic)인 측면이다. 나머지 하나는, 3위께서 교회를 완전한 복락으로 이끄시며 하나님 나라의 종 (servants)이 아니라 온전한 하나님의 자녀로서 만드시는 미래적인 측면이다. 하나님의 자녀라는 측면은 타락 전에 부여된 하나님의 형상의 완전한 회복으로 볼 수 있다. 하나님 나라의 완성을 위해서는 리델보스 (1988:310-311)와 Ladd (1974:307-328)를 보라.

1. 계시록의 '하나님 나라' 관련 용어의 용례

계시록에 나타난 하나님 나라를 연구하려면, 먼저 요한이 사용한 하나님 나라와 관련된 용어들을 선별해서 살펴볼 필요가 있다.

(1) '보좌'

'이제도 계시고, 전에도 계셨고, 지금도 오고 계시는 (ho erchomenos; 참고. 시 96:13; 98:9)' 성부 하나님 (계 1:4, 8; 4:8; 11:17; 16:5)은 보좌에 계신다 (계 4:2, 3, 4, 5, 6, 9, 10; 5:1, 6, 7, 11, 13; 6:16; 7:10; 19:4 등; 참고. 왕상 22:19-23; 사 6:1; 겔 1; 단 7:9-10). '보좌' (ho thronos)는 하나님 나라의 통치의 근원적 좌소이다 (Beale, 1999:172; Boring, 1986:259).[117] 박해상황 속에 있던 계시록의 독자들에게 있어서 "이 세상의 통치자가 누구인가?"라는 질문은 사변적이고 추상적인 것이 아니라 생사의 문제가 달린 것이었다. 이 질문에 요한은 보좌를 중심으로 펼쳐지는 하나님의 (현재가 강조된) 통치의 관점에서 신학적으로 답을 준다 (참고. Boring, 1986:257). '전능하신 이' (ho pantokratōr; 계 1:8; 4:8; 11:17; 15:3; 16:7, 14; 19:6, 15; 21:22; 참고. '만군의 여호와' -삼하 5:10; 렘 5:14; 호 12:5; 암 3:13; 4:13)는 성부 하나님의 의롭고 진실하신 절대적인 권능의 통치를 강조하는 용어이다 (참고. 계 15:3). 전능하신 대 주제이신 하나님은 예수 그리스도 안에서 새로운 출애굽을 이루신 만국의 왕이시다 (계 15:3). 요한은 하나님의 나라가 도래하여 하나님이 의롭고 참되게 다스리는 것을, 성부와 보좌를 공유하시는 예수님 안에서 (계 5:6; 22:3; 참고. 사 40:10; 66:15; 슥 14:5) 성취된 새로운 출애굽 주제와 연결한다 (참고. 계 12:13-16; 출 14:8-10).

---

117) 신약 전체에 '보좌' 는 62회 등장하는데, 계 4-5장에만 17회 등장하며 계시록 전체에 47회나 등장한다. '보좌' 는 계 9-10, 15, 17-18장에만 등장하지 않는다.

(2) '땅의 임금들의 머리' (계 1:5)

죽은 자들 가운데서 부활의 첫 열매가 되신 그리스도는 승귀 되셔서 '땅의 임금들의 머리' (ho archōn tōn basileōn tēs gēs)가 되셨다. 계시록에서 대부분의 경우 '땅의 임금들'은 하나님 나라와 그리스도의 대적을 가리킨다 (계 6:15; 17:2; 18:3, 9; 19:19). 그들 가운데 일부는 회개하여 교회의 일원이 되어 그리스도의 왕적 통치를 받을 것이다 (계 21:24). '땅의 임금들의 머리'라는 말은 예수님이 '만주의 주이며 만왕의 왕' (계 17:14; 19:16)이라는 칭호를 독자로 하여금 내다보게 한다. 이 칭호는 예수님이 소아시아의 7교회의 원수를 정복하신 분이시며 절대적인 권세를 가지신 하나님이심을 밝힌다.

(3) '나라와 제사장' (계 1:6; 5:10)

예수님이 대속의 희생 제물로 죽으시고 부활하심으로써 (계 1:5), 교회는 나라 (basileia, kingship)와 제사장 (hiereus)이 되었다. 그리스도와 연합된 교회는 '나라' 이기에 예수님의 통치에 동참한다. 교회가 그리스도의 통치에 현재적으로 동참하는 방법은 제사장으로서의 역할 즉 기도와 예배 그리고 증거이다. 이것은 출 19:6절 (LXX: *hymeis de esesthe moi basileion hierateuma kai ethnos hagion*)의 성취인데, 그리스도 안에서 새로운 출애굽을 경험한 성도는 왕과 제사장으로서 하나님 나라의 일군으로 섬겨야 함을 의미한다.

(4) '예수님 안에서 환난과 나라와 참음에 동참하는 자라' (계 1:9)

요한은 계 1:9절에서 계 1:4-7절의 하나님의 나라 주제를 계속 전개한다.

요한은 예수님 안에서 (en Iēsou) 계시록의 수신자의 '형제'요 '동참하는 자'이다. 요한은 '형제'와 '동참하는 자' 앞에 정관사 (ho)를 하나만 사용한다. 형제는 곧 동참하는 자 (syngkoinōnos, fellow partaker)이다. 요한이 동참하는 것은 '환난과 나라와 인내'인데 역시 정관사 (tē)를 하나만 둠으로써, 하나님 나라에 동참하려면 인내와 환란이 필수적으로 동반됨을 강조한다. 요한이 밧모섬에 유배된 것은 천국 확장을 위해 일하면서 환난을 받은 결과이다. 예수님 안에서 교회가 왕노릇 하는 것은 인내와 환란을 통해서만 가능하다. 교회는 단순히 천국의 백성으로 존재하는 것이 아니라, 능동적인 참여자이다 (Beale, 1999:201). 이런 능동적인 참여는 때로 죽음을 동반하기도 한다 (계 2:10-13). 그리스도의 왕권 시행은 마치 세상에 감추어져 있고 나약한 것처럼 보이지만, 역설적인 동시에 분명한 실재이다.

(5) '유대 지파의 사자, 다윗의 뿌리' (계 5:5)

예수님이 '유대 지파의 사자이시며, 다윗의 뿌리' 라는 표현은 승리하신 (enikēsen, 완성적-결과적 아오리스트) 그리스도께서 성취하신 메시아 왕국의 도래와 관련있다 (창 49:9; 사 11:1, 10; 참고. 계 22:16). 사 11:1-10절에 예언된 이상적인 왕이신 예수님은 교회를 위협하던 사단의 세력을 무찌르기 위해서 메시아 전쟁 (messianic war)을 수행하시는데 말씀을 무기로 사용하신다 (계 1:16; 2:12, 16; 19:11, 15, 21; 참고. 시 2:8-9; 사 49:2). 계시록에는 전쟁 용어와 이미지가 많지만 실제로는 비폭력적 의미이다 (Bauckham, 1993:233). 무엇보다 예수님이 메시아 전쟁을 수행하신 방식은 스스로 피를 흘려[118] 속전이 되심으로써 교회를 나라와 제사장으로 삼으신 것이다 (계 5:9-10; 참고. 출 19:5-6).[119]

(6) '세상 나라가 우리 주와 그 그리스도의 나라가 되어, 그가 세세토록 왕노릇하실 것이다' (계 11:15)

계시록의 핵심 구절이라고 할 수 있는 11:15절은 일곱 째 천사가 나팔을 불어 재앙이 임할 때 하늘의 큰 음성 (참고. 계 12:10)이 발한 찬송이다 (참고. Kim, 1997:635). 7나팔 재앙으로 교회의 대적이 심판을 받으면, 역으로 하나님과 메시아의 나라가 도래한다 (*egeneto*).[120] 세상의 나라가 하나님과 (하나님의) 그리스도의 나라가 되려면 먼저 대적 (즉 세상 나라)이 심판을 받아야 한다 (단 7:26). 여기서 '세상' (*kosmos*; 참고. 계 13:8; 17:8)은 피조세계 전체를 가리키기보다는 하나님의 목적에 반하여서 하나님을 대적하는 인간 세상을 가리키는 것으로 보인다 (Aune, 1998:638). 이 대적을 이기시고 하나님과 그리스도께서[121] 세세토록 왕노릇 하시는 것은 단 7:14절과 27절을 비롯하여 출 15:18, 시 10:16, 145:10, 슥 14:9절 등의 복합적인 성취이다 (참고. Beale, 1999:611).

---

118) 계시록에는 피의 상징 (the symbol of blood)이 3가지 다른 방향으로 발전된다: (1) 예수 그리스도의 피 (계 1:5; 5:9; 7:14; 12:11)- 주님을 따르는 자를 위해 흘리는 대속의 보혈을 표현한다. 유대인과 로마의 폭력에 의해 예수님이 희생을 당하셨지만 주님은 항상 비폭력적인 방식으로 하나님 나라를 이루실 것을 말씀하신다. 주님의 보혈은 죄를 정결케 하며 구원에 이르게 한다. 그러므로 피의 상징은 계시록의 사랑의 주제를 밝히는 결정적 단서가 된다. (2) 성도의 피 (계 6:10; 16:6; 17:6 [2번]; 18:24; 19:2)- 대적의 손에 흘린 희생자로서의 피인데 특별히 바벨론의 박해가 두드러진다. 이 피는 하나님의 의로운 심판을 초래한다 (참고. 롬 12:19). (3) 하나님의 복수 (vengeance)의 상징으로서의 피 (계 6:12; 8:7-8; 11:6; 14:20; 16:3-4, 6; 19:13)인데 주님의 날과 관련된다. 이 세 번째 피의 상징은 두 번째 피의 상징의 결과이다. 이것을 위해 두 가지 이미지가 사용된다. 하나는 바다와 강을 물들이는 피 흘림이고 (계 8:8; 16:4-7), 다른 하나는 포도주 틀로부터 흘러내리는 피의 이미지이다 (계 14:20). 이것은 그리스도께서 사단과 그 연합된 세력을 정복함을 의미한다 (보라. Decock, 2004:157-158).

119) Lioy (2003:114-120)는 포쳅스트룸대학교에서 마친 그의 박사학위 논문 (The Book of Revelation in Christological focus)에서 계시록 안에 나타난 5가지 기독론적 주제들을 다음과 같이 제시한다: (1) 성취 주제 (fulfillment motifs; 예. 계 5:5절의 '유다 지파의 사자'는 창 49:9-10절의 성취), (2) 부활 주제 (resurrection motifs; 예. 계 1:5절의 '죽은 자들의 첫 열매'), (3) 하나님의 아들 주제 (Son of God motif; 예. 계 2:18절의 하나님의 아들; 비교. 시 2:7), (4) 인자 주제 (Son of man motif; 예. 계 1:13; 14:14), (5) 어린양 주제 (Lamb motif; 어린양은 S. Laws, N, Hohnjec, 그리고 P.A. Harlé는 계시록에서 가장 중요한 통합적인 기독론적 호칭으로 본다).

120) Aune (1998:638)은 이것을 확실성을 강조하는 예견적 (proleptic) 아오리스트로 본다. 속히 그리고 확실하게 이 심판은 시행될 것이다.

(7) '장차 철장으로 만국을 다스릴 남자' (계 12:5)

계 12:5절은 그리스도의 출생과 승천의 문맥 가운데, 주님의 승천은 철장으로 (en hrabdō sidēra) 사단에 의해 미혹된 만국을 다스리기 위해서 만왕의 왕으로 등극하신 사건임을 밝힌다 (참고. 마 24:14). '다스리다' (poimainein)의 문자적 뜻은 '목자가 양을 다스리고 감독하고 먹이다' 이다. 이것은 시 2:9절에 예언된 메시아의 사역이 성취된 것이며, 계시록 내의 간본문인 계 2:27절과 19:15절과 연관시켜 볼 때 목자이신 그리스도의 사역에 교회가 동참할 것이며, 대적을 향해서는 파괴적 결과를 수반한다 (참고. Bauer, 2000:842). 승천하신 그리스도는 절대적인 권세를 가지고 교회는 보호하시되 원수는 파괴하신다. 그리스도께서 왕권을 시행하시는 방식은 사랑과 공의에 기초한다.

(8) '이제 우리 하나님의 구원과 능력과 나라와 또 그의 그리스도의 권세가 이루었으니' (계 12:10)

계 11:15b와 더불어서 계시록의 핵심 구절인 계 12:10-12절은 하늘의 음성이 부른 찬송이다. 하나님의 구원과 능력과 나라 (왕권; Bandstra, 1992:18)가 어린양의 피와 순교를 각오한 교회의 증거를 통해서 이루어졌음을 찬송한다. 하나님의 구원과 나라는 성부로부터 부여받은 권세로 사단의 세력을 정복한 그리스도를 통해서 이루어졌다. '이루어졌다' (egeneto)는 3인칭 단수이기에, 하나님의 나라와 그리스도의 권세는 동떨어진 별개가 아니라 밀접한 관련이 있음을 알 수 있다 (참고. 시 2:2절은 '주' 와 '그리스도' 가 동시에 등장하는 유일한 구절임). 그리스도의 승천 바로 그 때 (지금, arti) 하늘에서는 사단이 땅과 바다로 쫓겨나서 (eblēthē, 신적수동태) 하나님의 온전한 왕권

---

121) '다스릴 것이다' (basileusei)는 단수 동사이지만 '하나님과 그리스도' 를 주어로 볼 수 있다. 이것은 삼위일체의 흔적이다.

이 이루어졌다. 묵시적 전통에서 사단이 내쫓기는 것은 하나님 나라가 도래하는 것을 의미한다 (참고. 마 12:28; 살후 2:8; Smalley, 2005:326). 그러나 땅과 바다 즉 이 세상으로 사단이 축출되었기에 교회는 전투적인 교회로 살아야만 한다. 분명한 것은 하나님의 나라와 그리스도의 권세가 이루어졌기에, 지상의 교회도 승리할 수밖에 없다는 사실이다. 그래서 11절에서 여러 형제가 순교를 무릅쓴 채 어린 양의 피와 증거의 말씀으로 사단을 이겼다고 확언한다.

(9) '만왕의 왕, 만주의 주' (계 17:14; 19:15-16)

하나님의 말씀이신 (계 19:13) 그리스도께서 천국 복음의 승리의 행진을 위해서 백마를 타시고 말씀의 칼로써 세상을 정복하신다. 요한 당시의 복음 전파자들을 상징하는 하늘에 있는 군대들 (계 19:14)이 깨끗한 세마포 즉 선한 행실로 그리스도를 따르면서 정복 전쟁에 동참한다. 만왕의 왕이요 만주의 주이신 그리스도를 따르는 전투하는 교회 역시 승리한다 (계 17:14; 참고. 신 10:17; 단 2:47; 딤전 6:15; 에녹 1서 9:4). 이것은 성도가 힘겨운 전쟁에서 결국 메시아의 권세로 승리하여 나라를 쟁취할 것이라는 단 7:21-22절의 성취이다. 하나님은 소아시아의 독자들이 승리하며 나라를 얻도록 함으로써 대적에게 일시적으로 패배하고 고통당하는 교회를 향해 신원하신다. 계시록에서 왕/통치가 하나님/그리스도 (계 1:9; 11:15; 12:10; 15:3; 17:14; 19:16) 그리고 그리스도인의 영생 (참고. '세세토록' ; 계 1:6; 5:10; 20:6; 22:5)과 연결된 경우에는 긍정적인 의미를 가진다.

(10) 천년왕국 (계 20:1-6)

계 20:3절의 만국을 미혹하려던 사단의 계획은 수포로 돌아간다. 계 20:7절의 '천년이 차매 사단이 옥에서 놓일 것'이라는 말씀은 사단이 무수히 많은 부하를 거느리면서 다시 힘을 쓸 것이라는 의미로 표층적으로 보이지만, 실제로는 사단의 최종적인 심판을 의미하는 것이다. 왜냐하면 잠시 놓여서 하나님 나라를 최후로 발악하면서 대적한다면 사단의 최후 역시 불가피하기 때문이다. 사단이 놓임 받아서 최후의 발악을 하는 것은 그리스도의 정복 사역을 더욱 돋보이게 하는 묵시수사학적인 기법으로 볼 수 있다 (참고. Charpentier, 1993:79). 계 6:15, 16:12-14, 18:3-9, 그리고 19:19절의 '땅의 왕들'은 사단의 하수인이요 바벨론에 의해서 통치를 받는 세상의 왕들인데 천년왕국에 들어오지 못할 자들이다. 교회는 그리스도로 더불어 천년동안 (불특정 장기간) 왕노릇 할 것이다.[122]

(11) '만국의 영광과 존귀' (계 21:26)

그리스도의 신부인 새 예루살렘 성 안으로 만국의 영광과 존귀가 들어온

---

122) 계 20:2절에서 사단이 묶인 것은 예수님의 십자가와 부활로 사단이 이미 패배한 것을 가리키는 동시에, 미래적으로 주님의 재림 시에 있을 완전한 파멸을 내다보게 한다. 이런 의미에서 천년왕국은 사단의 역사에도 불구하고 교회의 승리의 기간이며 복된 기간이다 (참고. 마 12:28-29; 눅 10:18-19; 11:20-22; 요일 3:8). 이 세상을 미혹하여 잠시 왕자가 된 사단은 (요 12:31; 14:30; 16:11) 하나님 나라를 대적하나 십자가와 부활 그리고 현재적인 그리스도의 왕권으로 결정적인 파멸을 당한다. 눅 10장의 사건은 오순절 성령이 오시기 전임에도 불구하고 제자들의 사역으로 이미 사단의 권세가 파멸되고 있었음을 보여준다. 사단의 결정적인 묶임은 구약-옛 세상의 체제-시스템의 파멸에서 분명해 진다 (롬 16:20). 왜냐하면 승천은 선재하신 그리스도께서 자신의 원래의 자리로 복귀하는 것인 동시에 오순절 성령의 부어주심 (Pentecost)과 AD 70년 사건 (holocaust)으로 곧 바로 적용되기 때문이다. 환언하면, 오순절 사건과 AD 70년 사건은 임박하게 적용된 주님의 승천사건이다. 이제 사단은 복음이 증거되는 것을 막지 못하여 결국 만국을 미혹하지 못한다 (계 21:3). 하지만 사단은 여전히 활동한다. 그의 활동이 제한적이라는 말이다. 신적 수동태가 이것을 증명한다. 1000년은 10x10x10으로서 충만하고도 완전한 기간을 상징적으로 의미한다. 하지만 무한대의 시간이 아니라 한정적임은 1000이 20장에서 6회 사용된 것에서 상징적으로 알 수 있을 것이다. 그리고 1000년이 지나면 사단이 잠시 반드시 놓이기에 무한정 기간은 아니다. 여기서 1000년이 상징적이지만 한정적이라는 말은 하나님의 왕권이 교회를 통해 이 땅에 시행되는 기간인 주님의 초림과 재림 사이가 한정적이기 때문이다.

다. 한 때 이스라엘의 대적이었던 이방 나라가 회복된 언약 백성인 이스라엘처럼 여호와를 예배하는 자가 될 것이라는 사 60:3-5절과 11절의 성취인 이 구절에서 요한은 종말론적-우주적 하나님 나라의 확장을 상징적으로 묘사한다 (참고. 시 72:10-11; 사 49:6-8). 즉 복음 전파와 회개를 통한 하나님의 나라 확장이 암시되어 있다. 이것은 AD 30-60년 대 중반에 로마 제국에 복음이 편만히 전파되어 교회의 대적들이 하나님 나라의 지상의 현시인 교회의 일원이 됨으로써 부분적으로 성취되었다.

2. 계시록의 '보좌 위의 하나님'

(1) 예배와 정치 영역에서 하나님의 왕권을 강조하는 보좌

어떤 의미에서 계시록의 환상을 이해하는 열쇠는 보좌 위에 앉으신 분의 인격과 사역을 어떻게 파악하는가에 달려 있다. 계시록에 47번이나 등장하는 '보좌'는 하나님의 왕권과 초월성을 강조한다. 물론 47회 모두 성부 하나님을 주어로 삼는 것은 아니다. 처음부터 성부는 보좌에 앉아계신다 (계 1:4). 하지만 사단의 보좌는 버가모에 있다 (계 2:13). 계시록 처음부터 성부가 보좌에 앉으심으로써 하나님의 초월적인 왕권이 하늘에서처럼 이 땅 위에도 현시된다. 성부의 보좌에 함께 앉아계신 승리하신 (*enikēsen*) 예수님께서 계속해서 이기는 자에게 (ho nikōn) 자신의 보좌에 더불어 앉아서 다스리도록 하실 것이다 (계 3:21). 보좌에 앉으신 하나님은 모든 지상의 모습들 배후에 있는 궁극적 실재이시다 (참고. *Bauckham*, 1993:31). 즉 하늘의 보좌에 계신 하나님의 주권에 관한 환상은 지상에서 이루어져야 할 바에 대한 모델이시다 (참고. 시 2; 사 6; 겔 1: 단 7:9-10).

'보좌'는 예배적 (cultic) 요소와 정치적 (political) 요소를 가진다 (Du

Rand, 1997:69). 즉 보좌는 천상의 예배의 요소와 천상에서 지상을 향하여 시행되는 왕권과 관련있다. 요한 당시에는 정치와 종교가 철저히 분리되지 않았기에 정치적인 충성은 종교적인 예배의 형식으로 표출되었다 (참고. 계 13:4, 8, 12; 15:4; 19:5-6). 자연스럽게 예배와 정치가 섞여있는 계시록의 보좌 이미지는 반유대적 그리고 반로마적 메시지를 가진다. 반유대적 메시지는 다음과 같다. 승리하여 하나님의 보좌에 앉을 소아시아의 7교회는 '사단의 회' (계 2:9; 3:9)로 변질된 디아스포라의 회당과 다르다.[123] 디아스포라의 사단화된 (satanized) 회당과 예루살렘의 성전에는 참된 예배와 말씀이 없다. 그리고 참 유대인은 로마 신과 황제 숭배에 혼합주의 자세로 타협함으로써 순응한 유대인들이 아니라 바로 계시록의 수신자들이다. 반로마적 메시지는 요한이 보좌 환상을 통하여 로마의 황제가 이 세상의 참된 통치자가 아니며, 로마 신전에서 드리는 예배는 우상 숭배일 뿐임을 고발하는 것에서 볼 수 있다.

(2) 성부와 성자 그리고 교회가 공유하는 보좌

성부께서 맡기신 구속의 사역을 성취하신 그리스도께서 승천하사 재위하심으로써 성부와 보좌를 공유하신다 (계 5:7;[124] 12:5; 참고. '하나님과 그 어

---

123) AD 30년부터 AD 70년까지, 새 언약의 왕국과 옛 언약의 왕국이 대결했는데, 이유는 이 시기가 다름 아니라 '언약의 중첩기간' 이었기 때문이다. AD 70년 직전에 이 두 왕국의 대결은 절정에 도달했다. 요한은 그리스도의 오심으로 도래한 새 언약 왕국을 대적하는 배교한 유대인과 불신 로마제국을 사단의 사주를 받아 역사하는 옛 질서에 속한 왕국으로 묘사한다 (참고. Fadeley, 1995:5).

124) 계 5:7절은 공간적으로 예수님이 보좌로 이동한 것으로 말씀하는 것 같기에 예수님이 네 생물-24장로와 보좌 사이에 계시고 보좌 위에 앉지 않은 것으로 보인다. 하지만 이렇게 볼 때 왜 요한이 두 개의 비슷한 용어 (계 5:6절과 계 7:17절의 at the center of the throne)를 유사한 문맥과 같은 실재 (즉 보좌)를 언급하는 가운데 그러나 다소 상이한 두 개의 의미를 전달하면서 사용했는가를 설명할 수 없다. 요한의 헬라어의 특징을 고려해 볼 때 (예. 계 3:8절의 *tithēmi* 대신에 *didōmi*가 사용됨), 계 5:7절의 동사 *elthen kai eilēphen*를 "나아와서 받았다"는 의미보다는 "그의 손을 펴서 받았다" (extended his hands/stretched out his hands and received)는 뜻으로 볼 수 있다 (Hannah, 2003:530). 이처럼 보좌 위의 성부 하나님과 성자

린양의 보좌', 계 22:1, 3). 하나님의 천상의 통치는 어린양의 죽으심을 근거로 해서 나타난다. 하나님의 천상의 초월적인 통치 (transcendent rule)가 어린양을 통해서 이 땅에 내재화 (immanent)된다 (Du Rand, 1997:71). 이것이 하나님의 비밀이다 (계 10:7). 예수님은 '유다 지파의 사자요 다윗의 뿌리'로서, 구약에서 이미 예언된 왕으로서 다윗의 나라를 영원토록 회복하신 왕이시다 (계 5:5). 그리스도께서 천국을 이 땅에 실현하는 구속 사역은 완결적인 것인데, 성전의 보좌에서 들린 '되었다' (gegonen, It is done; 계 16:17; 참고. 요 19:30절의 *tetelestai*)는 음성에서 알 수 있다. 그 결과 짐승의 보좌는 하나님의 진노의 대접 심판으로 파멸된다 (계 16:10). 계 6장의 일곱 인의 재앙은 보좌 위의 그리스도께서 직접 시행하시는 심판이다. 재림의 그리스도는 심판주로서 보좌에 앉으실 것이다 (계 20:11-12). 그리스도의 신부인 새 예루살렘 가운데 성부와 성자의 보좌가 있다 (계 22:1, 3). 하나님의 보좌로부터 생명수 강이 발원한다. 이 생수가 교회를 소성케 하고 결실케 한다. 궁극적으로 성부와 그리스도의 왕권이 교회와 공유될 때, 하나님의 통치는 완성될 것이다 (계 22:5). 따라서 교회는 천상에서 성취된 왕 노릇을 이 땅에서 종말론적으로 시행하고 있다. 보좌 주위의 4생물과 24장로의 예배는 교회가 이 땅에서 왕권을 어떻게 시행할 수 있는가를 보여준다 (계 5).[125] 요약하면, 계시록에서 하나님의 통치는 (특별히 고등) 기독론, 교회론, 윤리론, 그리고 성령론을 지배한다.

　예수님은 동등한 영광과 권위를 가지고 영원하며 친밀한 교제 가운데 계신다. 흥미로운 것은 8절에 피조물 전체를 상징하는 4생물과 신구약의 모든 구원받은 백성을 상징하는 24장로가, 어린양이 성부로부터 두루마리를 취하실 때에, 거문고와 향이 담긴 금 대접 즉 성도의 기도를 어린양에게 드린다는 사실이다. 교회는 성부에게만 아니라 성자 예수님에게 기도를 드릴 수 있다.
　125) 환상에 등장하는 보좌 주위의 4생물, 24장로 그리고 천사들을 '천상의 교회'로 부르는 것은 별 의미가 없다. 요한은 지상의 교회와 천상의 교회로 나누어서 교회론을 전개할 의도를 가지고 있었는지 불분명하다. 소위 천상의 교회를 통해서 우리는 하나님 나라의 완전한 모습의 모든 면모를 발견할 수 있는지는 의문이다. 요한은 소아시아의 7교회가 '상징의 세계'요 동시에 '믿음의 세계'인 보좌 주위의 모습을 영적인 안목을 가지고 바라보면서 위로를 얻도록 한다.

3. 계시록의 하나님 나라의 과거, 현재, 미래

(1) 하나님 나라의 과거

계시록에서 그리는 하나님 나라의 과거성은 어떠한가? 여기서 '과거'라는 말은 요한이 계시록을 기록하기 전이라는 의미이다. AD 30년경의 그리스도의 십자가와 부활-승천으로 하나님 나라가 임했다. 계 1:5절에 의하면 예수 그리스도는 충성된 천국 복음의 증인이셨으며, 임금들의 머리가 되신 만왕의 왕이시다. 계 5:5절의 유다 지파의 사자요 다윗의 뿌리이신 그리스도께서 '이기었으니'는 enikēsen인데 아오리스트로 표현되어서 그리스도의 과거의 완성된 행위를 가리킨다. 물론 그분의 과거적 승리의 결과는 현재적으로 영향을 미친다 (Smalley, 2005:131). 계 5:6절의 죽임 당하신 어린양에서 알 수 있는 것은, 성부의 지상에서의 왕권수립이 어린양을 죽이심으로써 죄와 악을 정복함에 달려 있다는 사실이다. '어린양'은 계시록에 28회 등장하는데, 그리스도의 대속적 죽음과 비폭력적 저항을 보여준다. 어린양이 28회 등장하는 것은 7X4, 즉 온 세상에 완전하게 미치는 그리스도의 대속의 효력을 상징적으로 암시한다 (Kowalski, 2003:58). 예수님은 죽임 당하신 어린양인 동시에 유대 지파의 사자시요 다윗 지파의 메시아 왕이시다 (계 5:5; 창 49:9; 사 11:1, 10). 그리스도의 죽으심뿐 아니라 승리의 '부활'도 천국의 도래에 있어서 중요하다 (참고. 계 1:18; 2:8; 6:11; 20:4-6; 21:4). 예수님은 '죽은 자들의 첫 열매'(ho prōtotokos tōn nekrōn, hapax legomena)가 되신다 (계 1:5; 시 89:27). 계 1:5절에는 그리스도의 부활과 임금들의 머리되심 즉 메시아 왕국의 도래 약속이 결합되어 있다. 그리스도의 죽음과 부활이라는 과거적 사역으로 임한 천국은 하나님 나라의 현재와 미래적 성격을 결정짓는다.

(2) 하나님 나라의 현재

① 성령과 교회의 증거로 확장되는 하나님 나라

계시록이 묘사하는 현재적인 하나님 나라는 성령과 교회의 증거를 통해서 종말론적으로 임하고 있는 나라이다. 여기서 말하는 현재는 요한 당시를 가리킨다. 이 현재적 천국을 위해서 보좌에 계신 그리스도께서 심판과 구원을 시행하신다. 성령님은 온 세상에 그리스도의 왕권을 시행하시도록 역사하시는 보좌 앞의 일곱 영이시다 (계 1:4).[126] 교회는 예수님의 환난과 나라 (왕적 통치)와 참음에 동참하는 자이다 (계 1:9). 계 19:15-16절에 의하면, 백마 탄 왕이신 예수님은 자신의 입에서 나오는 복음으로써 세상을 정복하고 만왕의 왕, 만주의 주 되심을 계속해서 확증하신다. 요한 당시의 교회가 세상을 정복하여 그리스도의 왕되심을 증명하기 위해서 말씀의 증인역할을 해야 할 것을 의미한다. 이것은 성령의 능력으로 사역한 '두 증인'의 사역에서 잘 나타난다 (계 11:1-13; 참고. 계 3:1; 5:6). 승천하신 그리스도께서 복음 확장을 주도하신다 (참고. 막 16:15-20). 성도는 하나님과 그리스도의 제사장 역할을 하면서 천년 동안 그리스도와 더불어 왕노릇한다 (계 20:6).[127] 계 21:26절은 만국의 왕들이 새 예루살렘 성 안으로 들어오는 것을 묘사하는데, 이것은 교회

---

126) '일곱 영' (the seven Spirit)은 계 1:4절을 비롯하여 계 3:1, 4:5, 5:6절에도 등장하는데, 교회의 선교적인 사명을 온 땅에 충만히 이루시는 분이시다. 계시록에서 '성령'이라는 표현이 선지자를 통해 교회에게 말씀하시는 성령을 가리킨다면, '일곱 영'은 교회를 통하여 온 세상에 말씀하시는 성령의 역사를 가리킨다. 일곱 영이신 성령님은 그리스도의 완결된 과거적 구원 사역을 현재적으로 온 세상에 적용하신다 (비교. 사 32:15-16; 42:1; 44:3; 48:16; 59:21).
127) 계시록에 나타나는 천국의 백성인 '나라와 제사장' 된 교회는 사 61:4-11절과 중요한 간본문성을 가진다. 이사야는 사 61:4-11절에서 메시아 (1절의 '내게'는 '여호와의 종' 임)의 도래로 회복될 우주적인 새 이스라엘이 여호와의 제사장이요 (사 61:6) 하나님의 봉사자가 되어 (계 21:3, 16), 열방의 재물과 영광을 얻고 (계 21:24-26), 영원한 언약 가운데 살 것을 소망 중에 예언한다 (계 21:7). 그뿐 아니라, 신부로서 이스라엘은 보물로 단장하며 (계 21:18-21), 신랑으로서 제사장처럼 머리를 장식할 것이며 (사 61:10; as a bridegroom adorns his head like a priest), 새 에덴의 복을 누릴 것이다 (계 22:2).

를 통한 천국의 현재적 확장을 뜻한다.

② 사단의 왕국과 대결하는 현재적 하나님 나라

계 13장의 바다에서 올라오는 짐승과 땅에서 올라오는 짐승 그리고 용은 사단의 삼위일체이다. 그들은 잘 조직된 체계와 위계질서 속에서 하나님 나라를 대적한다. 바다 짐승은 로마 제국의 세력을, 땅 짐승은 유대인의 세력을, 용은 사단을 상징한다. 사단의 삼위일체는 삼위일체 하나님의 모방인데, 모방에서 그치지 않고 천국의 지상의 현시인 교회를 대적한다. 배교한 유대교와 이방 로마제국은 사단의 왕국이 성육화된 것이다. 이 대적을 물리치기 위해서 하나님 나라의 지상의 현시인 교회는 그리스도의 피와 증거의 말씀으로 무장해야 한다 (계 12:11).

(3) 하나님 나라의 미래- 신천신지에 새 예루살렘을 통해 완성될 하나님 나라

영화로운 천국 백성이 거할 공간적 배경인 신천신지는 주님의 최종 파루시아로 이 땅에 임할 것이다. 완성된 하나님 나라의 백성인 새 예루살렘 성은 지성소처럼 하나님 앞에 살면서 보석과 같은 영광을 소유할 것이다 (참고. 계 21:16; 22:1-5). 이처럼 하나님 나라의 완성은 에덴동산의 완전한 회복이라는 새창조의 관점에서 설명된다. 이 땅에 존재하는 눈물, 사망, 애통, 곡하는 것 그리고 아픈 것이 완성된 하나님 나라에는 없다 (계 21:4; Kim, 1997:636).[128]

---

[128] 김세윤 (1997:636)은 주님의 최종 파루시아와 천국의 완성 (consummation)을 연결시키지만, 동시에 바벨론의 파멸 (계 17:14)과 일곱 대접 재앙 (계 15:1, 5-16:21)과도 연결시킨다. 그는 대접재앙을 최후의 심판으로 잘못 이해하고 있다. 인-나팔-대접심판은 반복이론 (recapitulation theory)으로 이해되어야 한다.

4. 계시록의 하나님 나라의 과거적 의미와 현재에의 적용

(1) 요한 당시의 소아시아 7교회에게 있어서 하나님의 나라

계시록의 수신자인 AD 60년 중반의 소아시아의 7교회는 내적으로는 혼합주의적인 이단 사상의 도전으로, 외적으로는 디아스포라 유대인과 네로 황제가 다스리던 이방 로마 제국의 박해로 사면초가에 처해있었다 (Fadeley, 1995:13). 그들은 숫자적으로 다수가 아니었다.[129] 이런 와중에서 그리 오래되지 않은 역사를 지닌 이들 교회는 자연스럽게 한 가지 질문을 던졌을 것이

---

129) 여기서 계시록의 수신자들의 상황을 사회과학적 입장에서 살펴보는 것이 유익하다. DeSilva (1998:805)는 현대의 분파이론 (sect theory)을 계시록에 적용하여 계시록이 하나의 분파 그룹의 산물이라고 결론을 내린다. 요한 당시에 이방인을 향한 선교는 상당한 성공을 거두었다. 하지만 AD 1세기 말까지도 이방인 성도의 수는 수천을 넘지 않은 것으로 추정된다. AD 200년까지도 여행 경험이 많은 오리겐 역시 크리스찬의 비율은 전체 인구에 비해 상당히 낮았다고 증거한다 (보라. Räisänen, 1995:152). DeSilva와는 달리 Harland (2000:107, 117)는 분파이론을 반대하면서, 비록 요한의 독자들이 주위의 문화와 사회의 어떤 가치와 현상들을 분명히 배격한 것은 분명하지만, 그들은 분명히 자신의 정체성을 손상하지 않으면서 다른 것들은 유지하거나 수용했을 것이라고 추정한다. 요한이 환상을 통해서 전달하고자 하는 바는 단순히 위기에 대한 기독교의 신비적 분파가 제시하는 해답이 아니다. 오히려 이 세상을 향한 하나님의 목적에 관한 신학적 증언이다 (a theological witness of God's purpose for this world; Du Rand, 1996:52). 소아시아의 7교회를 명백히 분파라고 볼 수는 없더라도, 분파적 요소를 가지고 있었던 것으로 볼 수 있다. 그렇다면 모체 (matrix)는 무엇인가? 불신 로마제국이라기 보다는 불신 유대주의로 볼 수 있다. 1세기 중반에 기독교는 대다수의 유대인들에 의해 하나의 '분파' 또는 '당'으로 쫓겨나게 되었는데, 이것은 특별한 견해를 가진 학파 또는 경멸하는 어투로 일탈된 집단으로 여겨졌다 (데이빗 세콤베, 2004:139). McKelvey (2003:173-174)는 계 2:9절과 3:9절의 '사단의 회'인 불신 유대인을 예로 들면서, 혼합주의적 성격의 디아스포라 유대인들은 명목상의 유대인에 불과하다고 본다. 그러므로 요한의 독자들은 참된 유대인으로서 스스로 경계선을 분명히 해야 하며 그 중간 지점은 없음을 깨달아야 했다고 본다. 정체성을 분명히 하기 위해서는 게토 (gettho)화 되어야 하지만, 사역을 위해서는 비게토 (non-gettho)적이어야 한다.

다. 과연 이 세상의 왕은 누구인가? 즉 과연 하나님이 교회와 세상의 왕이시라면 왜 이런 박해가 닥치는가? 이 질문은 자칫 그리 오래되지 않은 어린 교회의 정체성을 흔들만한 것이었다 (참고. Fadeley, 1995:13). 요한은 계 1장의 승천하신 그리스도에 관한 개시환상을 필두로 하여, 4-5장의 보좌 환상을 지나, 7인-7나팔-7대접 심판 (계 6-16)을 통해서 음녀 바벨론의 파멸 (계 17-18)을 점층법적으로 기록한다. 큰 성읍이요 음녀인 바벨론의 파멸은 또 다른 도시 이미지로 묘사된 그리스도의 신부 (새 예루살렘 성)의 등장을 예고하는데 (계 19:7; 21:2, 9), 그들은 종말론적이며 영광스러운 승리의 공동체로서 천국의 복을 누리면서 하나님의 왕적 통치에 찬양으로 반응한다 (계 19-22:5). 계시록에서 하나님의 심판의 대상인 '음녀 바벨론'은 1세기 중순의 교회의 대적이었던 이방 로마 제국과 불신 유대인을 동시에 가리키는 복합적인 상징 (tensive symbol)이다. 승천하신 예수님께서 이 음녀 바벨론을 심판하시기 위해서 '곧' 그리고 '속히' 오셔서 7교회를 신원하실 것이다 (계 1:1, 3; 22:6, 10). 음녀 바벨론에 대한 심판은 흔들릴 만한 교회의 정체성을 확고히 하여 박해 가운데서도 이미 임한 하나님의 나라 백성으로 살도록 격려했다. 계시록이 기록된 지 3년 후인 AD 68-69년에 로마 제국은 극심한 내분을 겪었고 그 무렵 유대인들은 유대-로마 전쟁으로 파멸되었다. 이것은 하나님 나라의 구약적 요소인 특정주의와 옛 언약적 질서를 깨고 새 언약이 온 세상에 임하는 하나님의 통치 사건이다. 요한은 천국 백성 된 수신자들에게 열심당적 혁명도 (계 13:10; 마 26:52), 에센파적 은둔주의도 거부하면서 세상 속의 빛과 소금으로서의 사명을 강조한다. 이 사명을 위해서 우선적으로 7교회는 경계선을 분명히 함으로써 정체성을 명확히 해야 한다. 어떤 정체성인가? 그리스도께서 이미 십자가와 부활로 이루신 '나라와 제사장' 이요 (계 1:6), '그리스도의 신부' 이다 (계 19:7; 21:2). 요한의 청중은 온 열방을 향하여 승귀하신 그리스도의 왕권을 시행하는 자로서 살아야 했다.

요한이 그리고 있는 하나님 나라의 백성인 참 성도만 믿음과 상징의 세계에 등장하는 교회와 동일시 할 수 있는 구원받은 공동체이다. 이들은 인내하면서[130] 죽기까지 그리스도를 증거하며 하나님의 계명을 지키는 자이다 (계

12:11, 17). 하지만 계 13:9절의 '누구든지 귀가 있거든'은 단수로 사용되어 강력한 그룹 격자 공동체적 사상을 나타낸다 (the strong group grid community). 물론 '성도'(saints)라고 계 13:7절과 10절에서 복수형으로도 나타난다. 요한은 신자를 'If anyone has insight' (계 13:18)라고 말함으로써 개인을 통한 그룹 정체성을 강화한다. 계시록에서 종종 공동체가 이처럼 단수형으로 나타난다 (Hurtgen, 1993:104-105, 112, 119).

(2) 계시록의 천국의 현재적 적용 및 의미

어느 시대의 크리스챤이건 스스로 천국 백성으로서의 정체성을 확립해야 한다. 이를 위해 우리가 사는 시대를 분별해야 한다. 지금은 천국이 박해와 세상의 도전 가운데서라도 확대되는 시대이다 (계 11:15; 마 11:12). 영원한 그리스도의 통치를 받기 위해서 성도는 인내해야 한다. 인내의 근거는 교회의 머리이신 그리스도께서 승리하셨고, 하나님의 신원이 멀지 않고 가깝다는 데 있다.[131] 그리고 공동체는 물론 한 개체 성도 안에 공존해 있는 옛 세상과 새 세상의 중첩이 속히 후자의 승리로 끝나도록 해야 한다.

---

130) 계시록의 '인내' (계 1:9; 2:2-3, 19; 3:10; 13:10; 14:12)는 수신자의 상황 속에서 볼 때 반드시 갖추어야 할 가장 중요한 덕목이다. 인내는 예수 그리스도의 증거를 끝까지 지키는 것과 관련된다. 특히 배교를 강요당하는 시점에서 요한은 그의 수신자에게 영적인 싸움을 싸우도록 인내를 독려하는데, '믿음'과 '이긴다' 라는 용어와 동의어로 사용한다 (이광진, 2004:290-291).

131) 브라질 출신의 카토릭 신학자 보르톨리니 (2000:12)에 의하면 요한계시록은 '저항과 고발'의 책인데, 저항과 고발은 '신비로운 영성'을 지닌 조직되고 통일된 집단을 전제한다. 그렇다면 계시록의 신비로운 영성이란 무엇인가? 그것은 교회가 어린양으로서 죽음을 이기신 예수님의 사자 (lion)로서의 승리를 다짐하는 영성이다. 2000년 전에 죽음을 이기신 예수님의 승리는 우리 역사의 미래를 향하여 공동체들을 밀어간다. 예언과 저항을 통하여, 강한 믿음과 증거하는 용기를 가지고, 우리는 하나님과 더불어 '새 하늘과 새 땅' 즉 하나님의 계획에 맞는 사회에 도달할 것이다. 새 언약의 공동체야말로 계시록을 읽고 해석할 수 있는 가장 좋은 자리이다. 교회는 먼저 새 언약 공동체로서 계시록을 함께 읽고, 찬양 부르며, 두려움 없이 실천하여야 한다.

나오면서

계시록의 하나님 나라는 '보좌', '나라', '만왕의 왕, 만주의 주', '철장' 과 같은 용어로 추적해 볼 수 있다. 그리고 계시록의 하나님 나라는 그리스도의 구속 사역으로 임한 과거적 성격과, 성령과 교회의 증인 역할을 통해서 전진하는 현재적 성격, 그리고 신천신지에서 새 예루살렘 성 (교회)을 통해 완성될 미래적 성격을 아우른다. 이것은 새로운 것이 아니라, 복음서와 서신서에서 제시하는 하나님 나라의 가르침을 그리스도의 죽으심, 부활, 승천의 관점에서 신실하게 해석한 것과 같다 (Kim, 1997:637). 요한은 배교한 유대인과 로마 제국으로 대변되는 옛 언약의 왕국과 그리스도의 구속 사역으로 도래한 새 언약의 왕국 사이에 존재하던 중첩의 기간이 곧 마감될 것을 예언한다. 소아시아 7교회는 요한이 환상을 통해서 묘사하는 승리한 하나님 나라를 믿음의 눈으로 바라보면서 예배, 순종, 증거를 통해서 천국을 현재화하여 박해를 이겨나갈 수 있어야 했다. 이것은 심판과 지옥을[132] 벗어나서 천국을 침노하는 현대 그리스도인에게도 적합한 적용점을 제시한다.

---

[132] 계시록의 천국과 대조되는 지옥을 간과할 수 없다. 실제로 계시록은 악인의 운명이라는 주제에 많은 분량을 할애한다 (contra Powys, 1998:364). 인-나팔-대접의 심판은 강력한 심판 이미지를 동원하여 불신 유대인과 이방 로마제국이 하나님의 현재적인 심판과 지옥을 경험하고 있음을 보여준다. 어린양의 생명책에 기록되지 못한 자들은 부활하여 심판을 받아 영원한 지옥 형벌을 받을 것인데 (계 20:13-15), 이것을 요한은 '불과 유황으로 타는 못'과 '둘째 사망'으로 묘사한다 (계 20:10; 21:8, 27). 이 영원한 지옥 심판은 "나는 저의 하나님이 되고 그는 내 아들이 되리라"라는 관계적 복의 영원한 부재 상태이다 (계 21:7).

참고문헌

AUNE, D.E. 1998. Revelation 6-16. WBC. Nashiville :
Thomas Nelson Publishers.

BANDSTRA, A.I. 1992. "A kingship and priests":
inaugurated eschatology in the Apocalypse.
Calvin Theological Journal, 27:10-25.

BAUCKHAM, R. 1993. The theology of the Book of Revelation.
Cambridge : Cambridge University Press.

BAUER, W. 2000. A Greek-English lexicon of the New Testament and
other early Christian literature. (Third edition) Chicago:
The University of Chicago Press.

BEALE, G.K. 1999. The Book of Revelation. NIGTC. Grand Rapids:
Eerdmans.

BORING, M.E. 1986. The theology of Revelation: "The lord our God
the almighty reigns." *Interpretation*, 40:257-269.

CHILTON, D. 1990. The days of vengeance. Tyler : Dominion Press.

DECOCK, P.B. 2004. The symbol of blood in the Apocalypse of John.
Neotestamentica, 38(2):157-182.

DESILVA, D.A. 1998. The persuasive strategy of the Apocalypse:
a socio-rhetorical investigation of Revelation 14:6-13.
(*In* SBL 1998 Seminar Papers, part 2. p.785-806.)

DU RAND, J.A. 1996. "Let him hear what the Spirit says?": the
functional role and theological meaning of the Spirit in the
Book of Revelation. *Ex Auditu*, 12:43-58.

DU RAND, J.A. 1997. "Your kingdom come on earth as it is in heaven":
the theological motif of the Apocalypse of John.

Neotestamentica, 31(1):59-75.

DU TOIT, A.B. 2000. The Kingdom of God in the New Testament. with special reference to the Gospel of Matthew. Paper read at International Reformed Theological Congress during 21-24 August at Potchefstroom University.

FADELEY, G. 1995. Revelation: kingdoms in conflict. Waxhaw : Anchor Publishing.

HANNAH, D.D. 2003. Of Cherubim and the divine throne: Rev 5.6 in context. *New Testament Studies*, 49(4):528-542.

HARLAND, P.A. 2000. Honouring the emperor or assailing the beast: participation in civic life among associations (Jewish, Christian and other) in Asia Minor and the Apocalypse of John. *Journal for the Study of the New Testament*, 77:99-121.

HUETGEN, J.E. 1993. Anti-language in the Apocalypse of John. Lewiston : Mellen Biblical Press.

KIM, S.Y. 1997. Kingdom of God. (*In* Martin, R.P.& Davids, P.H. eds. Dictionary of the later New Testament and its developments. Downers Grove : IVP. p.629-640.)

KOWALSKI, B. 2003. Martyrdom and resurrection in the Revelation to John. *Andrews University Seminary Studies*, 41(1):55-64.

LADD, G.E. 1974. The presence of the future. Grand Rapids : Eerdmans.

LIOY, D. 2003. The Book of Revelation in Christological focus. New York : Peter Lang.

MARCUS, J. 1988. Entering into the kingly power of God. *Journal of Biblical Literature*, 107:663-675.

MCKELVEY, R.J. 2003. Jews in the Book of Revelation. *Irish Biblical Studies*, 25(4):175-194.

POWYS, D.J. 1998. 'Hell' : a hard look at a hard question. Carlisle :

Paternoster.

R?IS?NEN, H. 1995. The clash between Christian styles of life in the Book of Revelation. *Studia Theologica*, 49(1):151-166.

RIDDERBOS, H.N. 1979. Church, world, kingdom. Potchefstroom : Instituut vir die Bevordering van Calvinisme.

SCHULZE, L.F. 2000. Let your kingdom come. Paper read at International Reformed Theological Congress during 21-24 August at Potchefstroom University.

SMALLEY, S.S. 2005. The Revelation to John. Downers Grove : IVP.

데이빗 세콤베. 2004. *누가가 본 교회의 비전*.
 (*In* 마르쿠스 보크뮤엘 & 마이클 톰슨 *eds*. 초대 그리스도인들이 품고 있던 교회를 향한 비전. 솔로몬. p.115-154.)

보르톨리니, J. 2000. 요한묵시록 읽기. 성바오로.

샤르팡티에. 1993. 요한계시록. (*In* 묵시록. 샤르팡티에 외. 카톨릭출판사.)

이광진. 2004. 요한계시록연구. 크리스천 헤럴드.

헤르만 리덜보스. 1988. *하나님 나라*. 엠마오.

X

계 6장의 인 재앙과 요세푸스의 '유대 전쟁사'의 간본문적 해석

An intertextual interpretation of the Seals in
Revelation 6 and the Jewish War by Josephus

들어가면서

계 6장은 어린 양이신 예수님이 보좌에 앉아계신 성부 하나님으로부터 두루마리를 받아 개봉하는 환상이다. 그러므로 계 6장의 공간적인 배경의 중심은 보좌이다. 새 언약의 협정문서 (the treaty document of the New Covenant)인 두루마리가 역사의 주인이신 그리스도에 의해 개봉된다. 인 (seal)이 하나씩 떼어질 때마다 소아시아의 7교회의 대적은 심판을 받는다. Mauro (1990:179)가 설명하듯이 이 두루마리는 일렬 정렬된 7개의 인으로 [133] 가장자리가 인봉된 것이 아니라, 안으로 들어가면서 하나씩 봉인된 것이다. 물론 이 개봉된 내용을 연대기적으로 일어날 사건을 묘사하는 것으로 볼 이유는 없다. 환상의 시간과 실제 역사의 시간은 반드시 일치하는 것이 아니기 때문이다. 계 6장은 구약과[134] 신약의[135] 풍성한 간본문 (intertexts)을 가진다. 그리고 성경 안의 간본문 이외에 특별히 관심을 끄는 본문은 요세푸스 (AD 37-c. 100)의[136] '유대전쟁사' (The Jewish War)이다.[137] 따라서 이 글에서 시도될 성경 외적 간본문적 해석은 부분적 과거론 (the partial preterism)

---

133) 두루마리 (to biblion)가 7인으로 봉해진 것은 요한 당시의 로마법의 빛에서 이해할 수 있다. 서명대신에 일곱 인은 법적 문서인 마지막 유언 (testament, last will)의 유효성을 증명하는 일반적인 방법이었다. 유언장의 일곱 인은 일곱 꼰 실로 묶여졌다. 이런 유언의 집행은 유언자의 죽음을 전제로 한다. 따라서 계 6장의 이 두루마리를 예수님의 유언으로 볼 수 있다. 새 언약의 중보이신 주님이 죽으셨을 뿐 아니라 부활 승천하사 이 유언장을 개봉하시고 시행하신다. 유언한 자가 유언장을 여는 것은 아이러니이다. 이 유언장의 내용은 옛 언약과의 이혼을 고하는 것이기에 이혼증서 (a bill of divorce; 신 24:1-4; 사 50:1; 렘 3:8; 마 19:7; 막 10:4)로 볼 수 있다 (참고. 홍창표, 2001:252-253).

134) 계 6장은 겔 1:8-15절과 슥 6:1-8절 특별히 합 3장의 하박국의 기도와 강한 간본문성을 가진다. 합 3장에 갈대아라는 이방 나라를 사용하여서 하나님께서 이스라엘을 심판하시는 모습이 등장한다. 역병 (합 3:5; 계 6:8), 산이 흔들리고 언덕이 무너짐 (합 3:6, 10; 계 6:14), 대적을 대항하여 말을 탐 (합 3:8, 15; 계 6:2, 4-5, 8), 활로 무장함 (합 3:9, 11; 계 6:2), 해와 달이 빛을 잃음 (합 3:11; 계 6:12-13), 열방이 하나님의 진노로 인해 떠는 것 (합 3:12; 계 6:15). 하박국 선지자 시대에 바벨론이 이스라엘을 쳐들어오는 것과 요한 당시에 로마가 이스라엘을 공격하는 것이 유사한 표현으로 설명되고 있다. 그 외에 레 26:18-28절과 신 32:23-25절과 겔 14:12-23절은 복합적인 방식으로 계 6:1-8절에 나타난다 (참고. 시 37:1절의 Pesher; Beale, 1999:372-373).

의 입장을 지지하되, 계시사에 있어서 중요한 전환점이 된 AD 70년의 예루살렘 심판이라는 측면을 부각시킨다. 그리고 계시록의 일대일 대응식 상징 (steno symbol)이 아니라 무언가를 강력하게 환기시키는 힘을 가진 상징적 표현 (provocative and tensive symbol)이 가지는 역사적인 지시성과 상징적인 의미 사이의 관련성도 논할 것이다. 지금부터 성경 외적인 자료가 계시록 해석에 있어서 어떤 공헌과 한계성을 가지는지 계 6장과 '유대전쟁사' 를 통해서 살펴보자.[138]

1. 계 6장의 인 재앙 석의

먼저 계시록 6장의 사고의 흐름을 간략히 살펴보자 (참고. Kistemaker, 2001:218; Aune, 1998:386-389):

A. 첫 네 개의 인 환상 (6:1-8)

---

135) 계 6장의 신약 간본문 중 가장 중요한 것은 감람산 강화이다 (참고. Charles, 1920:158-159; Beale, 1999:373):
 (1) 계 6장: 1. 전쟁 (1-2절), 2. 국제적 분쟁 (3-4절), 3. 기근 (5-6절), 4. 역병 (7-8절), 5. 박해 (9-11절), 6. 지진: 창조의 파괴 (de-creation, 광명체가 빛을 잃고 하늘의 권능이 흔들림 12-17절).
 (2) 마 24장: 1. 전쟁 (6절), 2. 국제적 분쟁 (7a절), 3.기근 (7b절), 4. 지진 (7c절), 5. 박해 (9-13절), 6. 창조의 파괴 (15-31절).
 (3) 막 13장: 1. 전쟁 (7절), 2. 국제적 분쟁 (8a절), 3. 지진 (8b절), 4. 기근 (8c절), 5. 박해 (9-13절), 6. 창조의 파괴 (14-27절).
 (4) 눅 21장: 1. 전쟁 (9절), 2. 국제적 분쟁 (10절), 3. 지진 (11a절), 4. 역병과 기근 (11b절), 5. 박해 (12-19절), 6. 창조의 파괴 (20-27절).
 Charles는 이런 중요한 병행을 발견했음에도 불구하고, 계 6장과 감람산 강화가 동일한 사건을 묘사하고 있음에 주목하지 못한다. 하지만 Chilton (1990:183)의 말에 주목해야 한다: "비록 많은 사람들이 기꺼이 소묵시록이 이스라엘에 대한 심판을 다루는 것을 인정하지만 소수만이 분명한 연결 고리를 파악한다. 그리고 대묵시록도 이스라엘을 대항한 예언이다!"

1. 첫째 인: 흰 말 (6:1-2)
2. 둘째 인: 붉은 말 (6:3-4)
3. 셋째 인: 검은 말 (6:5-6)

---

136) 플라비우스 요세푸스는 모계로는 하스모니안 왕조 출신이고, 부계로는 제사장 가문 출신이다. 그리고 유대의 마지막 왕인 아그립바 2세의 개인적인 친구이다. 아그립바 2세는 적어도 62통의 편지를 써서 유대전쟁사의 역사적인 정확성을 증명했다고 한다. 요세푸스는 유대교육을 받았으며 이미 14세 때에 대제사장으로부터 율법 해석에 대한 자문을 받았다. 군사 훈련을 받은 적 없지만 29세에 갈릴리의 장군으로 발탁되었다. 갈릴리의 군대를 이끌고 로마에 대항했지만 결국 67년 7월에 투항했다. 그 후 포로의 신분으로 있다가 로마군대를 위한 지적인 정보 제공자로 활동했다. AD 69년 말에 죄수의 신분에서 해방되어서 71년에 로마로 갔다. 로마의 (장군-)황제 베스파시안과 디도의 신임과 호의 (베스파시안의 이전 개인 저택을 사용하고 세금을 감면 받고 시민권을 받는 것 등)를 받았는데 아마 그들이 요세푸스에게 직접적이고 일차적인 역사적인 정보를 제공해 주었을 것이다. 요세푸스는 인생의 마지막 30년을 이들 황제의 후원 속에 로마에서 보냈다. 유대전쟁이 끝난 후 요세푸스가 로마에 머물 때 유대전쟁사를 기록했다. 처음에는 아람어로 나중에는 헬라어로 기록했다. 그가 로마에 머무는 동안 Epaphroditus라는 후견인이 있었는데 그의 장서는 3만 권에 달했다. 유대전쟁사의 서론 (1권 1장 1절)에서 밝히듯이 그는 이전 역사가들의 기록의 비정확성을 비판하면서 공정성을 기하려고 나름대로 노력했다. 요세푸스가 로마에서 로마제국에 찬동하여 친로마적 색체를 선전하기 위해 유대전쟁사를 기록했다는 주장은 일방적이다. 왜냐하면 그는 여러 비난에 직면한 유대인들의 지위를 변호하며, 특별히 유대 전쟁이 유대인의 호전적인 성격에서 기인한 것이 아니라 일부 권력을 탐하던 사람에 의해 발발한 것이라고 주장했다. 그리고 예수님에 대한 요세푸스의 언급은 저스틴 마터와 같은 기독교 변증가들에게 중요한 자료가 되었다 (보라. Feldman, 2000:590-591). 요세푸스가 신약 연구에 중요한 이유를 Feldman (2000:590)은 다음과 같이 설명한다: (1) 예수님 당시의 유대인들의 역사 (인물, 유대 분파, 이스라엘 지형, 성전, 신약시대의 사건들 등)에 대한 가장 포괄적이고도 조직적인 정보를 제공하기 때문이다. (2) 요세푸스는 예수님, 세례 요한, 예수님의 형제 야고보, 갈릴리인 유다 등을 가장 먼저 언급한 불신 유대인이다. (3) 그는 성경의 가장 이른 형태의 조직적이고 포괄적인 설명과 해석을 제공한다. 대부분의 고전 작품들이 소실되었지만, 요세푸스의 저작들이 여전히 우리에게 전수되어 온 것은 이런 이유들로 인해 기독교인조차 중요하게 생각했기 때문이다. 특히 주전 5세기로부터 기독교가 발흥한 시점 사이의 역사 즉 신구약 중간기에 대한 공백을 메우기 위해 요세푸스가 종종 인용되었다. 더욱이 예수님과 세례 요한 그리고 AD 70년 사건에 대해 요세푸스가 제공하는 정보는 매우 중요하다.

137) '유대전쟁사'는 총 7권으로 구성되며, BC 175년의 안티오커스 에피파네스로부터 AD 74년 마사다 함락까지의 사건을 다룬다. 그 초점은 로마를 대항한 유대인의 항쟁과 AD 70년 사건이다. 아마 AD 75-79년에 기록한 것 같으며 완성은 디도와 도미티안 황제 시대로 추정된다 (참고. Mason, 2000:596).

4. 넷째 인: 청황색 말 (6:7-8)[139]
B. 다섯째 인: 성도의 탄원 (6:9-11)[140]
C. 여섯째 인: 주님의 진노의 큰 날 (6:12-17)
  1. 우주적 격변 (6:12-14)
  2. 인간의 반응 (6:15-17)

---

138) 이것은 Vernon K. Robbins의 'cultural, social and historical intertextures' 와 관련된다. 그의 설명을 들어보자: "사회-역사-문화적 본문에 대한 분석은 한 지역에 사는 사람이라면 의식적으로 혹은 본능적으로 알고 있는 일반적인 사회-역사-문화적 주제의 분석과 관련된다. 이 그물처럼 얽힌 관련성을 분석하는 것은 세상에 대한 반응, 사회-역사-문화적 체계와 본문에 의해 환기된 문화적인 동맹과 갈등에 관한 질문을 일으킨다"(보라. Robbins, 1996:58-63).

139) 4번째 인은 1-3번째 인의 재앙을 요약한다 (계 6:8). 그리고 주목할 점은 7개의 인의 재앙시리즈와 뒤따르는 7개의 나팔의 재앙시리즈는 구조에 있어서 유사하다는 사실이다. 먼저 1-4째 재앙은 간결하게 하나님의 심판을 묘사하고, 5-6째는 좀 더 상세한 재앙이 등장하면서 강도가 강해진다. 그리고 6째와 7째 심판 중간에는 삽입 본문이 있다. 이 삽입 부분 (계 7, 11)은 예수 그리스도께서 이루신 구원의 사역을 회상하면서 동시에 앞을 내다보면서 구원받은 백성 즉 남은 자에게 초점을 맞춘다 (Boring, 1989:119).

140) 5째 인의 개봉과 가장 밀접히 연관된 신약 간본문은 아마도 불의한 재판관에게 탄원하는 과부의 비유이다 (눅 18:1-8). 이 비유의 문맥은 우리의 주의를 요한다. 눅 17:22절의 '인자의 날' (the days of the Son of Man)과 8:8절의 '인자가 올 때' (when the Son of Man comes)는 inclusio를 이룬다. 즉 눅 17:22-18:9절이 하나의 큰 통일성있는 사고를 가진 단락이라는 말이다. 눅 17:22, 24, 26, 30절은 AD 70년의 예루살렘 멸망을 그 배경으로 한다. 여기서 과부는 신랑이신 예수님이 승천하신 후의 초대교회로 볼 수 있다. 따라서 이 비유를 해석함에 있어서 단순히 불의한 재판관을 향해 강청한 어떤 과부라는 사람에게 초점을 맞출 수 없다. 오히려 AD 70년의 예루살렘 멸망의 상황을 염두에 두면서, 초대 교회가 기도함으로 주님으로부터 신원을 받고 하나님 나라가 실현된다는 구원 계시사적인 안목으로 바라보아야 한다. 예수님의 이 예화는 이 예화를 직접 들었던 제자들뿐 아니라, 아마 누가가 시리아 안디옥에서 설립한 교회에게 중요한 메시지가 아닐 수 없었을 것이다. 눅 18장이 속한 누가복음은 AD 65년경에 기록된 것으로 보인다. 누가는 데오빌로 각하를 위해 누가복음을 기록했다. 그래서 이 불의한 재판관의 모습을 읽고는 데오빌로 스스로 재판관으로서의 자신의 모습을 돌아보았을 것이다. 누가공동체는 AD 60년대 초-중반에 살던 사람으로서 로마 제국의 기독교 박해와 디아스포라 유대인들의 박해를 받고 있었던 사람들이다. 그러므로 주님이 승천하신 후에 이들은 때로 낙심할 수도 있었지만, 고난 가운데에서도 하나님의 나라가 임하도록 강청의 기도를 드려야만 했다. 이들의 기도는 안디옥 교회의 대적을 주님이 직접 물리쳐주시기를 강청하는 것이었다. 이 모습은 계 6:10절의 제단 아래에 있는 순교자들의 강청과 일치한다.

요한이 본 환상은 상징으로 가득하다. 그런데 이 상징은 요한 당시의 사건이나 상황을 반영하는 지시성을 가지고 있는 구체적인 상징이다. 그렇다고 상징의 세세한 부분까지 모든 역사적인 관련성을 무리하게 찾을 수는 없다. 만약 이것이 가능하다면 풍유적 해석으로 인도하고 만다. 계 6:1절에서 예수님이 시행하시는 7인의[141] 심판이 시작된다.[142] 계 6:2절의 말은 전쟁용 말을 상징한다.[143] 네 생물 중 하나가 '오라'고 말하는 것은 요한을 향한 것이라기 보다는 4마리 말들 중 하나를 향한 것이다. 계 6장의 4말들을 탄 사람들은 하나님의 전차 (chariots)로서의 4바람을 묘사하는 슥 6:1-7절과 관련있다. 말 탄 자들은 그리스도를 포함한 하나님의 심판의 대행자들이다.

혹자는 계 6:2절의 흰말을 탄자를 예수 그리스도가 아니라 적그리스도, AD 62년에 로마를 무찌른 파르티아의 왕 Vologses (Boring, 1989:122), 혹은 로마 군대의 대장인 베스파시안 혹은 디도 장군, 혹은 단순히 정복 전쟁

---

141) 7째 인은 계 6장이 아니라 계 7장의 삽입-휴지-막간 (interlude)을 지나 계 8:1절에서 떼어진다. 그런데 7인들이 떼어진 결과는 다소 점강적 (anticlimactic)이다. 왜냐하면 8:1절에서 하늘이 반시 동안 고요하다고 밝히기 때문이다. 따라서 반복이론을 따르면서도 7인은 7나팔과 7대접의 심판의 서론 역할을 동시에 하는 것으로 볼 수 있다 (참고. Aune, 1998:389). 이 두루마리의 가장 자리에 7개의 인이 한 줄로 붙어 있는 것으로 보이지 않는다. 왜냐하면 인이 하나씩 떼어질 때마다 내용이 조금씩 개봉되기 때문이다 (contra Poythress, 2000:114).

142) 넓게 보면, 계 6:1절은 계 17:1-18:24절과 (theological bracket으로서) inclusio를 이룬다. 왜냐하면 둘 다 하나님의 대적에 대한 심판을 다루기 때문이다. 따라서 이 안의 모든 내용 특별히 7인, 7나팔, 7대접은 다른 관점에서 본 동일한 내용의 반복이다 (참고. Boring, 1989:122). 여기서 한 가지 주목할 사항은 요한의 수신자는 로마제국으로부터도 박해를 받았다는 사실이다. 그러므로 계 6장에서 인이 떼어지는 것은 로마에 대한 하나님의 심판으로도 볼 수 있다. 만일 그것이 정당한 해석이라면 이 장에는 반로마적 메시지가 많이 등장한다. 특별히 로마 황제가 외친 *Pax Romana*는 단지 허울뿐인 거짓 구호에 지나지 않게 된다. 보좌 위의 대주제께서 로마의 평화를 앗아가 버리기 때문이다. 이 글에서는 요세푸스의 유대 전쟁사와의 간본문에 초점을 둘 것이기에 계 6장의 전환적 부분적 과거론 (the transitional partial preterism)은 이 정도로만 언급하는 것으로 충분하다.

143) 대부분의 부분적 과거론자들과는 달리 부분적인 과거론을 따르면서도 Jordan (1999:26-28)은 계 6장 전체를 전쟁, 기근과 같은 부정적인 역사적 지시성을 약화시킨 체 복음을 통한 교회의 승리라는 '영적이고 긍정적인 입장'에서 설명한다. 그가 이렇게 볼 수 있었던 이유는 때로는 지나치고 주관적인 관점에서 구약과 유대주의적 상징에 호소했기 때문이다.

(Morris, 1990:102)을 상징하는 것으로 본다. 하지만 2세기의 이레니우스를 비롯하여 중세를 거쳐 현대의 Hendriksen (1975:114)과 Jordan (1999:26)을 비롯한 많은 주석가들은 복음으로 세상을 정복하시는 예수님으로 본다.[144] 흰 말을 타신 그리스도는 (참고. 계 19:11-13) 활을 가지고 계시며 '면류관' (계시록에 7회 등장함. 계 2:10; 3:11; 4:4, 10; 6:2; 12:1; 14:14)을 받아서 (신적수동태, 참고. 계 6:2, 4, 8, 11; 7:2, 4; 8:2, 3 등) 이기고 또 이기려고 하신다. 그리스도께서 가지고 계신 활은 어디에서 온 것인가? Chilton (1990:186-199)에 의하면, 합 3:9절과 11절에도 거룩한 용사이신 하나님은 활을 가지고 계신다. 그리고 시 45:3-5절에서도 왕이시며 전사이신 하나님이 쏜 화살은 날카로워서 원수의 염통을 뚫어 정복한다고 말씀한다. 그런데 성경상징주의에 의하면 이 활은 언약과 관련있다 (참고. Mauro, 1990:196). 노아 언약에 의하면 하나님께서 다시는 물로 세상을 심판하지 않겠다는 의지의 표현으로 무지개를 하늘에 걸어두신다 (창 9:13-17). 겔 1:26-28절에 보면, 에스겔이 하늘 보좌로 올려갔을 때 무지개를 보았다. 요한이 하늘에 올라갔을 때에도 여전히 무지개가 보좌 주위에 있었다 (계 4:3). 하지만 예수님이 아버지 하나님으로부터 두루마리를 취하기 위해서 나아갔을 때 활을 취하셔서 대적을 심판하려고 하신다. 그리스도는 최고의 정복자이시다 (the Conqueror par excellence). 주님이 면류관을 쓰고 계신 것은 이미 승리하셨다는 것을 상징한다. 십자가와 부활로 승리하신 주님이 계속해서 원수를 정복하시며 승리하셔서 그 분의 나라를 견고히 확장하려고 하신다. 인간 역

---

144) Hendriksen (1975:114-117)이 흰말을 타고 정복하시는 분을 예수 그리스도로 본 근거는 다음과 같다: (1) 문맥이 이 해석을 선호하는데, 계 5:5절에서 유다 지파의 사자, 다윗의 뿌리가 이겼다 (정복했다)고 말씀하신다. (2) 계시록에서 흰 색은 거룩과 순결 그리고 승리를 상징한다 (참고. Poythress, 2000:115). 그리고 (금) 면류관은 계 14:14절에서 그리스도가 쓰고 계신다. (3) 흰 말을 타고 싸우시는 그리스도를 묘사하는 계 19:11절과 병행이 그리스도를 지지한다. (4) 계시록을 통해서 요한은 그리스도께서 정복하셨고, 정복하고 계시며, 정복하실 것이라는 계획을 밝힌다. (5) 복음서에서 주님은 가르치시기를 그리스도와 칼이 서로 연관될 것이라고 말씀하셨다 (마 10:34). 계 6:4절의 붉은 말을 탄 사람이 받은 칼과 연관된다. (6) 메시아 시편 (시 45:3-5)은 메시아이신 그리스도께서 말을 타고 화살을 쏘면서 정복하실 것을 말씀한다. (7) 계 6장의 4마리 말의 간본문인 슥 1:8절은 주님의 천사가 말 탄 자임을 넌지시 비춘다.

사는 단번에 부활과 승천으로 결정적으로 이미 승리하신 예수님의 정복 역사의 연장이다. 이 정복 역사의 확장에 요한의 수신자들은 박해 상황 속에서라도 동참해야 한다. 병행 구절인 계 19장에는 백마를 타신 예수 그리스도께서 입에 이한 검을 발하시며 정복하시는 장면이 나온다. 이것은 AD 30-70년 사이의 복음 확장 사역을 가리킨다 (참고. Mauro, 1990:199).

계 6:3절에서 어린양에 의해 둘째 인이 떼어질 때 둘째 생물이 다른 말 탄자에게 '오라'라고 말한다. 첫 4개의 인들의 개봉은 보좌 주위의 4생물과 연결되어 있다. 6:4절에서 두 번째 '붉은 말' 은[145] 전쟁을 상징하는데 하나님의 허락을 받아 (신적 수동태) 땅 (이스라엘)에서 화평을 빼앗아버린다. 이 말은 요세푸스가 증거 하듯이 유대-로마 전쟁 중에 (AD 66-70년) 이스라엘 백성들 사이의 전쟁을 묘사한 것 같다.[146] 실제로 예루살렘이 포위되었을 때, 주도권을 잡으려고 성 안은 4분 5열 되었고 동족이 더 두려운 적으로 여겨졌다. 따라서 6:5절의 '검은 말' 은 이런 극한 상황 속에서 기아로 인한 죽음과 식량 부족을 상징하는 것 같다 (참고. 애 5:10). 겔 4:10절에 보니, 예루살렘의 굶

---

145) 정복 전쟁은 흰 말이 보여주듯이 피 흘림 없이도 가능하고, 붉은 말이 보여주듯이 피를 흘려야 가능하기도 하다 (계 19:13; Poythress, 2000:115).

146) BC 67-BC 37년 동안 팔레스틴에서 반역으로 죽었던 사람의 수는 100,000명이다. 이것은 계 6장의 붉은 말의 먼 지시로 기능할 수 있다 (Morris, 1990:103). 하지만 이런 구체적인 역사적 지시성만 있다고 볼 이유는 없다. 왜냐하면 붉은 말은 예수님과 초대교회에 의해 복음이 전해진 곳에서 발생한 분쟁이라는 영적인 의미로도 볼 수 있기 때문이다. 이렇게 볼 수 있는 근거는 7인의 재앙은 복음의 승리를 그 이면에 가지고 있으며, 결국 이것은 계시록 전체의 메시지인 주님의 나라가 그리스도께서 이루신 승리를 믿는 가운데 교회의 순교자적 증인 사역으로 이 땅에 임하는 것과 일치하기 때문이다. 여기서 우리는 다시 한번 계시록의 상징은 steno symbol이 아니라 동시에 예를 들어 2-3가지 의미를 지시할 수 있는 provocative and tensive symbol임을 기억해야 한다. 하나의 상징이 역사적 지시성과 관련하여 동시에 2가지를 의미할 수 있다. 그리고 동시에 2가지 상징적인 의미를 뜻할 수도 있을 것이다. 바로 이 tensive symbol로 인해 이상주의적 해석 (idealistic interpretation)이 때로는 적용이 아니라 석의의 성격을 '부분적으로' 가질 수 있음을 인정해야한다. 하지만 얼마나 정확하게 그리고 어느 정도 하나의 상징이 역사적인 지시성과 영적인 의미를 가지고 있는가를 결정하는 일은 쉽지 않다. 이를 위해 그 상징의 구약적 용례와 전후 문맥, 당시의 역사적 정황과의 관련성, 그리고 계시록의 중심 주제와 관련시켜 종합적으로 살펴보아야 할 것이다 (참고. Mauro, 1990:206).

주린 백성들은 그들의 양식의 무게를 주의해서 달아보아야 했다. 경제적인 고난은 극심한 혼란을 초래하기 때문이다. 칼, 기근, 야수, 전염병은 성경에서 하나님의 4대 심판의 도구이다. 따라서 8절은 겔 14:21절을 암시한다. 계 6:6절에 의하면, 이런 기근과 경제적인 어려움 속에서 밀 한 되에 한 데나리온이며, 보리 석 되에 한 데나리온이었다. 평상시 보다 1000%나 되는 인플레이션으로 인해 주요 식량과 생필품의 부족현상이 심각하다는 말씀이다. 이것은 땅이 소출을 제대로 내지 못한 것으로 언약적 저주로부터 기인한다 (레 18:24-28; 신 28:15-34; 사 24). 이것은 하나님께서 하나님의 말씀을 떠난 사악한 불신자들을 다루시는 방식 중 하나이다. 하루 종일 일해야만 먹고 살 수 있기에, 악을 행할 여력을 주시지 않는 방식이다. 하지만 검은 말을 탄 사람은 비싼 감람유와 포도주를 해치면 안 되었다.[147] 감람유와 포도는 시 104:15절을 비롯한 많은 구절에서 말씀하듯이 고난 가운데서라도 성령의 기름 부으심으로 기뻐할 수 있는 신실한 이스라엘을 가리킨다 (참고. Mauro, 1990:224). 그러므로 감람유와 기름이 보존되는 것을 부분적인 기근의 결과로만 볼 것이 아니라 (Poythress, 2000:116), 심판 중에서도 신실한 남은 자들이 보호받을 것을 상징하는 것으로 볼 수 있다 (참고. 계 7:3).

계 6:7-8절에서 넷째 인이 떼어질 때 청황색 (green colour) 말이 나온다. 청황색은 창백한 모습과 죽음 직전의 색깔이다. 말 탄 자의 이름은 사망이다. 말 탄 자를 바짝 뒤따르는 것은 음부 (Hades, 무덤)이다. 계 1:18절에 의하면, 예수님이 사망과 음부의 열쇠를 가지고 계신다. 청황색 말을 탄 사람이 땅 4분의 1의 권세를 받아서 칼과 흉년과 사망과 짐승으로 죽였다. 4분의 1이라는 부분적인 심판만 수행된다. 뒤에 나팔 심판에서는 3분의 1이 심판받는다 (계 8:7-12). 7대접 심판에서는 온전한 심판이 수행된다. 이것은 반복이론을 지지하며 점층법적인 설명이다. 이것은 레 26장과 신 28장의 요약이다.

---

147) 혹자는 계시록의 네로치하에서의 기록연대와 맞지 않게 시대착오적으로 기름과 포도주가 보존 된 것을 도미티안 때의 식량 증산 프로젝트 때문에 새로운 포도원 경작이 허용되지 않아서 이탈리아에서 50%나 되는 포도밭이 줄어든 것과 관련시킨다 (보라. Morris, 1990:104).

겔 14:21절에 의하면, 칼, 기근, 짐승, 전염병은 하나님이 대적을 심판하시는 수단이다 (렘 14:12; 15:2; 21:7; 24:10; 29:17-18; 42:17; 43:11; 겔 5:12, 17). 하지만 모든 시대의 성도는 역사는 하나님의 정복 역사임을 확신하는 가운데 담대해야 한다. 우리 시대의 전쟁과 기근, 홍수와 가뭄, 이 모든 것은 하나님의 통제와 허락 속에서 일어나는 것이기에 시 46:8절과 같이 고백할 수 있어야 한다: "와서 여호와의 행적을 볼지어다 땅을 황무케 하셨도다." 보좌 주위의 4생물들은 주저함 없이 기쁘게 심판의 대행자들을 향하여 '오라' (erchou)라고 말한다. 이것이 불신 세상의 심판을 대하는 모든 시대의 성도의 자세가 되어야 한다.[148]

계 6:9절은 예수님이 다섯째 인을 떼시는 장면이다. 하나님의 말씀을 증거했기에 순교한 자들의 영혼이 제단 아래에 있다 (참고. 계 2:13; 딤후 4:6). 순교자가 제단 아래에 있다는 말은 구약 제단 밑에는 제물의 피가 흘렀고 생명의 근원이 피에 있기에 순교자의 생명이 부어졌다는 의미이다. 누가 제단에서 죽는다면 예루살렘의 제사장이 그 주범이 된다. 따라서 여기서 유대종교지도자들의 죄악을 볼 수 있다 (마 23:34-37; 눅 13:33; 행 7:51-52; 요일 3:11-12- 가인처럼 옛 언약의 형들이 새 언약의 의로운 어린 동생들을 죽였다). 계 6:10절은 중생하지 않은 유대인을 상징하는 (contra Morris, 1990:106) '땅 (epi teis geis, 이스라엘)에 사는 자들'을 향한 보복 혹은 신원을 위한 순교자의 간절한 호소이다: "Until when?" (heos pote; 시 6:3; 13:1-2; 35:17; 74:10; 79:5; 80:4; 89:46; 90:13; 94:3-4; 사 6:11; 렘 47:6; 합 1:2; 2:6; 요한은 여기서 슥 1:12절 바꾸어 인용한다). 그 답은 11절의 '하나님이 정하신 순교자의 수가 찰 때까지인데 잠시 동안' 이다.[149] 이들은 자신의 이기적인 욕구로부터 신원을 요청하는 것이 아니라, '거룩하고 참되신 대 주재' (ho despoteis ho hagios kai aleithinos)이신 하나님의 속성에 호소한

---

148) 유사하게도 계 22:17절과 20절에서 성령과 교회는 신랑이신 예수 그리스도를 향하여 종말론적인 의미로 '오라-오시옵소서'고 외친다. 교회는 성령의 인도하심 속에 구원과 심판의 주체이신 그리스도를 기꺼이 초청해야 한다.

다 (시 79:5-10).[150] 그러나 11절에서 이들은 흰 두루마기를 입고 오랫동안이 아니라 잠시 쉬어야 한다. 흰 두루마기는 승리를 상징한다. 이들은 죽었으나 승리한 자이다. 이들은 히 11:38절과 12:1-3절에서 세상이 감당치 못할 자이 며 구름같이 허다한 증인으로서 이후의 전투적인 교회를 위해 본을 보인 사람이며 천상에서 응원하는 사람이다 (참고. 히 12:23). 그리고 기억할 것은 원수 갚는 것은 크리스챤 개인이 할 일이 아니라 오직 하나님의 권한에 속한 것이다. 땅에 거하는 자들 즉 불신 이스라엘 백성들이 성도의 무고한 피를 많이 흘린 것에 대한 심판을 호소하는 절규이다. 이 사실은 이 불신 박해자들이 요한 당시에 아직 살아 강력하게 활동하고 있었음을 암시한다. 이 사실도 계시록의 AD 70년 이전 저작설을 지지한다.

계 6:12-17절에서 6째 인이 떼어질 때, 감람산 강화 (마 24:29-34; 참고. 욜 2:31; 1 Enoch 2:1; 41:5; 69:16, 20-21; 80:4이하; Syb. Or. 3:801-802; 4 Ezra 5:4-5)에서 설명된 일이 발생하는데, 창조계의 왜곡과 파멸의 관점에서 묘사되는데, 그것은 바로 예루살렘 멸망을 통해 옛 질서와 세대가 지나가고 새 시대의 질서가 도래함을 묘사한다.[151] 주로 교회가 박해를 받아 동굴과 광

---

149) 종말이 오기 전에 순교자의 숫자가 완전히 다 차야한다는 사상을 요한의 독자들은 알고 있었을 것이다 (참고. 시 6:3; 1 Enoch 47:2-4; 4 Ezra 4:33-37). 따라서 하나님의 이 응답은 공의가 이루어지기 위해서 제자가 치러야 할 대가를 강조한다. 마찬가지로 창 15:16절에 의하면 출애굽한 이스라엘이 가나안을 정복할 시점은 가나안-아모리 족속의 죄악이 관영한 시점이었다. 교회의 구원과 하나님의 신원의 시점은 교회의 대적의 악이 하나님이 정한 분량까지 차는 시점과 일치하기에 구원과 심판은 동전의 양면으로 나타난다. 이것은 하나님의 공의로운 성품이 반영된 결과이다. 그러므로 교회는 신원 (정당성 입증)을 받기까지 더욱 인내해야 한다 (참고. Keener, 2000:218).

150) 시 79:5절 (LXX): kyrie ho theos ton dynamenōn heos pote orgizei … (비교. 계 6:16, 17)

계 6:10절: heos pote ho despoteis ho hagios kai aleithinos…

151) Poythress (2000:143)는 이 구절을 감람산 강화에 근거하여 주님의 최종 파루시아로 미래적으로 본다. 감람산 강화를 중심으로 한 이런 종말론에 대한 오해는 흔하다. 여기서 다시 기억할 것은 계시록의 상징연구에서 알 수 있듯이 요한은 그 당시의 인간사의 영적인 영역뿐 아니라 정치적이고 사회적인 영역을 물질적인 사물과 사건 (physical things and happenings)으로 종종 묘사하되, 우주적인 표현 (cosmic expression)을 종종 사용한다는 사

야로 도망갔지만 (계 12:6, 14),[152] 계 6:16-17절에서는 상황이 역전된다. 15절은 사람을 7계층 (임금 [요 12:31], 왕족, 장군, 부자, 강한 자, 종, 자주자) 즉 모든 사람을 포함하는 표현을 사용하여 예수 그리스도와 교회의 모든 대적 특별히 배교한 이스라엘 백성 전체가 도망가고 두려워 떨고 죽기를 자청하나 죽을 수도 없다 (호 10:6-8). 하지만 그들은 심판을 받았지만 회개하지 않는다. 이것은 유대인의 세대가 철저히 엄한 심판으로 끝났음을 의미한다 (눅 23:27-30). 뒤따르는 막간인 계 7장에는 '옛 유대인의 세대가 끝났다면' 누가 참으로 새로운 유대인인지 알려 준다. 이 사실을 통해서 요한은 박해받던 7교회에게 소망의 메시지를 심어 준다. 계 6장에서 묘사하는 소아시아 7교회는 전투하는 교회인 동시에 승리하는 교회 (the church militant and triumphant)였다.

2. 요세푸스의 '유대전쟁사'에 나타난 간본문

요세푸스의 작품이 신약 성경해석에 있어서 중요한 점은 이미 인정된 바이다. 성경 작가 이외에 신약 성경 해석을 위해서 가장 중요한 작가로 요세푸스

실이다.

152) 펠라 전승이 1세기에 실제로 일어난 사건임을 증명하는 것은 다음과 같다: (1) 유세비우스의 *Historia Ecclesiastica* (3..3); (2) 에피파니우스의 *Panarion* (29.7.7-8 그리고 30.2.7); (3) pseudo-클레멘트의 *Recognitions* (1.37 그리고 1.39); (4) 1899년 Renans의 주석 (참고. Wilson, 1996:64) Pella (요단 계곡 안의 데가볼리의 한 도시로서 현재의 Tabaqat Fahl)는 데가볼리의 매우 충실한 친로마적인 헬라 도시였다. 펠라 시민은 로마를 대항한 유대인의 반란에 대해서 반감을 가지고 있었기에, 예루살렘 교회에게 반란의 지역을 떠나서 피난처를 제공하기에 안성맞춤이었다. 혹자는 유대-로마 전쟁의 시초에 유대인의 몇몇 무리가 펠라를 포함한 데가볼리의 도시를 황폐화시켰기에, 펠라로 이주한 예루살렘 교회가 거기서 제대로 살지 못했다고 주장하기도 하지만 확실하지 않다. 예루살렘에 있던 유대 교회의 끝은 하드리안이 제 2차 유대인 반란 (AD 132-135)을 진압하고, 모든 유대인을 예루살렘 안으로 들어가지 못하도록 했을 때 찾아 왔다 (Sowers, 1970:309; Van Elderen, 1994:211,217).

를 꿉기도 한다. 하지만 요세푸스가 갈릴리에서 지휘관으로 취임하던 때로부터 로마에 투항하던 때까지는 해명되지 않는 의문점이 많이 남아 있고, 그의 생애의 나머지 부분은 수사학적인 용어로 말하기에 그의 삶을 정확하게 재구성하는 것은 힘들다. 신약 성경의 독자는 요세푸스를 신약 성경의 정황에다가 성급히 융합시키려는 유혹을 버려야만 한다. 그럼에도 불구하고, 그이 작품에는 종종 신약의 세계와 교차하는 인물, 장소, 그리고 사건에 대한 중요한 정보가 담겨 있기 때문에 그의 진술은 우리에게 매우 중요한 '외부의' 시각을 제공한다. 따라서 신약 성경 기자와 동시대인 요세푸스의 글은 신약 성경을 이해하는데 더욱 풍성한 도움을 준다 (보라. 스티브 메이슨, 2002:317-324). 요세푸스는 자신의 기록이 진실 된 것임으로 항변하지만 (유대전쟁사 7권 454-455), 신빙성의 문제는 여전히 남아있다. 주관적이고 과장된 표현이 있기는 하지만 요세푸스의 작품은 기본적으로 신빙성이 있기에 비평적으로 읽어야 할 것이다 (클론 로저스, 2000:268-269).

Russell (1996:388)은 계 6장을 요세푸스의 유대전쟁사에 묘사된 예루살렘 멸망과 연결시켜서 주석한다. 하지만 문제는 Russell이 예루살렘 멸망을 마치 주님의 최종 재림의 서론으로 본 점이다. 이것은 전형적인 철저 과거론 (the full preterism)의 오류이다.

(1) 계 6:4절의 '화평을 제하여 버리고' 는 유대전쟁사 2권 18장 1-2절과 병행을 이루는데, 거기서 요세푸스는 '가이사랴에서 수리아인들이 유대인들을 학살하게 된 원인과 형편' 을 다룬다 (그리고 계 6:13절의 '무화과나무' 와 15절의 '땅' 은 이스라엘을 상징하는 구약적 표현임에 주목하라):

가이사랴 백성들이 그곳에 살던 유대인들을 죽였다. 이것은 직접적인 하나님의 섭리에 의해 일어났다고 생각해야 할 것이다. 한 시간도 안 되어 20,000명이 넘는 유대인들이 학살당했다. 이제 가이사랴에는 단 한 명의 유대인도 남지 않았다. 왜냐하면 그나마 살아남아 도망친 자들도 플로루스 (Florus)의 명령에 의하여 모두 체포되어 쇠사슬에 묶여진 채 조선소로 넘겨져 버렸기 때문이다. 유대인들은 가이사랴에서의 일을 듣고 충격을 받았으며 전국적으로 큰 분노에 휩싸였다. 그리하여 유대인들은 여러 곳으로 흩어져 수리아의 마을들과 근접 도시를 공격하고 약탈하기 시작했다. 그러나 수리아인들도 자기들이 죽임을 당한 이상으로 많은 유대인들을 죽였다 그것은 그들이 이미 품고 있던 증오심뿐만 아니라 수리아인들이 유대인들과 있으면서 당하게 될 위험을 미리 막기 위해서였다 그리하여 그 도시는 남녀노소 할 것 없이 살해되어 옷이 벗겨진 채 여기저기 내팽개쳐진 시체들이 썩는 냄새로 온통 뒤덮였다 훨씬 더 심각한 것은 이미 저질러진 만행보다도 앞으로 진행될 끔찍한 일에 대한 두려움이었다.

요세푸스가 하나님이 섭리에 의해 가이사랴에서의 유대인의 살해당함이라는 하나님의 심판이 일어났다고 밝히는 것은 계 6장에서 반복해서 등장하는 신적 수동태가 가리키는 바이다. 후대의 예레미야로 자처했던 요세푸스는 로마인들이 하나님의 도구로 사용되어 일부 반역 지도자에 의해 부정케 된 성전을 깨끗하게 했다고 하나님의 섭리를 강조했다 (Mason, 2000:597, 유대전쟁사 2:16:4; 5:9:4). 하지만 요한은 계 6장에서 열심당과 같이 권력을 탐한 일부 이스라엘의 반역적인 지도자의 죄로 예루살렘 성전이 부정케 된 것이 아니라 온 이스라엘의 반역과 배교를 지적한다.[153] 이렇게 하나님의 역사적 주권을 인정하는 점에서는 동일하나, 요세푸스와는 달리 요한은 철저히 복음과 예수 그리스도의 빛 속에서 역사를 이해하고 평가한다. 달리 말하면 요세푸스에게는 그리스도 안에서 벗겨져야 할 수건이 아직 남아 있었던 것이다 (고후 3:14).

(2) 계 6:6절의 밀과 보리 가격의 폭등은 '기근과 가택수색' 부분을 다루는 유대전쟁사 5권 10장 2절의 빛 속에서 이해할 수 있다. 로마에 투항하지 않은 열심당인 요한과 시몬은 성안의 사람들을 통제하고 수색하고 약탈했다 (참

---

153) 요세푸스가 이스라엘 백성 전체의 죄악을 지적하지 않은 것은 아니다. 유대전쟁사 5:9:4에서 도적질, 반역, 간음과 같은 죄악을 이스라엘 전체가 범했다고 지적한다. 그리고 성전은 모든 죄악의 피난처가 되었다고 고발한다. 그리고 스스로 손을 깨끗하게 하여 하나님께 기도하라고 권한다.

고. 유대전쟁사 5.565; Ford, 1975:98). 요세푸스에 의하면 로마 군대보다 더 악하고 위협적인 요소는 예루살렘 성 안을 장악하고 있었던 열심당원이었다:

> 난동자들의 무례한 행동은 기근이 심해지자 더욱 광포해졌다. 왜냐하면 곡물이 어느 곳에서 보이지 않게 되자 난동자들은 집집마다 난입하여 샅샅이 수색하고, 만일 조금이라도 식량을 찾게 되면 그 곡물이 없다고 속였다면서 주민들을 때렸으며, 만일 전혀 찾지 못하게 되면 더 깊숙이 교묘하게 숨겼다고 고문을 했다. 많은 사람들이 재산들을 한 되 (single measure)의 식량에 팔았는데, 부유한 자들은 밀 한 되에, 가난한 자들은 보리 한 되에 팔아 집의 가장 외진 구석에서 문을 걸어 잠그고 먹었다. 어느 곳에서도 식탁을 차려서 먹는 집은 없었다.

로마가 예루살렘을 포위했지만 이스라엘 백성에게 있어서 가장 큰 두려움은 성 안에서 헤게모니를 장악했던 열심당원이었다. 그들은 민족을 좀먹는 사회의 쓰레기들이었는데 (5:10:5), 곡식을 약탈하며 성 안을 더욱 지옥으로 만들었다. 유대전쟁사 6:3:3-4에서는 기근으로 인해 허리띠나 신발 심지어 방패의 가죽조차도 뜯어먹었고 자식을 잡아먹는 장면이 나온다. 이런 언급을 통해서 요세푸스는 비난의 화살을 직접적으로 로마에게 돌리지 않는다.

(3) 계 6:6절 하반부의 포도주와 기름에 관한 언급은 열심당원 요한이 성전 물품을 약탈하는 신성모독의 죄를 저지르는 것을 묘사한 유대전쟁사 5권 13장 6절과 관련있다 (참고. Gregg, 1997:112):

> 요한은 예루살렘 주민들을 약탈할 것이 없자, 신성모독의 죄악까지 저질렀다. 요한은 또한 아구스도 (Augustus)와 그의 아내가 봉헌한 포도주 담는 용기들도 녹여버렸다. 요한은 성전 내부 (the inner temple)에 있는 번제물 위에 뿌리는 거룩한 포도주와 기름을 모조리 끌어내서 무리들에게 그것을 나누어 주었으며, 받는 자들은 아무 두려움도 없이 기름을 자기 몸에 뿌리고 포도주를 마셨다 요한 일당의 광란으로 전 주민이 파멸에 빠지게 함으로써 금방 말한 천벌의 희생자들보다 (소돔 등) 요한 일당이 훨씬 더 불경건한 자들이었

기 때문이다.

여기서도 부패한 유대 종교 지도자가 아니라 열심당원이 성전을 부정케 한 원흉으로 묘사되기에 요한의 설명과는 다르다.

(4) 계 6:8절의 죽음과 살륙의 장면 묘사는 요세푸스가 '유대인의 사망자의 수가 증가한 것'을 묘사한 유대전쟁사 5권 12장 3-4절과 간본문성을 가진다:

> 한편 유대인들은 모든 출구가 막혀 성 밖으로 도망칠 수 있는 모든 희망이 사라져 버렸다. 또한 기근이 점점 더 극심해지면서 가족과 식구들이 죽어갔다. 죽음의 고통과 깊은 정적감에 휩싸인 예루살렘은 그보다 더 무섭고 잔인한 적인 강도단들의 손아귀에 아직도 있었다. 강도단들은 개처럼 사람의 시체를 찢어 상처를 내고, 힘없는 약한 자들을 감옥에 죄다 가두는 등 계속적으로 사악한 만행을 저질렀으므로, 어떤 고통의 장면도 그들의 영혼을 움직이게 하지 못했으며 그 어떤 육체적인 고통에도 그들의 몸은 전혀 영향을 받지 않았다.

요세푸스가 비록 친 로마적 입장에서 유대전쟁사를 기록한 것이 아니라 할지라도, 그것이 반드시 전체 이스라엘에 대한 긍정적인 묘사로 나타나지 않는다. 여기서도 살륙의 책임을 열심당원에게 돌린다.[154]

---

154) 계 6장과 계시록 안에서 간본문 (intratext)을 형성하는 계 17-18장에 나타난 '유대전쟁사'와의 간본문적 관련성은 다음과 같다 (참고. Rossing, 1998:492-493): (1) AD 68-70년의 유대 전쟁을 묘사하면서 요세푸스는 ereimoō (make a wasteland, 계 17:16)이라는 용어를 사용하여 로마 군대에 의한 감행된 예루살렘과 주변 지역의 파멸에 대한 공포와 슬픔을 묘사한다 (유대전쟁사, 6:6-7). ereimoō는 고전 헬라어 저자와 성경 저자에 의해 광범위하게 사용된 단어로서, 피정복지와 도시의 파멸과 인구 감소를 묘사한다. 이 단어는 또한 계 18:17절의 상인들의 애곡 안에 묘사된 것처럼 재산과 소유의 약탈을 언급하기도 한다. 유대전쟁 중에 로마 군대가 예루살렘 주위의 삼림을 벌목한 것은 매우 심각했다. (2) 요세푸스는 형용사 *gymnos* (naked)로 로마군대의 삼림 파괴를 묘사한다 (참고. 계 17:16). 그리고 계 18:12-13절의 물품 목록 중 '각종 향목과 값진 나무'는 삼림 관련 제품이다. 요세푸스는 예루살렘과 그 주변의 아름다운 삼림이 파멸되어 로마 군의 요새 구축과 무기 제조에 사용된 것을 보고 애통해 했다 (유대전쟁사, 5:264; 참고. Aelius Aristides *Orations* 26:12).

(5) 그 외의 간본문은 다음과 같다: (a) 계 6:6절의 "감람유와 포도주는 해치 말라"는 AD 66-70년 동안 예루살렘이 포위된 동안에 로마의 디도 장군이 준 명령을 암시한다 (Ford, 1975:107).

3. 간본문으로서 '유대전쟁사'의 기여와 한계

요세푸스는 비교적 상세히 AD 66-70년의 예루살렘을 중심으로 한 팔레스틴의 상황을 잘 보여준다. 이방인을 사용하셔서라도 역사를 주관하시는 하나님의 섭리와 주권을 인정한다. 하지만 한계도 있는데 계 6장의 표현과 전반적인 심판의 주제는 일치할지라도 각론에서 표현과 장소적으로 일치하지 않는 부분도 있기 때문이다. 무엇보다도 배교한 유대인 전체의 책임을 부각시키지 않고 일부 즉 열심당원에게 비난의 화살을 돌리고 있는 점은 요한의 설명과 다르다. 또한 유대전쟁사의 간본문의 빛 속에서만 계 6장을 이해한다면 유대주의적 해석에 그칠 뿐만 아니라, 역사적인 지시성에 메여서 tensive symbol로 가득한 본문의 다른 의미를 놓치고 말게 된다.[155] 여기서 놓치지 말아야 할 것은 소아시아 7교회를 박해했던 세력 중에 하나였던 로마제국에 대한 하나님의 심판이다. 만일 유대전쟁사의 빛 속에서만 본다면 로마를 통한 유대인을 향한 심판이라는 주제로만 그치기에, 로마에 대한 하나님의 심판은 간과된다. 이것을 밝히는 데는 유대전쟁사가 기여를 하지 못한다.

나오면서

계시록 연구에서 요세푸스의 작품은 중요하지만 구약과 신약의 간본문의

---

155) 여기서 Osborne (1991:146)이 비정경적 자료에 대해 다음과 같이 설명한 것은 적절하다: "비정경적인 병행을 그 자료가 허용하는 것 이상으로 본문 안에 넣어서 읽지 않도록 하라. 환언하면 자료를 이론에 강압적으로 맞추지 말라."

보조적인 차원으로 보아야 한다. 요한의 상징은 '역사적인 지시성'을 가지는 구체적인 것이다. 따라서 요세푸스의 유대전쟁사는 '역사배경적 간본문'으로 중요한 기능을 한다.[156] 성경 안의 간본문을 먼저 살펴서 신학적인 메시지를 찾은 후, 요세푸스의 유대전쟁사와 같은 성경 외적인 간본문으로 보충되면 균형잡힌 계시록 이해가 된다.

---

156) 계시록 연구에 있어서 구약과 신약의 간본문 보다 성경 외적인 본문의 관련성이 덜 중요한 것은 사실이다. 하지만 사회-역사적 배경을 포함하는 비정경적 자료들 (non-canonical materials)과의 병행을 간접적인 간본문 (indirect intertexts, Paulien의 용어로는 'echoes'.)으로 다루어 요한이 살았던 당시의 환경에 대한 증언으로 사용할 수 있다. 하지만 이것은 신구약만큼 직접적인 간본문 (direct intertexts, Paulien의 용어로 'direct allusions')은 아니다. 하지만 비정경적인 간접적 간본문은 합당한 확실성을 가지고 계시록이 기록되기 이전이라는 증거가 있는 자료에 제한되어야 하며, 특별히 요한이 그 본문의 내용을 알고 있었으며 계시록의 기록을 위해 참고했으리라는 증거가 있는 경우이다 (참고. Paulien, 1998:44-45). 하지만 요세푸스의 '유대전쟁사' 처럼 계시록보다 기록 연대가 후대이더라도 계시록 연구에 중요한 빛을 던져주는 비정경적 자료의 활용도 바람직하다. 이런 경우는 계시록의 예언이 사회-정치-문화-역사적으로 후대에 어떻게 성취된 것인지 증거해 주기 때문이다. 결론적으로 Johnson (2001:21)의 말을 들어보자: "계시록은 반드시 1세기 소아시아의 교회들에게 영향을 미친 문화적이고 지적인 세력의 상황 속에서 이해되어야 한다: 종교적인 기구들, 정치적 구조, 군사 대결, 자연 재해, 그리고 유대 묵시 문헌 및 이방 신화의 상징적인 어휘. 하나님은 자기 백성이 경험한 모든 차원을 사용해서서 자신의 말씀을 전달하실 수 있을 정도로 역사를 주관하신다."

참고문헌

AUNE, D.E. 1998. Revelation 6-16. WBC 52B. Waco : Word.

BEALE, G.K. 1999. The Book of Revelation. NIGTC. Grand Rapids : Eerdmans.

BORING, M.E. 1989. Revelation. Interpretation Commentary. Louisville : John Knox Press.

CHARLES, R.H. 1920. The Revelation of St. John. Vol. I. ICC. Edinburgh : T&T Clark.

CHILTON, D. 1990. The days of vengeance: an exposition of the book of Revelation. Tyler : Dominion Press.

FELDMAN, L.H. 2000. Josephus: interpretive methods and tendencies. (*In* Evans, C.A. & Porter, S.E., *eds.* Dictionary of New Testament background. Downers Grove : IVP.p.590-596.)

FORD, J.M. 1975. Revelation. The Anchor Bible. New York : Doubleday.

GREGG, S. 1997. Revelation: four views. A parallel commentary. Nashville : Nelson.

HENDRIKSEN, W. 1975. More than conquerors. Grand Rapids : Baker.

JOHNSON, D.E. 2001. Triumph of the Lamb: a commentary on Revelation. Phillipsburg : P&R Publishing.

JORDAN, J.B. 1999. A brief reader's guide to Revelation. Niceville : Transfiguration Press.

KEENER, C.S. 2000. Revelation, The NIV Application Commentary. Grand Rapids : Zondervan.

KISTEMAKER, S.J. 2001. Revelation. Baker New Testament Commentary. Grand Rapids : Baker.

MASON, S. 2000. Josephus: value for New Testament study. (*In* Evans, C.A. & Porter, S.E., *eds*. Dictionary of New Testament background. Downers Grove : IVP.p.596-600.)

MAURO, p.1990. Things which soon must come to pass: a commentary on Revelation. Sterling : G.A.M. Publications.

MORRIS, L. 1990. Revelation. Tyndale New Testament Commentary. Leicester : Inter-Varsity Press.

OSBORNE, G.R. 1991. The hermeneutical spiral: a comprehensive introduction to biblical interpretation. Downers Grove : IVP.

PAULIEN, J. 1988. Elusive allusions: the problematic use of the Old Testament in Revelation. *Biblical Research*, 33:37-53.

POYTHRESS, V.S. 2000. The returning king: a guide to the Book of Revelation. Phillipsburg : P & R Publishing.

ROBBINS, V.K. 1996. Exploring the texture of texts: a guide to sociorhetorical interpretation. Pennsylvania : Trinity Press International.

ROSSING, B. 1998. River of life in God's New Jerusalem: an ecological vision for earth's future. *Currents in Theology and Mission*, 25(6):487-499.

RUSSELL, J.S. 1996. The Parousia: a critical inquiry into the New Testament doctrine of our Lord's second coming. Bradford : Kingdom Publications.

SOWERS, S. 1970. The circumstances and recollection of the Pella flight. *Theologische Zeitschrift*, 26(5):305-320.

VAN ELDEREN, B. 1994. Hellenistic influence in first-century Palestine and Transjordan. *Reformed Review*, 47(3):207-220.

WILSON, M.W. 1996. A pie in a very bleak sky?: analysis and appropriation of the promise sayings in the seven letters to the churches in Revelation 2-3. Pretoria : UNISA.

(Dissertation D. L. P.)
클론 L. 로저스. 2000. 요세푸스. 엠마오.
스티브 메이슨. 2002. 요세푸스와 신약성서. 대한기독교서회.
요세푸스. 1991. 유대전쟁사 I, II. 도서출판 달산.
홍창표. 2001. 요한계시록 해설. 제 2권. 크리스챤 북.

XI

간본문성의 틀에서 본 요한계시록 12-13장의 부분적 과거론적 이해

A partial preterist understanding of Revelation 12-13 in intertextual framework

들어가면서

요즈음 요한계시록 해석을 위해 다양한 해석방법론을 통합해서 사용하고 있지만, 그 방법론들은 전통적인 해석방법의 범주로 분류할 수 있다: 과거론적, 미래론적, 역사주의적, 이상주의적 해석. 이 네 가지 중 과거론으로 범위를 좁히되 그 중에서도 부분적 과거론으로 연구 범위를 제한해 보자. 계 12-13장의 부분적 과거론적 해석에는 두 흐름이 있는데, (1) 계 11장 까지는 하나님의 예루살렘에 대한 심판을 그리고 계 12-19장까지는 로마에 대한 심판을 다룬다는 전환적 부분적 과거론과 (2) 계 4-19장까지는 AD 70년을 중심으로 하나님께서 배교한 이스라엘을 심판하신다는 일관된 주제를 다룬다는 철저 부분적 과거론이다. 이 중에서 어떤 것이 맞나? 이 둘 모두 진리를 포함하고 있나? 이 둘은 직접적으로 상반되는가 아니면 보충적인가? 이 문제에 답하기 위해 두 가지 부분적 과거론을 평가한 후에, 다음의 분석이 차례로 시도될 것이다: (1) 사회-역사적 배경, (2) 요한과 그의 독자의 간본문에 관한 의미론적 분석, 그리고 (3) 본문 외적 문맥 (extratextual context) 안에서 요한과 그의 독자의 계 12-13장에 대한 반응에 관한 관점에서 본 화용론적 분석.

이 글에서 사용된 '간본문성' 이라는 용어는 모든 본문은 이전의 글로 구성되어있고 인용과 암시를 통해서 이전의 본문을 반영하며, 이전 본문의 단어, 구, 문장, 문단을 사용하여 새로운 본문을 만든다는 의미로 사용된다. 따라서 간본문성이라는 말은 우선적으로 요한이 계시록을 기록하기 위해 사용한 전략과 그의 독자가 계시록을 이해하는 전략으로 볼 수 있다. 그러므로 간본문성은 해석의 세 축이라고 할 수 있는 저자, 본문 그리고 독자중심의 이론과 관련된다. 이 글에서는 부분적 과거론의 두 흐름의 난제를 해결하려는 목적으로 간본문적 해석이 적용될 것이다.

1. 계 12-13장의 부분적 과거론의 두 가지 논의

(1) 철저부분적 과거론 (The consistent partial preterism)

여기서 철저 부분적 과거론주의자 중에서 대표격인 David Chilton의 논의가 유익하다. 그의 주석에서 Chilton (1990:295-328)은 계 1-11장은 자신의 성전으로서의 교회의 영광스러운 설립으로 마치면서 그의 대적에 대한 '그리스도의 승리'를 다룬다. 계 12-22장은 하나님의 성전으로서 교회의 영광스러운 설립으로 마치는 '교회의 승리'를 다룬다. 세부적으로, 그는 계 12-13장을 다음과 같이 주석한다: 여인 (계 12:1)은 아기 예수님을 출산한 구약 이스라엘의 모습으로 나타난 교회다. 계 12:6절은 예루살렘의 파멸로부터 예루살렘교회가 피하는 것을 묘사하기에, 용의 진노는 신실한 이스라엘이 아니라 배교한 이스라엘에게로 확대된다. 용이 이스라엘 땅으로 내려온 것 (12:13)은 예루살렘 교회를 쓸어버리기 위해서이다. 그 여인의 남은 후손 (12:17)은 제국 전역의 (지배적으로 이방인) 성도이지만 팔레스틴의 유대인 성도를 배제하지 않는다. 바다에서 올라온 짐승 (13:1)은 로마 제국과 네로 황제다. 계 13:3절에서 로마 제국이 복음의 칼 (참고. 13:14)에 의해 부상을 당했기에, 여기서 네로 귀환신화 (the Nero Redivivus myth)는 부적합하다 (Bauckham, 1993:421, 429을 보라). 그 땅 (13:3)은 이스라엘 즉 배교한 이스라엘을 상징한다. 비록 네로가 교회를 박해한 기간은 만 42개월이지만 계 13:5절의 예언적 용례는 우선적으로 문자적이지 않다. 계 13:10절에서 요한은 1세기의 불신 유대인에게 임할 심판을 강조하는데 이들은 교회를 박해하기 위해 짐승과 연합되었다 (참고. 렘 15:2; 42:11). 땅에서 올라오는 짐승 (13:11)은 유대 종교 지도자들이기에 (마 24:5, 11; 행 6:9-15; 신. 13:1-5), 계 13:12절은 배교한 유대교는 완전히 로마 제국에 복종하게 되었음을 의미한다. 계 13:13-14절에서처럼, 사도행전은 교회와 대결하던 몇몇 유대인 거짓 선지자가 로마 관리의 비호 하에 행한 기적들 (행 8:9-24; 13:6-11)을 기록한다. 계 13:15-17절은 유대 회당이 그리스도 대신 로마 황제에게 복종할 것을 강요하는 것을 묘사한다. 숫자 666 (13:18)은 네로가 아니라, 이스라엘 땅과 (교회와 관련되어 설명되어지는) 로마제국을 가리킨다. Chilton은 비록 여인의 후손으로서의 교회 (12:17)를 박해하기 위해 유대교와 연합한 로마의 역할을 조심스럽게 지적하기는 하지만 계시록 전체의 주 관심은 예루살렘의 멸망이라는 결론에 도달한다 (참고. Gentry, 1998:68). 결론적으로, 철저 부분적 과거론에 의하면 계 12-13장은 불신실한 이스라엘 국가를 향한 '하나님의 이혼 증서' 라는 것이다 (렘 3:8). 하지만, 대부분의 철저 부분적 과거론자들은 약간씩 전환적 부분적 과거론의 입장을 견지하고 있다.

(2) 전환적 부분적 과거론 (The transitional partial preterism)

Adams (1966:46-72)는 계시록은 배교적인 유대민족과 유대 종교의 체제 그리고 마지막 세계-왕국인 로마의 멸망을 다루고 있다고 본다. 따라서 계시록의 주제는 이 두개의 사탄에 의해 조종된 박해자들이 하나님에 의해 곧 심판 받는다는 것이다. 유대교가 받을 심판에 대한 첫 번째 예언의 절정은 예루살렘 멸망이 상세히 예언된 전환적인 계 12장에 나타난다. 그 여인 (12:1)은 기독교의 뿌리인 구약 교회이다. 여인의 남은 자손 (12:17)은 참 교회로서의 이방교회를 가리킨다. 바다 짐승 (13:1)은 로마 제국을, 땅 짐승 (13:11)은 로마 제국 안에서 성도가 직면했던 문제들 중에서 철저히 종교적인 면과 관련된다. 숫자 666 (13:18)은 네로를 가리킨다. 요약하자면, Adams는 계13장에서 주제의 전환을 찾았기에, 계 13-19장에서는 소아시아의 7교회가 로마에 의해 박해 받는 것을 유일한 주제로 보았다.

(3) 평가와 결론적 요약

비록 철저부분적 과거론을 지지하는 사람들이 전환적 부분적 과거론 주창자보다 많지만 여기서 기계적인 숫자 계산은 결정적이지 않다. 물론 세부적인 주석이 모두 일치하지는 않지만, 철저 부분적 과거론의 한 가지 약점은 소아시아 지역에서 박해 받는 성도에게 직접적이고 적절한 위로와 해결책을 줄 수 없다는 점이다. 그러나 이것이 장점은 비록 그 중심이 유대교에 대한 심판이지만, 하나님의 경륜 속에서 옛 언약에서 새 언약으로의 전환을 이루기 위해 하나님의 도구로 사용된 로마의 역할을 적절히 설명한다는 점이다. 반면에, 전환적 부분적 과거론은 위에서 언급한 철저 부분적 과거론의 약점을 극복하고, 소아시아에서 교회를 대적했던 디아스포라의 불신 유대인과 로마의 단합을 분명히 설명한다. 하지만 이것의 부적절성은 계 13장 이후의 유일한 관심을 로마와 교회의 대결로 보아서, 교회와 유대교와의 대결을 완전히 사라진 것으로 본 점이다 (참고. Beagley, 1983:152).

2. 계 12-13장의 간본문성

(1) 계 12-13장의 사회-역사적 배경

비록 7교회가 인식적인 방법 (perceived way)으로 박해를 받았다든지 로마로부터 전면적인 박해를 받지 않았다는 주장이 있음에도 불구하고, 그들은 내적 문제에 직면했으며 적어도 간헐적인 외적박해도 받았다. 황제 숭배와 이것과 관련된 억압은 요한의 독자에게 아주 중요한 문제였다 (계 2:10, 13; 6:11; 20:4; 참고. Esler, 1994:145). 계시록의 배경이 되는 AD 63-69년은 외적으로는 유대-로마 전쟁과 디아스포라의 교회를 향한 네로의 박해로, 내적으로는 거짓 선지자와 교회의 영적인 타협과 나태로 인해 팔레스틴과 로마 제국 전체가 혼란스러웠던 시기였다.

(2) 계 12-13장의 요한과 그의 독자들의 간본문의 의미론적 분석

① 수용적 생산 (receptive production)을 위한 요한의 간본문의 의미론적 분석

해체주의와 급진적인 독자반응비평에서 저자의 간본문성의 중요성은 무시된다. 결과적으로 저자의 죽음은 독자의 비인격화 혹은 사라짐을 초래하게된다 (참고. Rajan, 1991:73). 계시록의 저작권에 관한 오늘날의 합의는 비록 그가 유대, 그레코-로마 그리고 구약 자료를 복합적으로 이용하였지만 한 명이 기록한 것으로 본다. 사랑 받는 제자 요한이 계시록을 기록했겠지만, 다른 요한 역시 계시록을 썼을 수도 있다. 어느 요한이 계시록을 기록했던 간에 저자는 계시록 안에서 자신을 예언자로 제시한다 (1:1-3; 22:6-7). Beale (1999:35)이 지적했듯이, 아마 요한은 초대교회의 순회 예언자의 한 그룹과 자신을 동일시했을 수 있다. 요한이 예수님의 제자이던 아니던 그는 구약 예언서와 신약의 예수님의 종말론적 강화에 정통한 사람으로 보인다. 그리고 그는 이방 신화의 틀을 알고 있었고 자신의 목적을 위해 변경해서 사용했을 수도 있다.

ㄱ) 요한의 신약 간본문

잘 짜여진 본문의 통일성 때문에, 계 12-13장은 일반적인 자료비평을 허용하지 않는 것 같다. 하지만, 요한의 신학적 목적을 위해 인용되고 암시된 본문들은 설명되어야 한다 (참고. Mazzaferri, 1989:56). 여기서는 신약의 두 묵시적 본문인 감람산 강화와 살후 2장만 살펴보자.

a. 감람산 강화

요한의 신약 간본문과 관련하여 Painter (1997:561)는 계 12-13장의 요한의 주요 자료는 감람산 강화라고 주장한다 (특별히 마 24:16-26). 어떤 의미에서, 요한은 계시록을 감람산 강화의 확대판으로 의도했을 수도 있다 (Sproul, 1998:145). 아래의 도표는 이 둘의 병행 구절을 보여준다:

계시록		마태복음
12:1-12	하늘에서의 용의 패배	
12:13-17	여인 (교회를 상징)의 도망	24:16-20
13	땅 위의 짐승의 왕국	24:15
13:1-10	성도를 대항한 바다 짐승의 전쟁	24:21-22 (비교. 마 26:52)
13:11-18	땅 짐승: 속임	24:23-26

만약 위의 병행이 사실이라면, 요한은 의심 없이 계 12-13장에서 예루살렘 멸망을 하나의 파루시아로 묘사한다. 왜냐하면 감람산 강화의 주제가 주님의 최종 재림을 예기하는 AD 70년의 배교한 유대인을 심판하는 것이기 때문이다. 그러나 계시록과 감람산 강화의 주요 초점이 이스라엘이지만, 계시록의 전체 범위는 로마제국을 포함하기에 요한은 소아시아의 7교회에게 글을 쓴다 (Gentry, 1998:59). 그렇게 함으로써 요한은 유대인과 이방인의 구분이 없어진 새 언약과 우주적인 구원의 도래를 소개한다. 이 점에서 요한은 바울과도 (예. 갈 3:28; 4:25-26; 골 3:11; 살전 2:14-16) 유사한 간본문성을 견지한다. 여기서 계시록과 공통되는 감람산 강화의 반로마적 메시지를 살펴보자: (1) 마 24:27-31절과 막 13:26절에 나타난 예수님의 권능과 영광 가운데 귀환하실 것에 대한 묘사는 로마 제국의 통치를 암시하는 용어들을 사용한 것 같다. (2) 예수님의 도착/파루시아/오심 (마 24:27; 막 14:62)은 로마와 같

은 제국의 권력의 대표 (representative)의 방문과 관련된다. (3) 번개 (마 24:27; cf. 막 13:24-25)는 흔히 주피터/제우스에 의해 황제들에게 부여된 주권을 행사하는 것을 묘사하는데 동전이나 그림에 종종 등장한다. (4) 독수리 (eagles; 마 24:28)는 바벨론과 같이 하나님의 백성들을 심판하기 위해 하나님의 도구로 사용된 제국의 힘을 가리키며, AD 70년에는 로마에 의해 그 역할이 수행되었다.[157] 비록 마 24:28절은 로마의 권세와 통치에 대한 상징을 사용했지만, 그것은 로마를 승리의 독수리로 단언하지 않는다. (5) 마 24:28절의 장면은 추락하는 독수리로 상징되는 파멸하는 로마 군대 (시체)를 묘사하는 것 같다. 그리고 (6) 태양과 달로부터 빛을 잃는다는 이미지 (마 24:29; 막 13:24-25)는 제국이 권세를 잃는 것과 관련된다 (비교. 사 13:10; 34:4). 요한과 공관복음서 기자들은 동일하게 로마에 대한 하나님의 심판을 언급한다 (보라. Carter, 2001:86-87).

b. 데살로니가후서 2장

Gentry (2000:5)가 설명한대로, 계 13장의 간본문과 연결하여, AD 52년경에 기록된 살후 2장의 '불법의 사람'은 네로를 가리키는 것으로 과거론적으로 이해되어야 할 몇 가지 이유가 있다: (1) 마 24장과 계 13장의 분명한 병행은 그 성취의 시기를 AD 60년대 말에서 70년으로 연결한다 (2) 성전이 여

---

157) 마 24:28절에 일반적으로 사체를 먹지 않는 독수리 주검 (carcass)이 왜 같이 등장하는가? 마24:28에서 독수리가 주검에 '모여들다'라는 동사는 'synago'의 미래 (신적)수동형인데 마태복음의 다른 곳에서 23번 사용되는 중 '먹는다'는 의미로는 한 번도 사용되지 않았고 대신 정치적 (2:3; 26:3), 교회적 (18:20), 그리고 종말론적 (3:12; 13:47; 25:32) 모임과 같이 다양한 의미로 사용된다. LXX의 독수리를 언급하는 28회 중 약 3분의 2는 죄인을 심판하기 위해 선택된 하나님의 도구로서의 제국의 힘을 상징한다. 이들 이방 제국들은 사탄의 하수인으로서 교만하게 행한 결과 하나님의 심판의 대상이 되고 만다. 이런 구약의 용례에 기초하여 볼 때, 마 24:28절의 독수리 역시 하나님의 심판의 도구인 동시에 심판의 대상으로서의 로마 제국을 가리키는 듯 하다. 그렇다면 이 로마군대와 주검의 관계는 무엇인가? 이것은 하나님의 로마에 대한 심판의 결과 로마가 패망할 것을 가리키는 듯하다. 따라서 마 24:27-28절은 예수님의 파루시아 때 로마를 물리치심으로 이루실 종말론적인 승리를 그린다 (Carter, 2003:474-479을 보라).

전히 존재한다는 언급 (살후 2:4; 계 13:6); (3) 불법의 사람을 지금 막는 자가 (즉 로마 제국의 법과 글라우디오 황제) 있다는 언급 (살후 2:6); (4) 바울 당시에 불법의 사람이 신기한 방법으로 활동했다는 점 (살후 2:7; 계 13:3); 그리고 (5) 불법의 사람인 네로가 유대-로마 전쟁 중이었던 AD 68년 6월 8일에 자살한 사건도 살후와 계시록의 배경에 전반적으로 적합하다. 살후와 계시록 사이의 이런 강한 유사성은 요한이 살후를 계시록의 기록을 위해 사용했을 가능성을 암시한다 (Van der Waal, 1981:13).

ㄴ) 요한의 구약 간본문

대부분의 학자들은 요한이 자신의 가장 중요한 자료로서 구약을 자유로우면서도 독창적으로 사용했다는 점에 의견의 일치를 본다. Beale (1988:321)이 주목하듯이, 요한 자신의 사고 속에서 실제 환상들이 경험되었기에, 그 결과 다양한 전승에 의식적으로 호소함으로써 환상의 경험의 묘사를 그 경험의 재진술로부터 구별하는 것은 어려워 보인다. 요한이 구약을 한 번도 직접적으로 인용하지 않았다는 점은 요한의 구약 간본문성을 더욱 미묘하게 만든다.

a. 창세기

계 12장의 시나리오의 문학적 통일성은 창 3:15-20절에 의존하는 것 같다 (Van de Kamp, 2000:306). Minear (1991:71, 75)가 주장하듯이, 이 예언을 이해하는 하나의 열쇠는 하나님의 저주가 시행되고 마지막으로 요한의 환상 가운데 역전되는 다중의 방식들을 살펴보는 것이다 (계 12:2, 4, 10). 게다가 창 4장에서 땅은 형제 살해의 증인역할을 하고 계 12:15-16절의 땅은 그 반대 역할을 수행하는 차이점에도 불구하고 요한의 환상은 가인의 이야기 (창 4:1-16)를 많은 측면에서 반영한다. 첨가하여 창 3장의 경우처럼 창 12장의 대결에서 여성이 중요한 역할을 감당한다. Chevalier (1997:356)가 지적하듯이, 하와와 계 12장의 해를 입은 여인의 차이점은 전자는 뱀의 영향으로 타락한 반면 후자는 메시아를 낳을 때의 고통과 아들을 십자가에 내어 줄 때의 고통을 견뎠기에 사탄의 박해로부터 자유롭게 되었다. 요약하면, 여자, 여자의 후손, 뱀 그리고 명령에 순종함의 중요성 (계 12:17)과 같은 공통된 주제가 등장하는 것이 강력하게 시사하는 바는 계 12장이 창 3:15절의 소위 원시복음 (protevangelium)의 극화 (dramatisation)라는 점이다 (Aune, 1998:708). 창조 주제에 뿌리를 내림으로, 요한은 그리스도와 교회의 승리에 기초해서 7교회의 새로운 창조의 경험을 설명한다.

b. 출애굽기

구약의 바다 짐승의 은유들이 지배적으로 하나님의 백성의 대적인 애굽을 묘사하기 때문에 (시 74:13-14; 89:10; 합 3:8-15), 요한은 용 (계 12:3)과 애굽 그리고 로마를 연결시킨다. 또한 요한은 계 12장에서 출애굽 패턴의 재연 (replay)을 본다 (Beale, 1999:633). 계 12:4절의 첫 번째 역사적 상황은 어린 모세를 죽이려는 바로의 시도에서 볼 수 있다 (Miligan, 1889:202). 계 12:6절과 13절은 여인이 광야로 도망가는 것을 출애굽의 용어로 분명히 묘사한다. 비록 독수리의 날개들 (계 12:14)은 하나님의 보호와 섭리를 상징하는 독수리의 날개들이 등장하는 출 19:4절과 신 32:10-12절과 간본문성을 가진다 (참고. Mazzaferri, 1989:371). 아마도 계 12:16절은 '땅'이 도망가는 이스라엘 백성을 추격하던 대적들을 삼키는 출 15:12절과 연관된다 (Minear, 1991:76). 사막 (계 12:6, 14)은 약속의 성취를 기다리는 동안 하나님의 보호의 장소를 의미하는 구약과 신약의 공통적인 상징이다. 입을 벌린 땅 (계 12:16)은 민 16:32절의 고라의 멸망을 연상시킨다 (참고. 신 11:6; 창 4:1-16). 계 13:4절은 짐승이 죽음을 이긴 것은 하나님께서 애굽인들을 이기신 것과 병행을 이룬다는 점에서 출 15:11절의 모방이라고 볼 수 있겠다 (Kraft, 1974:272). 용이 두 짐승들을 보낸 것은 (계 13:1, 11) 이스라엘 백성이 약속의 땅에 들어가기 전에 발락과 발람의 손에 의해 시험 받은 것과 상응한다 (Sweet, 1990:203). 출애굽 주제에 의존하면서 요한은 새 출애굽 공동체인 그의 독자로 하여금 하나님께서 그들을 보호하심을 확신시킨다.[158]

c. 지혜문서

계 12:5절에서 요한은 하나님의 아들이 모든 세상의 원수를 물리친 후 세상의 왕으로 등극한다는 내용의 상징을 설명하기 위해서 자신이 가장 선호하는 본문 중에 하나인 시 2:9절로 돌아온다 (Chilton, 1990:308). 계 12:10절에서 사단의 참소하는 역할을 강조하는 것은 욥 1:6-11절과 2:1-6절을 연상케 한다. 계 12:10-12절은 주님이 왕이시고 세상을 심판하신다는 사실로 인해 기뻐하는 시인의 모습을 담고 있는 시 96:10-13절의 냄새를 짙게 풍긴다 (Kraft, 1974:263). 파괴적인 물 (계 12:16)은 창조 때에 하나님께서 제압하셨던 혼돈의 파괴적인 힘을 기억나게 한다 (시 32:6; 69:1-2; 124:2-5; 나 1:8). 바다 짐승의 리워야단과 비슷한 특징들 (계 13:1)은 혼돈이 극복된 창조된 세상을 설립하기 위해 싸우시는 '용사이신 하나님'(the Divine Warrior)이라는 주제를 연상시킨다 (시 74:12-17). 계 13:4절의 짐승의 말은 요한의 독자로 하여금 시 35:10절과 욥 41:33-34절을 연상시킨다. 구약의 지혜문서를 암시하면서 요한은 등극한 왕이신 그리스도와 무질서를 정복함으로 도래하는 하나님의 새 창조를 강조한다.

d. 이사야

여인의 산고 (계 12:2)는 사 26:16-27; 54:1; 66:7-9절에서 사용된 이스라엘의 이미지다 (참고. 렘 4:31; 미 4:9-10; Linton, 1993:93-96). 계 12:1-2절의 언어는 아마 부분적으로 사 7:10, 14절의 어머니와 아이에 관한 모형론적 예언을 따른 것 같다(Fekkes, 1994:179; Beale, 1999:630). 계 12:5-6절은 하나님께서 이스라엘을 포로에서 회복시키시며 재창조를 가져오실 때 예루살렘을 새로 태어난 아이로 그림 언어로 묘사하는 예언의 한 부분인 사 66:7-8절을 연상시킨다 (Fekkes, 1994:183; Beale, 1999:641). 사 27:1절의 LXX은

---

158) 실제로 하나님은 유대-로마 전쟁 중에 하나님께서 예루살렘교회를 요단강 동편에 있는 펠라 (Pella)의 은신처로 인도하셨다 (참고. Kraft, 1974:264).

*ton drakonta ophin*을 포함하는데, 계 12:9절의 *ho drakòn ho megas, ho ophis*와 유사하다 (Fekkes, 1994:186; Aune, 1998:697; Beale, 1999:656). 계시록 안에서 유일한 복수형인 ouranoi (계 12:12)는 사 44:23절과 49:13절의 ouranoi를 연상시킨다 (Fekkes, 1994:189; Beale, 1999:666). 계 13:16절을 암시하면서, 사 44:5절은 종말에 하나님의 영을 받는 각 사람은 "그의 손에 나는 하나님의 것이라고 쓸 것이다"라고 말한다 (Kraft, 1974:281; Beale, 1999:716). 요약하면, 계 12-13장 안에서 요한은 오래 동안 기다려온 메시아 안에서 이사야의 약속들의 성취와 교회의 회복을 강조한다.

e. 다니엘

여기서, 계 12-13장의 주요 자료인 다니엘서를 요한이 사용했던 두 가지 용례에 관한 Beale의 논의에 주의를 기울여 보자. Beale (1988:331)은 계 12:7-8절에서의 단 7:21절의 요한의 '반전된 사용'(inverted use)의 목적을 주목한다. 단 7:21절은 성도와 전쟁을 일으켜서 그들을 제압하는 하나의 반(anti) 신정적인 '뿔'을 언급한다. 이것은 계 12:7-8절에서 미가엘과 그의 천사에 의해 사단이 패배하는 것을 묘사하기 위해 반전의 양식으로 적용된다 (참고. 단 10:21; 12:1; Beale, 1999:652).

요한의 '유비적 사용'(analogical use)과 관련하여, Beale (1988:326)은 구약과 계시록의 연속성을 유지하기 위한 요한의 신학적 기초는, 바로 구약과 신약 역사가 구원을 위한 하나님의 통일된 계획의 실행에 있다는 확신에 근거한다고 주장한다. 다음의 것들은 연속성의 관점에서 간략히 묘사한 유비의 예이다: (1) 심판과 하나님의 백성의 박해 (단 3:4; 7:25; 8:10; 12:7/ 계 12:1, 4; 13:5, 15); (2) 우상숭배적 가르침 (단 3:2-3/ 계 13:3, 15-16; 참고. Kraft, 1974:279); (3) 하나님의 보호 (단 3:25; 6:23/ 계12:6, 14, 16); (4) 대적에 대항한 하나님의 백성의 승전 (단 2:35; 11:32/ 계 12:7, 12); 그리고 (5) 배교 (단 3:7/ 계 13:15). 더불어서, 단 7장의 첫 번째 세 짐승의 특성을 가지고 있는 바다 짐승 (계 13:1)은 '작은 뿔'처럼 행동한다는 점에 유의해 볼 필요가 있다. '작은 뿔' (단 7:8)은 BC 167년에 유대주의 내부로부터의 도움을 입고 유대인과 성전 그리고 율법을 야만적으로 공격한 안티오커스 4세다 (단 11:30-39). 그러므로 요한은 바다 짐승의 묘사를 통해서 그의 독자의 상상 속에서 배교한 유대주의의 도움으로 박해했던 로마와 로마 황제의 이미지를 떠올리도록 의도했다고 할 수 있다.

다니엘서를 강하게 암시하면서, 요한은 그의 독자에게 그리스도의 출생과 승천 안에서 다니엘서의 성취를 경험하고 있음을 확신시킨다. 그리고 요한은 언약의 하나님은 그의 독자들에게 종말론적 중요성을 함의하는 그리스도 사건의 관점에서 그들의 대적 (로마 제국과 배교한 이스라엘)을 향해서 승리를 주심을 확신시킨다. 다니엘처럼, 요한은 배교와 타협 그리고 혼합주의를 비판한다. 소아시아의 성도가 살았던 세상 체제는 용과 하나님, 바다 짐승과 그리스도 그리고 땅 짐승과 성령님 사이의 반명제적 병행 (예. 모방적 삼위일체)이다 (Beale, 1999:729).

f. 에스겔

다음의 도표는 마크 스트롬 (2000:331)이 제시하는 계시록과 에스겔서의 구조적 유사성이다:

특징	에스겔	계시록
영광의 주님에 관한 최초 환상	1:1-28	1:9-20
하나님의 백성에 대한 (일상 언어로 기록된) 심판	2:1-24:27	2:1-3:22
하나님의 원수에 대한 심판	25:1-32:32	6:1-16:21
하나님의 백성에게 주신 소망의 약속	33:1-37:28	4:1-5:14; 7:1-8:5; 11:15-12:17
하나님의 원수에 대한 (상징적 인물로 묘사된) 심판	38:1-39:29	17:1-20:15
회복에 대한 마지막 환상들	40:1-48:35	21:1-22:17

위의 도표는 계시록과 에스겔의 구조와 주제적 간본문성을 찾는 건전한 시도이기는 하지만 특별히 계시록의 주제적인 측면에서 여러 문제들이 드러난다. 한 가지만 지적한다면 예를 들어, 계 6-16장을 하나님의 원수에 대한 심판으로 보는데, 이 주제를 여기 11장에만 제한할 수 없다. 그러나 구약 선지자의 계승자로서 요한은 승귀하신 예수 그리스도께서 시행하시는 이스라엘과 열방을 향한 구원과 심판의 예언을 하고 있다.

Vogelgesang (1985:30)은 계시록 안의 에스겔서의 해석은 계시록 전체의 이해를 위해 열쇠를 제공한다고 주장했지만, 정작 그는 계 12-13장 중에서 겔 9:6절과 언어상 병행을 가지는 단지 한 구절만 언급한다 (계 13:16). 하지만 한 공동체를 상징하는 여인의 이미지는 겔 16:8절 하반부에도 나타난다 (Linton, 1993:93-96; 참고. 렘 3:6-10; 호 2:19-20; 4 에스라서 9:38-10:59). 겔 32:3절 이하에서 용 (참고. 계 12:3)은 바다의 Tiamat신의 운명과 동일한 운명을 가진 폭군 바로에게 적용된다 (Beasley-Murray, 1990:198). 그리고 계 12:12절이 요한 당시에 있을 임박한 종말을 언급한다는 사실 (참고. 계 1:3; 22:10)은 겔 30:3절과 일치한다. 왜냐하면 *oligon kairon echei* (참고. *enggys*, 계 1:3)은 예언적 *qarob*를 반영한다고 볼 수 있기 때문이다 (Mazzaferri, 1989:236-237; 참고. 사 13:6; 욜 1:15). 에스겔서와의 간본문성을 염두에 두고, 요한은 (새로운 출애굽 공동체로서) 그의 독자들에게 그들의 대적에 의한 임박한 박해와 대적이 받을 심판을 상기시키고 있다.

ㄷ) 요한의 비정경적 간본문

이 단계에서, 요한의 계 12-13장의 비정경적 간본문을 1세기 중엽 소아시아의 이념, 종교적, 사회적, 사회-정치적 상황의 관점에서 연구해 보는 것은 유용하다. 그의 글에서, Barnett (1989:119)은 계시록과 그레코-로마 세계 사이의 정치적인 병행을 분명하게 설명한다. 여인의 휘황찬란한 모습을 묘사하면서 (계 12:1), 요한은 그의 독자의 영광스런 실재와 자신을 'Apollo

Helios' 라고 불렸던 네로의 모방을 대조했을 수도 있다. 총독관할의 아시아에 사는 한 사람으로서, 요한은 BC 9년에 *Koinon Asias*에 의해 포고된 칙령으로서, 그 지역 달력을 바꾸어 아우구스투스의 생일 (9월 23일)이 새해 1월 1일이 되어버린 사실을 알고 있었을 것이다. 결과적으로, 계 12:5절의 그리스도의 탄생 언급은 거짓 통치자로서의 아우구스투스와 비교하여 참 하나님이신 메시아 예수님의 출생에 관해 요한이 의도적으로 기록한 것이다 (참고. Barnett, 1989:118). 계 12:10-12절의 송영으로, 요한은 헬라 통치자에게 종종 드려진 제국의 찬양 (imperial panegyric)과 대조시킨다 (참고. Barnett, 1989:114). 특별히 전능하신 하나님과 어린양을 웅장하게 찬양하는 것 (계 12:10-11)은 고대의 *argumentum e consensus omnium*, 즉 황제들을 만들거나 황제들이 장악한 권력을 합법화하는데 기여한 피지배민에게 수여된 아주 특별한 지위와 대조된다. 이 사실은 하나님과 그리스도에 관한 우주적이고 영원한 통치자 되심에 관한 선포의 적합성을 설명한다 (참고. Barnett, 1989:115). 그리고 요한은 '독수리' (12:14)를 로마의 힘과 하나님의 권세를 대조하기 위해 선택했을 수도 있다 (4 에스라서 11:1; 참고. Aune, 1998: 734).

계 13:3-4절과 관련하여, 찬송은 모든 고대 지중해의 종교의 제의에서 필수적인 특징이었다. 찬송이 사람을 향한다면 그 암시는 그들이 신들과 동등하다는 것이다 (참고. 행 12:22). 사실 네로는 자신의 신성을 강조하기 위해 자신을 어디든지 따르며 선포했던 '*Augustiani*' 라 불린 5,000명의 기사 (equestrians)를 거느렸다 (Aune, 1983:15-16). 땅에서 올라온 짐승 (계 13:11)을 통해, 참 예언자로서 요한은 그의 독자로 하여금 그 지역의 대제사장을 거짓 선지자들로 여기도록 의도했을 것이다. 그렇게 함으로써, 요한은 자신이 계 13:12-17절에 묘사한 것을 바로 소아시아의 대제사장과 지역 고위 인사가 행하고 있음을 고발 한다 (참고. Barnett, 1989:116). 요약하면, 요한은 그 당시의 대중 문화의 상들 (icons)의 진실을 드러내어 그의 독자로 하여금 그 외관의 배후에 있는 실재를 보도록 하여 타협대신 저항을 하며 신앙으로 인내하도록 하기 위해서 이것들을 다루고 있다.

종교사학파적 성격을 가진 Roloff (1993:142-143)에 의하면, 계 12장은 계시록 중 유일하게 신화를 사용하여 묘사하는 장이기에 특별한 위치를 차지한다. Roloff는 두 가지 고대 신화적 전승들이 사용된 것으로 보인다: (1) 매일 태양을 낳는 하늘의 여신에 관한 점성적 신화와 그 여신을 삼키기 위해 추적하는 용에 관한 신화. (2) 신들의 천상의 전투에 관한 신화와 사탄의 패배에 관한 신화.[159] 그는 더 나아가 계 12:1절은 12궁도의 징조를 반영하는 점성적 심상을 포함한다고 본다 (Roloff, 1993:145; 참고. 마 24:29-30; 막 13:24-25; 눅 21:15; 창 39). 하나님의 대적으로서 용 (12:3) 혹은 바다 짐승 (13:1)의 이미지는 구약 (시 74:14; 87:4; 겔 29:3-5; 사 27:1; 30:7; 단 7:1-7; 렘 51:34)과 고대 신화 (Leviathan, Lotan, Tiamat) 그리고 묵시 문헌 (에녹 1서 60:7-10; 4 에스라서 6:49-52; 2 바룩서 29:4)에서 발견되는 원형적인 (archetypal) 이미지다. 계 13장에는 두 짐승의 심상은 두 짐승에 관한 유대 신화를 반영하는 것으로 보는 이들이 많다: 바다에 사는 암컷 괴물 리워야단과 땅 위에 사는 수컷 괴물인 베히못 ('하마'-Behemoth; 욥 40:15-24; 에녹 1서 60:7-25; Aune, 1998:728; Friesen, 2004:304). 그의 독자들도 알고 있었다고 그가 추정할 수 있고, 요한 자신도 대중적인 전승으로부터 알고 있었던 점성술과 전투신화의 기본적인 요소들을 간본문으로 인식하고 있었던 것으로 보인다. 요한은 역사에 대한 그 당시의 구별된 기독교 관점이라는 자신의 신학적 목적을 위해서 그리고 더 효과적인 의사소통을 위해서 이것들을 재해석한 것으로 보인다. Beasley-Murray (1990:196)가 말하듯이, 비정경적 간본문을 사용함으로써, 요한은 이교도의 소망이 그리스도 안에서 성취되었음을 주장한다 (특별히 계 12:11). 여기서 우리는 외경적 요소를 무리하게 강조할 필요는 없지만, 여하튼 요한의 요점은 예수님 밖에는 다른 구원자가 없다는 것이다. 바벨론의 Marduk, 페르시아의 Ormuzd의 아들, 이집트의 Horus와 그리스의 Apollo는 예수님만 성취할 수 있는 모두 이교도의 경건과 종교적 열망에 관

---

159) 미국이 2차 대전이후에 유럽으로부터 신학의 주도권을 서서히 이양 받을 때 주목할 만한 한 가지 변화가 있었다. 그것은 신화 (myth)에 대한 강조점의 약화였다. 유럽에서 신화는 유럽 국가주의 (European nationalisms)와 땅과 관련된 조상적부터의 관련성의 문제와 씨름했지만, 미국의 경우 원주민 (인디언)과의 불연속성 (discontinuity with native populations)과 땅의 정복은 국가의 정체성을 위한 결정적인 측면들이었다 (참고. Friesen, 2004:283).

한 신화적 표현이다.

요약하면, 요한의 신약과 구약 간본문의 중요성은 부인할 수도 축소될 수도 없다. 그리고 요한의 간본문 세계는 매우 다면적 (multifaceted)이기에, 이 복합성은 요한이 그것의 한 부분이었던 그레코-로마의 간본문을 고려하지 않고서는 이해 할 수 없다. 위의 요한의 간본문은 그가 구약, 신약 그리고 비정경적 자료를 함부로 선택한 것이 아니라 계 12-13장의 주요 주제와 일치하는 것을 취한 것임을 증명한다. 이 주제들은 새 창조, 새 출애굽, 교회의 대적들에게 내리신 하나님의 심판, 임박한 박해, 그리고 그리스도 안에서의 구약과 신약 약속들의 성취이다 (참고. Beale, 1988:332).

② 생산적 수용 (productive reception)을 위한 요한의 독자의 간본문성에 관한 의미론적 분석

요한계시록 안의 구약의 사용에 관한 간본문성의 포스터모던의 해석관점을 처음으로 진지하게 적용했던 Moyise (1995:110, 142)는 다음과 같이 주목한다: 신약 학자에 의해 수행되는 대부분의 구약 연구는 자료비평 혹은 편집비평으로 분류될 수 있다. 연구자들은 어떻게 특정 저자가 독자들의 필요를 충족시키기 위해 구약을 사용했던 가에 관심을 가진다. 하지만 '저자의 의도'에 대한 강조는 현대 연구에 있어서 본문 자체나 독자의 역할에 관한 강조에 의해 대체된 것 같다. 과거의 본문을 사용함으로써, 요한은 의미의 생산을 위해 독자를 초청하는 새로운 본문을 만든다. 비슷하게 Linton (1993:11)은 계시록 안의 광범위한 간본문성과 고도의 상징적인 심상은 환상들의 의미에 관해서 많은 불분명성을 만든다고 주장한다. 요한계시록은 독자로 하여금 의미를 만드는 공간을 허용하는 것 같다. 여기서 Aune의 주장은 적합하다: 비록 그 어떤 두 명의 초대교인도 계시록을 정확하게 동일한 방법으로 해석하면서 일치한 적은 없지만, 독자의 특정한 회중들은 이전 본문들에 대해 그들이 공유하고 있었던 지식 때문에 상대적으로 계시록을 유사하게 이해 (homologous understanding) 했다고 볼 수 있다 (Aune, 1991:142-143).

따라서 Linton의 '의미의 불분명성'(uncertainty) 보다는, '의미의 (제한된) 다중성'(multiplicity)이라는 용어가 더 적절해 보인다.

전부는 아니지만 소아시아 7교회의 대부분의 구성원은 AD 52-54년의 바울의 전도로 개종한 것 같다. 행 19:10절에서 누가의 과장법을 인정하면, 복음의 광범위한 전파는 분명히 계시록이 기록된 약 15년 전에 일어났다(Wilson, 1996:26). 다수로서의 이러한 완전한 (개종자) 혹은 부분적인 (여호와를 경외하는) 이방인 개종자들과는 달리 (Lichtenberger, 1996:2162, 2171), 팔레스틴 교회의 이주가 유대-로마 전쟁 중에 발생했다. Wilson (1996:32)이 주목했듯이, 로마의 유대인 성도처럼 소아시아의 요한의유대인 독자는 7교회의 각각 공동체의 핵심 구성원을 형성했던 것처럼 보인다. 이들의 도덕성, 교육성과 구약에 대한 지식으로 인해 이 핵심 구성원들은 이방의 개종자들을 위해 영적인 안정감을 제공했다 로마의 화재와 연관된 네로의 기독교인 박해의 가장 중요한 결과는 (참고. Lichtenberger, 1996:2172-2173): (1) 유대인들이 박해를 받았다는 정보가 없다는 사실, (2) 십자가 처형은 그 당시의 대부분의 성도는 로마 시민권을 가지고 있지 못했다는 사실을 증거하는 점, (3) 크리스챤과 유대인의 차이점은 아마 로마 정부에서 볼 때 분명할 정도로 지속되었다는 점이다. 이것은 로마제국 안에서 유대인과 기독교인 사이의 분명한 분리를 전제로 한다.

내재적 혹은 이상적인 독자로서 요한의 간본문적 독자가 구약과 모든 종류의 다른 자료들을 잘 알고 있었고 그들의 상황을 이 자료로부터 해석할 수 있었음에도 불구하고(참고. Vorster, 1989:34), 하나의 자연스런 질문이 제기된다: 과연 요한의 실재 독자들은 구약, 신약과 비 정경적인 자료를 잘 알고 있어서 그 결과 계시록을 이들 간본문의 빛으로 이해하고 그들의 형편에 적용했을까? 이것에 답하기 위해, 요한의 독자의 간본문성에 관한 다음의 연구가 필요하다.

ㄱ) 유대인 성도 독자 (The Jewish Christian audiences)

계시록과 같은 이야기체 문헌에서 구약의 사용은 본문 안의 (내재된) 독자의 간본문적인 능력의 중요성을 지적한다 (Vorster, 1989:34). 다른 본문을 알고 있으며 그리고 다른 본문의 재해석의 빛 안에서 계시록을 해석하기 위해서 자신의 간본문적 능력을 사용할 수 있는 이 내재된 독자처럼, AD 52년경 바울의 전도 시에 회심했거나 64년경에 팔레스틴에서 소아시아로 이주해 온 요한의 유대 크리스챤 독자는 이러한 간본문적 능력을 가지고 있었던 것으로 보인다. 이들은 팔레스틴 밖의 지역의 기독교에 큰 영향을 미치고 있었던 것으로 보이는 예수님에 관한 전승에도 익숙했던 것 같다(참고. Perrin & Duling, 1982:88). 여기서 Scott (1974:224-225)의 설명에 귀를 기울여 볼 가치가 있다: 바리새적 (율법주의적) 히브리 성도와는 달리, 예루살렘교회의 다수였던 온건한 히브리 성도는 할례와 토라를 구원의 필수 요소로 받아들이는 것을 거부했지만, 계속해서 성전에서의 예배를 드렸고 유대 제의에 참여했으며 적어도 토라의 몇몇 요구를 자유롭게 지켰다. 더욱이 그들은 하나님께서 사람을 자기에게로 부르셨던 유일한 통로였던 유대 국가의 위치는 끝났음을 인식했다. 어느 정도 그들은 온 세상을 향한 기독교의 사명에 동참했다. 따라서 그들은 계시록 안의 요한의 유대인 독자들에 관한 사고에 직접적인 영향을 가지고 있었을 것이며 또한 그 사고를 반영했다.

다음과 같이 결론을 내리는 것은 합당하다. 유대인 독자는 계 12-13장을 예수님을 거부했으며 악하게 대했던 유대인에 대한 보복으로 이해해서 새 언약이 도래한 것으로 해석했을 것이다. 유대인 독자에게 미친 예루살렘 멸망의 충격은 이방인 배경을 가진 자들에게 임한 것과는 다르다 (Scott, 2002:1, 12). 먼저, 그들은 극심하게 영향을 받았을 것이고, 하지만 궁극적으로는 그리스도 안에 유대교의 시스템이 성취된 의미를 깨달았을 것이다.

ㄴ) 이방인 성도 독자 (The Gentile Christian audiences)

계시록을 점성술의 관점에서 읽는 것을 꺼리지만, 대부분의 주석가들은 요한 당시 사람들이 12궁도 (Zodiacal lore)에 관해 익숙했다는 점을 인정하며 지상의 운명은 별들에 결정되었을 뿐 아니라 반영되어 있었다고 가정한다 (Chevalier, 1997:335).[160] 결과적으로, 계 12:7-9절과 관련하여, 플라톤의 우주론에 익숙했던 이방인 독자는 하늘에 투영된 것들은 지상에 역사적인 복제물 (duplicate)을 가지고 있다고 가정했다. 따라서 만일 하나님과 사탄 사이에 천상적이며 비가시적인 싸움이 승귀하신 어린양을 통하여 하나님의 승리로 끝났다면, 사탄은 지상의 가시적인 전쟁에서도 하나님께 반드시 패배할 것이다 (Wall, 1991:162).

점성술 이외에도, 간본문으로서 이방 전투신화 (the pagan combat myths) 역시 요한의 독자가 계 12-13장을 들을 때 나름대로 역할을 했을 것이다. Yarbro Collins (1976:232)는 계 12장은 Seth-Typhon이 Isis-Horus를 공격하는 신화와 유사하며, Python이 Leto를 추격하는 패턴은 위협 (참고. 계 12:3-4) → 구원 (12:5-6) → 전투 승리 (12:7-9) → 승리의 환호 (12:10-12)인데 계 12장의 패턴도 이것과 유사하다고 주장했다. 아폴로 신화를 해석하면서 그리고 메시야의 출생과 그의 용에 대한 승리를 묘사하는데 관련된 상징을 해석하면서, Collins (1976:190)는 요한은 그리스도와 네로 사이의 대립 안에 하나의 그 이상의 요소를 만든다고 주장한다. 요한의 비 정경적 간본문성에서 언급된 바와 같이, 요한처럼 그의 이방인 독자도 이 전투 신화의 성취가 모든 신화적 구원과 종교적 열망을 성취하시는 그리스도 안에서 이루어졌음을 인식한다. 더욱이 이방인 독자는 계시록과 로마 제국 사이의 논쟁적 병행에 의해 그들은 거짓 삼위일체가 아니라 삼위 하나님과 연합되어야 한다는 사실을 확신했다.

요약하면, 요한은 의심 없이 독자에 초점을 둔 수사학적으로 민감한 신중한 저자이다 (참고. Malina, 1994:169-170). 계 12-13장에서, 위에서 언급한

---

160) 여기서 필자는 이 단락에서 논의되고 있는 외경 혹은 비정경적인 간본문들이 추론에 근거한 임의적이고 불확실한 것임을 밝힌다. 종교사적 해석은 성경의 영감을 훼손한다. 요한에게 있어서 가장 중요한 간본문은 성령으로 영감된 말씀인 구약이다. 물론 그가 계시록을 기록했을 때 가장 중요한 자료는 밧모섬에서 성령의 감동으로 보았던 환상이다.

이교 자료는 그것의 당시 정치적 적용을 반박하며 구약의 메시아 전쟁의 기억을 되살리기 위해 다시 쓰여진 것으로 추론해 볼 수 있다. 이 (암시적이고 가설적이며 부차적인) 자료들을 유대인 성도의 틀 안에 둠으로써 요한은 이교를 자기 아첨 (self-adulation)과 사탄적 우상숭배로서 기독교의 모방으로 만들었을 수도 있다. 그러므로 요한의 이방인 독자는 자연스럽게 계 12-13장을 자신을 박해했던 로마 제국에 대한 그리스도의 승리로 연결시켰을 것이 분명하다.

③ 요한과 그의 독자의 간본문성에 관한 화용론적 분석

Thompson (1990:29-30)이 논하듯이, 언어의 사회적 차원들은 (1) 말해진 것과 그것의 화수 요소 (illocutioanary point: 무언가를 말하는 가운데서 [in] 일어나는 행위적 요소)를 포함하는 언어 자체 안에, (2) 그 언어를 발생시키는 상황 속에, 그리고 (3) 사회적 상호 작용에 미치는 화행의 결과에서 발견된다. 이런 논의를 염두에 두면, 요한의 유대 그리고 이방 독자들은 계 12-13장 안에서 동일한 발화 (locution: 어떤 말을 발하는 행위 자체)와 화수 형태 (illocution)를 가지고 있다. 하지만 화수 행위 (illocutionary)에 의해 얻어지는 것들 이외에 요한이 자신의 독자 안에서 달성하는 어떤 의도된 효과들인 화효 효과 (perlocutionary: 무언가를 말함으로써 [by] 어떤 행위를 이루어내는 행위)는 유대인 독자와 이방인 독자에게는 다르다고 추론할 수 있다. 이 단계에서 복음서에서는 (눅 23:2, 12; 요 11:47-48; 19:12-15) 예수님과 교회를 박해하기 위해 단합한 유대인과 로마에 관한 충분한 증거가 있다. 유사하게도 요한의 독자들이 유대인과 로마로부터 박해를 받았기에 (참고. Beagley, 1983:152), 요한은 이 둘을 모두 고발할 의도로 힘 있는 (provocative) 상징을 사용한다. 이 점에서 요한의 언어는 그 안에서 표현의 은유적 방식이 기존 세계로부터 억압을 받고 있는 반대의 실재 (counter reality)를 주장하기 위한 규범인 anti-language의 성격을 가진다. 왜냐하면 요한이 사용한 언어의 기능은 anti-language처럼 그의 간본문적 세계의 도움으로 대안적 실재를 창조하기 때문이다 (참고. Halliday, 1976:581-582).[161]

그렇다면, 계시록 안에서 하나님의 예루살렘 심판과 로마 심판 중 어느 것이 우선적인가? 철저 부분적 과거론과 관련하여, 요한은 유대 성도에게 직접적인 해결책을 제시하지만, 전환적 부분적 과거론과 관련해서 그는 이방인 성도에게 직접적인 해결책을 제시한다. 그러므로 이 두 해결책은 상반적이 아닌 보충적으로 기능한다. 한편으로, 주후 52년경 바울의 에베소 전도 시에 개종했거나 AD 66년경 소아시아로 이주해 온 유대 성도 독자는 주로 불신 유대인들로부터 박해를 받았다. 따라서 이들은 자신의 구약과 신약의 지식을 바탕으로 하여 계 12장 이후를 하나님께서 배교한 이스라엘을 심판하는 것으로 해석했을 것이다. 제 2 성전의 파괴는 동족 유대인으로부터 박해를 받았던 유대성도를 위로하기 위해 절대적으로 필요했다. Russell (1996:163)이 주장하듯이, 유대 국가의 사라짐은 복음의 가장 무서운 대적이 제거된 것이며 고난당하던 성도에게 안식을 준 것이었다. 다른 한편으로, 하나님을 경외하던 자들 (God-fearers)은 율법을 엄격히 지키지 않는다는 이유로 불신 유대인에게 박해를 받았다 (행 18:7, 13). 지배적으로 유대인과 이방인의 관계가 긍정적이었던 이유로 이 박해의 정도는 유대인 성도가 당한 박해보다는 약했다. 이방 자료들에 익숙했으며 매일 이교 로마의 박해 아래 있었던 이방인 성도는 유대인으로부터 심각한 박해를 겪지 않았고 아마 계 12장 이후를 하나님의 로마에 대한 심판으로 해석했을 것이다.

④ 결론적 요약

계시록 안의 의미론적 간본문의 복잡한 층은 어떻게 독자들이 요한이 사용한 성경 본문들을 이해할 수 있었을까 하는 의구심을 자아낸다. 하지만 요한과 그의 독자의 의미론적 간본문의 빛에서 보면, 요한의 비정경 간본문성과 그것을 수용하는 그의 독자는 철저부분적 과거론보다는 전환적 부분적 과거론을 지지하는 것이라고 결론지을 수 있다. 이 결론은 이방 간본문이 보편적

---

161) 요한공동체의 언어는 사회언어학에서 사용하는 개념에 따라 말하면 작은 분파가 사용한 anti-language라기보다는, 세상을 변혁시키는 주체로서 사용한 trans-language이다.

이고 거짓 삼위일체적 특징을 가지고 있을 뿐 아니라 7교회는 로마제국의 직접적인 박해 상황 속에 있었기 때문이다. 그러나 요한과 그의 독자의 감람산 강화에 관한 간본문성은 배교한 유대인에 대한 하나님의 심판 주제로 인해 우선적으로 철저 부분적 과거론을 지지한다. 그러나 살후 2장은 철저 그리고 부분적 과거론을 모두 지지한다. 비슷한 방식으로, 구약의 사용과 수용은 구약 선지자들이 이스라엘과 이방에 대한 심판을 모두 언급하기 때문에 철저 그리고 부분적 과거론 모두 지지하고 있다. 반면에, 요한과 그의 독자들의 화용론적 간본문에서 보면, 요한의 유대인 독자들에게는 예루살렘 멸망이, 이방인 독자들에게는 로마에 대한 심판이 우선적이라고 결론 내릴 수 있겠다.

나오면서

요한계시록은 하나의 전체적인 구조의 통일성을 초월하는 여러 본문들, 상징들, 이미지들이 서로 얽혀있는 복합적인 간본문성을 가진다.[162] 따라서 마치 이것은 '열린 본문'(open text 혹은 writerly text)으로서 해석을 위해 독자들의 참여를 요청하는 것 같다 (Linton, 1993:212). 요한이 단순한 상징(steno symbol)으로 의사소통을 하지 않았을 뿐 아니라, 요한의 독자가 두 부류로 구성된 이유로 두개의 간본문적 긴장이 발생한다. 이것은 한편으로는 요한과 그의 독자들의 간본문성 간의 긴장이며, 다른 한편으로는 유대인 독자와 이방인 독자 사이의 상이한 관점의 긴장이다. 결론적으로, 부분적 과거론의 두 노선은 '이것 아니면 저것'의 문제가 아니라 '이것 그리고 저것'의 문제이다. 그럼에도 불구하고, 요한의 독자의 각 그룹의 우선권의 문제는 중요하다. 유대인 독자에게는 예루살렘 멸망이 우선적이라면, 이방인 독자에게는 하나님의 로마에 대한 심판이 우선적이다.

---

162) 최근에 Waddell (2006)이 계시록의 성령론을 간본문적 관점에서 연구한 것이 출판되었다. 최근에 간본문적 해석은 빠르게 확산되고 있는 것 같다.

참고문헌

ADAMS, J.E. 1966. The time is at hand. Phillipsburg : Presbyterian and Reformed Publishing.

AUNE, D.E. 1983. The influence of Roman imperial court ceremonial on the Apocalypse of John. *Biblical Research*, 28:5-26.

AUNE, D.E. 1991. Intertextuality and the genre of the Apocalypse. (*In* SBL 1991 Seminar Papers. p.142-160.)

AUNE, D.E. 1998. Revelation 6-16: Word Biblical Commentary. 52B. Nashville : Thomas Nelson Publishers.

BARNETT, p.1989. Polemical parallelism: some further reflections on the Apocalypse. *JSNT*, 35:111-120.

BAUCKHAM, R. 1993. The climax of prophecy: studies on the Book of Revelation. Edinburgh : T & T Clark.

BEAGLEY, A.J. 1983. The 'sitz im leben' of the Apocalypse with particular reference to the role of the church's enemies. Michigan : UMI.

BEALE, G.K. 1988. Revelation. (*In* Carson, D.A. & Williamson, H.G.M., *eds*. It is written: Scripture citing Scripture. Essays in honour of Barnabas Lindars. Cambridge : Cambridge University Press. p.318-336.)

BEALE, G.K. 1999. The Book of Revelation: a commentary on the Greek text. Grand Rapids : Eerdmans.

BEASLEY-MURRAY, G.R. 1990. Revelation. Grand Rapids : Eerdmans.

CARTER, W. 2001. Matthew and empire: initial explorations. Harrisburg : Trinity Press International.

CARTER, W. 2003. Are there imperial texts in the class?: intertextual eagles and Matthean eschatology as "lights out" time for imperial Rome (Matthew 24:27-31). *Journal of Biblical Literature*, 122(3):467-487.

CHEVALIER, J.M. 1997. A postmodern Revelation: signs of astrology and the Apocalypse. Toronto : University of Toronto Press.

CHILTON, D. 1990. The days of vengeance. Texas : Reconstruction Press.

COLLINS, A.Y. 1976. The combat myth in the Book of Revelation. Missoula : Scholars Press.

ESLER, P.F. 1994. The first Christians in their social worlds: social-scientific approaches to New Testament interpretation. London : Routredge.

FEKKES, J. 1994. Isaiah and prophetic traditions in the Book of Revelation: visionary antecedents and their development. Sheffield : Sheffield Academic Press.

FRIESEN, S.J. 2004. Myth and symbolic resistance in Revelation 13. *Journal of Biblical Literature*, 123(2):281-313.

GENTRY, K.L. 1998. The preterist view on the Book of Revelation. (*In* Pate, C.M., ed. Four views on the Book of Revelation. Grand Rapids : Zondervan. p.37-92.)

GENTRY, K.L. 2000. The man of lawlessness: a preteristic postmillennial interpretation of Thessalonians 2. [Web] http://www.cmfnow.com/cgi-bin [Date of access: 25 April 2000]

HALLIDAY, M.A.K. 1976. Anti-language. *American Anthropologist*, 78:570-584.

KRAFT, H. 1974. Die Offenbarung des Johannes. Tübingen : Mohr-Siebeck.

LICHTENBERGER, H. 1996. Jews and Christians in the time of Nero:

Josephus and Paul in Rome. (In Haase, W. & Temporini, H., eds. Aufstieg und niedergang der Rmischen welt. Teil II: principat. Band 26.3. Berlin : Walter De Gruyter. p.2142-2147.)

LINTON, G.L. 1993. Intertextuality in the Revelation of John. Ann Arbor : UMI.

MALINA, B.J. 1994. John's: the maverick Christian group. The evidence of sociolinguistics. *Biblical Theology Bulletin*, 24(4):167-182.

MAZZAFERRI, F.D. 1989. Thegenre of the Book of Revelation from a source-critical perspective. Berlin : Walter de Gruyter.

MILIGAN, W. 1889. The Book of Revelation. London : Hodder and Stoughton.

MINEAR, P.S. 1991. Far as the curse is found: the point of Revelation 12:15-16. *Novum Testamentum*, XXXIII(1):71-77.

MOYISE, S. 1995. The Old Testament in the Book of Revelation. Sheffield : Sheffield Academic Press.

PAINTER, J. 1997. The Johannine literature. (*In* Porter, S., ed. Handbook to exegesis of the New Testament. Leiden : Brill. p.555-589.)

PERRIN, N & DULING, D. 1982. The New Testament, an introduction: proclamation, myth and history. New York : Harcourt Brace Jovanovich.

RAJAN, T. 1991. Intertextuality and the subject of reading/writing. (*In* Clayton, J. & Rothstein, E., *eds*. Influence and intertextuality in literary history. Wisconsin : The University of Wisconsin Press. p.61-74.)

ROLOFF, J. 1993. The Revelation of John. Minneapolis : Fortress.

RUSSELL, J.S. 1996. The Parousia: a critical inquiry into the New Testament doctrine of our Lord's second coming. Bradford : Kingdom Publications.

SCOTT, J.J. 1974. Parties in the church of Jerusalem as seen in the book of Acts, *JETS*, 18:217-227.

SCOTT, J.J. 2002. The effects of the fall of Jerusalem on Christianity. [Web] http://www.preteristarchive.com [Date of access: 1 January 2002]

SWEET, J.P.M. 1990. Revelation. London : SCM.

THOMPSON, L.L. 1990. The Book of Revelation: apocalypse and empire. Oxford : Oxford University Press.

VAN DE KAMP, H.R. 2000. Openbaring: profetie vanaf Patmos. Kampen : Kok.

VAN DER WAAL, C. 1981. Openbaring van Jezus Christus. II: verklaring. Oudkarspel : Drukkerij en Uitgeverij De Nijverheid.

VOGELGESANG, J.M. 1985. The interpretation of Ezekiel in the Book of Revelation. Michigan : UMI.

VORSTER, W.S. 1989. The reader in the text: narrative material. *Semeia*, 48:21-39.

WADDELL, R. 2006. The Spirit of the Book of Revelation. Blandford Forum : Deo Publishing.

WALL, R.W. 1991. Revelation. Peabody : Hendrickson.

WILSON, M.W. 1996. A pie in a very bleak sky? Analysis and appropriation of the promise sayings in the seven letters to the churches in Revelation 2-3. Pretoria : UNISA. (Dissertation D.L.P.)

마크 스트롬. 2000. *성경교향곡*. IVP.

XII

계 17-18장의
음녀 바벨론에 대한
다차원적-통합적 해석

A multidimensional and holistic interpretation of the
harlot Babylon in Revelation 17-18

들어가면서

특정 해석방법이 절대적으로 적용되는 (methodological imperialism) 시대는 지나가고 있다. 그렇다면 다차원적 해석 (multi-dimensional interpretation)과 통합적 해석 (혹은 전체적, holistic interpretation)의 정당성을 어디서 찾을 수 있는가? 최근의 성경 해석을 위한 방법론의 개발은 활발하다. 해석은 항상 불완전한 이해와 오해의 위험성을 지니고 있기에, 독자는 본문의 의미를 드러내기 위한 특정 전략을 사용하여야 한다. 해석방법론은 본문의 의미를 찾기 위해 기계적으로 적용되는 성질의 것이 아니다. 방법론은 주석가가 본문의 의미를 도출하기 위해 가장 적절한 방향성을 제시하는 기능을 하는 것이다. 환언하면, 방법론은 도구로서 본문이 말하도록 하는 것이어야 한다 (참고. Egger, 1996:2, 8-10).

비록 그 어떤 방법론도 본문의 의미를 보증하거나 제공해 주지는 못하지만, 방법론적인 숙고는 매우 중요하다 (Le Roux, 1995:186). 남아공의 신약학자들 사이에, 책임성 있는 성경해석을 위한 그들의 확신은 1970년대 이후로 다차원적 (multi-dimensional)[163], 통합적 (전체적, holistic)[164], 학제간

---

163) 1979년에 University of South Africa교수였던 W.S. Vorster (1979:129)는 언어학과 담론분석을 포함한 현대의 신약 해석학은 성경의 권위를 손상하지 않는다고 말했다. Stellenbosch의 L. Jonker (1993:110-112)는 해석방법론의 폭발적인 증가는 무시하거나 회피할 수 없는 사실이라고 말했다. 공시성 (synchrony)과 통시성 (diachrony)의 개념은 해석방법론 논의에서 중심 개념으로 부각되기도 한다. 이것과 관련된 논의는 공시성과 통시성이 상호 배타적이 아니라 상호 보완적이라는 통찰력으로부터 유익을 얻는다. Jonker는 또한 다차원적 해석은 통제되지 않는 방법론적인 다양성의 위험성을 조절할 수 있는 틀을 제공하고 단차원적인 해석을 절대시하는 배타적인 위험성도 제거할 수 있다고 믿었다. 계시록과 같은 상징적 혹은 은유적 본문은 하나의 단순하고 단차원적인 본문으로 한정될 수 없고, 복합적인 것으로 보아야 한다. 몇 가지 해석 방법론을 하나의 주석에서 사용하는 것은 하나의 본문에 관한 다양한 차원과 다양한 해석이 동등하게 정당하며 따라서 다차원적 해석을 초래한다는 결론에 도달하도록 한다. 요약하자면, 어떤 해석방법론이 사용되건 간에, 주석가는 본문의 다차원성은 다양한 해석 방법론의 사용을 정당화 한다는 사실에 주목해야 한다. 각 주석은 본문의 몇몇 의미-생산 차원들 중 하나를 분명히 한다. 그러나 이것은 한 본문이 누가 원하는 바는 무엇이던지 의미한다는 것을 의미하지는 않는다. 모든 것의 전적인 상대성을 주장하는 해석방법론은 자멸적 것

(intra-disciplinary)[165] 그리고/혹은 통합적(integrated)[166] 방식이다 (참고. Rousseau, 1985:98). Moyise (2001:186)는 Daniel Patte (1995:99)의 의견에 동의하면서 계시록의 다차원적 해석의 필요성을 다음과 같이 논한다:

모든 석의는 다차원적이어야 할 필요가 있는데 하나의 본문에 몇 가지 동등하게 합당한 비평적인 해석이 있음을 인정한다는 의미에서 그렇다. 하나의

인데, 그 이유는 이 가정 자체가 무의미하기 때문이다 (참고 Patte, 1995:38, 49, 99; 122; Moyise, 1998:101; contra Kaiser, 1994:69 그리고 Russell, 1996:141).

164) Clines (1996:293-294)는 통합적 (전체적) 해석 (holistic interpretation)을 다음과 같이 정의한다: 이것은 하나의 편리한 해석학적 전략으로 사용이 가능한데, 본문을 단편으로 보고 접근하는 것에 반대되는 것이다. 그러므로 전체적 해석의 주요 동기는 역사비평의 결과에 대한 불만족이다. 본문에 대한 주로 하나의 문학적이며 공시적인 접근으로서, 전체적 해석은 문학비평의 일반적인 분석도구들을 사용한다. Martin (1987:370-377)은 전체적 해석의 인식론적 기초를 다음과 같이 설명한다: "물리학, 생물학, 수학 그리고 다른 학문 분야의 새롭게 발전된 지식에 기초하여, 20세기 혁명들은 기계적 (혹은 비평적) 페러다임에서 전체적 (혹은 후 비평적) 페러다임으로 근본적인 전환이 일어났음을 의미한다. 지배적인 비평적인 기간 안에 뿌리박고 있는 가정들과 객관성을 추구하는 근본적인 구조 안에서 작용하는 비평적 작업은 변화를 겪고 있는 것을 의미하는 후 비평적 페러다임의 인식론은 주관적이지도 객관적이지도 않고 상호작용적 (interactive)이다. 전체적 해석의 페러다임은 주석가가 본문을 원자 분해화하듯이 함으로써 성경의 정당한 분석에 결코 도달할 수 없는 방식 대신에 본문 분석과 관련된 페턴들과 관련성들을 연결하는 것을 추구하는 것을 정당화한다." 간섭도형 (hologram)을 성경해석을 위한 해석방법인 전체적 해석을 위한 하나의 유용한 은유로 제시한 D.L. Barr (1986:401-405)는 주석가는 다양한 접근법을 사용해야 하는데, 이유는 하나의 방법은 부분적인 진리만 드러낼 뿐 만 아니라, 그 어떤 방법론도 그 방법론의 기본적인 관점 밖에 있는 것을 드러낼 수 있다고 기대할 수 없기 때문이다. 그러므로 해석 방법론은 바람직한 결과를 바라보면서 전체적이며 상호작용적인 방식으로 사용되어야 한다. 해석방법론의 선택은 근본적인 이슈라기보다는 전략이다. 공시적 그리고 통시적 해석이 상호 작용된 방식으로 사용되는 전체적 해석에 있어서, 문학적 분석이 먼저 수행될 수 있는데, 이유는 문학적인 관례 (conventions)가 어떻게 직접적으로 본문 (a piece of literature)이 역사적 혹은 사회적 자료를 위해 사용될 수 있는가를 결정하기 때문이다. 사회적 분석은 논리적으로 가장 마지막에 수행되는데 역사적 자료에 근거하여 종종 수행되기 때문이다. Barr를 비판하면서, Fowler (1989:6, 17)는 주장하기를 "해석에 있어서 전체성 (wholeness or totality)을 위한 열정은 최종 결정에 관한 많은 의문을 유발한다. 따라서 Barr의 간섭도형 (hologram)은 홀로코스트 (holocaust)로 인도한다." 따라서 Fowler는 대안적으로 의사소통이 간섭도형보다 포스트모던 해석의 더 나은 은유라고 제시한다.

본문 (그리고 이것은 확실히 계시록 연구에서 그렇다)은 하나의 단순하고 단차원적인 퍼즐을 스스로 제공하는 대신 하나의 복합적이고 다차원적인 퍼즐을 제공한다. 이 다차원적인 퍼즐의 조각들은 몇 가지 다양하면서도 응집성이 있는 (coherent) 그림들로 조직되어진다.

하지만 통제되지 않은 다차원적 해석은 해석의 혼란을 초래한다.[167] 주석가는 석의에 있어서 통제되지 않은 주관성을 성경본문의 역사적이고 문학적인 상황에 대한 하나의 충분한 공시적이고 통시적인 분석을 수행함으로써 크게 줄일 수 있다 (Thomas, 1999:50). 이 글에서는 3차원으로 나누어서 계 17-18

---

165) 한 사람의 천재가 신약의 모든 분야를 다룰 수 있다는 생각을 포기할 시간은 이미 시작되었다. 신약 신학의 탁월성은 팀워크로 가능한데, 환언하면 신약학 내의 공동 연구, 신약과 구약간의 공동 연구, 혹은 신약과 타 학제 간의 연구 방법으로 가능하다 (참고. Craffert, 1995:179).

166) Tate (1997:xx)가 지적했듯이, 현대의 학문세계에서 의미의 좌소와 실제화 (locus and actualisation of meaning)에 관한 3가지 다른 의견이 있다: (1) 저자 중심적 (author-centred)- 본문 배후의 세계에 주의를 기울이는 것으로 역사비평 방법이 대표적이다. (2)본문 중심적 (text-centred)- 본문 안의 세계에 주의를 기울이는 것으로 신비평과 구조주의가 대표적이다. (3) 독자 중심적 (reader-centred)- 본문 앞에 있는 독자의 세계에 초점을 두는 것으로 독자반응비평과 이데올로기 비평이 대표적인 예이다. Tate는 저자의 세계에 의해 정보가 제공되어서 본문의 세계와 독자의 세계 사이의 의사소통으로 의미가 결정되는 통합적인 해석 방법을 제안한다. 따라서 의미의 좌소는 하나의 세계에 의해서 결정되지 않고 이 세 세계의 상호작용으로 결정된다(Tate, 1997:xxiv). 해석학은 본문과 독자 사이의 대화인데, 본문과 독자는 저자의 세계의 안내를 받아서 대화적 약속 (a conversational covenant) 안으로 들어간다. 저자의 세계는 예비적이고 근본적인 정보를 본문과 독자의 대화에 제공한다 (Tate, 1997:255).

167) 한편으로, Osborne (1993:65)이 계시록을 예언적, 묵시적 그리고 서신적 요소의 혼합으로 보아서 계시록 안의 많은 주제들을 연구하는데 복합적인 해석 방법이 동원되어야 할 것이라고 말한 것은 정당하다. 다른 한편으로, 계시록을 역사주의적 (예. Joachim of Fiore, the Franciscans, the Reformers, 7편지에 대한 Scofield-type의 세대주의), 이상주의적 (Milligan, Hendriksen, Hoekema, Hughes) 그리고 미래주의적 (Justin, Irenaeus, Ladd, Walvoord, Thomas) 관점을 혼합해서 주석해야 한다는 그의 견해 (참고. Morris, Johnson, Roloff, Giesen, Mounce, Beale)는 설득력이 없다. 사실, Osborne의 실수는 로마와 짐승 (적그리스도)의 마지막 제국 사이의 관련성에 대한 구분이 불필요하다는 가정 때문에 나타난다. 로마를 적그리스도의 최종 제국으로 본다면 로마 안에 미래적이고 이상적이며 역사적인 요소가 모두 나타난다는 것이다.

장의 음녀에 대한 주석을 시도하려고 한다: (1) 문학적 해석을[168] 위해서는 서사적 해석이, (2) 역사적 해석을 위해서는 사회-묵시 수사학적 해석이, (3) 신학적 해석을 위해서는 간본문적 해석과 이념비평이 적용되어, 최종적으로 균형 있으면서도 상호작용적인 해석으로 결론이 맺어질 것이다 (참고. Telford, 2002:438).[169] 이렇게 취사선택된 3가지 해석 방법론은 성경의 권위를 전제

---

168) 문학적 분석 (literary analysis)은 방법론상 먼저 시도되어야 한다. 따라서 다른 사회-역사적인 이론들이 이것의 뒤를 따라서 시도되고 혼합되어야 한다. 그러므로 우리가 가지고 있는 최종본문의 특성과 문맥적 상황을 이해하는 방편으로서 본문 자체를 먼저 읽는 것이 이 글에서는 방법론상 출발점 중 하나이다 (Van Eck, 1995:89).

169) 성경해석 분야에 있어서, Telford (2002:432)에 의하면, 역사적 패러다임, 문학적 패러다임 그리고 신학적 패러다임이라는 3개의 패러다임을 구분하여 정의할 수 있다. 환언하면, 성경을 역사, 문학, 신학으로 볼 수 있다는 말이다. 하나의 관점으로부터, 성경 본문은 주의 깊은 분석으로 과거에 대한 정보를 도출해 낼 수 있는 역사적인 기록 자료이다. 다른 관점으로부터, 본문은 문학적 구성이기에 다양한 해석을 포함한 기록된 자기표현과 관련되는 모든 가능성과 제약성 (all the possibilities and limitations that written self-expression involves)을 가진다. 그리고 또 다른 관점에서 보면, 성경 본문은 거룩한 신학적-종교적 본문이기에 하나님과 관련된 표현을 찾을 수 있다. 이렇게 넓은 3개의 해석 패러다임과 관련되어, 일련의 수반되는 목적들, 원리들 그리고 가정들이 있고, 이 패러다임들에 의해 발생하는 것으로는 다양한 해석의 도구들이 있다. Schüssler Fiorenza (1991:18-20)는 문학적 해석이 신학적-교리적 해석과 역사 비평적 해석을 통합하는 계시록 해석을 제시했다 (보라. Collins, 1986:241). 그러나 Paulien (1988:170)이 주장하듯이, 계시록의 메시지는 오해되는데, 이유는 현대의 학자들이 지나치게 계시록의 사회-역사적이고 문학적인 배경을 강조하기 때문이다. 문학적 그리고 역사적 해석의 유용한 통찰력이 필요함에도 불구하고 더 포괄적인 신학적인 주석 방법이 계시록의 정당한 해석을 위해 필요하다. 따라서 이 글에서 신학적 해석이 문학적 해석과 사회 역사적 해석을 엮는 역할을 하여서 상호작용적이고 균형 잡힌 결론에 도달하도록 할 것이다. 왜냐하면 넓게는 성경전체 좁게는 계시록의 가장 강력한 힘은 구원-계시사에 관한 신학적 메시지에 있기 때문이다 (참고. Barr, 1986:411-412). 요약하자면, 원칙적으로 Egger (1996:65, 151, 199)의 석의 단계를 따른다: 공시적 해석→ 통시적 해석 →신학적 해석 (세부적인 통합적 해석을 위해서는 Tate, 1991:xx, 210을 보라). 참고로 Egger (1996:8-10)에 의하면, 공시적 그리고 통시적 측면을 구분하는 것은 그 자체로서 방법론 논의에 도움이 된다. 신약 본문의 분석에 있어서 공시적 해석 (헬라어의 의미는 '동시에', simultaneous)은 본문이 본문의 역사에 있어서 하나의 특정한 요점을 가지고 있다는 방식으로 탐구된다 (보라. Egger, 1996:64). 환언하면, 공시적 분석은 본문 안의 요소들 사이의 관련성과 본문과 본문 외적인 요소 사이의 관련성을 어떻게 찾을 것인가에 대한 방향성을 제공한다. 그리고 각각의 경우에 있어서, 본문이 그 안에 뿌리박고 있는 의사소통 체계에도 주의를 기울인다. 본문의 이상적인 분석은 논의 중인 본문 자체와 구조로부터 출발점을 취하는 것이다. 다른 한편으로, 본문의 체계의 기원과 (자료의 사용

로 하며 상호 보완적이다 (참고. Combrink, 1990:334). 이 해석 방법론은 다차원적 해석의 축적적 (cumulative)이며 분리적 (separative)인 성격을 극복하려는 의도가 있다.[170] 더욱이, 이것은 각 방법론의 과정과 결과의 상호작용을 전제로 한다.[171] 적어도 암시적, 순환적 그리고 교차 지시적으로 (cross-referentially) 그러하다.

1. 서사적 해석 (narrative interpretation)

최종 본문을 자세히 분석 (close reading)하는 문학적 해석을 먼저 해보자.

과 개정이라는) 변화는 소위 통시적 방법으로 분석된다. 본문 현상과 본문의 자료들 사이의 변증적 관계에 관한 고려는 본문의 더 깊은 이해로 인도한다. 통시적 분석의 목표는 그것에 따라서 본문이 결정적인 형태에 도달하는 역사적 과정을 재구축하는 것이다 (보라. Egger, 1996:151-152).

170) 다차원적인 모델에 있어서, 다양한 해석방법론들이 독립적으로 수행될 때 몇 가지 문제들이 발생할 수 있다. 다차원적인 해석가들은 자신의 인식론과 방법론적인 전제로부터 출발하여 문제를 연구하는데 각 방법론의 특정한 이론들과 개념들, 방법들과 기술들을 사용한다. 다차원적 해석과 학제간의 해석 (an interdisciplinary approach)의 차이점은 후자는 전자와 달리 상호작용 즉 상이한 방법들 사이의 상호성을 강조한다는 점이다. 다차원적 해석이 연속적인 관련성 (a sequential relationship)으로 특징지어 진다면, 학제 간의 해석은 학제간의 협동적인 관련성으로 특징지어진다 (보라. Du Toit, 1990:515). 비록 신약 해석에 있어서 종종 학제 간의 연구가 추천되기는 하지만, 이 모델의 실현은 아직 완전하게 도달되지 않은 것으로 보인다. 다차원적인 해석과는 달리, 학제 간의 해석은 전체적인 인식론에서 볼 때 어떤 학제가 개념과 방법 그리고 테크닉을 다른 학제에서 빌려와서 상호 작용시키는 것을 의미한다. 신학의 역사는 차용하고, 개조하여 통합시키는 학제 간의 해석의 분명한 하나의 실례이다. 따라서 여기서 시도되는 학제 간의 해석은 시험적인 차원에 머문다 (보라. Van der Ven, 1998:43-49).

171) 문학적 해석의 한 방법인 서사적 해석과 역사비평적 해석의 통합의 가능성에 대해서, De Boer (1992:40-41)는 서사비평적인 방법이 역사비평적인 탐구를 시도하는 사람에 의해 사용될 수 있다고 추론한다: 일단 주석가가 이야기 세계 (the world of the story)를 완전하게 이해하기만 하면, 그 다음에 의도된 독자의 세계 (the world of the intended reader)를 재구축할 수 있다. 물론 서사비평 자체는 무역사적이지만, (시대역행적이며 부적절한 적용에 대한 적절한 안전장치로서) 이것의 결과들은 역사비평적 탐구에 결실있는 방식으로 적용될 수 있다. 특별히, 초점이 본문의 최종 형태에 모아질 때 그러하다.

요한은 독자를 고려한 수사학적으로 민감한 저자이다. 문서보다는 말하고 듣는 구전 문화시대에 살았던 요한은 청중들이 예배 가운데 말씀을 효과적으로 듣고 오래 기억하도록 돕기 위해 문학적인 장치를 사용한 것으로 보인다. 음녀 바벨론을 중심으로 전개되는 계 17-18장도 예외는 아니다.[172] 그렇다면 이

---

172) 계 17-18장의 구조적 특징에 주목해 보자. 계 17-18장은 계 12장 이하의 상징 인물 (symbolic characters)의 관점에서 볼 때 교차대칭구조 (chiastic structure)의 핵심에 위치한다 (참고. Poythress, 5, 7):
  A. 창조 맥락에서의 여자-교회 12:1이하
  B. 용 (사탄) 12:3
   C. 짐승들 13:1-18
    D. 처녀 교회 (virgin church) 14:1-5
     E. 바벨론 17:1-18
     E. 바벨론에 대한 심판 18:1-24
    D. 처녀 교회의 상급 19:1-10
   C. 짐승에 대한 심판 19:11-21
  B. 용에 대한 심판 20:1-10
  A. 재창조된 새 예루살렘의 상급 21:1-2

위의 교차 대칭구조에서 볼 수 있듯이, 전반부에는 교회와 사단 그리고 짐승과 교회가 교차적으로 나타나고 후반부에는 그들에 대한 상급과 심판이 교차적으로 나타난다. 그러나 중앙 부분에는 바벨론과 바벨론에 대한 심판이 자리 잡고 있다. 계시록에 나타난 악의 세력의 위계 질서라는 관점에서도 교차대칭 구조가 나타나는데 역시 바벨론은 비교적 중요한 위치를 차지한다 (Strand, 1978:403):
  A. 용 12:3
  B. 바다에서 올라온 짐승 13:1
   C. 땅에서 올라온 짐승 13:11
    D. 바벨론 14:8
     E. 짐승을 숭배하는 자 14:9
     E. 짐승을 숭배하는 자 16:2
    D. 바벨론 16:19 (17-18)
   C 땅에서 올라온 짐승= 거짓 선지자 19:20
  B 바다에서 올라온 짐승 19:20
  A 용 20:2

그리고 계시록 전체를 7개가 한 벌이 된 구조 (heptadic structure: 7편지, 7인, 7나팔, 7대접 등)로 볼 때 계 17-18장에 나타난 바벨론을 향한 7개의 심판 메시지는 다음과 같다:
  0. 심판의 대상에 대한 서론 17:1-6
  1. 천사의 설명 17:7-18

단락에 나타난 서사적 특징은 무엇인가? 등장인물과 배경 중심으로만 살펴보자.

(1) 등장인물 (characters)

계시록은 예수님에 관한 이야기이다. 그러므로 복음이 전진하고 구원의 역사가 전개되는 차원에서 플롯과 인물을 살펴볼 수 있다.

① 심판받을 인물- 계 17-18장의 주요 등장인물은 음녀 바벨론이다. 음녀라는 상징적 표현은 단순한 상징 (steno symbol)이 아니라 다의적인 힘을 가지기에, 예루살렘이 예수님과 성도의 피를 흘리고 파멸되었듯이, 로마도 그러하다. 음녀와 연관된 왕들과 상인들도 파멸의 대상이다 (계 17:14).

② 구원하는 인물- 주인공으로서 이 음녀를 결정적으로 무찌를 백마를 탄 기사는 계 19:11절에서야 무대에 등장한다. 하지만 계 17:14절과 18:21절에 이미 주인공이신 만왕의 왕이요 만주의 주이시며 승귀하신 그리스도의 승리와 심판이 나타난다. 이것은 예수님의 심판인 동시에 주 (성부) 하나님의 심판이다 (계 18:8). 이 심판이 6번이나 반복적으로 강조된다 (계 14:8-11; 16:18-21; 17:16-18; 18:2-4; 18:8-20; 18:21-24).

③ 구원받을 인물- 하나님의 백성들로서 불신 유대인들과 이방 로마제국의 종교, 정치, 경제적인 타락과 탐욕에 동참하지 않은 자들이다. 이들은 소아시아의 7교회 성도, 사도, 선지자들 즉 그리스도의 종들이다 (계 18:4, 20; 19:2).

    2. 천사의 최후심판의 말 18:1-3
    3. '나오라' 는 호소 18:4-8
    4. 왕들의 애곡 18:9-10
    5. 상고들의 애곡 18:11-17
    6. 선장들의 애곡 18:18-19
    7. 천사의 마지막 최후 심판의 말 18:(20)21-24

④ 부수적 인물- 천사 (계 18:21), 음녀가 타고 있는 짐승, 왕, 상고, 선원, 열국, 성도들이다.

(2) 배경 (setting)

① 장소- 음녀가 많은 물 위에 앉아 있다 (계 17:1). 이 많은 물은 백성, 무리, 열국, 방언이다 (계 17:5). 견고하고 큰 성 바벨론 (계 18:10)이 인물인 동시에 배경이다. 이 장소적 배경은 천상의 환상이지만, 지상에서 속히 일어날 일을 말씀한다.

② 시간- 메시아이신 어린 양의 정복전쟁과 음녀의 파멸은 미래형으로 등장하나 (계 17:14, 16-17; 18:8-9, 21), 네레이터의 시대로부터 먼 미래는 아니다. 그리고 어린양의 죽음과 부활로 인해 이 승리는 이미 이루어진 상태이고 진행 중이다. 계 14:8절에서 이미 천사가 '무너졌도다 무너졌도다 큰 성 바벨론이여' 라고 선포한 점에 주목해 보면, 계시록 전체의 시간은 역사적인 직선적 시간과 사건 진행과 정확히 일치하지 않음을 알 수 있다 (참고. 계 16:19). 그리고 바벨론의 멸망은 하루 만에 아주 신속하게 임하는 것으로 묘사된다 (계 18:8).

③ 플롯- 계시록에는 반복, 과거를 되돌아보는 것 (flashback), 잠시 미래를 삽입적으로 예견하는 것 (flash-forward)과 같은 수사학적 기법과 어우러져서 중요한 사건의 플롯을 형성한다. 메시아와 초대교회에 의해 수행되는 승리의 전투라는 계시록의 중심 플롯은 고대 근동의 전투신화 (combat myth)와 유사한 플롯을 보인다 (Barr, 1988:122). 계 17-18장은 7대접의 심판 시리즈와 연결된 이야기이다. 이 단락은 3부분으로 나누인다: (ㄱ) 음녀가 타고 있는 짐승에 관한 자세한 묘사, (ㄴ) 다가오는 전쟁에 대한 묘사, 그리고 ④ 음녀의 운명(?)에 대한 최종 예언. 결국은 음녀 바벨론이 파멸을 당하고 적들은 분열된다 (계 16:19; 17:16). 홀연히 임한 음녀의 파멸은 아주 암울한 분

위기를 연출하는데 계 18장의 만가 (dirge)에서 절정을 이룬다. 그러나 다른 한편 계 18:20절에서는 신원 받은 성도의 기쁨과 승리의 축하가 대조를 이룬다 (보라. Barr, 1988:105-134). 서사적인 특징을 심층구조로 다음과 같이 요약해 볼 수 있다:

예수 그리스도	→	심판과 구원	→	음녀 바벨론/성도
sender		object		receiver
		↑		
하나님의 백성	→	그리스도	←	음녀 바벨론/왕/선원/상고/짐승
helper		subject		opponent

2. 사회-묵시수사학적 해석(Socio-apocalyptic rhetorical interpretation)

여기서는 문화인류학적인 분석 중 1세기 지중해 연안의 그레코-로마 세계에서 가장 중요한 핵심가치였던 명예와 수치 그리고 분파이론의 관점에서 간략히 분석해 보자.[173] 이런 사회적 분석은 묵시 수사학적 효과와 연결된다.

---

173) Malina와 Pilch (2000:202-203)는 계시록을 사회과학적 모델로 해석을 하되 특별히 별자리(constellation)의 관점에서 시도한다. 따라서 음녀 바벨론은 별자리의 관점에서 볼 때 저녁 밤하늘의 Venus로 본다. Venus는 헬라 시대의 바벨/바벨론의 천상의 후견인이었다고 본다. 하지만 이런 별자리 중심의 해석은 대부분의 주석가로부터 설득력을 얻지 못하고 있다. 하지만 바벨 (창 11장)과 바벨론 사이의 간본문성을 부각시킨 점은 긍정적으로 평가할 수 있겠다. 이 둘 사이의 주목할 만한 간본문은 다음과 같다: (1) 바벨탑을 쌓을 때 자신의 이름을 내기를 원했듯이 음녀도 자신을 영화롭게 하며 사치스럽게 살았다. (2) 바벨의 인구는 아마 하늘에 닿을 정도로 많았는데 (창 11:4), 음녀 바벨론의 죄가 하늘에 사무친다 (계 18:5). (3) 바벨탑을 건축할 때 하나님께서 보시려고 내려오셨듯이 (창 11:5), 음녀 바벨론을 향해서 힘센 천사가 내려온다 (계 18:1). 따라서 여기서 바벨론은 창세기의 바벨을 선구 간본문으로 취하고 있다고 추론해 볼 수 있다.

(1) 명예와 수치 (honour and shame)

요한 당시의 로마도시의 인구는 100만 명으로 추산된다. 그 중 3분의 1 혹은 2분의 1은 노예로 분류된다. 1세기에 노예무역은 발전하는 사업 (a burgeoning enterprise)이었다. 노예를 태운 배들이 쉴 새 없이 입항하고 출항하는 것을 쉽게 볼 수 있었다. 사시사철, 노예뿐만 아니라 많은 해상 무역 상인들과 물품으로 바다는 가득 찼고, 로마는 마치 세상의 창고 (warehouse of the world)와 같이 보였다. 로마에서 보이지 않는 물품은 세상에 존재하지 않는 것과 같았다. 특별히 아시아는 가장 부유한 로마의 속국 (지역)이었기에 로마에 대한 의존은 어느 지역보다 컸다 (참고. 4 Ezra, 15:46-63). 따라서 로마의 멸망은 상인, 선박 소유주, 물품 수송자, 물품 관리인, 무역 관련 종사자들 그리고 수많은 사람들의 생계가 끝나는 것과 같았다. 이 당시의 대부분의 노예는 제국 동부에서 왔다. 그리고 이들 노예의 반은 전쟁 포로로 추정된다. 혹은 부모에 의해 노예로 팔린 자식이 있었고, 생존을 위해 스스로 노예가 된 경우도 있었다. 노예는 농사나 광산에서 일할 뿐 아니라, 기술자, 선생, 예술가, 사업상 대리인 역할도 했다. 주인이 허락하면 돈을 저축할 수도 있었다. 노예들은 1-2% 정도의 소수 지배자 계층의 레저 (leisure)를 창출하는데 도움을 주었다. 로마 제국은 노예의 노동 위에 꽃 피웠기 때문에, 제국이 더 융성해진다는 것은 노예의 역할이 더 커진 것을 자동적으로 의미했다. 로마의 노예와 식량의 주요 제공처였던 소아시아에서 식량 폭동 (bread riots)이 일어나기도 했다. *Pax Romana*는 오직 소수의 사람을 위해서, 이런 사치와 약탈이라는 이면을 숨긴 허울뿐인 구호였다 (참고. Witherington, 2003:228-230; Osborne, 2002:648-649; Bauckham, 1993:350-37).

음녀 바벨론은 벌거벗음과 관련된다 (계 17:16). 구약의 하나님이 아담과 하와에게 가죽옷을 입히신 자비로운 행위를 통해서 벌거벗음이 죄와 수치와 연결됨을 알 수 있다.[174] 출 20:26절과 28:42절은 제사장의 노출에 대한 주의를 언급한다. 특히 여자에게 있어서 옷이 벗겨지는 것은 덕의 상실과 수치와 동일한 것이다 (레 20:17; 삼상 20:30; 삼하 10:4; 대상 19:4; 사 47:3; 애 1:8;

겔 16:36; 미 1:11; 나 3:5; 마 27:28, 31; 계 3:18; 마카비 4서 6:2). 포로는 종종 벌거벗은 엉덩이를 드러낸다 (신 28:48; 사 20:4). 간음한 여인은 벌거벗겨서 재판을 행한다 (사 32:11; 겔 23:10, 26-30; 호 2:3, 10). 계 16:15절은 주의 날에 부끄러운 일, 즉 벌거벗고 다니지 않는 자가 복되다고 말한다. 벌거벗음은 옷에 의해 가려지거나 보호되지 않아서 무엇과도 접촉하게 되는 것을 의미하기에 경계가 허물어진 부정함을 함의한다. 나체는 사람의 정체성, 신분, 역할을 모호하게 만든다. 이스라엘에 헬레니즘이 전파되면서 짐나지움과 공중목욕탕에서 나체로 연습을 하거나 목욕하는 수치스러운 일이 발생했다. 아마 요한에게 벌거벗은 몸으로 음행을 행하는 음녀, 그리고 나중에는 추종자들로부터 벌거벗겨진 음녀 바벨론에게 공개적인 수치를 안겨주려는 의도를 가지고 있는 것으로 보인다 (참고. Pilch, 1998:206-213).[175]

AD 40년에 갈리굴라 (Caligula)황제에 의해 창녀에게 부과된 세금제도의 주요 동기는 막대한 세입이었다. 이것은 로마 제국 안의 매춘이 광범위하게 퍼졌으며 심지어 제국의 비호 하에 시행되었음을 간접적으로 증거 하는 것이다. 이 세금이 걷히는 동안, 매춘은 공식적으로 합법화 되었다. 확실히, 로마 제국의 동쪽에 살고 있었던 요한의 독자들은 이 상황을 알고 있었을 것이며,

---

174) 정복의 개념은 명예와 수치와 관련된다. 왜냐하면 다른 사람을 정복하는 사람이 명예를 획득하거나 향상시킬 수 있기 때문이다. 정복은 개인, 집단 혹은 민족에게 수치를 당하게 하려는 정복자에 의해 행해지는 일정한 행동에 의해 설명된다. 계시록의 음녀는 하나님의 능력에 의해 정복당한다. 따라서 음녀의 신분은 고대 세계에서 정복당한 자와 극적으로 상응한다. 종종 승자는 패자를 향해 저주할 수 있었는데, 그 저주는 신의 생명력을 빼앗아 가는 것으로 간주되었다 (Ford, 1998:102-105).

175) 계 17:4절은 음녀의 옷 색깔을 자주 빛과 붉은빛으로 묘사한다. 요한 당시에 자주 빛과 붉은빛 옷은 악한 눈 (the evil eye)에 대항하여 강력한 축귀적 기능(a powerful apotropaic function)을 하는 것으로 여겨졌다. 이것은 일종의 아이러니이다. 왜냐하면 음녀는 마귀-짐승-용과 관련되어 있기에 마치 바알세불을 힘입어 귀신을 쫓아내는 것과 같은 경우이다. 음녀 바벨론의 화려한 옷차림과 과도한 장식을 통해서 요한은 상징적으로 성적인 유혹, 부패와 사치 그리고 방탕함을 강조한다. 자신의 몸을 현란한 색깔과 장식으로 감추는 것은 사람들을 현혹하여 자신의 음란한 정부 (fornicating paramours)로 만들려는 내면의 음모 혹은 불의 (intrigue)를 조성한다 (참고. Neufeld, 2002:672, 685).

계시록의 '음녀'를 부도덕한 제국을 강화하기 위한 방편이었던 로마의 세금 제도의 관점에서 볼 수 있었을 것이다 (보라. McGinn, 1989:79, 99).

따라서 음녀라는 부정적이며 수치스런 용어를 사용함으로써, 요한은 이익 (profit)을 위해서라면 다른 나라와의 부당한 관계를 얼마든지 맺을 수 있는 로마의 모습을 창녀로 묘사하여 큰 수치를 입힌다. 대신 요한은 이런 음녀적 행위에서 자신을 정결케 할 때 일시적으로는 고통을 당할지라도 영원한 구원과 정결함, 그리고 명예가 있음을 강조한다.[176]

(2) 분파 (종파)이론과 인사이더-아웃사이더 (sect theory and insider-outsider)

로마제국의 관점에서 보면 로마의 영향권에 들어있는 사람이 인사이더 (insider)이다. 하지만 요한은 로마의 영향을 벗어나는 것이 하나님의 관점에서 인사이더 (insider)라고 말한다. DeSilva (1992:375, 393)와 Räisänen (1995:165)은 현대의 분파이론 (sect theory)을 계시록에 적용하여 분파에서 발생한 문헌으로 본다. 분명히 바울과 사도들의 소아시아의 전도는 성공적이었지만, 1세기 말까지 이방인 성도의 숫자는 1000명을 넘지 않는 것으로 본다. AD 200년 말 경에 많은 곳을 여행한 오리겐은 숫자를 많이 잡지 않았다. 요한의 수신자들을 그 당시의 분파 (sect)라고 분명하게 정의하는 것은 무리가 있다. 분파 (종파, sect)라는 말 자체는 그것이 원래 기원하게 된 큰 모체가 있음을 전제로 하는 말이기에, 그 모체를 디아스포라의 유대인 집단으로 볼 것인가 아니면 로마 제국으로 볼 것인가라는 문제가 제기될 수 있다. 로마의 관점에서 보면, AD 70년 사건 이전까지는 유대교와 기독교의 구분이 명확하

---

176) 계 19:3절의 "그 연기가 세세토록 올라가더라"라는 말씀은 로마에 대한 심판의 영속성을 강조한다 (참고 에돔의 영원한 파멸, 사 34:9-10). 이것은 로마 제국의 이름 중 하나였던 신화적인 'Roma aeterna' (eternal Rome)에 대한 요한의 공격이다.

지 않았기에, 교회는 회당의 지류정도로 인식되었다. 하지만 소아시아의 7교회는 사탄의 회인 (계 2:9; 3:9) 회당과 구분되는 참되며 새로운 이스라엘로서의 정체성을 분명히 하려고 했다. 요약하자면, 교회는 불신 유대인들에게서 뿐 아니라 이방 로마제국으로부터도 소수의 무리로 여겨졌다. 실제로 음녀 바벨론은 디아스포라와 이방 로마제국 모두를 가리킨다 (아래의 신학적 해석 중 '구약에 나타난 간본문' 부분을 참고하라). 그러므로 배교한 유대교와 이방 로마와는 숫자적으로 비교가 되지 않는 소수이지만 내부 결속력을 강화하여 정체성을 분명히 하려는 의도가 이렇게 강력한 상징인 음녀를 통해서 의도된 것으로 결론 내릴 수 있다. 이 사실은 비교적 어린 교회인 7교회가 내-외적인 박해 속에서 정체성의 위기를 겪고 있을 때 꼭 필요한 것이었다. 그러므로 음녀 은유를 통한 강력한 메시지는 분파적 성격을 지닌 요한의 독자들의 경계선을 강화하는 효과를 가져다주었다.[177]

3. 신학적 해석

(1) 간본문적 해석

① 신약에 나타난 간본문

바울과 베드로가 전도하며 목회를 할 당시에 이미 로마황제 숭배는 로마제국 대부분 지역의 중요한 제의로 자리매김했을 뿐 아니라 광대한 제국을

---

177) 계시록에서 옷 (clothing)과 장식(ornamentation)은 중요한 기능을 한다. 사람의 정체성뿐 아니라 그(녀)가 따르는 존재가 하나님인지 아니면 사단인지를 생동감 있게 묘사한다. 옷과 장식은 또한 그 사람이 인사이더인지 아웃사이더인지 혹은 정결한 자인지 부정한 자인지 아니면 명예로운 자인지 불명예스러운 자인지를 구분하게 만든다. 음녀바벨론의 성적인 자극을 유발하는 옷차림과 사치스런 장식은 자연스럽게 아웃사이더, 불명예, 부정과 관련된다 (참고. Neufeld, 2002:686).

통제하는 수단으로 작용했다. 요한처럼 바울도 배교한 유대교는 물론 그리스도의 나라를 모방한 시저의 제국도 비판했다. 요한이 활동할 당시는 바울보다 좀 더 넓은 지역에서의 박해가 일어난 것으로 보이며 황제 제의가 소아시아에서 아주 강렬했던 것으로 보인다 (참고. Warden, 1991:207-210). 하지만 신약 저자들 중에서 요한만큼 반 로마적인 메시지를 강력하게 피력하는 사람은 없다. 대신 바울과 베드로는 독자들의 상황을 고려하여 정부와 권세에 순응할 것을 제시한다. 이를 위해, 롬 13:1-7; 딤전 2:1-3;[178] 딛 3:1; 벧전 2:13-14절을 비교해 보라 (참고. 벧전 5:13; 계 17:5, 18).

② 구약에 나타난 간본문[179]

---

178) 딤전 1장 1절과 2절의 '모든 사람을 위하여', 4절의 '모든 사람이', 그리고 7절의 '이방인'이라는 말로써 유일한 중보자 예수 그리스도를 통한 하나님의 우주적 구원(구원의 대상에 있어서 한 사람도 예외 없다는 의미가 아니라 민족이나 인종의 차별이 없다는 말; all kinds of people)에 대한 관심에 교회의 사명을 맞출 것을 강조한다. 이를 위해서 바울은 디모데가 목회하고 있던 에베소 교회가 특별히 임금들과 높은 지위에 있는 사람을 포함하여 '모든 사람들을' 위해서 간구 (특별한 필요를 위한 간청), 기도 (특별한 필요와 보호를 하나님 앞에 가져오는 것), 도고 (긴급함과 담대함을 가지고 하나님 앞에 호소하는 것), 그리고 감사 (임금을 포함한 모든 사람들을 위하여 하나님께 감사하는 것)를 해야 한다고 말한다. 기도와 관련된 이러한 4가지단어들은 기도의 다양한 뉘앙스를 표현하는 동시에 에베소 교회의 많은 사람들이 이 기도에 동참하는 것을 의미하는 것으로 보인다 (참고. 딤전 2:8). 디모데전서를 기록할 때 크리스챤 임금들은 없었다. 대신 로마제국의 이방인 왕들만 있었을 뿐이다. 계시록이 기록될 때와 마찬가지로, 딤전이 기록될 때 (AD 61년경)는 로마의 네로황제가 다스리고 있었을 때이다. 비록 그의 조직적인 박해가 본격적으로 시행되기 전이었을지라도 네로는 허영심이 많고 잔인했던 기독교의 박해자였다. 임금이 이방인임에도 불구하고 그들을 위해 기도해야 할 이유는 무엇인가? (참고. 스 6:10; 렘 29:7). 에베소교회가 모든 경건과 단정한 중에 고요하고 평안한 생활을 하기 위해서 이다 (2절). 이 기도는 하나님 앞에 선하고 받으실 만한 것이다 (3절). 그리고 정부의 권세는 하나님으로부터 나온 것이고, 정부는 국민에게 전쟁과 소요로부터 안정을 주기 때문이다. 국가와 사회가 안정되고 질서가 유지될 때 교회도 본질적인 사명을 잘 감당하게 된다는 것이 바울의 요지이다 (참고. Knight III, 1999:114-115).

179) 창 11장의 바벨탑 사건은 계 18장의 바벨론과 간본문성을 가진다. 노아 홍수 이후에 사람들이 바벨탑을 쌓아 하늘에 닿게 할 의도를 가진 것은 하나님을 대적하여 스스로 높아지려는 교만한 마음이 있었음을 의미한다. "우리 이름을 내자"라는 말은 스스로 명성을 얻기를 원했으며, 인본주의적 발상에 근거하여 마치 불멸하는 사람처럼 모여서 살기를 원했음을 의미한다. 그러나 역설적이게도 이들이 쌓은 탑은 나중에 '혼동과 혼란'이라는 뜻의 '바벨'이라는

'음녀 바벨론'의 구약 간본문들은 다음과 같다: (1) 나훔 3:4절에서 음녀의 이미지는 '앗수르 제국'이 열국을 유혹하여 노예로 만드는 힘을 강조한다. 앗수르의 수도 니느웨는 결국 음녀가 심판을 당하는 모습처럼 공개적인 수치를 당하게 된다 (나 3:6; 겔 16:38-41; 렘 13:22). 하나님이 니느웨의 대적이 되셨기에 완전한 파멸이 초래되었다 (나 1:9; 2:13; 계 18:21). 역사는 BC 612년에 바벨론이 메데와 힘을 합쳐서 앗수르의 니느웨를 멸망했다고 증거한다. 앗수르는 절정의 시기 이후 겨우 25년 만에 신속히 망했던 것이다 (계 18:10). (2) 이사야 23장은 '두로'에 관한 신탁인데, 두로를 음녀로 묘사한다. 유혹 (seduction)이라는 주제가 여기서도 등장하지만 열국의 노예화가 목적이 아니다. (3) 에스겔 26-27장은 바벨론이 예루살렘을 파멸시킬 때 '두로'가 기뻐했던 사실을 고발하면서 신탁을 시작한다. 두로가 기뻐한 이유는 그 파멸의 비극 속에서도 시장의 확보 및 경제적인 이윤을 높일 기회를 찾았

불명예스런 이름을 얻고 말았다. 바벨탑을 쌓은 시날 평야의 바벨은 창10:8-10절에 의하면, 세상의 처음 영걸이었던 니므롯이 세운 도시이다. 바벨은 하나님을 대적한 인간 영웅이요 사냥꾼이요, 제 2의 네피림이었던 니므롯이 세운 제국이었다. 창 11:8절에 보니, 바벨탑을 쌓는 장면을 여호와께서 보시고 그 사람들을 온 지면에 흩으심으로 그들이 성 쌓기를 그쳤다고 말씀한다. 탑을 쌓아서 명성과 불멸을 얻기 원했지만 반대로 흩어짐과 추방을 당한다. 그리고 본문 9절에 보니, "그 이름을 바벨이라 하였으니 왜냐하면 여호와께서 거기서 온 땅의 언어를 혼잡케 하셨음이라. 여호와께서 거기서 그들을 온 지면에 흩으셨더라"고 말씀하신다. 하나님은 스스로 교만하여 일어나는 그 어떤 대적이라도 물리치신다. 이 사실은 창세기의 1차 독자들에게 큰 위로가 되었다. 창세기의 독자는 출애굽하여, 홍해를 건너, 광야생활을 40년 보내고, 이제 요단강을 건너 가나안 땅에 들어가기 직전의 이스라엘 사람들이다. 그들이 장차 들어갈 약속의 땅 가나안에 살던 사람들이 아무리 강성하고 그들이 쌓은 성이 바벨탑처럼 하늘을 찌를 듯이 크고 견고해 보여도, 바벨탑을 무너뜨린 하나님께서 역시 그것도 무너뜨리실 것이라는 확신을 얻게 되었다. 하지만 신 1:28절에 의하면 이스라엘 백성이 가나안 땅의 거대한 족속과 하늘에 닿은 성들을 보고 두려워했던 것을 본다. 모세를 통하여 바벨탑 사건과 관련한 하나님의 능력을 듣고도 그대로 믿지 못한 사람들이 출애굽한 백성이었다. 신약의 바벨탑 사건과 그 결과는 계 18장과 21장에 등장한다. 계 18장과 21장에서 요한은 초대교회를 핍박하던 불신 유대인들과 로마제국을 바벨론이라고 부르면서, 하나님은 이 복음의 대적을 무너뜨리고 영광스런 새 예루살렘 성을 건축하시겠다고 말씀한다. 요한은 소아시아의 7교회에게 "바벨론이 받을 심판에 동참하지 않으려거든 바벨론에서 나오라"고 말한다. 하나님을 거역하는 교만한 세력과 세상에서 빠져나오라고 말한다. 대신 하늘에서 내려오는 새 예루살렘 성 즉 그리스도의 정결한 신부인 교회를 세우는데 열심을 내라고 말한다.

기 때문이다 (겔 26:2). 따라서 겔 26-27장은 요한이 로마를 비판할 때 경제적인 측면을 제공하는 것으로 볼 수 있다. 그리고 (4) 예레미야 50-51장은 역사적인 제국 도시였던 '바벨론'을 향한 긴 신탁 부분인데, 바벨론은 음녀로서 땅의 거민들에게 포도주가 담긴 금잔 (golden cup)을 제공했다. 다음의 계시록과 렘 51장 사이의 간본문에 유의해 보라: 바벨론으로부터 도망쳐 나오라고 외치는 소리 (렘 51:6; 계 18:2-4), 열국을 취하게 만든 금잔 (렘 51:7; 계 17:2-3; 18:3), 그리고 바다 속에 던져진 돌 (렘 51:63; 계 18:21; 참고. Friesen, 2001:206). 이상의 구약 간본문들을 단순하게 인용하는 대신에, 요한은 자신의 시대에 적합하게 이들 본문을 새로운 방식으로 바꾸어 사용한다. 위의 간본문으로부터, 요한의 (특별히 이방인 성도) 독자들에게 있어서 바벨론은 이방 제국인 로마와 동일시된다고 추론해 볼 수 있다. 더 나아가 요한은 로마는 구약 역사상 모든 악의 제국들의 결정체라고 소개하는 듯하다 (Bauckham, 1993:345). 이것이 정당한 추론이라면, 계 17-19장은 로마 제국의 파멸 (주후 476)을 묘사하며,[180] 특별히 음녀 '로마'라는 하나의 큰 도시의 파멸을 묘사한다. 이것과 관련하여, Friesen (2001:208)이 주장한 것처럼, 요한은 우선적으로 로마에 대한 자신의 반대의 특징을 제시하려는데 관심을 가지고 있다. 사회-정치적 차원과 더불어서, 요한의 주요 반대는 종교적인 특성을 지닌다.[181] 로마는 오직 하나님에게만 속한 어떤 지위를 자신에게 속한 것으로 주장했다. 이 거만함 속에, 이 제국 도시는 군사력을 동원하여 그리고 열국의 통치자들을 유혹하여서 열국을 노예화했던 것이다. 요약하자면, 로마가 바벨론의 정치적이고 군사적인 상속자였다고 말할 수 있다면, 두로의 경제적인 상속자였다 (Bauckham, 1993:346).

---

180) 고트족에 의한 로마의 파멸은 요한 당시로부터 수 세기 후이지만, 복음이 로마를 변화시키고 이방 지역의 교회가 설립되는 자체가 로마에 대한 심판이 이미 시행되고 있음을 의미한다. 그리고 계시록이 기록될 당시인 AD 66-70년경은 로마제국의 심장부인로마에서 네로의 사후 (AD 68년)에 극심한 혼란과 불안한 정세가 수년간 지속된 시기였다.
181) 계 18:23절이 이 사실을 잘 보여 준다. 마술, 음행, 그리고 우상숭배는 서로 연결되어 있는데, 마치 왕하 9:22절에서 이세벨을 묘사하는 방식과도 같다 (참고. 계 2:20). 음행과 술수가 가득했던 이세벨에게는 평안이 있을 수가 없었던 것처럼, 로마제국도 마찬가지임을 요한은 고발하고 있다. 즉 로마의 엄청난 부와 화려함과 성공은 속임과 마술과도 같은 것이었다.

하지만 음녀 바벨론을 배교한 유대인 (the apostate Jews)으로 볼 가능성을 배제할 수 없다. 계 17:18절과 관련하여, 만약 큰 성읍이 예루살렘이라면 어떻게 예루살렘이 이렇게 정치적으로 세계적인 영향력을 행사할 수 있는가? 그 답은 계시록은 정치에 관한 책이 아니라, 하나님의 언약에 관한 책이라는 것이다 (참고. Chilton, 1990:438-443). 계 18:2절은 예루살렘의 배교가 너무 커서 받을 심판은 영구적이고 되돌릴 수 없음을 암시한다. 계 18:11-17절에 묘사된 것처럼 예루살렘의 부는 요세푸스의 *The Jewish War*, 6:5:3에 증거되어 있다: "예루살렘은 전 세계에서 온 많은 상품을 거래했다." 계18:21절에서 힘센 천사 한 명이 극적으로 돌 하나를 바다에 던지는데 이것은 부분적으로 유대인들이 바다로 상징되는 이방인 세계 속으로 흩어질 것을 의미한다. 요약 구절인 24절은 다시 한번 설명하기를, 이러한 엄청난 파멸과 심판은 남편인 하나님이 그의 살해를 일삼은 신부인 이스라엘에게 복수를 하시는 것이다 (Jordan, 1999:46). 그렇다면 바벨론을 배교한 유대인으로도 볼 수 있다. 그렇다면 요한은 계 17-18장을 통해서 예루살렘이 그 당시의 무역의 중심으로 온갖 부정하고 탈취적이며 영적인 간음을 행한 것을 고발하고 있으며 이것에 대한 하나님의 심판은 유대-로마 전쟁과 예루살렘 파멸이었다.[182]

Beale (1999:885-886)이 정확하게 지적했듯이, 1세기의 배교한 이스라엘이 음녀 바벨론의 일부분을 구성하고 있었지만 그 자체만으로는 음녀 바벨론 전부를 구성하는 것은 아니었다 (참고. Barr, 1998:109). 계 17-18장에서 구약 선지자들이 불신 이스라엘 (unbelieving Israel)을 음녀라고 부르는 구절들이 암시되어 있는 것은 요한이 음녀 바벨론이라는 은유 안에 이스라엘을 포함하려는 의도가 있음을 의미한다. 사실 이 불신 이스라엘은 과거와 현재 그리고 미래에 하나님의 참되며 새 이스라엘의 남은 자를 박해하는데 이방 세력과 손을 잡았다 (참고. 마 21:33-42; 23:29-35; 행 7:51-52). 그러므로 음

---

182) 로마가 심판을 받은 것은 예루살렘 성을 파멸시켰기 때문이 아니라, 성도를 죽이고 박해했기 때문이다. 로마가 거룩한 땅을 짓밟았다면 AD 70년에 예루살렘 성전 터에 침입했을 때가 아니라 (참고. 계 11:2), 참 성전이자 새 예루살렘인 성도를 죽였을 때였다 (계 17:6; 참고. Walker, 1996:258).

녀 바벨론을 배교한 이스라엘과 로마제국을 모두 포함하는 것으로 보는 것이 균형 잡힌 견해이다. 음녀 바벨론을 통한 초점은 로마 제국의 부패하고 약탈적인 종교-정치-경제적 체계이지만, 배교한 이스라엘도 음녀 바벨론에 포함되는 것은 배교한 이스라엘이 로마의 이런 체계에 관련되는 한 그러하다. 그러므로 상호 배타적으로 음녀 바벨론을 정의하는 것은 바람직하지 않다 (참고. King, 2004:307).

③ 유대문헌에 나타난 간본문

제 2성전 시대의 유대문헌에서는 요한과 비슷한 비판적 어조의 반로마 메시지를 쉽게 찾아 볼 수 있다 (예를 들어, 에녹 1서 83-91; 마카비 1-2서 솔로몬의 시편 1:4-2:5; 2:19-21; 1QpHab 3:2; 6:1-2; Sibylline Oracles 3, 4, 5 등). 여기서 주의해 볼 것은 Sibylline 3;350-358인데, 표현은 계 18장과 비슷하지만 차이점이 있다. 로마에 저항하면서 소아시아의 회복을 위해서 민족적이며 정치적인 이데올로기를 채용하지 않았던 요한과 달리 이 신탁의 유대인 저자는 로마에 저항하여 회복을 추구하는 민족적인 이데올로기에 사로잡혀 있다. 그리고 다른 차이점은 바벨론이 부와 사치를 사랑한 것에서 비난의 주요 원인을 찾았던 요한과 달리, 제 2성전 시대의 유대문헌 저자들과 구약 선지자들은 약자에 대한 관심을 많이 보이고 있다는 점이다 (참고. Royalty, 1998:66-67, 71).

④ "계시록 내의 간본문

Campbell (2004:81)이 지적하듯이, 계시록의 주요 주제 중 하나는 여자-도시 (the woman-city)인데, 다양한 여자들 (이세벨, 2:20-23; 해를 입은 여인, 12:1-6; 음녀, 17:1-6; 신부, 19:6-9; 21:9-10)과 도시들 (소아시아의 7교회-도시, 2:1-3:22; 예루살렘, 11:1-13; 바벨론, 14:8; 18:1-24; 새 예루살렘, 21-22)이 결합되어 이야기가 전개된다. 요한은 여자와 도시라는 두 가지 주제를 고대 도시들에 대한 예언적 책망 (prophetic denunciations: 야웨는 그의 백성과 결혼하지만 그의 신부는 영적 간음을 한다)으로부터 빌려온 모티브를 사용하여 하나의 전례 없는 통합 (an unprecedented orchestration)으로 연결시킨다. 그 결과는 여자-도시 이미지의 복잡한 혼합이 나타나는 것과 음녀 바벨론과 신부 새 예루살렘 사이의 정교한 문학적 대조로 나타나는 극적인 효과이다.

계 2장의 이세벨은 음녀 바벨론과 유사하다. 이세벨은 두아디라교회 안의 거짓 선지자를 가리키는 상징적인 인물인데, 거짓 가르침으로 성도를 꾀어 행음하게 하고 우상의 제물을 먹게 하였다. 그리고 회개의 기회를 스스로 거부해 버렸다. 그 결과 이세벨은 물론 그녀와 행음한 자들 모두 하나님의 큰 환난을 당하게 된다. 이세벨을 통해서 알 수 있는 것은 두아디라교회 내부에서 일어난 문제이지만 교회 밖의 이방로마 제국의 우상 문화와 타협한 것으로 표출되었다. 이세벨이나 음녀 바벨론 모두 교회로 하여금 세상과 타협하도록 만들려는 면에서는 동일하다.

계 11:8절의 소돔은 구약의 음행과 성적 문란의 대명사이다. 그런데 계 11:8절은 소돔을 예수님이 십자가에 못 박힌 곳이라고 밝힘으로써 예루살렘을 가리킨다. 그러므로 이 구절에서는 음녀 바벨론을 예루살렘으로 대변되는 불신 유대인들로 볼 수 있는 근거를 제공한다. 3절의 두 중인으로 대변되는 요한 당시의 초대교회를 핍박했던 불신 유대인들은 영적인 간음을 통해 눈이 어두워진 상태였다. 그래서 교회가 박해를 당할 때 즐거워했다 (10절). 하나님은 이들 유대인들을 심판하심으로써 교회를 참되고 새로운 이스라엘로 인정하여 새 언약의 동반자로 삼으셨는데 그 결정적인 사건이 AD 70년 사건이다.

계 12장의 여인은 그리스도를 출산하는 임산부로 묘사되는데 바로 구약과 요한 당시의 교회를 상징하는 것으로 볼 수 있다. 이 여인이 해를 입고, 발아래는 달을 밟고 있고, 머리에는 12별을 쓰고 있다는 사실은 교회의 영광스러움을 상징적으로 묘사한다. 그러나 용-사단의 박해를 받아 광야로 도망가지만 거기서 하나님의 보호를 체험한다 (계 12:6, 13-14). 음녀 바벨론처럼 힘을 가진 여자로 나타나는 대신에 하나님의 보호 하에 있는 비교적 연약한 여인의 모습처럼 보인다. 하지만 여자의 후손 즉 요한 당시의 교회는 사단의 사주를 받았던 디아스포라와 로마제국의 위협 속에서도 예수님의 계명을 지키며 증거를 가지고 있던 신앙의 용사요 남은 자이다 (계 12:17). 음녀 바벨론은 강력한 외형을 가졌으나 심판 받아 파멸되었지만, 계 12장의 이 여인은 연약해 보일지라도 하나님의 말씀을 정절을 가지고 지켜 결국은 승리한 존재였다. 음녀와 정절을 지킨 여인 사이의 좋은 대조를 보여준다.[183]

계 19장의 예수 그리스도의 신부와 계 21장의 새 예루살렘성은 계 12장의 정절을 지킨 여자의 연속선상에 놓여 있다. 음녀 바벨론과 그리스도의 신부의 등장을 묘사하는 계 17:1절과 21:9절은 매우 유사하다 (Barr, 1988:120). 계 19:8절은 신부가 입을 빛나고 깨끗한 세마포 즉 옳은 행실을 언급하는데 음녀 바벨론이 입었던 사치스런 복장과 잔인한 행위와 대조된다 (계 17:3-4, 6). 거룩한 성 새 예루살렘도 신부로 묘사된다 (계 21:2). 그러므로 새 예루살렘을 장소보다 인격으로 이해해야 한다. 이들은 영원한 언약의 복을 받는 존재인데, 유황불 심판을 받을 우상숭배와 음란, 마술과 잔혹한 행위를 일삼은 음녀 바벨론과 전혀 다른 보상을 받는다 (계 21:7-8). 이처럼 요한은 음녀 바벨론과 대조되는 여성들을 계시록 중-후반부에 위치시켜서 바벨론과 선명한 대조를 보여준다.

(2) 이념적 해석: 여성신학적 해석을 중심으로

여성신학적 해석이 이 부분을 놓치지 않는다. 그러나 최근의 주요 계시록 주석 (예. D.E. Aune, G.K. Beale 등)에 계 17장의 음녀 바벨론 은유에 관한

---

183) 요한은 계 1-11장에서 여성의 이미지로 교회와 어린양의 추종자를 묘사하지 않는다. 대신 144,000명과 같은 남성이 교회로 나타난다. 하지만 계 12장과 19장 그리고 21장에서는 여성이 구원의 대상으로 등장하는 것은 흥미롭다 (Barr, 1998:111).

여성신학적 해석은 거의 주목을 받지 못하고 있다 (Osborne, 2004:486). 과격한 형태는 Pippin의 남성중심의 정치적 해석 (a male-centered political interpretation)을 비판한 해체주의적-여성신학적 견해이다. 음녀 바벨론의 파멸을 마녀사냥 (witch hunt)의 한 형태로 보는 Pippin (1992:65-67)에 의하면, 계 17:1절의 *pornēs*와 음녀 바벨론의 파멸은 여성을 억압하는 고대 근동의 가부장적 제도 혹은 서구의 남성 중심적인 편견을 보여주며 계시록은 구원 대신 여성의 삶을 죽음 (death)과 재앙 (disaster)이라는 여성혐오적 하층구조 (misogynist substratum)에서 읽도록 한다.[184] 하지만 다른 여성신학자 Sch?ssler Fiorenza (1993; Osborne, 2002:630에서 인용)는 이렇게 Pippin처럼 음녀 바벨론이라는 상징-은유를 실제 여자 (real women)로 보는 것을 문제 삼으면서 계시록의 변증적이면서도 긍정적인 견해를 인정한다. 음녀라는 성적인 은유를 전통적인 은유 (conventional metaphor)로 본다. 그래서 이 은유를 특정 성적인 (gender-specific) 것이라기보다는 포괄적인 성적인 것으로 (gender-inclusive) 해석하는 것이 더 낫다고 본다. Barr (1993; Osborne, 2002:630에서 인용)은 덧붙이기를, 계시록에서 전쟁과 재앙은 하나님의 새로운 세상을 피하려는 인간의 노력이며 최종 전투는 언급되지 않는데 예수님의 죽음으로 이미 승리해버린 것이기 때문이다. 용사이신 하나님은 곧 죽어 가신 구세주이다. 악한 여인도 항상 악한 남자와 짝을 같이 한다: 이세벨/발람 음녀/짐승. 그리고 남성적인 악의 세력이 지배적으로 많이 등장한다 (예. 용). 그리고 계시록에는 긍정적으로 묘사된 여인들도 있다: 계 12장의 여인, 계 19장의 신부. 요약하자면, 계시록은 여성을 억압하는 이데올로기를 지니고 있지 않다. 음녀 바벨론은 구약과 그레코-로마 세계로부터 온 것이지,[185] 문자적인 여성을 염두에 둔 여성혐오적인 것이 아니다. 음녀 바벨론을 해석할 때 부도덕과 종교적인 배교를 위한 고대의 상징으로 해석해

---

184) Pippin (1992:80)의 여성주의적 사고의 극단적인 면을 144,000명 (계 14:1)의 해석에서 볼 수 있다: "어린양의 추종자로서 여자와 성적인 관계를 맺지 않은 144,000명이 신부 안으로 들어갈 수 있도록 허용된 것은 집단 성교 (mass intercourse)의 이미지이다." 여기서 계시록의 상징과 이미지를 이념이 가미된 문자적 해석으로 의미를 찾을 때 얼마나 부당한 것인 것을 알 수 있다. 결국 Pippin의 해석은 신성모독적이 되고 말았다.

야 한다 (참고. Osborne, 2002:630).

4. 적용

현대 신약학계의 귀족 길드 가운데서 종종 발견되는 약점은 성경해석 이론이나 방법론 논의만 하다가 마쳐버림으로써 자신들만의 지적 유희에 만족해 버리는 현상이다. 하지만 성경은 모든 사람과 모든 시대에 적합성을 가지고 있음을 기억한다면 계 17-18장의 음녀 바벨론의 의미를 주석하여 그것이 우리 시대에 주는 의의를 종교-정치-경제적으로 다양하게 적용해 볼 수 있다. 계시록의 음녀 바벨론을 자국의 이익을 위해 군사력, 경제력 그리고 문화를 동원하여 국제 사회에 영향력을 미치는 미국과 같은 강대국에만 적용할 이유는 없다. 성도 개인의 생활 속에 하나님 없이, 자신의 힘을 믿고 이기적으로 사는 모든 것이, 성경이 그토록 강조하는 핵심 사상인 샬롬을 헤치는 것이다. 경제적인 착취로 인한 부의 정당한 분배가 시행되지 않는 것, 국가 정치권력의 편중과 독점으로 인한 권력의 절대화 및 정의의 부재는 개인, 가정, 국가, 국제 사회의 샬롬을 저해하며 하나님의 심판을 초래하게 된다. 이러한 것은 쉽게 종교적인 색채와 결합되어 이데올로기화 될 가능성이 많은데, 그렇게 된다면 더욱 절대적인 파괴의 방식으로 나타날 수 있다. 힘을 가진 자는 힘의 근원을 생각하고 청지기 의식을 가지고 약자를 섬기어야 한다. 바로 그 때 파멸과 심판이 아니라 하나님 나라 안에서의 공생과 샬롬이 임하게 된다.

---

185) A.Y. Collins에 의하면 계시록의 여성 인격체들 (the female personifications)은 헬라전통에서 빌려왔다. 예를 들어, 로마 (Rome)와 여신 로마 (Roma)의 이미지로서의 계 17장의 음녀는 헬라의 윤리적 전승 (Greek ethical tradition)과 연결된다. 따라서 이것은 로마 문화에 대한 윤리적 고발 (a moral indictment)을 제공한다 (1999; Osborne, 2004:488에서 인용).

나오면서

이 글은 다차원적-통합적 해석에 대한 시험적인 성격이지 완전한 결과를 얻으려는 것으로 의도되지 않았다. 상대적으로 본문이 말씀하는 것을 완전히 듣지 못할 위험성을 지니는 단차원적인 해석보다, 다차원적이며 통합적인 해석은 방법론에 대한 이해와 세밀한 주석을 위해 더 많은 노력과 주의와 시간을 필요로 하는 작업임에 분명하다. 그러나 이런 균형 잡힌 해석은 계속 시도되어야 할 것이며 이 글이 이를 위한 자극이 되었으면 한다.

참고문헌

BARR, D.L. 1986. Elephants and holograms: from metaphor to methodology in the study of John's Apocalypse. (*In* SBL 1986 Seminar Papers. Atlanta : Scholars Press. p.400-411.)

BARR, D.L. 1998. Tales of the end: a narrative commentary on the Book of Revelation. Santa Rosa : Polebridge Press.

BEALE, G.K. 1999. The Book of Revelation: a commentary on the Greek text. Grand Rapids : Eerdmans.

CAMPBELL, G. 2004. Antithetical feminine-urban imagery and a tale of two women-cities in the Book of Revelation. *Tyndale Bulletin*, 55(1):81-108.

CHILTON, D. 1990. The days of vengeance. Texas : Reconstruction Press.

CLINES, D.J.A. 1996. Holistic interpretation. (*In* Coggins, R.J. & Houlden, J.L., eds. A dictionary of biblical interpretation. London : SCM. p.292-295.)

COLLINS, A.Y. 1986. Reading the Book of Revelation in the twentieth century. *Interpretation*, 40:229-242.

COMBRINK, H.J.B. 1990. Die krisis van die Skrifgesag in die gereformeerde eksegese as 'n geleentheid. *Ned Geref Teologiese Tydskrif*, 31(3):325-335.

CRAFFERT, P.F. 1995. The anthropological turn in New Testament interpretation: dialogue as negotiation and cultural critique. *Neoestamentica*, 29(2):167-182.

DE BOER, M.C. 1992. Narrative criticism, historical criticism, and the

Gospel of John. *Journal for the Study of the New Testament*, 47:35-48.

DESILVA, D.A. 1992. The Revelation to John: a case study in Apocalyptic propaganda and the maintenance of sectarian identity. *Sociological Analysis*, 53(4):375-395.

DU TOIT, A.B. 1990. Die toekoms van die Skrifgesag in die moderne eksegese: 'n hoofsaaklik Nuwe-Testamentiese perspektief. *Ned Geref Teologiese Tydskrif*, 31(4):509-519.

EGGER, W. 1996. How to read the New Testament: an introduction to linguistic and historical-critical methodology. (tr. by Heinegg, P.) Peabody : Hendrickson.

FORD, J.M. 1998. 정복. (*In* 필치 & 말리나., eds. 성서언어의 사회적 의미. 한국장로교출판사. p.102-105.)

FOWLER, R.M. 1989. Postmodern biblical criticism. *Forum*, 5(3):3-30.

FRIESEN, S.J. 2001. Imperial cults and the Apocalypse of John: reading Revelation in the ruins. Oxford : Oxford University Press.

JONKER, L. 1993. 'Text' in a multidimensional exegetical approach. *Scriptura*, 46:100-115.

JORDAN, J.B. 1999. A brief reader's guide to Revelation. Florida : Transfiguration Press.

KAISER, W.C., Jr. 1994. The single intent of Scripture. (*In* Beale, G.K., ed. The right doctrine from the wrong text?: essays on the use of the Old Testament in the New. Grand Rapids : Baker. p.55-69.)

KING, F. 2004. Travesty or taboo? "Drinking blood" & Revelation 17:2-6. *Neotestamentica*, 38(2):3-3-325.

KNIGHT III, G.W. 1999. The pastoral epistles. NIGTC. Grand Rapids : Eerdmans.

LE ROUX, J.H. 1995. No theology, no relevance, no new South Africa.

Old Testament Essays, 8(2):167-190.

MALINA, B.J. & PILCH, J.J. 2000. Social-science commentary on the Book of Revelation. Minneapolis : Fortress Press.

MARTIN, J.p.1987. Toward a post-critical paradigm. *New Testament Studies*, 33:370-385.

MCGINN, T.A.J. 1989. The taxation of Roman prostitutes. *Helios*, 16(1):79-110.

MOYISE, S. 1998. Introduction to biblical studies. London : Cassell.

MOYISE, S. 2001. Authorial intention and the Book of Revelation. *Andrews University Seminary Studies*, 39(1):35-40.

NEUFELD, D. 2002. Sumptuous clothing and ornamentation in the Apocalypse. *Hervormde Teologiese Studies*, 664-689.

OSBORNE, G.R. 1993. Theodicy in the Apocalypse. *Trinity Journal*, 14:63-77.

OSBORNE, G.R. 2002. Revelation. BECNT. Grand Rapids : Baker.

OSBORNE, G.R. 2004. Recent trends in the study of the Apocalypse. (*In* McKnight, S. & Osborne, G.R., eds. The face of New Testament studies. Grand Rapids : Baker Academic. p.473-504.)

PATTE, D. 1995. Ethics of biblical interpretation: a reevaluation. Louisville : Westminster/John Knox Press.

PAULIEN, J. 1988. Recent development in the study of the Book of Revelation. *Andrews University Seminary Studies*, 26(2):159-170.

PILCH, J.J. 1998. 벌거벗음. (*In* 필치 & 말리나., eds. 성서언어의 사회적 의미. 한국장로교출판사. p.206-213.)

PIPPIN, T. 1992. Death and desire: the rhetoric of gender in the Apocalypse of John. Lousville : Westminster John Knox.

POYTHRESS, V.S. nd. Epistolary structure of Revelation: an outline. Westminster Theological Seminary syllabus.

RISNEN, H. 1995. The clash between Christian styles of life in the Book of Revelation. *Studia Theologica*, 49(1):151-166.

ROUSSEAU, J. 1985. The communication of ancient canonized texts. *Neotestamentica*, 19:92-101.

ROYALTY, R.M. 1998. The streets of heaven: the ideology of wealth in the Apocalypse of John. Macon : Mercer University Press.

RUSSELL, J.S. 1996. The Parousia: a critical inquiry into the New Testament doctrine of our Lord's second coming. Bradford : Kingdom Publications.

SCH?SSLER FIORENZA, E. 1991. Revelation: vision of a just world. Minneapolis : Fortress.

STRAND, K.A. 1978. Chiastic structure and some motifs in the Book of Revelation. *Andrews University Seminary Studies*, 16:401-408.

TATE, W.R. 1997. Biblical interpretation: an integrated approach. Peabody : Hendrickson.

TELFORD, W.R. 2002. Modern biblical interpretation. (*In* Barton, J., ed. The biblical world. Volume II. London and New York : Routledge. p.427-449.)

THOMAS, G.J. 1999. Telling a hawk from a handsaw?: an evangelical response to the new literary criticism. *Evangelical Quarterly*, 71(1):37-50.

VAN DER VEN, J.A. 1998. God reinvented?: a theological search in texts and tables. Leiden : Brill.

VAN ECK, E. 1995. Galilee and Jerusalem in Mark's story of Jesus: a narratological and social scientific reading. Pretoria : Tydskrifafdeling van die Nederduitsch Hervormde Kerk. (HTS Suppl 7.)

VORSTER, W.S. 1979. 'Moderne eksegese' van die Nuwe Testament 'n ondermyning van die skrifgesag? *Hervormde Teologiese*

Studies, 35:119-130.
WALKER, P.W.L. 1996. Jesus and the holy city: New Testament perspectives on Jerusalem. Grand Rapids : Eerdmans.
WARDEN, D. 1991. Imperial persecution and the dating of 1 Peter and Revelation. *Journal of the Evangelical Theological Studies*, 34(2):203-212.
WITHERINGTON 3, B. 2003. Revelation. The New Cambridge Bible Commentary. Cambridge : Cambridge University Press.

XIII

천년왕국에 관한 재 고찰:
무천년적 후천년주의를 중심으로

Rethinking the millennialism on the basis of
amillennialistic postmillennealism

들어가면서

계 20:1-6절은 계시록의 내용 중에서 가장 유명한 동시에 성경에서 가장 논란이 심한 구절이다. 단지 계시록 20장의 여섯 절에만 직접적으로 언급되는 천년왕국 (the one-thousand-year reign)은 많은 논란을 이끌어내었고 아직까지 학자의 견해를 나누고 있다. 특별히 시간 중심의 종말론이 고개를 들 때마다 천년왕국은 직간접적으로 관심의 대상이 되기도 한다. 천년왕국은 상징적인 해석을 요청하는가 아니면 문자적인 해석을 요청하는가? 분명한 것은 성도가 그리스도와 함께 천년 동안 다스릴 것이라는 이 예언의 말씀은 박해하의 요한의 독자에게 큰 소망과 위로가 되었을 것이라는 점이다.

1. 천년왕국설의 기원

천년왕국설은 근원은 BC 1세기 이후에 널리 유행한 유대인들의 메시아 시대에 관한 생각에서 찾을 수 있다. 유대인들의 메시아 신앙은 시대에 따라 변했다. 그러나 그 근본은 언제나 메시아가 와서 이 땅에 새 시대를 세우실 것인데 그 때는 유대민족이 최고의 위치에 있으리라는 것이다. 그러나 AD 100년경부터는 이 땅이 극악하여 메시아가 이 세상에 한정된 기간 동안 통치한 다음에 이 땅에 최후가 임할 것이라고 보았다 (참고. 바룩 2서 40.3; 에녹 1서 93.3-10). 이 땅에 임할 메시아 시대는 얼마나 지속되는가? 40년, 100년, 400년 (창 15:13; 에스라 4서 7:28-29), 600년, 1000년 (시 90:4; 벧후 3:8; 바룩 2서 29:5-6; 바룩 2서 73장), 2000년, 7000년 등 다양한 이론이 있다. 하지만 유세비우스는 천년왕국설을 따르는 파피아스를 몰이해에 기인한 것으로 비판했다 (교회사 3.38). 이 천년왕국설이 물질적 복에 너무 기울어지면서, 오리겐 등에 의해서 더욱 비판을 받기 시작했다 (참고. 민병섭, 2002:44-45)

2. 천년왕국 이론들

(1) 전천년주의 (Premillennialism)

전천년설은 사도시대 부터 시작하여 3세기까지 초대교회가 일반적으로 받아들인 견해이다. 이 교리는 '바나바의 편지'에 최초로 언급되었으며, 허마, 파피아스, 저스틴, 이레니우스, 터툴리안, 그리고 초기의 어거스틴 등이 지지했다. 이단 케린투스도 예수 그리스도의 통치를 미래적인 1000년의 통치로 돌린다.[186] 중세 동안 어거스틴의 상징적 해석이 대세를 이루었다면, 17세기의 Johann H. Alsted와 18세기의 뱅겔은 전천년설을 부흥시켰다. 20세기에 들어서면서 세대주의적 성경 해석과 종말론이 전천년설의 확산을 촉진시켰다.[187] 계 20:2절의 1000년을 문자적으로 해석하는 것을 'chiliasm' 혹은 'thousand-year-ism'이라 부를 수 있다. 전천년주의에 의하면 계 19:11-21절에 주님의 재림이 나타나고 그 직후에 언급된 계 20:1절 이하를 주님 재림 이후의 천년 왕국으로 본다. 즉 계 19장에서 20장으로의 전개를 연대기적으로 본다.[188] 천년왕국이 시작될 때 성도가 부활의 몸을 입고, 천년왕국이 끝날 무렵 최후의 심판이 있다. 전천년주의에 의하면, '일천 년 동안 결박하여' (계 20:2), '천년이 차도록' (3절), '천년동안 왕 노릇하리니' (4절), '그 천

---

186) 전천년주의자들은 주님의재림으로 1000년 왕국이 시작된다고 본다. 반면에 후천년주의는 사회적인 혁명과 같은 촉매적인 요소로 인해 이 땅에 하나님의 나라가 임한다고 본 모든 종류의 운동들, 예를 들어, 1534년의 토마스 뮌쩌를 중심으로 발발한 뮌스터에서의 농민폭동, 나찌즘, 막시즘까지도 포함하여 보는 사람도 있다. 하지만 성경은 주님의 최후 심판 이전에 어떤 종류의 혁명적인 촉매와 같은 사건이 일어나지 않을 것이라고 본다. 주님의 통치는 복음을 믿는곳에는 어디든지 변함없이 일어난다는 진리에 입각해 있기 때문이다. 환언하면 예수님의 마쳐진 구속의 사역은 결정적인 천국의 촉매이다. 그러므로 근본적으로 정토교회는 이런 복음의 승리하는 힘을 믿는 낙관적인 사람이다. 무천년주의와 전천년주의의 패배주의적인 입장은 성경적이지 않고 복음과 언약과 예수그리스도의 구속의 승리를 약화 내지 부정 할 수 있다. (참고. Chilton, 1990:494-496).

년이 차기까지 살지 못하더라' (5절), '천년동안 그리스도로 더불어 왕 노릇 하리라' (6절), '천년이 차매' (7절) 등의 반복적으로 언급된 말씀은 상징적인 기간이라기보다는 상징을 통한 한정된 짧은 기간으로서의 실제적인 기간임을 증거하고 있다. 계 20:1-3절의 천사가 용을 결박하여 무저갱에 던진 사건과 4-6절의 순교자들이 영혼이 살아서 그리스도와 함께 1000년 동안 다스린 사건은 다같이 그리스도의 재림 이후 천상이 아니라 지상에서 실제로 일어나는 것으로 본다. 특별히 4-6절은 그리스도의 재림 때 죽은 모든 성도가

---

187) 역사적 전천년설과 세대주의적 전천년설은 어떻게 다른가? 천년왕국의 성경적 근거를 주로 구약에 두는 세대주의적 전천년설에 의하면, 마지막 때에 세계적인 7년 대 환난 (참고. 단 9장의 70이레)이 있게 되고 그 직전에 그리스도께서 공중 재림하신다. 이 때 죽은 성도가 부활하여 살아있는 성도와 함께 공중으로 휴거되어 강림하시는 그리스도를 공중에서 영접하며 대 환난을 면하게 된다 (살전 4:16). 칠년 동안 진행되는 어린 양의 혼인 잔치에 휴거된 자들이 참여하는 동안, 지상에서는 7년 대 환난과 적그리스도의 통치가 전개된다 (단 9:24-27). 대 환난의 마지막 때에 그리스도께서 지상에 재림하여 (First return of Christ to inaugurate the millennium) 아마겟돈 전쟁을 통해서 악의 세력을 정복하고 사단을 결박하여 무저갱에 가둔다. 그리고 천년왕국을 건설하여 성도와 함께 왕 노릇한다. 천년 왕국이 끝나 가면 사단이 일시적으로 풀려나서 곡과 마곡의 반란이 일어난다. 그러나 주님이 다시 재림하셔서 (Second return of Christ to begin the final judgment) 사단의 세력을 파멸하시고 불 못에 던지신다. 그 후 악인들이 부활하여 최후 심판을 받아 지옥으로 가고, 성도는 영원한 천국에서 산다. 이것은 계시록을 문자적으로 해석하여 연대기적으로 이해한 것이다. 반면에 역사적 전천년설은 그리스도의 재림을 두 단계 즉 공중 재림과 지상 재림으로 나누지 않고 지상 재림 한번이라고 주장하며, 성도의 공중 휴거 교리 또한 받아들이지 않는다. 그렇지만 7년 대 환난, 아마겟돈 전쟁, 천년왕국의 기대는 세대주의 종말론과 동일하다. 주로 신약 성경에서 천년왕국의 근거를 확보하려는 역사적 전천년설에 따른 역사 마지막 때에 일어날 사건들은 대 환난→ 그리스도의 재림→ 성도의 부활→ 적그리스도의 멸망→ 천년왕국→ 곡과 마곡의 반란→ 악인의 부활→ 백보좌 심판→ 신천 신지의 순서로 진행된다 (예. G.E. Ladd; 보라. 목창균, 1994:157-158).

188) Poythress (2000:179)는 이런 연대기적 순서를 반대한다. 계 20:7-10절의 전쟁은 계 16:14, 16; 17:14; 19:11-21절의 전쟁과 동일한 것으로 보이며, 더욱이 계 20:10절의 사단에 대한 심판은 계 17-18절의 바벨론의 멸망 그리고 19:11-21절의 짐승과 거짓 선지자의 파멸과 병행을 이룬다. 이런 하나님의 대적들은 모두 합당한 심판을 받는데, 요한이 주제적으로 연결한 것이지 시간적으로 배열한 것으로 볼 수 없다. 그리고 전천년주의자의 주장처럼 계 20:1-6절이 계 19:11-21절의 사건 이후에 발생한다면, 계 19:11-21절에서 그리스도의 모든 대적이 파멸됨으로 사단이 미혹할 대상이 남아 있지 않게 된다. 그러므로 계 20:1-6절은 독립된 어떤 기간을 나타낸다기보다는 주님의 재림 이전의 상황을 묘사하는 것으로 볼 수 있다 (contra 목창균, 1994:172).

육체적으로 부활하여 (첫째 부활) 그리스도와 함께 지상에서 천년 동안 다스리지만, 죽은 불신자들은[189] 1000년 왕국 후에 육체적으로 부활하여[190] 영원한 심판인 둘째 사망을 받는다는 사실을 말하고 있다 (이광복, 1996:31). 전천년주의의 주장을 간단하게 도표화하면 다음과 같다:

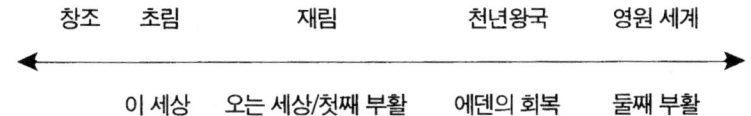

하지만 천년 왕국에 대한 전천년주의의 주장에는 의구심을 자아내는 것이 몇 가지 있다. 숫자 1000은 문자적이라기보다는 10x10x10으로 완전을 의미하는 10이 3번이나 곱해진 것 즉 온전하면서도 충만한 시간을 의미한다. 그리고 전천년주의자에 의하면 계 20:1-6절을 계 19:11절 이하에 나타나 있는 주님의 재림과 더불어 일어난 대 심판의 사건과 서로 연속해서 일어난 사건으로 본다. 하지만 이렇게 계시록을 시간적인 흐름으로 보는 것이 정당한가 라는 의문이 든다. 그리고 계 20:5절의 첫째 부활은 전천년주의자들이 주장하듯이 성도의 육체적인 부활을 가리키는 것이 아니라, 바로 앞 4절에서 성

---

189) 4절 후반부의 죽은 자들은 죽은 불신자만 가리키지 않고 죽은 신자도 포함한다. 왜냐하면 계 20:12-15절에서 죽은 자들은 생명책에 기록된 죽은 자 즉 죽은 신자도 포함하기 때문이다. 그렇다면 전천년주의자의 주장처럼 요한이 계 20:4절에서 죽은 신자가 천년왕국 때에 이미 부활했다면 20:12절에서 죽은 자들 가운데서 부활한 성도를 계속 헤아린다고 보는 것은 앞뒤가 맞지 않다. 그러므로 20:5절의 '그 나머지 죽은 자들'은 불신자들의 육체적인 죽음을 가리킨다 (최갑종, 1996:51).

190) 하지만 성경은 신자와 불신자의 부활이 동시에 일어난다고 가르친다 (단 12:2; 요 5:28-29; 계 20:11-15). 성경은 주님 재림 시의 신자와 불신자의 부활 사이의 시간적인 간격을 허용하지 않는다 (후크마, 1986:323). 계 20:4-5절의 '살아서' (ezeisan)는 아오리스트로 표현되어 전천년주의자들이 주장하는 대로 모든 성도가 육체적으로 부활하는 장면을 그리지 않고, 요한 당시에 예수님의 증거와 하나님의 말씀을 인하여 육체적으로 죽임당한 자들의 그 영혼들이 (정관사 참고) 이미 살아나 있는 구체적인 상태를 가리킨다. 요한은 이미 죽은 그 성도가 살아서 보좌에서 그리스도와 함께 왕노릇하고 있는 영광스런 장면을 본 것이다 (최갑종, 1996:21; contra 목창균, 1994:172).

도가 천년 동안 왕 노릇하는 것 즉 성도의 왕 같은 제사장으로 거듭남, 즉 영적 부활을 가리킨다. 그러므로 둘째 부활은 그리스도의 재림 시에 이루어질 육체적인 부활을 가리킨다. 그러므로 천년왕국 시에 성도의 육체적인 부활이 이루어진다고 볼 수 없다. 그리고 전천년주의에서 주장하듯이 천년왕국이 주님의 재림으로 인한 1000년 동안의 에덴의 회복이라면 왜 사단의 놓임과 악의 유혹이 또 존재해야 하는가? 라는 의문이 든다. 환언하면 왜 주님의 재림으로 인한 통치가 과연 불완전한가? 라는 의문이 든다. 그리고 천년왕국을 주님 재림 이후로 본다면 이 땅에서 성도가 주님 재림 이전에 누릴 하나님 나라와 신령한 하늘의 복들은 약화되고 말 것이다 (엡 1:3; 벧후 1:3).[191]

(2) 무천년주의 (Amillennialism)

무천년설이 언제 누구에 의해 시작되었는지는 분명하지 않다. '바나바의 편지'에서 기원을 찾는 이도 있고, 오리겐이나 어거스틴에게서 찾는 이도 있다. 무천년설은 19세기 까지 후천년설과 뚜렷이 구별되지 않은 채 존재했다. 20세기 들어와서 후천년설이 인기를 상실하고 쇠퇴하게 되자 양자가 보다 분명히 구분되기 시작했다. 개혁교회와 루터교회, 정통 장로교회 계통의 보수주의자들이 주로 무천년설을 지지하며 대표적인 학자로는 벌콥, 아브라함 카이퍼, 헤르만 바빙크, 렌스키, E.J. 영, 게할더스 보스 등이다 (참고. 목창균, 1994:164). 무천년주의에 의하면 계 20:1-6절이 말씀하는 역사의 전환점은 주님의 재림이 아니라, 주님의 초림, 십자가와 부활이라는 종말론적인 사건이다 (요 12:31; 골 2:15). 주님의 초림으로 사단의 세력은 결정적으로 정복을 당했다. 그리고 주님의 초림과 재림 사이인 천년 왕국 동안에 이 땅에 천국이 건설되고 있다 (참고. Charpentier, 1993:72, 민병섭, 2002:45). 천년은 영적으로 해석되어야 한다. 이유는 계 19장과 20:7절 이하는 모두 상징적인

---

191) Duncan (1986:73-131)은 역사적 전천년과 세대주의적 전천년설이 혼합된 형태로 주님의 재림 전의 98가지 현상을 나름대로 성경과 국제 정세를 통해서 비관적으로 제시한다.

해석을 요청하는 환상이기에 굳이 20:1-6절만 문자적으로 해석할 이유가 없기 때문이다. 천사가 쇠사슬로 사단을 결박하고 무저갱에 가두고 그 위에 인봉하는 것을 문자적으로 볼 사람은 없을 것이다. 그러므로 사단이 갇힌 1000년도 상징적으로 보아야 한다. 예수님 당시의 유대교의 묵시 종말론에서는 '천년'이 '오는 세상' 혹은 '앞으로 도래할 메시아 왕국'이라는 의미로 사용되었다 (희년서 23:27; 1 에녹 10:4-11:2; 2 바룩 29-30, 39-40, 70-74). 그러므로 묵시적 성격을 띠는 계시록에서도 천년은 메시아 왕국인 천국을 상징하는 것으로 볼 수 있다. 이 천년 기간 동안 죽은 신자의 영혼은 천상의 하나님 나라에서 왕 노릇한다. 무천년의 주장을 다음과 같이 도표화할 수 있다:

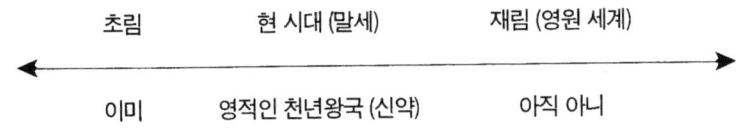

그러나 무천년주의는 이 세상이 점점 더 악해져서 마치 구제불능일 때 주님이 오실 것이라는 뉘앙스를 가지고 있는 비관론적인 세계관의 문제점이 있다. 이것은 주님의 언약과 십자가와 부활로 이루신 승리를 약화시킨다. 그리고 천상의 그리스도의 현재적인 통치를 초라하게 만든다.

(3) 후천년주의 (Postmillennialism)

후천년설의 선구자는 4세기의 티코니우스로 보인다. 어거스틴이 티코니우스의 견해를 받아들여 널리 확산시켰다. 그리고 12세기의 플로리스의 요아킴, 18세기의 다니엘 휘트비 (Daniel Whitby, 1638-1726), 감리교 계통의 알미니안 신학자들, 챨스 하지, A.A. 하지, 워필드 등이 후천년을 지지한다 (목창균, 1994:159-160). 후천년주의에 의하면 1000년은 무천년설과 마찬가지로 상징적인 기간으로서 주님의 초림과 재림 사이를 가리킨다. 그런데 주님이 오시기 전에 고난 중에서도 낙관적인 천년왕국 즉 복음의 승리가 이루어진다고 본다. 이것은 인간의 죄악에도 불구하고 승리를 주실 언약의 하나님의 역사에 기초한 것이다. 주님이 오시기 전에 복음은 온 세상에 편만할 것이다 (참고. 계 19:11-21). 그러므로 이 주장은 주님의 십자가와 부활이 미래의 역사를 결정지운 것을 제대로 드러내는 견해라고 할 수 있다. 하지만 현대의 자연재해와 인간의 흉포한 죄악성과 신종 범죄들로 인해서 후천년주의자의 수는 이전에 비해 줄어들었다. 그럼에도 불구하고 특별히 개혁주의 진영에서 여전히 후천년주의적 종말론을 견지하고 있는 사람들이 적지 않다.[192]

3. 계 20:1-6의 문맥

계 17-22장의 표층 구조를 도식화해 보면 아래와 같다 (Beale, 1999:983):

---

192) 웨스트민스터 대교리문답 191문도 후천년주의를 지지한다: "둘째 기원에서 우리는 무엇을 위해 기도하는가?' "'나라이 임하옵시며'라는 두 번째 기원에서, 우리 자신과 모든 인류가 본질상 사단의 지배 하에 있다는 사실을 인식하면서, 우리는 죄와 사단의 왕국이 파멸되고, 복음이 온 세상에 전파되고, 유대인들이 부르심을 받고, 이방인들의 충만한 수가 돌아오도록 기도한다. 교회가 복음적인 사역자들과 규례들로 온전케 되고, 부패로부터 정화되고, 세상 위정자들에게 칭찬과 지지를 받도록 기도한다. 그리스도의 규례가 순수하게 집행되고, 아직 죄 중에 있는 자들이 회개하고 돌아오고, 이미 회심한자들에게 확신, 위로, 성장토록 기도한다. 그리스도께서 우리 마음을 통치하시며, 우리가 그리스도와 함께 통치할 재림의 날을 위해 기도한다. 그리스도께서 목적하셨던바 모든 세계에서 권능의 나라를 기쁨으로 통치하시도록 기도한다." 17세기 스코틀랜드 장로교의 언약 운동 당시 Samuel Rutherford, Richard Gillespie, Robert Baillie, Richard Cameron, James Durham 등 유력한 지도자들이 모두 후천년주의를 견지했다. 바로 이들이 웨스트민스터 종교회의 당시 큰 영향을 미쳤던 것이다. 19세기는 후천년주의의 최전성기라 할 수 있을 정도로 국가교회 내의 복음주의자들을 중심으로 진정한 교회의 모습을 구현하기 위해 노력했다. Thomas Chalmers같은 이는 '그리스도 재림 지향적인 신성한 공동체'를 이 땅에 구현하고자 했다. 그는 교회가 도시문화를 주도할 수 있다는 판단 아래 심방, 아웃리치, 영적 돌봄, 교육, 빈민 구제 등에 심혈을 기울였다. 그 후 각 교단마다 사회문제를 다루는 상설위원회 설치가 보편화되었고, 더 나아가 거국적인 기독교 사회주의 연맹이 결성되는 계기가 마련되었다. 웨스트민스터 신앙고백과 대소교리문답을 받아들이는 교회가 전천년이나 무천년을 따르는 것은 일종의 아이러니라 할 수 있다 (참고. 채은수, 2002:63-67).

A 음녀 바벨론에 대한 심판 (17:1-19:6)
  B 신적 심판자 (19:11-16)
    C 짐승과 거짓 선지자에 대한 심판 (19:17-21; 참고. 겔 39)
      D 1000년 동안 사단의 감금 (20:1-3)
      D' 성도의 1000년 통치 (20:4-6)
    C' 곡과 마곡의 심판 (20:7-10; 참고. 겔 38-39)
  B' 신적 심판자 (20:11-15)
A' 그리스도의 신부의 신원 (21:1-22:5)

이런 교차대칭 구조는 간접적으로나마 계 20장이 계 19장을 시간적으로 따르고 있지 않음을 증명하기도 한다.

계 20:1-10절의 주제는 3가지이다:

1. 사단이 묶임 (1-3절)
2. 성도의 천년 동안의 통치 (4-6절)
3. 사단의 놓임과 전쟁 (7-10절)

천년왕국이 언급된 계 20:1-6절 바로 앞 계 19:1-8절에서는 음녀 바벨론의 파멸을 보고 찬송이 울려 퍼진다. 그 다음 19:9절 이하에서는 어린양의 혼인 잔치가 언급된다. 19:11절 이하에서 요한은 하늘이 열리고 백마 탄 예수님이 만왕의 왕 만주의 주로서 짐승의 세력과 싸우시는 모습을 본다. 이 때 20절에 보니, 거짓 선지자 즉 땅에서 올라오는 짐승도 잡히게 된다. 그리고 패배한 악의 무리들은 유황불에 던져진다. 이 단락을 주님의 재림의 모습으로 굳이 볼 이유가 없다. AD 30-70년 사이의 복음의 확장으로 볼 수 있다.

바로 뒤 계 20:7절에서 천년이 찼을 때 사단이 놓여서 곡과 마곡의 전쟁을 일으킨다. 그러나 하늘에서 불이 내려와 사단을 소멸한다. 마귀는 불과 유황 못에 던지운다. 백보좌 심판과 둘째 사망이 언급된다. 이것은 요한 당시의 문맥에 기초해 있으면서 주님의 재림을 모형론적으로 내다보고 있는 것이다. 그리고 계 20:11-15절이 주님의 재림을 언급한다면 계 20:1-6절의 천년왕국은 그 이전의 사건으로 보는 것이 자연스럽다. 또한 계 20:10, 14, 15절에서 불 못이 최후의 심판의 장소를 상징적으로 보여주고 있기에, 계 20:1절과 3절의 무저갱 (심연, the abyss, the bottomless pit)은 최후의 형벌의 장소를 상징하는 것이 아니어야 한다. 무저갱은 사단의 활동이 약화될 것을 상징적으로 나타내는 것이다. 그러므로 계 20:1-6절의 천년왕국도 먼저는 요한 당시의 관점에서 보되, 주님의 재림까지 내다보는 것으로 볼 수 있다 (참고. 후크마, 1986:307).

4. 계 20:1-10 주석

계 20:1절의 천사는 예수님을 가리킨다고 볼 수 있다 (계 10:1; 18:1; 참고. 계 12:7). 예수님이 가지고 계시는 열쇠와 쇠사슬은 예수님의 주권을 상징한다. 한 가지 대조는, 계 9:1절에서 사단은 무저갱의 열쇠를 잠시 '받았으나' (신적수동태), 예수님은 하늘로부터 내려와서 사망과 음부의 열쇠를 가지고 계신다 (1:18). 여기서 용-옛 뱀-마귀-사단을 결박한다는 말 자체가 상징적인 표현임을 분명히 밝혀준다. 부활-승천하신 주님은 사단을 통제하시는 절대적인 힘을 가지고 계신다.

계 20:2절에서 사탄이 묶인 것은 예수님의 십자가와 부활로 사탄이 이미 패배한 것을 가리키는 동시에, 미래적으로 주님의 재림 시에 있을 완전한 파멸을 내다보게 한다. 이런 의미에서 천년왕국은 사단의 역사에도 불구하고 교회의 승리의 기간이며 복된 기간이다. 요한 1서 3:8절에서 예수님의 오심-지상 사역을 마귀의 일을 멸하기 위함이라고 명시한다 (내가 하나님의 성령을 힘입어 귀신을 쫓아내는 것이면 하나님의 나라가 이미 너희에게 임하였느니라. 사람이 먼저 강한 자를 결박하지 않고야 어떻게 그 강한 자의 집에 들어가 그 세간을 늑탈하겠느냐 결박한 후에야 그 집을 늑탈하리라 마 12:28-29; 눅 11:20-22). 이 세상을 미혹하여 잠시 왕자가 된 사탄은 (요 12:31; 14:30; 16:11) 하나님 나라를 대적하나 십자가와 부활 그리고 현재적인 그리스도의 왕권으로 결정적인 파멸을 당한다. 눅 10:18-19절에는 70인 제자들이 사역을 마치고 보고할 때 사단이 하늘에서 이미 떨어졌다고 말씀한다. 눅 10장의 사건은 오순절 성령이 오시기 전임에도 불구하고 제자들의 사역으로 이미 사단의 권세가 파멸되고 있었음을 보여준다. 사탄의 결정적인 묶임은 구약-옛 세상의 체제-시스템의 파멸에서 분명해 진다 (롬 16:20). 왜냐하면 승천은 선재하신 그리스도께서 자신의 원래의 자리로 복귀하는 것인 동시에 오순절 성령의 부어주심 (Pentecost)과 AD 70년 사건 (holocaust)으로 곧바로 적용되기 때문이다. 환언하면, 오순절 사건과 AD 70년 사건은 임박하게 적용된 주님의 승천사건이다. 이제 사탄은 복음이 증거 되는 것을 막지 못하여 결국 만국을 미혹하지 못한다 (계 21:3). 하지만 사탄은 여전히 활동한다. 그의 활동이 제한적이라는 말이다. 신적 수동태가 이것을 증명한다. 1000년은 10x10x10으로서 충만하고도 완전한 기간을 상징적으로 의미한다. 하지만 무한대의 시간이 아니라 한정적임은 1000이 20장에서 6회 사용된 것에서 상징적으로 알 수 있을 것이다. 그리고 1000년이 지나면 사단이 잠시 반드시 놓이기에 무한정 기간은 아니다. 여기서 1000년이 상징적이지만 한정적이라는 말은 하나님의 왕권이 교회를 통해 이 땅에 시행되는 기간인 주님의 초림과 재림 사이가 한정적이기 때문이다.

3절의 마지막의 "반드시 잠간 놓이리라"는 신적 수동태를 통해서, 하나님의 경륜 속에 사탄의 활동이 있을 것을 강조한다. 사단이 더 이상 만국을 미혹하지 못한다는 말씀은 교회의 복음 증거의 사역을 사단이 막지 못할 것이라는 의미이다. 즉 복음이 사단을 물리칠 것이라는 말씀이다. 만약 사단이 다시 모든 민족을 현혹하여 교회와 복음의 대적이 된다면 지상명령을 이루는 성령과 교회는 실패한 공동체로서 천상의 그리스도의 왕적 통치를 수행하지 못하고 말 것이다. 그렇다면 사단이 이전에는 강하게 열국을 미혹한 때가 있었다는 말이다. 그 때는 예수 그리스도의 초림 이전으로서 열방이 무지와 어두움 가운데서 구원의 빛을 보지 못한 때이다. 구약의 경우 이스라엘만 언약의 동반자로 세움을 입었고 예외적인 경우를 제외한다면 모든 열방이 어둠 속에 거했다. 그러나 주님의 초림으로 사단이 결박되어 무저갱으로 던지심으로써 사단의 영역이 무너지는 곳에 천국의 임함이 분명해 진다. 이것은 계 12:7-9절에서 사단이 하늘에서 쫓겨나는 것과 동일한 사건이다 (후크마, 1986:307; 필립 휴스, 1990:305-306). 열방이 이새의 뿌리이신 예수님에 의해 구원받고 주님에게 소망을 둘 것이다 (롬 15:12). 사단이 결박된다고 해서 그의 모든 활동이 멈춘 것은 아니다. 오히려 사단의 활동이 제한된다는 의미이다. 하나님의 나라가 충만히 임한 후에 즉 상징적인 1000년이 찬 후에 사단은 하나님에 의해 잠시 놓일 것이고 미혹하는 일을 할 것이다. 하지만 사단이 1000년 왕국 중에도 이런 일을 계속하고 있기에 무언가 새롭거나 강력한 일을 할 것이라고 볼 이유는 없다.

계 20:4절의 보좌들 (복수, 계시록에서는 24장로의 보좌들을 가리킨다)을 통해서 알 수 있는 것은 24장로로 상징되는 신구약의 전체 교회가 그리스도를 통해 왕의 신분을 받은 것을 말씀한다 (마 19:28; 눅 22:30; 계 1:6). 24라는 숫자는 구약의 제사장의 24반열을 상징하기에 역시 교회의 제사장 직분을 내포한다. 교회의 왕권은 하늘의 보좌로부터 받아서 이 땅에서 시행된다. 이것은 교회의 (왕 같은) 제사장적인 특권 즉 예배의 상황과 불가분하다 (벧전 2:9). 교회가 세상을 다스리는 것은 영적인 일로서, 지상명령에서 밝히듯이 하나님의 말씀으로 세상을 가르치고 제자 삼는 것이다 (마 28:18-20). 하지만 이런 영적인 왕권의 시행은 교회가 준비되어 있어야만 제대로 시행된다. 그것은 말씀으로 살다가 죽을 각오가 필요하고 하나님 이외의 다른 그 무엇에게 절하지 않고 굴복하지 않을 준비됨이다. 그리고 그 시행 범위는 삶의 모든 영역이다. 비록 신자가 순교를 당하여 육체적으로는 죽임을 당해도 '살아서' 즉 중생하여 영적으로는 하늘의 교제를 언제나 누리면서 생명을 즐기게 된다 (빌 1:23; 고후 5:8). 주님의 재림 전에 죽은 성도는 그 영혼이 보좌로 올라가 그리스도의 왕적 통치에 동참하고 있다.

계 20:5절의 '첫째 부활'은 주님의 재림시의 육체적인 부활이 아니라 예수 그리스도와 연합된 성도의 영적인 승귀를 의미한다 (참고. 겔 37:12; 엡 2:5-6; 5:14; 골 3:1; 민 19:11-12). 이 첫째 부활은 그리스도의 부활에 동참하는 것이며 재림시의 최후의 부활에 선행한다. 그러므로 그 나머지 죽은 자들은 그리스도와 함께 살고 통치하는 특권을 박탈당한 자로서 불신자를 가리킨다. 교회가 그리스도의 부활에 참여할 수 있는 방식은 언약의 세례를 통해서이다 (롬 6:4). 환언하면, 첫째 부활은 우리가 주님을 믿어 중생하는 것이며 하나님과 연합하는 것이다. 이것은 성도의 신분의 복, 즉 왕이요 제사장이 되는 것이며 거룩하고 복된 존재가 되는 것이다. 하나님은 허물로 죽은 우리를 그리스도와 함께 살리셨고 하늘 보좌에 함께 앉히셨다 (엡 2:5-6). 예수 그리스도의 부활은 우리에게 있어서 첫째 부활을 보증하는 것이기에 주님에게 일어난 것은 곧 우리에게도 일어난 것이다. 이것은 교회와 머리되신 주님의 신비로운 연합으로 설명할 수 있다. '그 나머지 죽은 자들'은 (요한 당시에 죽은) 불신자를 상징한다. 그러므로 계 20장의 천년왕국과 그것에 동참하는 사람의 현재적인 측면을 간과하는 것은 명백한 주석적 오류이다. 이들은 하나님 나라의 왕권에 참여하지 못한다. 물론 성경은 최후의 부활-둘째 부활을 언급한다 (요 6:38-40, 44, 54; 행 24:15; 살전 4:14-17).

계 20:6절의 둘째 사망은 14절이 보여주듯이 하나님의 원수들에게 가해지는 총체적이고도 최후의 멸망과 심판을 의미한다. 그렇다면 첫째 사망은 무엇인가? 모든 육체는 한번 죽음을 맛보아야 한다 (히 9:27). 이것은 한 사람이 일생을 마감한다는 차원을 너머서 첫 사람 아담의 죄의 영향이 전 인류에게 미친 것으로 보아야 한다 (고전 15:22). 하지만 첫째 부활은 마지막 아담이신 예수님 안의 부활 생명과 관련된다 (고전 15:45 이하).

계 20:7절의 '천년이 차매 사단이 옥에서 놓일 것' 이라는 말씀은 사단이 무수히 많은 부하를 거느리면서 다시 힘을 쓸 것이라는 의미로 표층적으로 보이지만, 실제로는 사단의 최종적인 심판을 의미하는 것이다. 왜냐하면 잠시 놓여서 하나님 나라를 최후로 발악하면서 대적한다면 사단의 최후 역시 불가피하기 때문이다. 사단이 놓임 받아서 최후의 발악을 하는 것은 그리스도의 정복 사역을 더욱 돋보이게 하는 묵시 수사학적인 기법으로 볼 수도 있다 (참고. Sharpentier, 1993:79).

계 20:8절의 사단에 의해 조종되는 불신 세력인 '곡과 마곡'은 통속적으로 몇몇 세대주의적인 前천년주의자들에 의해 소비에트 연합 (러시아)이 이스라엘을 공격하는 것과 관련하여 대 환난 기간에 일어날 미래적인 것으로 설명된다.[193] 물론 그들은 이스라엘의 아마겟돈 (므깃도) 전쟁을 이것과 관련짓는다 (계 16:16).[194] 이것은 감람산 강화의 대 환난 개념에 대한 오해에 부분적으로 기인한다. 하지만 요한은 여기서 겔 38-39의 환상을 인용하고 있다. 에스겔의 이 환상은 BC 2세기 마카비가 시리아를 이스라엘 땅에서 패배시키

---

193) 통속적인 세대주의적 전천년주의자들이 이것을 '러시아'로 해석하는 것은 기발하다. 겔 38:3절의 '왕'을 가리키는 히브리어 rosh에서 비슷한 발음의 러시아라는 힌트를 얻은 것이다. 따라서 그들은 곡 (Gog)을 러시아의 왕-대통령으로 본다. 그리고 메섹 (Meshech)은 Moscow로 보기도 한다 (Chilton, 1990:522).

194) '아마겟돈'은 세상 종말을 다루는 음산한 분위기를 풍기는 영화의 단골 메뉴이다. 신학과 영화라는 문화가 손을 잡지 오래다. 제 2차 대전 이후 미국 연방 정부는 영화는 미국 대중여론을 결집하는데 아주 중요한 역할을 한다고 확신하게 되었다. 그래서 정치와 대중문화 매체의 상호작용은 일반화되었다 (Jang, 2004:1). 헐리우드에서 계시록의 묵시적 배경을 그들의 영감을 위해 사용하고 있는 점은 흥미롭다. '터미네이터 1, 2: judgment day', 'Apocalypse Now', 'The Matrix', 그리고 아마 'The Lion King'과 같은 영화는 인류의 종말을 예고하는 차원이 있지만, 암시적으로 그럼에도 불구하고 미국만이 세계의 유일한 구세주 역할을 하는 것으로 과장 묘사한다. 예를 들어, The Matrix에는 미국의 구세주 역할을 전통적인 미국의 기독교인에게 호소하기 위해 성경의 영적 전쟁과 같은 구절은 물론 전적 부패를 포함하는 칼빈의 5대 교리와 일치하는 것처럼 보이는 요소들을 암시적으로나마 배경으로 삼고 있는 듯하다 (참고. Jang, 2004:3). 계시록의 언약의 승리적 측면을 간과하고 묵시는 곧 최후의 심판일 (doomsday)이라는 등식을 따라서 암울한 메시지만 일방적으로 부각시켜 얻은 결과물이 이 영화들은 미국의 수입에 크게 기여했다. 음악, 영화, 시사적인 문제에 있어서도 묵시라는 용어와 계시록을 임의로 사용하고 있는 현실이다. 이런 현상이 미국에서 많이 일어나고 있다는 사실은 특별히 주님 재림 직전에 (선민으로 여겨지는) 이스라엘의 집단적 개종을 믿는 미국의 세대주의자들에 의해 시도된, 시사성을 곁들여서 상업성을 노리는 동시에 통속적이고 그릇된 계시록의 해석에서 부분적으로 나마 그 원인을 찾을 수 있다. 물론 묵시사상을 배경으로 한 이런 대중매체는 미래에 대한 잘못된 예측을 하기는 하나, 현실을 진단하려는 노력을 담고 있는 측면도 있다. 하지만 이런 현실 진단 역시 문제를 유발한다. 특히 묵시는 종종 핵전쟁과 관련된다. 영화에서 '아마겟돈'은 곧 인류의 파멸을 가져오는 핵전쟁을 의미한다.

는 것을 그 내용으로 한다. 곡과 마곡은 사탄의 사주를 받아 하나님을 대적하는 이방나라를 상징적으로 가리킨다. 여기서 우리는 곡과 마곡을 역사적-지리적으로 구체적인 것을 가리키는 것으로 보는 것을 주의해야 한다. 이들은 땅 사방에서 오기 때문이다 (계 20:8; 민병섭, 2002:207). 하나님은 그의 심판과 진노로 곡과 그 무리를 엄습하여 멸망시킬 것이다: "이와 같이 내가 여러 나라의 눈에 내 존대함과 거룩함을 나타내어 나를 알게 하리니 그들이 나를 여호와인줄 알리라" (겔 38:18-23; 39:7-8). 사단은 시대마다 인간을 모아서 하나님을 대적해 왔으나 그 시도는 모두 실패하고 말았다.

계 20:9절에서 '사랑하시는 성읍'은 새 예루살렘성 즉 교회를 상징하는데 (히 12:22) 이것은 천년왕국 중에도 존재하기에 현재적인 동시에 미래적인 것이다. 즉 종말론적인 공동체이다. 비록 새 예루살렘이 곡과 마곡으로 상징되는 교회의 대적에게 포위되지만 어떤 전쟁이 일어날 것이라고 요한은 설명하지 않고, 대신 즉각적인 하나님의 개입으로 전쟁이 종결될 것으로 본다. 하늘에서 불이 내려 악인을 심판 할 것이라는 표현을 가지고 노아 홍수가 아니라 세상은 불-핵전쟁으로 망하게 될 것으로 보는 사람이 많다. 하지만 이것도 소돔과 고모라의 심판의 이미지를 사용하여 심판의 격렬함을 상징하는 것으로 보아야 한다 (참고. 마 13:36-43).

계 20:10절에서 둘째 짐승 즉 땅에서 올라오는 짐승 (계 13:11)을 거짓 선지자와 동일시한다. 이 구절에서 요한은 다시 불과 유황 못이라는 소돔과 고모라의 파멸의 이미지를 사용하여 일차적으로 그 당시의 교회의 대적에 임할 철저한 심판을 설명한다.

참고로 계 20:11-15절은 주님의 최종 파루시아 때의 미래적인 심판의 장면을 묘사하는 것으로 볼 수 있다. 이것은 마 25:31-46절의 내용과 간본문성을 보인다 (참고. 단 7:9-10). 여기서 요한은 배교한 유대교나 이방 로마세력과의 싸움이 그의 독자들에게 최후의 싸움이 아님을 주의시키고 있다. 생명책에 기록되지 못한 사람이 받을 영벌을 묘사하는 둘째 사망과 불 못이 15절에 나타난다.

나오면서

천년 왕국 논의는 여전히 합일점을 보지 못한 이슈이다. 그러나 계 20:1-6절을 주석하고 전후 문맥을 고려하면서 그 상징주의를 제대로 파악한다면 요한이 의도한바 즉 무천년적 후천년주의를 파악할 수 있다. 천년왕국은 요한의 독자에게만 위로를 주는 것이 아니라 주님의 재림을 기다리는 모든 성도에게 위로를 준다.

참고문헌

H. 던컨 외. 1986. *재림과 종말*. 기독지혜사.
목창균. 1994. 그리스도의 재림과 천년왕국. *신학과 선교*, 19:151-173.
민병섭. 2002. *요한의 묵시록*. 분도출판사.
에릭슨. 1996. *현대 종말론 연구*. 생명의 말씀사.
채은수. 2002. 종말론적 공동체로서의 장로교와 보다 나은 교회의 미래.
　　　제 3차 프로 에클레시아 신학회 신학논문 발표회. 서울 창신교회당.
최갑종, 이광복. 1996. *천년왕국, 사실인가 상징인가*. 신망애출판사.
안토니 후크마. 1986. *개혁주의 종말론*. 기독교문서선교회.
필립 휴스. 1990. *요한계시록*. 여수룬.
BEALE, G.K. 1999. *The Book of Revelation*. NIGTC.
　　　Grand Rapids : Eerdmans.
CHILTON, D. 1990. *The days of vengeance: an exposition of the Book of Revelation*. Tyler : Dominion Press.
JANG, J.A. 2004. Ideology in Hollywood movies: centering around Matrix, I, Robot and Fahrenheit 9/11. 국제지역학부, 국제지역연구소 세미나. 2004년 9월 3일. 장소: 부경대학교. 공동주최: 충남대학교 북미주연구소, 동아시아 국제정치학회에서 발표된 글.
POYTHRESS, V.S. 2000. *The returning king: a guide to the Book of Revelation*. Phillipsburg : P&R Publishing.
SHARPENTIER, E. 1993. 요한계시록.
　　　(*In* 묵시록. 샤르팡티에 외. 카톨릭출판사.)